THÉOPHILE GAUTIER

HISTOIRE

DE

L'ART DRAMATIQUE

EN FRANCE

DEPUIS VINGT-CINQ ANS

(4ᵉ série)

BRUXELLES
ÉDITION HETZEL
MELINE, CANS ET COMPAGNIE LIBRAIRES-ÉDITEURS
Boulevard de Waterloo, 55.

1859

HISTOIRE

DE

L'ART DRAMATIQUE

DÉPOSÉ AUX TERMES DE LA LOI

BRUXELLES. — TYP. DE VEUVE J. VAN BUGGENHOUDT
Rue de Schaerbeek, 12

JANVIER 1845. — Salle Ventadour : deuxième exécution du *Désert*, ode-symphonie de M. Félicien David. — Cours des billets. — L'auditoire. — La France conquise par l'Algérie. — Effet de la symphonie. — Acteurs anglais : *Werner*, tragédie de lord Byron. — Macready. — Gymnase : *Madame de Cérigny*, par MM. Bayard et Regnault. — Numa, Tisserant, mademoiselle Rose Chéri. — Odéon : *Inez, ou la Chute d'un ministre*, drame de Navarrete, imité par don Carlos de Algarra. — Acteurs anglais : *Macbeth*. — Les données dramatiques. — Macready, miss Helen Faucit. — Italiens : *la Rinegata* (*Lucrezia Borgia*), paroles de M. Gianone, musique de M. Donizetti. — On n'emprunte qu'aux riches. — Acteurs anglais : dernière représentation. — *Henry IV*. — *Roméo et Juliette*. — *The Day after the Wedding*. — Mademoiselle Plessy dans un rôle anglais. — Opéra : les petites danseuses viennoises. — Gymnase : *la Morale en action, ou les Quatre Masques*, par MM. Jaime et de Villeneuve. — Italiens : *Don Giovanni*, opéra de Mozart. — Don Juan type et symbole. — Qualités nécessaires pour jouer ce rôle. — Vaudeville : *les Trois Loges*, par MM. Clairville et Hostein. — Gymnase : *un Bal d'enfants*, par MM. Dumanoir et Dennery. — Gaieté : *Forte Spada*, drame de M. Félicien Mallefille.

6 janvier 1845.

SALLE VENTADOUR. *Le Désert*, de Félicien David. — Vous savez ce que c'est que la curiosité parisienne une fois qu'elle s'éveille!

C'est comme lorsqu'il vient une fantaisie à un homme blasé : il faut, coûte que coûte, qu'elle soit satisfaite ; aussi, sur le nom de Félicien David, révélé si subitement, tout Paris s'était mis dans la tête d'entrer le même soir au théâtre Ventadour, où l'on allait jouer pour la seconde, ou plutôt pour la première fois, *le Désert*, cette ode-symphonie que le brave Hector Berlioz avait déclaré sur son honneur être tout bonnement un chef-d'œuvre. — Un chef-d'œuvre qui n'est pas d'un mort ! voilà qui est étrange ; personne ne voulait y croire, à moins d'avoir entendu, et les places auraient été portées à cinquante louis, qu'il n'y eût pas eu un seul vide.

Sous le péristyle, le désespoir des marchands de billets se traduisait en lamentations grotesques ; les marchands de billets, ces infaillibles appréciateurs de toutes les gloires, n'avaient pas deviné Félicien David ; ils n'avaient que vingt-cinq stalles, qu'ils ont vendues à des prix fous, et qui renouvelaient leurs douleurs en leur montrant combien était belle la spéculation manquée !

En effet, la salle était radieuse, étincelante, étoilée d'yeux et de diamants, fleurie de bouquets monstres et de frais visages. Il n'y avait que le nombre inévitable d'Anglaises à nez incarnadin, à coiffure de banc d'huîtres et de paillon. La princesse de Joinville, la duchesse d'Aumale sanctionnaient cette solennité de leur gracieuse présence. Heureuse duchesse, qui, pour la première fois qu'elle paraît en France dans un théâtre, arrive précisément un soir comme celui-là !

Rien ne manquait à l'assemblée, toutes les illustrations de nom, de fortune, de beauté ou de gloire se trouvaient là. Il y avait même un dieu, — l'ancien dieu de Félicien David, — le père Enfantin, dont la face resplendissante a été célébrée autrefois par Charles Duveyrier dans une *prose* dithyrambique. Ce dieu, qui est au moins un fort bel homme, avait loué, pour lui et quelques-uns de ses apôtres, quatre ou cinq loges et plusieurs stalles, — procédé fort délicat d'ex-dieu à ex-disciple.

Ce n'est pas tout : comme pour servir de garant à l'authenticité de la couleur locale de l'œuvre du jeune compositeur, voici qu'il arrive tout exprès du désert une bande de chefs arabes qui s'accoudent au balcon, faisant manœuvrer avec une gaucherie tout enfantine les énormes lorgnettes dont leur a fait présent le gouvernement français, sans doute pour leur donner une haute idée de l'industrie européenne.

L'entrée de ces honnêtes Africains a fait, dans la salle, une sensation *impossible à décrire*, comme on dirait en style politique. Tout le monde s'est levé; on s'est retourné, les femmes sortaient à mi-corps de leurs loges, toute l'artillerie de l'optique était braquée sur eux. Bref, nous nous sommes conduits comme de vrais gamins en carnaval. A ce point que le khalifat, un gaillard qui vous fait sauter quatre cents têtes sans sourciller, et vous couperait le cou, à vous et à moi, comme un tuyau de plume, en a rougi d'embarras sous son beau teint de revers de botte et s'est caché le visage dans ses mains, à la façon d'une jeune pensionnaire interdite.

A partir de l'entrée des Arabes, une triste vérité s'est révélée à nous, c'est que nous avions l'air d'un peuple d'apothicaires, d'avocats et de croque-morts. Nos pauvres habits noirs, nos chapeaux de carton plucheux, nos cravates carcans, nos gilets étriqués parurent d'une tristesse effroyable et d'une laideur à faire désespérer de l'avenir de la peinture! Voilà donc comment s'habillent des peuples qu'on prétend sauvages! Eh quoi! ces magnifiques draperies blanches, aux plis amples et moelleux, qu'avouerait l'art antique le plus pur, ces têtes régulières et majestueuses, ces attitudes sculpturales, tout cela, c'est de la barbarie? — Tant pis pour la civilisation!

L'un d'eux, jeune homme de dix-huit à vingt ans, était d'une beauté tellement parfaite, tellement noble, tellement idéale, que peu s'en est fallu qu'à son aspect toute la salle n'éclatât en applaudissements. L'Apollon, à côté de cela, n'a qu'une tête de grenouille. Quels yeux humides et brillants, quels sourcils artistement tracés, quelle bouche charmante dans son demi-sourire étonné et triste, quel ovale purement allongé! Près de ce lion du désert, les lions de Paris faisaient une pauvre figure.

Mais arrivons au concert.

La symphonie en *mi* bémol qu'on a exécutée avant *le Désert*, est une œuvre d'une ordonnance et d'une clarté parfaites; l'andante et le finale ont produit un grand effet. Les autres morceaux — chœurs ou mélodies, tels que, *la Danse des astres*, *les Hirondelles*, bien que charmants et délicieux en eux-mêmes, n'ont peut-être pas été appréciés à leur juste valeur, et cela venait d'une disposition du public assez remarquable pour qu'on s'y arrête. Le public attendait de la musique arabe, et tout ce qui n'était pas de la musique arabe lui semblait retarder son plaisir. Le fait est que, depuis quelques années, l'Orient nous préoccupe comme nous préoccupait autrefois l'Angleterre ou l'Allemagne. Ne vaut-il pas mieux, après tout, se tourner vers le jour que vers la nuit? A cela, nous avons déjà gagné *les Orientales*, de Victor Hugo, — un radieux écrin de poésie aussi riche que le trésor d'Haroun-al-Raschid ou la cave d'Aboulcassem, — les peintures de Decamps et les paysages de Marilhat, c'est-à-dire un monde que nous ne soupçonnions pas, l'azur du ciel et de la mer, l'or du soleil, la blancheur des coupoles, les yeux de diamant noir, les burnous aux houppes de soie, les étoffes aux mille rayures, les selles étoilées, les chevaux dont la crinière s'échevelle dans un tourbillon lumineux, les profils mélancoliquement bizarres des chameaux en voyage, l'ibis qui s'envole d'une colonne de granit rose un serpent dans le bec. Eugène Delacroix, ce vif esprit qui frissonne à tous les souffles, a senti aussi le vent qui venait du désert chargé de sable et de feu. Oriental d'abord à la manière de lord Byron, il a passé du *Massacre de Scio*, du *Giaour* et de *Sardanapale* aux *Femmes d'Alger*, à *la Noce juive*, au *Kaïd marocain*, aux *Convulsionnaires de Tanger;* de la Grèce et de l'Asie à l'Afrique.

Chose étrange! nous croyons avoir conquis Alger, et c'est Alger qui nous a conquis. Nos femmes portent déjà des écharpes tramées d'or, bariolées de mille couleurs qui ont servi aux esclaves du harem, nos jeunes gens adoptent le burnous en poil de chameau. Le tarbouch a remplacé la classique calotte de cachemire, tout le monde fume le narguilhé, le hachich succède au vin de Champagne; nos officiers de spahis ont tellement l'air arabe, que l'on croirait qu'ils se sont faits prisonniers eux-mêmes à la déroute de quelque smala; ils ont adopté toutes les habitudes de l'Orient, tant la vie barbare est supérieure à notre fausse civilisation.

Pour peu que cela continue, dans quelque temps d'ici, la France sera mahométane, et nous verrons s'arrondir sur nos villes le dôme blanc des mosquées, et les minarets se mêler aux clochers, comme en Espagne du temps des Mores. Nous voudrions bien vivre jusqu'à ce jour-là ; car, franchement, nous préférons les modes orientales aux modes anglaises et les vestes roides d'or aux twines de thibaude; nous préférons aussi la coutume loyale d'avoir plusieurs femmes, à celle de n'en avoir qu'une qu'on trompe avec les femmes des autres.

Ce mouvement des esprits s'était déjà traduit, comme nous venons de le faire voir, en poésie et en peinture; il lui restait donc à se traduire en musique. — Au lieu d'explorer l'Allemagne et l'Italie, Félicien David a parcouru l'Égypte et la Syrie, où jamais n'avait pénétré un voyageur capable de noter un air.

Les musiciens sont, en général, les plus routiniers des hommes; leur art spécial et les longues études qu'il exige, les signes hiéroglyphiques avec lesquels ils écrivent leurs pensées les séparent du mouvement universel, et l'on peut dire sans crainte que la plupart d'entre eux, absorbés par cette algèbre sonore, manquent de philosophie et de poésie; étourdis par le clapotement de leur piano, ils passent à travers le monde réel sans entendre rien de ce qu'il dit, sans rien voir de ce qui brille au soleil. D'ailleurs, entichés de leur science née d'hier, ils affectent de trouver barbares et stupides toutes les musiques primitives; la musique de l'Orient, entre autres, ne leur a jamais paru qu'un amas de dissonances et de bizarreries plus dignes d'un charivari que d'un concert. Ils ne se doutent pas, ces braves croques-notes, qu'il existe en arabe des traités de composition aussi compliqués, aussi savants que ceux de Reicha, et que ces traités sont probablement des traductions de ceux d'anciens compositeurs grecs dont les originaux ont été perdus pendant la nuit du moyen âge. C'est tout un art inconnu, immense, et qui va se révéler bientôt à l'étonnement de l'Europe moderne, qui croit naïvement avoir inventé, ou, du moins, restauré la musique; les Grecs, qui avaient l'oreille assez fine pour noter le chant des sphères, ont été aussi supérieurs en musique qu'en poésie, en architecture, en statuaire et en peinture.

C'est l'Orient qui a recueilli l'héritage de la Grèce, et l'a conservé avec cette constance immobile et cette fidélité de sphinx de granit qui le caractérisent. Si, jusqu'à ce jour, ces trésors sont restés inconnus, c'est que, pour les découvrir, il faut deux choses : être excellent musicien et savoir profondément l'arabe, mérites assez rarement réunis. Par les travaux de M. Perne sur la musique du moyen âge, on sait quelle difficulté il y a à traduire, en notation moderne, les manuscrits des anciens compositeurs, qui n'employaient que des chiffres ou des lettres. La moindre erreur suffit à dénaturer le caractère d'un chant. Ceux des Arabes sont encore plus ténébreux, parce qu'à la valeur ordinaire des lettres qui leur servent de notes, ils joignent des sens mystérieux et cabalistiques ; il est presque aussi facile de lire couramment les panneaux d'hiéroglyphes des nécropoles thébaines, ou les bandelettes de papyrus qui enveloppent les momies ; mais les œuvres de ces compositeurs, dont aujourd'hui les noms sont ignorés et qu'autrefois les califes payaient avec des chameaux chargés de dinars, des boisseaux de perles fines, des cafetans de brocart d'or et des esclaves de Géorgie, se sont perpétuées en tout ou en partie par la tradition, dans ce pays où rien ne change, et le pauvre fellah, en poussant devant lui son âne, en remontant le Nil dans les roseaux, mêle au rire du crocodile, au reniflement du buffle qui se cuirasse de vase, quelque antique mélodie chantée jadis à la cour des Ommiades ou des Fatimites, sous le treillage argenté qui cachait à demi la fille du sultan.

On a vu, par les quelques fragments que David a intercalés dans sa partition, comme ces trois ou quatre fils d'or qui rayent la pourpre des tissus orientaux, quel effet étaient susceptibles de produire sur le public ces mélodies, écloses au pays où naît le soleil.

Et ici, disons-le, quoique le mérite du compositeur soit incontestable, et que les vieux qui ne sont jamais contents de rien aient trouvé son style pur et son instrumentation savante, il doit une partie de son succès à l'opportunité de son apparition.

Tout le monde fredonnait vaguement quelques marches arabes rapportées d'Afrique par nos braves soldats. Félicien David, et c'est tout simplement du génie, a formulé nettement le désir universel. Il a dit tout haut ce que chacun avait dit tout bas. Quel est le secret des grandes réussites ? Une forme précise donnée à une pensée générale.

Ainsi, la conquête d'Alger, *les Orientales, la Patrouille turque, la Vue du Nil au soleil couchant*, les babouches et les blagues à tabac rendaient indispensable l'ode-symphonie du *Désert*, et la symphonie du *Désert* s'est produite comme tout ce qui est nécessaire.

Aussi le public est-il entré franchement en communication avec l'auteur à partir de la singulière mélodie du *Chybouk*, accompagnée de triangles et de tambours, et l'enthousiasme a-t-il été au comble pendant toute la durée de la symphonie orientale, dont, chose inouïe, les exécutants ont été obligés de répéter presque entièrement la seconde et la troisième partie. La *Fantasia arabe*, la *Danse des almées* ont soulevé toute la salle, qui les eût volontiers fait jouer cinq ou six fois de suite, ne pouvant se rassasier de les entendre. L'*Hymne à la Nuit* est une des plus admirables mélodies qu'il soit donné à l'oreille humaine d'entendre, et, à l'heure qu'il est, tout Paris est plein de gens qui s'en vont murmurant d'une voix plus ou moins fausse, chacun selon ses moyens, le chant obsesseur :

> Mon bien-aimé d'amour s'enivre,

à peu près comme les Abdéritains poursuivis si opiniâtrément par la fameuse tirade d'Euripide : *Amour, tyran des dieux et des hommes!* Cet air charmant, qui a déjà une immense popularité, nous en avons bien peur, deviendra bientôt ce qu'on appelle une *scie* en langage d'atelier, et il faudra faire promettre désormais aux domestiques qu'on engagera de ne le chanter que trois fois par jour, sous peine de renvoi immédiat. — La voix énigmatique de M. Béfort, qui donne à pleine poitrine des notes déjà difficiles pour un homme en voix de fausset, prête un charme étrange à ce soupir éthéré.

Les motifs du jeune compositeur semblent tombés des lèvres pâles de la lune par une belle nuit d'été ; on croirait entendre le battement d'ailes des colombes ou des péris, le frôlement des robes d'or que traînent les étoiles sur le pavé d'azur du ciel, le baiser plaintif de la mer amoureuse au rivage qui la repousse, et le soupir de lassitude des fleurs penchées sous la chaleur du jour. Il y a dans tous ses chants quelque chose de nocturne, de somnambulique, de vaporeux, d'étranger aux passions humaines, d'un effet bizarre et charmant. Le panthéisme, dont les larges sens et les immenses harmonies prêtent si bien à la musique, cet art multiple et complexe qui peut faire parler plusieurs ensemble et confier à chaque instrument une note de la pensée générale, respire dans toutes les compositions de David; on sent que, pour lui, la nature a autant d'importance que l'homme et qu'il croit que le grain de sable a sa voix tout comme le poëte; bien peu de musiciens se seraient préoccupés d'écouter l'harmonie des sphères, de décrire la danse des astres et de faire exécuter une vocalise par une comète. — Ces idées platoniciennes remises en honneur par les philosophes alexandrins, Félicien David les aura sans doute recueillies en Orient, ce berceau et cette tombe de toutes les sagesses, cette terre dont il suffit de soulever le linceul de sable pour retrouver toutes les grandes pensées humaines. On a dit, sans doute à cause de sa familiarité avec les Arabes et de son long séjour en Égypte et en Syrie, que David était musulman; nous croyons, nous, que, s'il a un dieu secret, c'est celui dont une voix menteuse résonnant sur la mer a annoncé la mort — le grand dieu Pan! ce dieu tout esprit, tout lumière, tout œil, que Gœthe adorait, à qui Victor Hugo a adressé cet hymne digne d'Orphée, qui clôt si magnifiquement son volume des *Feuilles d'Automne*, et dont toutes les religions ne sont que des symboles plus ou moins obscurs!

L'instant le plus curieux du concert a été, sans contredit, la prière du muezzin, dont les paroles mêmes sont arabes. Tous les yeux se sont tournés aussitôt vers les beaux fantômes blancs qui, jusque-là, n'avaient pas donné signe de vie. — Aux premiers mots : *El salam alek! Aleikoum el salam!* ils dressèrent l'oreille comme un cheval de guerre au cri du clairon, et leurs faces brunes s'épanouirent; ils suivaient le chant à demi-voix; et, la prière du muezzin terminée, ils applaudirent avec des signes de satisfaction si évidente, que l'on fit recommencer M. Béfort exprès pour eux. Le chant fini, ils reprirent leur attitude mélancolique et, si notre lorgnette ne nous a pas trompé, avec une nuance plus triste; car cet air avait dû être pour eux comme une espèce de *rantz des vaches*, et faire naître une nostalgie dans leur âme; ils ont dû revoir le minaret cerclé de balcons évidés à jour, s'enfonçant, comme un mât d'ivoire, dans le bleu inaltérable du ciel, les grandes murailles roses et blanches, les rues étroites couvertes de bannes rayées et, derrière les treillages de bois de cèdre, quelque œil étincelant comme une escarboucle...

La recette a été une des plus fortes dont on ait mémoire au théâtre, et les autres représentations promettent de n'être pas moins fructueuses. Tout le monde voudra aller à la Mecque et devenir hadji sur les rhythmes si francs et si puissants de Félicien David.

Acteurs anglais. *Werner*. — C'est une étrange pièce que cette tragédie de lord Byron, et, nous qui l'avions lue seulement, nous n'aurions jamais pensé qu'elle pût être représentée; car la France, si téméraire d'ailleurs, est, en fait de théâtre, d'une timidité dont rien n'approche. De combien de belles choses nous a privés cette prétendue science des planches, dont les vaudevillistes croient avoir seuls le secret ! Et pourtant, tout ce qui semblerait impossible à ce point de vue étroit s'exécute avec une facilité et un succès surprenants. Aucun directeur de théâtre à Paris n'admettrait la plupart des chefs-d'œuvre étrangers. Cette persuasion qu'on doit toujours entrer et sortir d'une certaine manière, passée des directeurs au public et, par contre-coup, aux auteurs, nous prive de bien vives jouissances scéniques.

Dans la salle la plus nue d'un vieux château délabré où n'habitent plus guère que les rats, les chauves-souris et un vieil intendant imbécile, s'est abrité un pauvre diable d'apparence inquiète et chétive, accompagné d'une femme jolie encore et dont la beauté ne demanderait qu'un rayon de soleil pour refleurir. Le mari relève de maladie et voudrait quitter ce lieu, dont le séjour ne lui paraît pas sûr, car il est poursuivi par un ennemi acharné et puissant, le comte de Stralenheim; mais l'Oder est débordé et couvre au loin les campagnes de ses flots jaunâtres; les communications avec l'autre rive sont interrompues, et chaque instant de retard rapproche la victime de son persécuteur, qui convoite le riche héritage des comtes de Siegendorf, dont Werner est le descendant légitime quoique contesté.

Un grand tumulte se fait entendre dans la demeure abandonnée; les valets vont et viennent; il s'agit d'un grand seigneur qui a failli se noyer en essayant de traverser l'Oder, malgré les représentations, avec cinq chevaux de poste, deux singes, un caniche et un valet de chambre. Sa Seigneurie a été retirée de l'eau à travers la portière de sa voiture, tout juste à temps, par deux gaillards intrépides et vigoureux. L'intendant Idenstein s'empresse et se hâte, avec une servilité obséquieuse, de faire transporter Sa Seigneurie dans une chambre qui, pour être un peu humide, l'est, à coup sûr, beaucoup moins que l'endroit d'où elle sort. Quelqu'un qui ne viendrait pas de se noyer courrait risque de s'y enrhumer; mais, comparativement, c'est un lieu fort sec. Le comte peut avoir besoin d'un lit ou d'une fosse; les deux sont préparés, car maître Idenstein est un homme de précaution. Stralenheim, bien qu'il ait avalé assez d'eau pour faire crever deux paysans, se remet de son accident, — ces nobles ont la vie si dure! — et commence par être ingrat envers le brave Hongrois Gabor, qui se repent de ne pas l'avoir laissé au fond de l'Oder, ou, du moins, d'avoir aidé Ulric à l'en tirer. « Comment, dit Idenstein dans la naïve stupidité de son égoïsme, l'avez-vous sauvé, ne le connaissant pas? — On ne sauve que les gens qu'on ne connaît pas, » répond Gabor avec cette âpre humour qui n'abandonne jamais lord Byron. Ulric n'est autre que le fils de Werner; il a reconnu, dans l'homme qu'il a sauvé des flots, Stralenheim, son mortel ennemi, et se repent d'avoir cédé à ce mouvement généreux; mais il profitera des relations que cet accident ne peut manquer de faire naître, pour réparer sa maladresse.

Werner, qui inquiète autant Stralenheim que Stralenheim l'inquiète, n'a d'autre idée que de fuir; mais il n'a pas d'argent, et son fils ne paraît guère mieux en fonds que lui. — Une pensée coupable lui vient à l'esprit. — En parcourant tous les recoins du vieux manoir, il a découvert un long et ténébreux passage qui mène à l'appartement où Idenstein a logé le comte; il s'y engage; et, profitant du sommeil de Stralenheim, il vole une poignée d'or éparpillée sur la table et s'en retourne, sans avoir accompli la pensée qui lui était venue de poignarder le comte. Mais cette pensée du père, le fils l'exécute; et c'est encore ce pauvre diable de Hongrois, d'abord accusé de vol, qui endosse le meurtre. Werner fuit au moyen d'une bague de brillants qu'Ulric lui donne, et qu'il remet à Idenstein, car c'est de l'or, et non une bague, qu'on a volé. — Le dénoûment de tout cela est que Werner rentre dans l'héritage des comtes de Siegendorf, et veut faire épouser à Ulric Ida Stralenheim par manière d'expiation. A la fin, tout se découvre : Gabor prouve qu'Ulric est le meurtrier de Stralenheim et qu'il commande les bandits qui infestent les forêts de la Lusace.

Comme vous le voyez, la fable n'est pas très-compliquée ; mais ce qui est admirable, c'est la fermeté mâle du style, l'incisive ironie du sarcasme, l'étude profonde du cœur humain : ce Stralenheim, qui, à peine séché de sa noyade, veut faire passer le fleuve à de pauvres diables grelottants, pour quelque projet qu'il a en tête, n'imaginant pas qu'un manant puisse tenir à sa vie quand on la lui paye ; cet Ulric, esprit froid, courage indomptable, qui accable de son mépris respectueux et glacé un père qui n'a pas eu l'énergie du crime et a volé, quand il pouvait tuer ; cette Joséphine si tendre et si dévouée ; cette Ida si naïve ; cet Idenstein si rampant ; ce Gabor si brave et si loyal dans sa brusquerie d'aventurier ; tout cela est peint de main de maître, avec cette touche large et sombre, ces éclairs sinistres, cette cruauté calme qui caractérisent le chef de l'école satanique. — Une chose curieuse, c'est la rage concentrée avec laquelle lord Byron, pair d'Angleterre, aristocrate lui-même et tenant fort à ses titres, parle des nobles tout le long de la pièce. Quelle plaisanterie amère ! quelle gaieté implacable ! comme il fait ressortir leur mobilité inquiète, leurs engouements puérils, leurs défiances injurieuses, leur infatuation d'eux-mêmes, leur sécheresse d'âme et leur dédain de l'espèce humaine ! Il les connaissait, on le voit. Mais comme aussi, en esprit impartial, il peint dans Idenstein la plate servilité, la bassesse avide des classes inférieures ! Après cela, soyez donc philanthrope !

Macready a représenté le rôle de Werner, qui est un de ses plus beaux, avec une intimité d'étude, une variété de nuances très-remarquables ; pourtant, il est à croire que cette pièce, toute d'analyse et de style, fera un moindre effet sur des spectateurs français qu'une tragédie de Shakspeare, où, à la beauté des détails se joint une action si clairement dessinée, qu'elle se comprend comme une pantomime.

GYMNASE. *Madame de Cérigny.* — M. Bayard, s'étant un jour réveillé avec une idée, bâtit sur cette idée une comédie en cinq actes, qu'il intitula *un Ménage parisien*, et qu'il fit jouer au Théâtre-Français. Après avoir ainsi exploité son sujet, un auteur novice l'aurait cru bonnement épuisé, et se serait fait scrupule d'y revenir; mais M. Bayard sait trop combien les idées sont rares pour ne pas en être économe, et il jugea qu'en reprenant la sienne en sous-œuvre, en la rhabillant ou plutôt la décolletant un peu, il pourrait bien encore en tirer un petit acte à l'usage du Gymnase; c'est ce qui nous a valu *Madame de Cérigny*, dont, au surplus, nous n'avons pas autrement à médire; et même, s'il faut l'avouer, nous préférons le vaudeville à la comédie, celui-là ayant l'avantage d'être plus court.

Un fils de famille, Édouard de Cérigny, a traîné longtemps par le monde une maîtresse qu'il avait l'imprudence de donner partout comme sa femme, au lieu de suivre l'exemple des étudiants, docteurs et procureurs du roi en expectative, — qui, du moins, ne compromettent que leur nom de baptême, avec les beautés faciles du quartier latin, fières de s'appeler tout uniment madame Jules, ou madame Paul, ou madame Adolphe. — Au bout de quelques années, Édouard de Cérigny a planté là sa maîtresse, et s'est marié légitimement. Inutile de dire que sa jeune épouse est la candeur, la vertu même : les mauvais sujets ont toujours la main heureuse. M. et madame de Cérigny sont venus à Bade passer leur lune de miel et ont fait route avec un petit avocat qui, de relais en relais, est devenu passionnément amoureux de sa compagne de voyage. Dans son respect pour madame de Cérigny, Ernest — c'est le nom de l'avocat — n'a pas osé toutefois lui déclarer son amour. Il s'en ouvre seulement à l'un de ses amis, appelé Gustave, qu'il rencontre par hasard en arrivant à Bade. Gustave écoute d'abord sérieusement la confidence du jeune homme et le plaint de tout son cœur; mais, lorsqu'il apprend que l'objet d'une si pure et si délicate flamme n'est autre que madame de Cérigny, il laisse éclater un fou rire et ne trouve pas assez d'expressions pour railler l'ingénuité d'Ernest. Celui-ci veut savoir la cause de ces plaisanteries intempestives; Gustave lui déclare alors que madame de Cérigny n'est pas mariée, qu'elle porte un nom et un titre qui ne lui appartiennent pas, comme elle en a déjà porté plusieurs avant d'être la maîtresse de M. de Cérigny. « Et moi qui la respectais, s'écrie Ernest, moi qui craignais de la compromettre par un mot, par un regard! Imbécile que j'étais! Comme elle a dû se moquer de mon air langoureux! Oh! mais que je me retrouve seul avec elle maintenant, et je lui montrerai si je sais comment on traite ses pareilles! »

L'intrigue ainsi engagée, vous devinez ce qui s'ensuit : Ernest, par ses bavardages, fait chasser madame de Cérigny de tous les cercles, et il se livre envers elle à des démonstrations cavalières dont le mari ne tarde pas à s'alarmer. Les choses s'embrouillent d'autant plus que l'ancienne maîtresse de ce dernier est venue elle-même prendre les eaux. Enfin, quand la leçon est assez complète pour M. de Cérigny, le quiproquo s'explique; Gustave reconnaît son erreur, et Ernest, confus, reprend la route de Paris, sachant « qu'il ne faut jamais, lorsqu'on est garçon, laisser compromettre par sa maîtresse le nom que l'on doit donner plus tard à une épouse honorable et vertueuse. »

Ce petit cours de morale a eu du succès, grâce à la façon dont il a été présenté par Numa, Tisserant et mademoiselle Rose Chéri.

13 janvier.

Odéon. *Inez, ou la Chute d'un ministre.* — Ce drame, imité de Navarrete par don Carlos de Algarra, ne peut manquer de piquer la curiosité. Il est intéressant de voir un étranger écrire, dans un idiome qui n'est pas le sien, une pièce qui non-seulement a pu supporter la représentation, mais encore a su se faire applaudir par un parterre dont l'indulgence n'est pas le défaut.

Seulement, nous croyons que M. Algarra aurait pu mieux choisir la pièce qu'il a traduite; *la Chute d'un ministre* a très-bien réussi en Espagne, et c'est probablement ce succès qui aura déterminé M. Algarra à transporter sur notre théâtre la pièce de Navarrete. Malheureusement, ce drame, qui date de quelques années, a été composé dans un système d'imitation française qui peut être fort neuf pour Madrid, mais qui ne nous offre pas le même intérêt. L'auteur, on le voit, a profondément étudié tous les drames et les mélodrames qui se sont produits dans cette dernière période, dont *la Tour de Nesle* et, à un degré inférieur, *le Sonneur de Saint-Paul* sont les chefs-d'œuvre. — Il s'est assimilé très-adroitement la manière des faiseurs français, et le grand Joseph Bouchardy lui-même ne désavouerait pas les coups de théâtre et les surprises qui se succèdent dans *la Chute d'un ministre*.

Ces qualités très-réelles ne sont pas celles qu'un public parisien attend d'un auteur espagnol, et il a peut-être été un peu désappointé de trouver si française une pièce d'*au delà des monts*. — M. Algarra eût mieux fait de prendre tout bonnement une comédie de Calderon, de Lope de Vega, d'Alarcon, de Rojas, de Diamante ou de tout autre poëte ancien, et de la traduire aussi fidèlement que possible.

SALLE VENTADOUR (acteurs anglais). *Macbeth*. — *Macbeth* est une des plus étonnantes pièces de Shakspeare et celle qui peut-être se rapproche le plus des anciennes tragédies grecques. On sent là dedans comme un souffle de la Muse antique ; malgré la différence des temps, des mœurs et des croyances, l'inspiration et le procédé sont les mêmes ; car, dans la famille des génies, comme dans la famille ordinaire, les physionomies, quoique diverses, offrent des traits de ressemblance qui frappent les yeux les moins attentifs. Eschyle et Shakspeare sont frères à deux mille ans de distance, parenté aussi honorable pour le poëte athénien que pour le barde anglais.

En effet, de quelle manière les tragiques grecs entendaient-ils le théâtre ? Ils prenaient dans les poëmes et les chroniques nationales un sujet qu'ils découpaient en dialogue et qu'ils entremêlaient de chœurs, espèces de commentaires sur les infortunes du héros, et qui résument la pensée de l'auteur. On peut dire, sans diminuer la gloire de ces grands hommes, qu'ils n'ont rien ou presque rien inventé. La mythologie ou l'histoire fournissent les événements et les péripéties de leurs drames ; et cependant ces tragédies, où tout est connu d'avance, leur appartiennent en propre ; ils y ont mis leur poésie, leur philosophie, et surtout leur style. Depuis six mille ans et plus que le monde existe avec la conscience de lui-même, il s'est passé dans tous les pays, successivement ou simultanément, des millions d'aventures rapportées fort au long par de gros livres, en toutes sortes de langues plus ou moins inintelligibles, auxquelles il n'a manqué que d'être lues par Eschyle, Shakspeare ou Calderon, pour devenir de magnifiques pièces de théâtre.

Il est même remarquable que les grands génies ne trouvent rien dans le sens absolu du mot. Les *données* viennent presque toujours d'auteurs médiocres : ces esprits estimables, quoique inférieurs, remplissent auprès des poëtes le même office que les chiens auprès des chasseurs. Le chien fait lever le gibier et l'homme tue; Hector Boëce rapporte la légende de Macbeth. — Buchanan, l'historien, la cite, avec cette phrase dédaigneuse bien digne d'un savant : *Multa hic fabulosè affingit; sed quia theatris aut fabulis milesiis sunt aptiora quàm historiæ, ea omitto.* — Shakspeare écrit *Macbeth*.

Cette pièce, où rien ne paraît appartenir au poëte, est pourtant une de ses plus merveilleuses et plus intimes créations; sur le squelette de la chronique, il a mis des muscles, des nerfs, de la chair, un épiderme frissonnant de vie; il a fait couler le sang, étinceler le regard; il a produit la seule chose éternelle dans l'art, un homme et une femme qui existent, qu'on voit dans ses rêves et qu'il vous semble avoir connus. — Pour notre part, nous croyons aussi fermement à Macbeth, thane de Glamis et de Cawdor, qu'à Louis XVIII, auteur de la *Charte constitutionnelle*. Buchanan a beau traiter son règne de fabuleux, nous nous en rapportons là-dessus à Shakspeare.

Avec quel art infini est construite cette œuvre si désordonnée, si vagabonde en apparence, qui faisait sourire de pitié nos charpentiers dramatiques! Quelle haute compréhension, quel regard calme et lumineux, quelle étude profonde du cœur humain, quel sang-froid et, en même temps, quel lyrisme! et, dans les détails, quel caprice infini d'arabesques, quels traits caractéristiques et pittoresques! Shakspeare est certainement le génie le plus complet qui ait jamais existé. A nul autre ne s'applique plus justement ce qu'il dit d'un de ses héros : « Dieu pouvait s'arrêter et dire en le contemplant : « C'est » un homme! » Il a tous les tons, depuis le sublime le plus éthéré jusqu'au grotesque le plus grimaçant; il est terrible et jovial, tendre et violent, passionné et sceptique, varié comme la vie, impartial comme la nature. A cause de lui, on pardonne à l'Angleterre d'exister.

Quand le rideau se lève, le théâtre représente une plaine aride et sinistre, où palpitent au vent quelques maigres bruyères ; l'éclair illumine de lueurs passagères les noirs écroulements des nuages, un tonnerre rauque rugit sourdement dans le lointain ; trois êtres hideux, décharnés, livides, d'un sexe indécis, douteux, — car, si leurs haillons indiquent des femmes, les poils gris dont leur menton est hérissé les feraient prendre pour des hommes, — s'avancent mystérieusement et se donnent rendez-vous pour parler à Macbeth, quand la bataille sera perdue ou gagnée. Leur dialogue étrange est coupé par le miaulement du chat Grymalkin et le coassement du crapaud Paddock. Le rendez-vous convenu, le trio monstrueux se sépare, en jetant aux spectateurs étonnés cette maxime vertigineuse : « Le beau est horrible, l'horrible est beau. »

N'est-ce pas là une des plus saisissantes expositions qui se puissent voir ? De la prédiction des sorcières va découler toute la pièce ; comme cette scène de magie, dont les personnages semblent échappés d'un cauchemar, vous trouble profondément et vous prépare aux événements terribles, au drame ténébreux et sinistre qui va suivre ! Shaskpeare nous a montré tout d'abord les sorcières, car il a senti qu'il fallait avant tout les rendre *réelles* pour le public : une fois admises, il est naturel qu'on ajoute à leurs prédictions la même foi que Macbeth. En abordant de front le côté invraisemblable de son action, le poëte anglais a fait preuve d'une adresse merveilleuse et d'une grande logique. Après cette scène sur la bruyère, il est impossible de ne pas croire aux sorcières comme une vieille nourrice.

Les mégères disparues, le drame se transporte au camp près de Fores. Un soldat blessé rend compte au roi Duncan de la bataille où Macbeth fait des prodiges de valeur, et a gagné la victoire malgré la défection du thane de Cawdor, que le roi commande de mettre à mort.

La scène représente de nouveau la bruyère déserte ; les sorcières reparaissent et tiennent entre elles une conversation où le délire du sabbat éclate en trivialités hideuses, en images extravagantes, en histoires décousues comme les hallucinations de la fièvre : « D'où viens-tu, ma sœur? dit l'une d'elles. — De tuer le pourceau. — Et toi ? — La femme d'un marin mangeait des châtaignes ; je lui en demande une, la grossière me refuse ; son mari le patron du *Tigre* est parti pour Alep. Je m'embarquerai sur un tamis, et je le suivrai comme un rat sans queue. — Veux-tu ce vent du nord? veux-tu ce vent d'ouest pour arriver plus vite? répondent les deux autres. — Merci… Je veux qu'il sèche et jaunisse comme du foin, et que jamais le sommeil ne descende sur ses paupières ; voyez ce que je tiens pour opérer le charme : c'est le pouce d'un marin noyé près du port. »

La folie sinistre de ces propos est interrompue par une fanfare : c'est Macbeth qui approche. Les magiciennes joignent leurs mains d'araignées et tournent lourdement en grommelant une incantation bizarre, basée sur les propriétés cabalistiques du nombre trois.

Entrent Banquo et Macbeth, dont le caractère incertain quoique violent se trahit par la première phrase qu'il prononce : « Je n'ai pas vu de jour plus beau et plus sombre à la fois que celui-ci. »

Les sorcières s'approchent, et, posant leur doigt de cire sur leur lèvre pendante, elles débitent, de cette voix monotone d'êtres étrangers à tout sentiment humain : « Gloire à Macbeth, thane de Glamis et de Cawdor! gloire à toi qui seras roi? — Salut à Banquo, moindre que Macbeth et bien plus grand, — moins heureux, plus heureux, qui donnera le jour à des rois sans être roi lui-même! »

La prédiction achevée, la semence du crime jetée dans l'âme de Macbeth, les nombres mystérieux s'évanouissent comme les bulles qui viennent crever à la surface de l'eau.

Ce mot *Tu seras roi!* est gros du meurtre de Banquo ; Macbeth reste rêveur. La graine vénéneuse a germé et pousse ses racines chevelues dans ce cœur qu'elle va bientôt envelopper dans ses rameaux difformes. C'est un des plus beaux spectacles physiologiques que l'éclosion de cette idée affreuse qui naît et grandit de scène en scène et finit par se traduire dans une réalité terrible.

Macbeth, nommé thane de Cawdor, ajoute désormais une foi aveugle à la prédiction des magiciennes sorcières. Si elle est fausse, il la rendra vraie, et ici éclate la puissance du verbe. Les sorcières ont peut-être parlé au hasard, et le mot tombé de leur bouche en délire va recevoir la consécration du fait. — Il y a comme cela des phrases dangereuses qu'il ne faut pas prononcer devant certaines personnes ; on doit se garder de formuler nettement le rêve obscur des âmes ténébreuses ; car, dès que l'évocation a été faite, il n'est plus possible d'en empêcher les suites. Sans les quatre mots : « Macbeth tu seras roi, » Banquo aurait vécu de longues années. — Macbeth, dans le fond de son cœur, avait bien eu des pensées ambitieuses, de vagues aspirations à la royauté, mais il s'en serait tenu là ; car, ainsi que sa femme le lui reproche, il aimerait bien gagner au jeu, mais loyalement ; il voudrait bien parvenir au pouvoir, mais par des moyens légitimes. Supprimez la fatale rencontre des horribles vieilles, Macbeth eût été vertueux, sinon d'intention, du moins de fait. — Étrange force de la parole qui crée l'action comme elle a créé le monde ! Si Dieu n'avait pas dit : « Que la lumière soit ! » la lumière n'aurait pas été.

Une chose admirable, c'est la différence marquée par Shakspeare entre les caractères de Macbeth et de sa femme. Un poëte vulgaire eût donné les hésitations, les craintes, les remords à la femme, et fait le mari implacable, violent, tout d'une pièce. L'auteur anglais procède en sens inverse et montre ainsi sa profonde connaissance du cœur humain.

La femme, que son sexe condamne à l'inaction et retient en quelque sorte prisonnière dans le foyer domestique, conçoit un projet et le suit avec une force, une insistance que rien ne détourne. Sa pensée solitaire s'incruste dans son cerveau, bien plus profondément que chez l'homme, distrait à chaque instant par les mille soins de la vie ; et puis, il faut le dire, la morale et la logique sont deux facultés peu développées chez la femme ; ce qu'elle désire lui semble toujours juste et légitime, faute d'une appréciation exacte des rapports ; les obstacles contre lesquels personnellement elle n'a jamais eu à lutter, ne lui paraissent que de peu d'importance ; nous ne croyons pas qu'une femme ait jamais compris qu'on ne pouvait pas faire une chose. A cause de leur faiblesse même qui les dispense de la lutte physique, l'intrépidité morale des femmes est sans borne ; pour atteindre leur but, elles ne reculent devant rien, et, n'en déplaise aux apologistes de ce sexe charmant, derrière toute action atroce ou violente, il y a une pensée de femme.

Lady Macbeth n'hésite pas un instant à conseiller à son mari de tuer le roi Duncan, son hôte, malgré ses cheveux blancs et ses vertus; car, bien qu'elle remette le poignard aux mains du thane, ce n'est pas elle qui enfoncera la lame froide dans le sein du vieillard endormi. L'horrible cuisine du meurtre n'offensera pas ses organes délicats; elle ne verra pas couler le sang de la victime par une plaie béante, *large brèche faite au flanc de la nature*. Le crime n'existe pour elle qu'à l'état d'abstraction; il faut que Macbeth soit roi, que Duncan meure et cède son trône : voilà tout ; et aussi peut-elle répondre à son mari quand il revient, chancelant, ivre de meurtre, regardant avec effroi ses mains rouges, et qu'il lui demande s'il a parlé : « Je n'ai rien entendu que le grillon qui chante et le hibou qui se plaint. »

Macbeth est meurtrier plutôt par la crainte de passer pour lâche aux yeux de sa femme, que par férocité naturelle. Si lady Macbeth ne l'avait pas attendu à la porte de la chambre de Duncan, il se serait contenté de le regarder dormir en maniant le manche de son poignard, et se serait retiré sans rien faire; mais comment affronter les reproches et les sarcasmes d'une pareille créature, qui dit qu'elle écraserait son enfant sur son cœur plutôt que de manquer à une promesse, fût-ce une promesse de meurtre ! — Nous avouons que nous sommes de l'avis du brave thane; et nous aimerions mieux assassiner plusieurs Duncans que d'avoir une scène avec lady Macbeth.

Il fallait être Shakspeare pour adopter ce parti pris et le suivre jusqu'au bout; et tel est l'empire des caractères fermes, que lady Macbeth, tout atroce qu'elle est, révolte moins que son mari.

Pour s'affermir dans le crime, Macbeth a besoin de croire à une fatalité; il faut qu'il consulte les sorcières, qu'il interroge des fantômes, car il est plein de doutes et de terreurs; il n'est tranquille qu'après que le spectre lui a dit qu'aucun homme né d'une femme ne peut lui nuire, et qu'il n'a rien à craindre à moins que la forêt de Birnam ne marche vers Dunsinane. Ce n'est pas lady Macbeth qui viendrait sur la bruyère demander du courage au chaudron magique où bouillent ces abominables ingrédients décrits par le poëte avec une érudition de sorcellerie qui l'eût fait brûler en Espagne.

Comme il faut admirer, jusque dans ce morceau baroque qui a servi de modèle à Gœthe, dans *Faust*, pour le *Walburgisnachtraum*, la miraculeuse propriété de détails et d'expressions qui n'abandonne jamais le poëte, quel que soit le sujet qu'il traite, et en fait, malgré les reproches d'ignorance que lui ont adressés les pédants, la cervelle la plus encyclopédique qui ait jamais bouillonné sous un crâne à voûte d'ivoire! La tête vous tourne à cette monstrueuse litanie. C'est un mélange affreux de venin de crapaud, de duvet de chauve-souris, de nageoires de requin, de foie de juif blasphémateur, de boyaux de tigre, d'yeux de hibou, de cœurs de serpent, de graisse de pendu, de sang d'enfant nouveau-né, d'aconit, de ciguë, de fragments de momie, de langues de grenouilles, et de tout ce que peut inventer de sordide et de révoltant la superstition humaine. — Au fumet d'un tel ragoût, Hécate est descendue de son char pour présider elle-même à l'opération magique.

Hélas! le meurtre de Banquo a été inutile; les assassins ont laissé échapper le jeune Fléance, et huit ombres de rois, descendants de Banquo, s'élèvent de terre devant Macbeth, qui grince de rage.

Par un trait de génie, Shakspeare, dans une scène, la plus effrayante qui soit au théâtre, nous montre lady Macbeth somnambule errant à travers son château et faisant le geste de se laver les mains pendant un quart d'heure entier; — elle ne se repent pas; — une âme comme celle-là ne connaît pas le remords. Mais, quand elle est endormie, sa volonté ne commande plus ses actions, et le contre-coup de tant d'événements réagit sur ses nerfs. Sa préoccupation est même toute matérielle; elle ne regrette pas d'avoir fait tuer Duncan et Banquo; elle a peur qu'il ne soit resté des preuves du meurtre, et elle cherche à les faire disparaître. Bien qu'elle dise : « Qui jamais aurait cru qu'il avait tant de sang, ce vieillard ! » elle serait encore toute prête à le faire tuer, et elle reproche à Macbeth ses tressaillements nerveux qui gâtent tout.

Quant à Macbeth, le vertige du crime s'est emparé de lui; il a des visions, des terreurs; il croit voir des ombres s'asseoir à ses banquets; il ne lutte plus qu'avec un courage physique et presque bestial : c'est la bête fauve traquée qui se défend; ses nerfs et ses muscles sont braves, mais son âme est lâche. Il luttera corps à corps contre les plus vaillants guerriers, mais il blêmira s'il entend derrière lui quelque soupir étrange, s'il voit passer quelque fantôme avec du rouge au flanc; il se bat comme un lion, tant qu'il se croit protégé par un charme magique; mais, aussitôt qu'il sait que son adversaire Macduff a été arraché vivant du ventre maternel, toute sa résolution l'abandonne, et il se laisse lâchement égorger; — car la forêt de Birnam est arrivée à Dunsinane, les soldats de Malcolm ayant coupé des branches pour voiler leur marche et empêcher l'éclat de leurs armes de la trahir.

Macready a joué Macbeth avec son talent accoutumé. Il a bien marqué toutes les nuances de ce caractère complexe, et, quoique nous lui trouvions quelquefois des attitudes trop académiques, un débit où la combinaison perce trop, on peut dire qu'il réalise complétement la figure dessinée par le poëte. Son extérieur est, cette fois, tout à fait d'accord avec son rôle. Sa grande taille, son visage fortement accentué, ses yeux aux prunelles fauves, ses gestes violents, sa diction saccadée, tout, jusqu'à son accoutrement barbare et un peu mélodramatique, concourait à l'illusion.

Miss Faucit a été sublime dans la scène du somnambulisme. Cette fixité morne du regard, ces mouvements automatiques, ce corps endormi obéissant, sans conscience de ce qu'il fait, à l'âme tenue en éveil par une pensée obsédante, ont produit un effet de haute terreur tragique, et des applaudissements unanimes et prolongés ont prouvé à miss Helen Faucit que le talent se faisait comprendre partout.

Un éloge qu'on peut donner aux acteurs qui composent la troupe anglaise, même aux plus médiocres, est le soin qu'ils apportent à ce qu'ils font, l'attention profonde avec laquelle ils écoutent leurs interlocuteurs, et le relief qu'ils donnent à l'action qu'ils représentent; ils jouent dans un oubli complet du public, suivent le drame sans le perdre un instant de vue, et rétablissent ainsi l'unité que pourrait déranger l'allure ambulatoire du système shakspearien. — Des acteurs français, représentant de semblables pièces, les rendraient inintelligibles par leurs distractions.

Ces intéressantes représentations touchent à leur fin, et cela est fâcheux ; il y a encore beaucoup à profiter pour nous dans le répertoire anglais, et une douzaine de soirées de plus auraient pu rendre la spéculation fructueuse, car le public commence à prendre goût à ce spectacle exotique. A la dernière représentation de *Macbeth*, la salle était comble.

20 janvier.

ITALIENS. *La Rinegata (Lucrezia Borgia).* — *La Rinegata*, malgré son titre neuf, n'est pas un opéra nouveau, et, dès les premières mesures, vous vous trouvez en pays — nous nous trompons — en musique de connaissance. Ce chœur charmant qui se chante sous les murs de Grenade, ne l'avez-vous pas entendu autrefois à Venise? Ces jeunes seigneurs espagnols n'étaient-ils pas Italiens l'an passé? Ce beau jeune homme mélancolique qui s'appelle don Alvar de Luna ne s'appelait-il pas naguère tout simplement Gennaro? Cette belle dame inconnue qui lui a sauvé la vie et le poursuit de son amour mystérieux, bien qu'elle prétende se nommer Zoraïde, femme du roi maure Abdallah, nous paraît avoir, malgré la distance, des rapports de parenté très-étroits avec une certaine Lucrezia Borgia qui se servait des mêmes mélodies, des mêmes notes qu'elle, pour exprimer tout ce qu'elle avait sur le cœur et dans la tête.

« Hélas! nous répondent les Italiens, ce n'est pas une fantaisie : si nous chantons, sous cette belle musique de Donizetti, d'autres paroles que celles de *Lucrezia Borgia*, c'est que nous y sommes obligés. — Nous savons bien que les linéaments de ce drame, digne d'Eschyle pour la grandeur du style et la violence des passions, formaient un dessin merveilleusement propre à recevoir le coloris musical, et, quoique le poëte Gianone s'y soit pris avec beaucoup d'adresse, nous ne nous dissimulons pas que l'ancien livret valait mieux ; il avait, au moins, l'avantage d'éveiller le souvenir de la pièce de M. Victor Hugo, et de faire rêver ceux pour qui la sonorité n'est pas tout ; pour rendre notre hommage au poëte souverain, nous l'avions traduit et interprété avec les moyens de notre art. Nous pensions être des admirateurs ; il s'est trouvé que nous étions des plagiaires, et que notre enthousiasme relevait du tribunal de commerce. »

Pourtant, maître, permettez ici au plus humble et au plus dévoué de vos disciples de vous le dire : c'est un glorieux privilége que d'être ainsi la source où vont puiser tous les arts. Il est beau que, dans cette Italie de Virgile, de Dante, de l'Arioste, du Tasse, et même de Giraldi Cintio et de Luigi da Porto, ces collaborateurs de Shakspeare, il ne puisse pas se brocher un livret sans vos chefs-d'œuvre, ni là ni ailleurs. Vous servez d'imagination à ces peuples qui en ont eu tant ! Quel plus bel éloge ! Le musicien qui veut réussir demande qu'on lui réduise aux proportions du drame lyrique un de ces personnages à qui vous avez donné la vie. Le peintre qui veut attirer la foule devant son tableau, vous emprunte un de ces sujets comme il y en a à chaque page de vos romans et de vos poésies. Dans toutes les plumes et dans tous les pinceaux d'aujourd'hui, il y a un peu de votre encre et de votre couleur. Cela vous amoindrit-il en rien ? Parce qu'un pauvre diable s'agenouille au bord d'un fleuve et puise dans ses deux mains une gorgée d'eau pour sa soif, le fleuve en est-il diminué d'une onde et n'en continue-t-il pas moins sa marche vers la mer comme vous vers l'immortalité ? Le génie est semblable à l'amour maternel que vous avez si bien dépeint : il se divise et garde son unité :

> Chacun en a sa part et tous l'ont tout entier.

Cher maître, vous avez dans votre palais, comme Aboulcassem, des citernes pleines de pièces d'or et de pierreries où nous pouvons tous puiser sans les faire baisser d'une ligne. Celles-là taries, vous en avez d'autres ; car, vous-même, vous n'avez pas pénétré jusqu'à la dernière chambre de votre trésor. Le premier puits contenait de quoi défrayer un monde.

Un jour, — le plus beau de notre vie, — nous étions dans la sierra Nevada, en plein azur et en pleine neige, près des sources du Darro ; nous vîmes un aigle qui planait dans le ciel, ivre de lumière, de solitude et de liberté. Une plume, sans doute effleurée par la balle de quelque chasseur montagnard, se détacha de son aile puissante, et, après mille tournoiements, vint tomber juste sur nous ; nous la plaçâmes fièrement à notre sombrero andalous. — L'aigle ne descendit pas pour la reprendre. Savait-il seulement qu'elle était tombée ? Elle est encore sur notre bureau, où elle nous a servi à écrire bien des sottises, — et l'oiseau sublime habite toujours les pics inaccessibles de Veleta et de Mulhacen.

ACTEURS ANGLAIS (dernière représentation). *Henry IV.* — *Roméo et Juliette.* — *The Day after the Wedding.* — Nous ne sommes pas arrivé d'assez bonne heure pour voir d'un bout à l'autre cette terrible représentation, qui a commencé vendredi soir et n'a fini que samedi matin. Nous n'avons fait qu'entrevoir Macready dans *Henry IV*, où il nous a paru interpréter Shakspeare avec sa conscience et son talent accoutumés; mais nous avons assisté en entier aux trois actes de *Roméo et Juliette* et à *la Jeune Femme colère*, jouée en anglais par mademoiselle Plessy.

Les acteurs d'outre-Manche, nous l'avons déjà dit, mettent dans leur jeu un soin extrême; ils sont pleins d'intentions, ils se posent, prennent des temps et dessinent très-fermement la silhouette de leurs rôles : la variété d'attitudes de miss Helen Faucit, dans le rôle de Juliette, est vraiment étonnante : un peintre qui prendrait la peine de les dessiner en ferait aisément plusieurs cahiers : ce sont toutes sortes de manières de poser le pied, de traîner la jambe, de jeter les bras, de pencher la tête où l'on sent le travail et la tradition.

Cette façon de jouer se rapproche beaucoup du procédé des acteurs de pantomimes, qui, privés du secours de la parole, sont obligés de donner plus de relief au geste, plus de rhythme aux mouvements. Les câlineries de Juliette à sa vieille nourrice sont rendues par miss Helen Faucit avec un enfantillage légèrement affecté qui ne nous déplaît pas; elle ressemble souvent à ces gravures à l'aquatinte d'Angelica Kauffmann, où l'on voit de sveltes héroïnes avec des chapeaux à plumes échevelées et des accoutrements romanesques, tenant dans leurs bras l'urne de quelque galant mort d'amour. C'est la même grâce vaporeuse qui est à la fois le mérite et le défaut des peintres anglais. — Dans la scène où elle va boire le narcotique qui doit la faire passer pour morte et la soustraire à l'amour du comte Pâris, elle a déployé un rare talent : il est difficile de mieux exprimer l'horreur de la jeune fille qui songe qu'elle va être descendue vivante dans le caveau de ses aïeux, et qu'elle va passer quelques heures dans la froide compagnie des cercueils où travaille le ver, et cependant de mieux faire sentir l'invincible résolution de tout affronter pour se conserver à l'amour de Roméo.

Quelques spectateurs français ont paru étonnés, par instants, de l'âpreté et de l'énergie avec lesquelles la tragédienne anglaise indique certains passages de son rôle. Juliette n'est pas, il faut bien y penser, une petite pensionnaire élevée à faire des sandwich pour le thé; c'est une Italienne amoureuse, ardente, et, bien qu'elle n'ait que quinze ans, ce n'est plus une Agnès. Roméo n'est pas descendu pour rien de ce poétique balcon escaladé en rêve par tous les jeunes gens. — Roméo lui-même n'est pas un troubadour, et n'a rien de ce qu'il faut pour figurer sur les pendules; il se bat pour la moindre chose; il embroche, comme un papillon avec une épingle, Tybalt, ce furieux spadassin; il assomme Pâris dans le caveau et montre toutes les apparences d'un gaillard athlétique. Juliette est, d'ailleurs, une jeune personne de trop de bon sens pour s'amouracher à première vue d'un mince freluquet. — Les Italiennes ne haïssent pas l'amour à larges épaules. — Ce serait donc méconnaître le véritable caractère des personnages de Shakspeare que de leur donner des allures de poitrinaire et des mélancolies de saule pleureur.

Le dénoûment, bien que connu de tout le monde et reproduit à satiété sous toutes les formes, fera toujours de l'effet. C'est qu'à travers ses violences et ses exagérations sépulcrales, il contient un sentiment profond, vrai, humain; c'est qu'il réalise pour un instant un vœu que chacun a fait, hélas! sans résultat. Qui de nous, épicier ou poëte, clerc d'huissier ou don Juan, rapin ou maître illustre, n'a pas eu dans son histoire quelque souvenir chaste et blanc, quelque morte adorée, belle encore dans sa pâleur, qu'il aurait voulu aller visiter une dernière fois dans ce caveau où Roméo pénètre? qui de nous n'a pas caressé cette enivrante chimère de sentir la bouche qu'on croyait glacée à jamais vous rendre votre baiser, et les mains fluettes de la ressuscitée se croiser derrière votre cou? qui ne s'est repenti de ne pas avoir été rouvrir le cercueil, pour se convaincre de ce fait si simple et pourtant si incroyable d'une séparation éternelle, qu'il a fait inventer l'immortalité de l'âme?

Le public anglais, dont les dures fibres, nourries de viande crue et de *porter*, ont besoin d'être pincées violemment, exige des acteurs, dans les scènes de meurtre et d'agonie, une vérité matérielle, une exactitude de détails, qui portent chez nous l'émotion jusqu'à l'angoisse. Cette mort de Roméo et de Juliette nous poursuit comme un cauchemar; ce désespoir, traversé par des lueurs de salut aussitôt éteintes, oppresse l'âme et vous fait éprouver une douleur presque physique.

Miss Helen Faucit a été applaudie, rappelée et bombardée de bouquets que Roméo, peu habitué aux usages français, lui laissait ramasser avec un sang-froid tout britannique.

Mademoiselle Plessy a joué en anglais *la Jeune Femme colère*, petite pièce assez insipide, qui a eu un grand succès il y a quelques années. Cette aimable personne casse les guitares, trépigne les chapeaux et les robes qui ne lui conviennent pas, et distribue des soufflets avec une aisance et une légèreté admirables. Son mari, pour la corriger, emploie la méthode homœopathique, et la traite selon la recette d'Hahnemann, *similia similibus* : il se livre aux violences les plus monstrueuses; il tempête, il crie, il hurle, il effondre les armoires, casse bras et jambes aux fauteuils, et se livre aux tintamarres les plus charivariques. La jeune femme, voyant son caractère dans ce miroir grossissant, devient douce comme un agneau, reconnaît avec bonheur que son mari est le plus doux des hommes, et que, pour la corriger à la lacédémonienne, on lui avait fait voir tout bonnement l'ilote ivre.

Mademoiselle Plessy est si jolie, qu'elle l'est encore même en s'extirpant de l'anglais de la bouche, opération qui n'est pas sans difficulté pour quiconque n'a pas le bonheur d'être né sujet britannique, et qui ne paraît même pas fort aisée pour ces insulaires, s'il faut en juger d'après les grimaces et les contractions musculaires qui accompagnent leur débit.

Ce qui a le plus diverti le public, dans cette comédie, c'est la quantité de baisers qu'on y échange, des baisers bien appliqués, sonores, comme en impriment les nourrices sur les joues de pomme d'api des enfants. — C'est, à ce qu'on dit, la manière anglaise; cette manière a du bon, surtout quand l'interlocutrice est mademoiselle Plessy.

Opéra. *Les petites danseuses viennoises.* — *La Jolie Fille de*

Gand avait attiré beaucoup de monde, mercredi, au théâtre de la rue Lepelletier. — Les ballets, avec leur spectacle varié, leur marche rapide et leur musique légère, forment une heureuse diversion aux opéras du répertoire moderne, si longs, si compliqués, si bruyants, que c'est plutôt un travail qu'un plaisir de les entendre.

Il y avait donc grande foule. Carlotta, que l'on fait jouer si rarement, dansait ce soir-là ; c'est tout dire. Il faut profiter du peu d'occasions qu'on a de l'entrevoir.

A cet attrait, déjà si puissant, se joignait un intérêt de curiosité des plus vifs : trente-six petites filles élevées et conduites par madame Weiss, maîtresse de ballets du théâtre de la Josephstadt, à Vienne, devaient danser trois pas collectifs, *l'allemande, la hongroise* et *le pas des fleurs*.

Nous avons naturellement une défiance mêlée d'aversion pour toutes les petites merveilles ; rien ne nous déplaît plus que de voir des enfants mûris en serre chaude, à qui l'on fait perdre l'instinct qui vient de Dieu, pour leur donner la science qui vient des hommes. Le professeur substitué à la nature nous révolte profondément, et nous ne pouvons penser sans tristesse aux heures de récréation supprimées, aux folles parties de barres, de volant, de balle, qui n'ont pas eu lieu, aux réprimandes, aux pénitences, au pain sec et aux soufflets, moyens par lesquels s'obtiennent ces espèces de primeurs. Si déjà le séjour des colléges, où l'on ne se livre pas à l'élève des prodiges, est plus triste et plus dur que celui du bagne, quel doit être le sort du pauvre avorton obligé à seize heures d'étude sur vingt-quatre ! Avec quelle tristesse doit-il tourner vers le ciel ses yeux fatigués, en songeant aux oiseaux qui chantent si bien au soleil sans avoir la peine d'étudier le solfége et de faire des vocalises !

Mais, si les pianistes sevrés depuis peu, si les tragédiens et les comédiens en bas âge, nous causent une impression de tristesse, l'idée de petites filles dressées à des exercices de danse qui se rapprochent de la gymnastique, et qui sont un amusement pour elles, n'a rien qui ne soit gracieux et ne se concilie parfaitement avec l'enfance : le corps seul est favorablement développé, l'intelligence n'est pas déflorée par la compréhension précoce des sentiments et des passions de l'âge supérieur.

D'ailleurs, il suffit de voir ces jolis museaux blancs et roses, ces petits bras potelés, ces épaules à fossettes, pour se convaincre que ce n'est au prix d'aucune torture, que cette troupe de chérubins a conquis ses talents. Madame Weiss nous paraît aussi bonne gouvernante qu'elle est habile maîtresse chorégraphique.

C'est dans la kermesse, après le morceau du carillon flamand, qu'a paru, pour la première fois, au bruit des applaudissements, ce corps de ballet en miniature, qui semble arrivé en droite ligne de Lilliput.

Elles étaient toutes habillées de robes de satin rose, si fraîches, si coquettes, si pimpantes, que c'était déjà un fort agréable spectacle. Le pas qu'elles ont exécuté est composé de plusieurs figures, rondes et valses, qui s'enlacent et se dénouent avec une aisance et une justesse extraordinaires : à de certains instants, il règne dans le frais essaim une charmante confusion, tout se mêle, se brouille et s'enchevêtre à n'y rien comprendre ; on dirait un monceau de feuilles de roses qu'un zéphyr malicieux éparpille du bout de l'aile; les jupes, les cheveux, les rubans palpitent dans le tourbillon; puis, à une mesure donnée, tout se retrouve en place avec une rapidité éblouissante et une précision de chronomètre. — Il y a surtout un instant délicieux : c'est lorsque toute la bande, placée sur une seule ligne, qui va d'une coulisse à l'autre, s'avance du fond du théâtre vers la rampe en balançant la jambe. Pas un de ces pieds microscopiques n'est en retard d'un millième de seconde ; ils retombent à terre comme mus par une seule volonté. Les applaudissements, partis de tous les coins de la salle, ont été si vifs, qu'il a fallu que l'objet de cette admiration collective reparût dans son intégralité, et les trente-six fillettes sont venues faire au public un salut composé de trente-six révérences fondues en une seule.

La hongroise, intercalée dans le bal du second acte, n'a pas fait moins de plaisir; la moitié de la troupe, habillée en homme, sert de cavalier à l'autre. Vous ne pouvez pas vous figurer comme ces Hongrois sont prestes et hardis, comme ils font vaillamment tinter les éperons d'argent de leurs bottes, faites pour chausser des chats; comme ils frappent avec résolution sur leurs cuisses historiées de chamarrures, et comme leurs bonnets de uhlans se penchent d'un air crâne, du côté de l'oreille. — Vous savez que, dans ces pas nationaux et populaires, il faut, avant tout, le sentiment de la mesure, un rhythme énergique et franc, une allure délibérée : tous les temps sont accusés par des coups de talon ou des bruissements d'éperons ; ainsi la plus légère erreur se reconnaît à l'instant même. Eh bien, dans cette mêlée, dans ce vol circulaire, pas une molette n'a résonné, pas un pied n'a touché terre hors du temps. Les deux coryphées, plus grands de quelques pouces que leurs compagnes, ont déployé, outre leurs qualités d'ensemble, un véritable talent dans le pas qu'ils ont exécuté seuls.

Le pas des fleurs, placé dans l'orgie du troisième acte, a porté l'enthousiasme au comble. — Nous n'étions pas sans quelque appréhension à l'endroit de ce *pas des fleurs*. Les maîtres de ballets, les poëtes anacréontiques et les jeunes pensionnaires qui peignent des bouquets à l'aquarelle sont parvenus à rendre les fleurs ridicules. Les fleurs ont été le prétexte de tant de madrigaux, de tant de fadaises, de tant d'afféteries de tout genre, elles ont fourni tant de motifs aux ornements chantournés et tarabiscotés de l'autre siècle, tant de comparaisons fanées aux poëtes de l'Empire, tant de descriptions fausses aux romanciers modernes, que, dès qu'il est question de fleurs, on est en droit de s'attendre à quelque chose de prétentieux, de suranné et de provincial; notre crainte a été heureusement trompée ; il est impossible de voir rien de plus frais, de plus ingénieux et de plus gracieusement dessiné.

Tout ce que font, avec leurs guirlandes, les jeunes élèves de madame Joséphine Weiss, est vraiment inimaginable. Ce sont des berceaux doubles, triples, entre-croisés ; des corbeilles, des réseaux, des arabesques à travers lesquels circulent avec une prestesse d'oiseau-mouche toutes ces Taglioni, ces Elssler et ces Carlotta en raccourci, qui, sans leur faire de compliment, sont plus fraîches que les fleurs de papier dont elles se servent dans leurs évolutions. Ce qu'il faut d'attention et d'adresse pour se reconnaître dans une telle variété de passes et de figures, a de quoi étonner, et nous croyons qu'il serait difficile de faire exécuter un pas semblable par le corps de ballet de l'Opéra. — Nos théâtres, il faut l'avouer, pèchent surtout par les côtés qui exigent de l'ensemble et le sacrifice de l'amour-propre particulier à l'effet général. Chacun veut se détacher du groupe et attirer l'œil à soi ; l'applaudissement collectif ne suffit pas à nos vanités dansantes et chantantes ; il faut que chaque bravo ait son adresse. Tout choriste ou tout figurant se croit méconnu et pense à part lui qu'il vaut bien le premier sujet, — ce sont les modestes ; — les autres pensent qu'ils valent mieux. Le *pas seul* est le rêve du corps de ballet, qui n'exécute qu'avec ennui et dégoût les ensembles chorégraphiques, qui pourraient cependant produire de si charmants effets et contraster si heureusement avec les pas des principaux artistes. — Par le succès des jeunes Viennoises, on voit tout le parti qu'un chorégraphe habile peut tirer des masses bien manœuvrées et animées du même esprit ; mais, pour cela, il faudrait en quelque sorte enrégimenter les comparses et les soumettre dans un conservatoire-pensionnat à un enseignement unitaire. Mais ce qui est possible avec des enfants, ne l'est plus avec de jeunes personnes ; et, d'ailleurs, ce n'est pas lorsqu'on touche des appointements de soixante francs par mois, que l'on peut consacrer beaucoup de temps à la danse.

Carlotta a dansé son pas de Diane avec une grâce légère, une poésie antique si heureusement renouvelée, qu'en la regardant voltiger nous répétions tout bas ces vers charmants d'Alfred de Musset :

> Oh ! le soir dans la brise,
> Phœbé, sœur d'Apollo,
> Surprise
> A l'ombre, un pied dans l'eau !

> Phœbé, la chasseresse
> Blanche, au sein virginal,
> Qui presse
> Quelque cerf matinal !

L'Opéra vient de faire une heureuse acquisition ; il a engagé pour trois ans miss Plunkett, sœur de madame Doche, qui lui ressemble comme un portrait flatté, et qui débutera prochainement dans *la Péri*.

GYMNASE. *La Morale en action, ou les Quatre Masques.* — Il s'agit de prouver à un jeune clerc que les figurantes de l'Opéra ne sont pas toutes des rosières de Salency; ce qui se fait par quatre travestissements, au moyen desquels Achard démontre à l'honnête jeune homme que la choriste qu'il adore réunit les sept péchés capitaux, sans parler des véniels. — La charge suivante a provoqué des rires homériques, olympiens : Contefiasco, un des masques représentés par Achard, ténor usé jusqu'à la corde, remplace les notes qui lui manquent par des appeaux de caille et des soufflets de chiens en carton distribués dans ses poches et sous son gilet; il a des *fa* de poche et des *ut* de fausses côtes. Dans les moments pathétiques, il croise les mains sur sa poitrine, et il s'en échappe un son tel, que Rubini, en grimpant jusqu'au dernier bâton de son échelle de fausset, n'a jamais pu l'obtenir. M. Béfort lui-même y perdrait son arabe. Allez voir *la Morale en action.* Cinq minutes de franc rire valent qu'on se dérange.

27 janvier.

ITALIENS. *Don Giovanni.* — Tout a été dit sur *Don Giovanni !* Tout a été dit sur tout; ce n'est pas une raison pour nous taire; on ne pourrait plus ni parler ni écrire, si l'on avait la prétention d'être neuf. Une demi-douzaine de lieux communs défrayent le monde depuis la création, — si le monde a été créé. — Qu'est-ce que la vie, sinon une redite perpétuelle, une répétition des mêmes actes accomplis de temps immémorial par nos aïeux inconnus? On n'a plus rien inventé à dater du premier jour et de la première nuit. Cinq ou six tartines sur l'amour, sur la vie, sur la mort, sur le néant des grandeurs humaines, etc., ont suffi à tous les poëtes de toutes les langues et de tous les temps. Ainsi, il ne faut-pas s'effrayer d'écrire quatre cents fois la même chose, car l'univers lui-même n'est qu'une grande rabâcherie.

La meilleure preuve de ce que nous avançons est le sujet de *Don Juan.* A-t-il été tourné, retourné de mille façons, en prose, en vers, en musique! en a-t-on usé et abusé, et n'est-il pas, malgré tout cela, aussi neuf qu'auparavant? Le *Burlador de Sevillo* est devenu *le Festin de pierre,* puis *Don Giovanni,* puis *Don Juan,* puis il s'est caché sous le nom d'Hassan dans le poëme de *Namouna*, etc. — Tirso de Molina, Molière, Mozart, lord Byron, Hoffmann, Alfred de Musset, Mérimée, Alexandre Dumas, Henri Blaze, ces fiers génies et ces esprits charmants n'ont pas encore épuisé la matière.

> Oui, don Juan, le voilà, ce nom que tout répète,
> Ce nom mystérieux que tout l'univers prend,
> Dont chacun vient parler et que nul ne comprend ;
> Si vaste et si puissant, qu'il n'est pas de poëte
> Qui ne l'ait soulevé dans son cœur ou sa tête,
> Et, pour l'avoir tenté, ne soit resté plus grand.

Don Juan, en effet, est un symbole profondément humain. Il représente, surtout agrandi comme il l'a été dans les derniers temps, l'aspiration à l'idéal. Ce n'est pas une débauche vulgaire qui le pousse ; il cherche le rêve de son cœur avec l'opiniâtreté d'un titan qui ne redoute ni les éclairs ni la foudre. Cette image, il faut qu'il la trouve ; cette idée, il faut qu'il l'embrasse. Il n'est pas impie, comme on a pu se le figurer ; mais il a la ferme croyance que tout désir doit être accompli et que l'être suprême ne s'amuserait pas à faire poursuivre à l'homme un spectre insaisissable ; cette foi, bien qu'elle paraisse peu orthodoxe, en vaut bien une autre, et don Juan est aussi religieux, à sa manière, que tel saint du calendrier ; il a cru à la promesse du bonheur et n'a pas douté de la véracité de Dieu.

On sent tellement que cet homme marche, poussé par un grand instinct, qu'on n'éprouve aucune pitié pour le pâle troupeau de délaissées qui tendent vers lui leurs frêles mains. Dona Anna, Elvire, Zerline et les autres, qu'importe ! est-ce sa faute, à lui, s'il vous abandonne, et si votre peu de charmes l'oblige à recommencer cet éternel travail de séduction ! Croyez-vous donc que cela soit si agréable de courir toute la nuit dans son manteau couleur de muraille, d'escalader sans cesse des échelles de soie, de danser sur les grilles et d'envoyer des don Ottavio et des commandeurs dans l'autre monde ? — Il vous trompe ? Non, c'est vous qui l'avez trompé.

Ah ! si l'une de vous lui eût offert ce qu'il cherchait, — son rêve réalisé, — don Juan eût fait le meilleur mari des Espagnes ! Dans sa cruauté, il y a de l'amour ; dans son dédain, de l'adoration ; il ne pouvait se figurer que ces poupées maniérées et pleureuses fussent vraiment la compagne de l'homme; il avait une trop haute idée de la femme pour ne pas mépriser les femmes. Don Juan, c'est Adam chassé du paradis et qui se souvient d'Ève, avant la faute, — d'Ève, le type de la beauté et de la grâce. O femmes! combien vous devez l'aimer celui-là, qui a une si haute idée de vous, que nulle de vous n'a pu le satisfaire, et qui s'est toujours dit en descendant de ce balcon où l'alouette semblait si matinale à Roméo : « Non, ce n'est pas encore elle. » N'est-il pas au-dessus des bergers langoureux et fidèles, des amants stupides et transis en admiration devant la première Iris venue? Que les outrages dont il vous accable doivent vous être chers!

Si ce rapprochement n'était pas d'une ingéniosité un peu forcée, n'y a-t-il pas quelque vague ressemblance entre don Juan et don Quijote, entre Sancho et Leporello? — N'est-ce pas aussi Dulcinée que cherche l'élégant trompeur de Séville? Son but est le même que celui de l'ingénu hidalgo de la Manche. Seulement, il a toute sa raison en lutte contre des obstacles réels; il ne prend pas des servantes d'auberge pour des princesses, mais il lui arrive souvent de prendre un corps pour une âme, l'ivresse pour l'extase, le plaisir pour le bonheur; il est vrai que son erreur dure peu, et qu'il se remet aussitôt en quête d'aventures, toujours accompagné de son valet, comme don Quijote de son écuyer.

Leporello, n'est-ce pas aussi la raison prosaïque, le gros bon sens à côté de l'enthousiasme et de la poésie? N'a-t-il pas, comme Sancho, une foule de raisonnements tous plus sages les uns que les autres pour prouver à son maître qu'il serait plus sain de rentrer de bonne heure, et qu'une pareille vie ne peut pas bien finir? Ne trouve-t-il pas toujours quelque maxime bourgeoise à jeter à travers les folles conversations de don Juan? N'est-il pas menteur, poltron, gourmand, comme l'écuyer manchègue? — Et avec quelle patience don Juan, en sa qualité de symbole, écoute-t-il ces bavardages vulgaires pour laisser se poser devant les spectateurs la qualité de l'âme et du corps, l'éternelle antithèse qui se reproduit dans toutes les religions, dans toutes les morales, dans toutes les poésies!

Un rôle si vaste, si immense, demande, pour être réalisé, une telle conjonction de talents que nul acteur ne peut espérer de les réunir tous. Garcia, dit-on, y était admirable et n'a laissé son secret à personne. Il faut, en effet, pour représenter don Juan une beauté fine et mâle, de l'élégance et de la force, du commandement et de la séduction dans les yeux, un sourire à la fois ironique et frais, et, sur toute la physionomie, comme un reflet de la flamme intérieure; il faut être vif, pressant, d'une tendresse impérieuse, aussi prompt au duel qu'au madrigal, avoir une impertinence respectueuse, un air aisément hautain et grand seigneur, et surtout toujours cette intrépidité à toute épreuve, ce sang-froid surhumain, ces nerfs d'acier qui ne tressaillent même pas au bruit des talons de marbre du commandeur! Ajoutez à cela la plus belle voix du monde et le plus grand talent musical. Alors on pourrait peut-être donner une idée de cette figure colossale.

Le dénoûment sera sans doute changé dans l'avenir : — don Juan s'enfonce si tranquillement dans sa trappe au milieu du tourbillon d'esprit-de-vin, que l'on comprend tout de suite que ce n'est pas la fin authentique de l'histoire; — mais un dénoûment *ad usum Delphini*, c'est-à-dire approprié à la morale régnante.

Non-seulement don Juan ne va pas en enfer, mais il va en paradis, et à la plus belle place, encore; car il a cherché de toutes ses forces l'amour vrai et la beauté absolue, et nulle créature humaine ne saurait avoir une plus noble occupation. — Dieu, qui tient toujours les promesses qu'il fait, et qui n'a encore trompé personne en cette vie ou dans l'autre, assouvira enfin cette âme. — Dans un creuset de diamant, il jettera Hélène, Cléopâtre, Béatrix, Laure, Ophélie, les plus beaux rêves des poëtes, et il en fera une figure radieuse et pure à qui, nous vous en répondons, ce volage don Juan restera fidèle pendant plusieurs éternités.

VAUDEVILLE. *Les Trois Loges.* — De ces trois loges, la première est une loge de portière ou de concierge, si vous l'aimez mieux; la seconde une loge d'actrice tout naturellement, et la troisième une loge de fou.

La loge de la portière est en possession immémoriale de fournir le théâtre de déesses, d'impératrices et d'ingénuités. — Or, mademoiselle Colombe Galuzot se destine au grand Opéra! Elle est jolie, elle a une belle voix et possède un protecteur dans la personne du propriétaire de la maison dont ses parents gardent la porte. — Grâce aux recommandations de M. de Boisfleury, mademoiselle Colombe débute, et, grâce à son talent, elle réussit. Mais Boisfleury est un de ces vieux satyres, un de ces faunes aux oreilles pointues qui ne fait rien pour rien, et il vient chercher la récompense de ses peines dans la loge de Colombe, tout encombrée de couronnes et de bouquets, ainsi que cela se voit toujours dans les pièces de théâtre où il y a des personnages de comédienne. Mademoiselle Colombe Galuzot, premier sujet de l'Académie royale de musique et de danse, a plus de vertu que toutes les rosières de Salency, depuis la fondation de la cérémonie. Elle refuse avec enthousiasme les propositions anacréontiques de M. de Boisfleury, qui, transporté de rage de se voir joué par cette petite, organise une affreuse cabale et fait changer les bravos en sifflets. Ce tumulte, ces cris produisent un tel effet sur Colombe, qu'on est obligé de l'emporter évanouie hors de la scène. Quand elle recouvre ses sens, elle a perdu la raison. — Troisième loge. — Cet accès de délire, produit d'une crise nerveuse, s'est bientôt calmé; mais Colombe feint encore quelque temps la folie et trouve moyen de se venger de Boisfleury, qui vient la voir, en lui faisant administrer des douches et revêtir la camisole de force par les garçons de l'établissement, qui le prennent pour un aliéné. — Le tout se termine par un mariage, ainsi que dans le premier vaudeville qui se soit jamais fait.

Madame Doche est charmante dans le rôle de Colombe. Mais que trouve-t-on de risible dans l'intérieur d'un hospice de fous? et qu'y a-t-il de gai dans les contorsions d'un malheureux qui se débat les bras pris dans des manches de toile grossière? — La folie, cette maladie étrange qui ferait douter de l'immortalité de l'âme, est-elle matière à calembours et à couplets?

Gymnase. *Un Bal d'enfants.* — La marmaille est à la mode et réussit considérablement en cette bienheureuse année 1845. — Les Viennoises à l'Opéra, le *Bal d'enfants* au Gymnase.

La pièce en question n'est, comme vous l'avez déjà deviné, qu'un prétexte à mazurkas et à polkas. — Les cartes d'invitation sont ainsi conçues :

« Au-dessous de trois mois et au-dessus de seize ans, il n'est pas permis de danser. Les enfants ne peuvent venir tout seuls au bal ; ils sont accompagnés par leurs grands frères et leurs grandes sœurs. »

Un certain hussard, abusant du billet de son petit frère récemment sevré, pénètre dans cette réunion enfantine, et, par un quiproquo assez plaisant, emmène, au lieu de celle qu'il aime, une jeune fille de sept ans et demi. A la fin, tout s'arrange : le futur qu'on destinait à la bien-aimée du hussard, ayant été éclairé sur les sentiments de mademoiselle Emma, à son endroit, par une révélation d'enfant terrible, se retire avec empressement, et rien n'empêche M. le Chamboran de jouir du bonheur le plus pur.

Tous ces petits marmots, dont le plus grand tiendrait dans une botte de garde municipal, jouent en acteurs consommés et dansent comme de vieux élèves de M. Petit ou de M. Varin. — Le jeune Bibi empêchera de dormir le jeune Fouyou !

GAIETÉ. *Forte Spada.* — Quoique nous soyons en plein boulevard du Crime, il s'agit d'une chose littéraire, ce qui n'arrive pas souvent, même en meilleur lieu.

M. Félicien Mallefille a donné autrefois des preuves d'un talent tout à fait hors ligne ; nous n'avons pas oublié, malgré le flot incessant de mélodrames et de vaudevilles qui a passé sur nous depuis huit ans, ce drame étrange et grandiose des *Sept Infants de Lara*, qui commençait, comme *les Perses* d'Eschyle, par de gigantesques *hélas ! hélas ! hélas ! hélas !* chœur de désolation d'un peuple consterné, hardiesse antique qui valut à M. Mallefille l'honneur d'être sifflé dès le premier mot.

C'était pourtant une œuvre remarquable que ce drame si mal accueilli. Il y grondait un certain souffle orageux des passions déchaînées. On y sentait une force âpre et vivace de la jeunesse, un tumulte d'idées et de poésie qui, pour nous, sont mille fois supérieurs à l'adresse de combinaison, à la prudence d'arrangement des dramaturges ordinaires. — Au théâtre, ne tombe pas qui veut ; pour faire une chute, il faut être monté sur quelque chose.

Glenarvon, Tiégaut le Loup, autres drames du même Mallefille, réussirent plus ou moins, mais dans une proportion à ne pas satisfaire l'amour-propre bien légitime de l'auteur. — Découragé sans doute, il garda un long silence pendant lequel il dut se faire beaucoup de ces tristes raisonnements qui se présentent aux plus fermes volontés dans les heures de la solitude. Lui, le poëte nourri des tragiques grecs, de Shakspeare, du *romancero*, de Schiller, de Gœthe, de lord Byron, ces grands maîtres et ces beaux livres que nous lisions alors jour et nuit; lui, le disciple de Victor Hugo et de Dumas, tout imbu des fortes doctrines de la nouvelle école, il a dû s'indigner d'abord et s'étonner ensuite de quelques succès inférieurs, mais fructueux en argent et en popularité. Comparant la fortune de ces drames aux vicissitudes des siens, il a cherché les causes de cette différence de résultat; il a étudié cette littérature qui n'en est pas une; en homme d'intelligence qu'il est, il a eu bientôt trouvé la formule du genre, et son mélodrame de *Forte Spada* le pose tout d'un coup à côté de Joseph Bouchardy. — Nous ne prétendons user à l'endroit de ce dernier, qui a été longtemps notre camarade, et qui, nous l'espérons bien, est encore notre ami, d'aucune ironie détournée. Il est toujours beau d'être le premier quelque part, et Bouchardy est sans rival dans le milieu qu'il s'est choisi. Deviner l'instinct d'un public, quel qu'il soit, est un don précieux, et que n'ont pas toujours eu les génies les plus hauts.

M. Mallefille a donc bien fait, puisqu'il voulait réussir sur le boulevard, de donner au boulevard ce qu'il aime, c'est-à-dire des intrigues embrouillées à plaisir, des complications, des surprises, des substitutions, des enlèvements, des meurtres, — tout ce qui peut piquer la curiosité d'imaginations plus sensibles au fait qu'à l'idée. Sous ce rapport, *Forte Spada* ne laisse rien à désirer et rappelle les beaux jours du *Sonneur de Saint-Paul*. Les glorieux chérubins du paradis à quatre sous doivent être satisfaits, et les gens lettrés trouvent au style un parfum d'orthographe et de grammaire assez rare en de pareils endroits.

II

FÉVRIER 1845. — Variétés : *Mimi Pinson*, par MM. Dumanoir et Bayard. — Le conte d'Alfred de Musset. — Palais-Royal : *le Bœuf gras*, par M. Paul de Kock. — La tradition du bœuf gras. — Vaudeville : *l'Enfant chéri des dames*, par M. Charles Desnoyers. — *Les Mystères de ma femme*, par MM. Laurencin et Bernard Lopez. — Arnal. — Madame Guillemin. — Cirque-Olympique : *l'Empire*, par MM. Ferdinand Laloue et Fabrice Labrousse. — Le Cirque gagné par le scepticisme et l'ironie. — Le beau temps d'Edmond. — Italiens : reprise de *Norma*. — Giulia Grisi. — Odéon : *Notre-Dame des abîmes*, drame de M. Léon Gozlan. — La fantaisie sur le lit de Procuste. — Progrès de l'école du brouillamini. — Gymnase : *les Deux César*, par M. Félix Arvers.

10 février.

VARIÉTÉS. *Mimi Pinson*. — Le vaudeville ne respecte rien, — c'est pour cela qu'il est le vaudeville; il prend son bien où il le trouve, et il le trouve partout.

Alfred de Musset, le charmant poëte que vous savez, a fait — lui, le paresseux par excellence — un délicieux petit conte pour *le Diable à Paris*, cette publication d'Hetzel qui a mis le diable à la mode, et nous vaut, depuis un an, tant de pièces sataniques sur tous les théâtres de Paris; ce bijou s'appelle *Mimi Pinson*.

Mimi Pinson, c'est presque une sœur de Bernerette, c'est-à-dire un de ces types si intimement féminins, qu'ils vous restent pour toujours gravés dans la mémoire, à côté de Marguerite, de Charlotte, de Mignon et de Manon Lescaut ; — Bernerette a vécu; qui ne la connaît pas? qui n'a pas souri et pleuré en lisant sa lettre d'adieux à Frédéric ? — Tout le monde sait par cœur la chansonnette de Mimi Pinson, où se trouve résumé en quelques couplets tout l'esprit de Béranger.

Mimi Pinson est une blonde,
Une blonde que l'on connaît ;
Elle n'a qu'une robe au monde,
Landerirette,
Et qu'un bonnet.
Le Grand Turc en a davantage.
Dieu voulut de cette façon
La rendre sage :
On ne peut pas la mettre en gage
La robe de Mimi Pinson.

Mimi Pinson porte une rose,
Une rose blanche au côté ;
Cette fleur, dans son cœur éclose,
Landerirette,
C'est la gaieté.
Quand un bon souper la réveille,
Elle fait sortir la chanson
De la bouteille ;
Parfois il penche sur l'oreille,
Le bonnet de Mimi Pinson...

MM. Bayard et Dumanoir sont des hommes d'infiniment d'esprit ; ils ont pris très-souvent leur revanche et ils la prendront encore cette fois. Nous concevons très-bien qu'on soit ravi de la lecture d'une jolie nouvelle ; mais qu'on veuille la transporter au théâtre, c'est ce que nous ne concevons guère. Une chose réussie ne peut pas être refaite, et, d'ailleurs, il est périlleux d'éveiller l'imagination par un nom qui rappelle un type charmant. — Le vaudeville de MM. Dumanoir et Bayard aurait beaucoup mieux réussi sous un autre titre, *Brigitte* ou *Rosette*, par exemple. Mais, dès que vous évoquez la jolie blonde avec son étroite et unique robe noire, le spectre blanc et rose auquel le poëte a donné l'âme et la vie, comment voulez-vous qu'on s'intéresse à l'actrice, fût-elle parfaite, chargée de prêter un corps à ce rêve si fantasque et si vrai pourtant?

Quand les vaudevillistes se mêlent de répéter les incantations des poëtes, il leur arrive souvent d'être fort embarrassés. Comme l'élève du sorcier, ils savent bien la formule qui envoie le balai chercher de l'eau à la rivière, mais ils ont oublié le mot qui l'empêche d'y retourner. Le souvenir mis en mouvement ne s'arrête plus et va puiser à la source des flots de poésie qui noient la pièce.

Ce n'est pas la première fois, du reste, que les charmantes comédies de l'auteur du *Spectacle dans un fauteuil* ont été transportées du livre au théâtre. Pourquoi donc M. Nestor Roqueplan, qui est un homme assez spirituel pour recevoir le nombre de pièces bêtes nécessaire à un théâtre, ne se donnerait-il pas aussi le plaisir et le luxe de faire représenter textuellement, soit *le Chandelier*, soit *les Caprices de Marianne* ou toute autre comédie de ce poétique et romanesque répertoire? — Ne fait-on pas assez de sacrifices comme cela au goût des portiers, des femmes de chambre et des négociants en mélasse, et ne pourrait-on pas, une ou deux fois par an, composer un spectacle à l'usage des gens qui n'ont pas oublié l'orthographe et la syntaxe? Paris, cette ville qu'on appelle le cerveau de l'univers, n'aurait-il pas dans ses murs de quoi remplir une salle d'hommes de goût et de fantaisie pendant quelques représentations? Les Variétés sont dans une excellente position pour tenter de loin en loin quelques essais de ce genre; la troupe est vive, alerte, intelligente, exercée; les fins talents n'y manquent pas plus que les jolis visages.

PALAIS-ROYAL. *Le Bœuf gras.* — Comment diable rendre compte d'une pareille billevesée? Figurez-vous des personnages qui se nomment Bouffi, L'Abatis, Safran, Mollet, Fouine, Chiconard, Galantine, Scabieuse et Bibi. Le comique de la pièce consiste là dedans. — Bouffi *fait dans les avoines;* L'Abatis est boucher; Safran, teinturier; Mollet en vend de faux comme bonnetier; Chiconard est peintre. — Vous pouviez l'appeler Croûton ou Galette, pourquoi ne l'avez-vous pas fait, ô monsieur de Kock! — Fouine est un gamin furet; Galantine se livre à la charcuterie; Scabieuse, aux fleurs; Bibi, aux modes! Tout cela n'est-il pas bien ingénieux? Mais riez donc, mais riez donc! nous sommes en carnaval.

M. Paul de Kock, qui, dans cette parade, a figuré le bœuf gras par un âne, ne se doute guère assurément qu'il s'est montré léger envers un personnage qui, à Paris comme en Égypte, il y a à peine dix-huit siècles, avait encore des autels. — Le jour même de cette représentation, nous avions vu passer sur les quais ce pauvre dieu devenu victime.

La promenade du bœuf gras est la seule fête locale et traditionnelle qui soit restée aux Parisiens. Nous avons vu avec chagrin que plusieurs journaux, qui en ont parlé cette semaine, se sont mépris sur le caractère de cette mascarade imposante. On a donné à la promenade de ce bœuf monstre un sens utilitaire qui en ferait dégénérer l'institution. Cette cérémonie, dont parle Rabelais, que Sauval fait remonter au delà même de l'invasion romaine, et que le moyen âge connaissait sous le nom du *bœuf violé*, c'est-à-dire conduit par des violons, est, selon la plupart des auteurs, un reste de l'adoration du taureau mithriaque, et se célébrait, avant le christianisme, à l'équinoxe du printemps, à l'époque où le soleil entre dans le signe du taureau. Un bas-relief de l'ancienne église de Saint-Marcel, un autre encore, trouvé rue Notre-Dame-des-Champs, sont les monuments du culte que les Parisiens rendaient au dieu soleil. Parmi les bas-reliefs gallo-romains de l'autel de Jupiter, trouvés sous le chœur de Notre-Dame, figure aussi le *taurus trigaranus* portant sur le dos trois grues, couvert de l'étole sacrée et couronné de lauriers, entre les images des dieux Ésus et Cernunnos, les premiers patrons de cet ingrat Paris, — qui promène aujourd'hui les dieux romains à la queue du bœuf druidique, et se joue à la fois de deux mythologies successives dans une fête de carnaval !

17 février.

VAUDEVILLE. *L'Enfant chéri des dames.* — Ce vaudeville contient une idée hardie : celle de l'oncle préféré au neveu ! — Où allons-nous ? où courons-nous ? que va devenir ce globe terraqué ? La déchéance du neveu a été proclamée place de la Bourse, sur les neuf heures et demie ! La dynastie des oncles commence ! Hélas ! c'est là un triste symptôme. L'oncle, c'est l'ordre, l'économie, la raison, et, s'il faut le dire, le rabâchage ; c'est l'âge mûr qui calcule et qui prévoit. Le neveu, c'est la poésie, le caprice, la générosité folle ; c'est la fantaisie, l'amour et la jeunesse ! — Il ne restait à tous ces charmants défauts que le succès de comédie, et voilà que le vaudeville lui-même le fait rangé, bourgeois, garde national, éligible et se met à renier ce coquin de neveu, qui lui a valu tant d'applaudissements et tant de rires de bon aloi ! — Ce n'est pas Molière qui commettrait une si triste faute ! Chez lui, les Arnolphe, les Géronte, les Harpagon, sont toujours battus et trompés, quoi qu'ils fassent, et cela est trop juste ; l'amour n'est-il pas au-dessus de la raison, et la jeunesse n'a-t-elle pas le droit de s'épanouir au soleil dans sa force et dans sa liberté ?

Au même théâtre du Vaudeville, MM. Laurencin et Bernard Lopez ont fait représenter avec succès *les Mystères de ma femme*. — M. Robineau, le héros de la pièce en question, n'a qu'une idée, c'est d'épouser une femme isolée sur la terre et, autant que possible, dénuée de tout proche. Cette idée est sage, et l'on doit l'approuver, s'il faut s'en rapporter aux descriptions de belles-mères faites par MM. Alphonse Karr et Léon Gozlan. M. Robineau croit avoir trouvé son idéal, une personne sans le moindre vestige de parenté, ni père, ni mère, ni oncle, ni tante, ni cousin surtout. Transporté de joie, M. Robineau n'hésite pas à se transporter devant le fonctionnaire orné d'une écharpe tricolore, pour s'assurer par des moyens légaux la possession exclusive d'un objet si rare. Mais à peine est-il rivé dans les chaînes de l'hymen (vieux style), qu'il fait des tas de découvertes les plus affligeantes du monde. Madame Robineau, née Célestine Paimbœuf, a un père occulte, une mère mystérieuse, une sœur souterraine, un fils caverneux, un oncle cryptique, une tante troisième dessous, qui, le mariage fait et parfait, se produisent successivement à la lumière, au grand étonnement et à la grande fureur de Robineau, qui comprend, mais un peu tard, qu'il a été joué. — Qu'y faire ? — Le mariage est une maladie qui ne se guérit que par la mort de l'un des deux époux, et Robineau, bien que vexé, n'a aucune envie de devenir assassin ou suicide. Il se résigne donc, d'assez mauvaise grâce, il est vrai.

La naissance d'un garçon le distrait un peu de la famille de sa femme. Il serait assez heureux s'il ne tombait tout à coup, non pas du ciel, mais de Chandernagor, de Seringapatnam ou de Masulipatnam un cousin de Célestine Paimbœuf. Robineau, qui est un Othello débarbouillé, conçoit, à propos de ce cousin oriental et exotique, les idées les plus farouches. Il voudrait débarrasser son intérieur de ce revenant inopportun; car il s'imagine que, d'après la tradition invariable, le cousin fait la cour à sa cousine. — Heureusement pour Robineau, le cousin est marié lui-même : il a épousé une Indienne jaune comme de l'or, fenestrée d'yeux qui lui font trois fois le tour de la tête. De cette union est résultée une fille citron pâle; le cousin, bon époux, bon père, bon citoyen, bon garde national, n'est plus à craindre, il a perdu toute poésie; il devient aussi peu dangereux qu'un homme qui couche avec un bonnet de coton. — Robineau se rassure; — d'ailleurs, Célestine Paimbœuf n'est-elle pas la vertu même!

Ce vaudeville, assez rondement joué par Arnal, n'a rien de bien particulier; c'est une des mille variations du vaudeville unique qui se joue depuis la création du monde; nous l'avons vu déjà bien des fois et nous le reverrons encore sous d'autres titres. Mais ce qui ne se rencontre pas ailleurs, ce sont les chapeaux ébouriffés et ébouriffants de cette brave madame Guillemin, qui est réellement une excellente comédienne — chapeaux à part.

Cirque-Olympique. *L'Empire.* — Nous avons encore les yeux pleins de fumée et les oreilles pleines de bruit. Dans un drame pareil, le dialogue se fait, les trois quarts du temps, à coups de fusil, et ce ne sont pas les parties de la pièce les moins bien écrites. — Faire tenir en une soirée et dans un théâtre cette colossale épopée, à l'étroit dans l'Europe, ce sont là de ces audaces dont le Cirque a l'habitude et qui lui réussissent. L'analyse d'une semblable pièce est complétement inutile; l'histoire y est suivie pas à pas sans la moindre invention, sans le moindre arrangement. — Et c'est ce qu'il y avait de mieux à faire.

Seulement, nous avons remarqué une chose, c'est que le chauvinisme, obligé dans un pareil sujet, était d'une teinte beaucoup moins prononcée que d'ordinaire. L'empereur y est considéré d'une façon plus familière et plus anecdotique; on sent que le Marco-Saint-Hilaire a passé par là, — du moins comme influence, — et l'empereur du Cirque ressemble assez fréquemment à l'empereur du *Siècle*.

Les batailles valent toutes les batailles livrées par les différentes directions; le tambour-major est toujours aussi grand, la musique aussi bruyante, l'état-major aussi nombreux, aussi chamarré de décorations et de *dorures*; les chevaux piaffent avec la même ardeur contenue, en ayant bien soin de ne marcher sur les pieds à personne; les troupes montent à l'assaut avec la même vigueur; les morts se portent aussi bien que jamais. Mais nous avons grand'peur que l'ironie ne se soit sournoisement glissée jusqu'au Cirque. Là, au moins, on était sûr de trouver un sérieux profond, une foi sincère du côté des auteurs et du côté du public. Tout le monde était bien convaincu qu'Edmond, avec sa redingote, son tricorne et son nez de cire, était réellement l'empereur. L'acteur le croyait lui-même, et il lui fallut plus de deux ans pour rentrer dans sa personnalité; et quelles phrases! quelles tirades! les chevaux en hennissaient de plaisir et semblaient les comprendre; comme le nom de Français se prononçait là avec un accent qui n'a jamais existé ailleurs! avec quelle héroïque furie on daubait sur les Prussiens! — C'était le bon temps!

Aujourd'hui, nous avons découvert, non sans tristesse, que M. Ferdinand Laloue était devenu un sceptique, et que, sans le vouloir, il *blaguait* l'empereur. O funeste effet des parodies, des vaudevilles et des caricatures! Il n'existe donc personne aujourd'hui qui traite un sujet avec religion, et qui ne se moque pas lui-même de ce qu'il fait.

Jusqu'à présent, l'armée française avait vaincu, au Cirque, des armées de cent vingt hommes sans perdre un soldat! l'invulnérabilité d'Achille s'étendait à toute la vieille garde; à peine permettait-on à un jeune officier d'être blessé légèrement au bras, pour pénétrer chez quelque ardente Espagnole ou chez quelque sentimentale Allemande; et ne voilà-t-il pas que, samedi soir, dans une très-belle décoration représentant le champ de bataille d'Essling, étoilé çà et là par des vagues lueurs de bivac ou d'incendie, M. Ferdinand Laloue, oublieux de toute tradition, a eu l'audace romantique de nous faire voir des morts, des blessés se traînant sur leurs moignons sanglants, et tous les horribles détails d'une ambulance!

Un tel tableau a, certes, sa moralité. Il est bon de faire voir aussi la cuisine de la gloire, qui est bien la plus hideuse de toutes les cuisines ; mais que ce soit le Cirque qui donne un tel enseignement, voilà qui étonne et qui renverse !

Napoléon visite les blessés, il console les uns, il appelle les autres par leurs noms. Aux plus fracassés il donne la croix. Cette scène nous a fait penser à ces beaux vers d'Hugo :

> Puis il donnait la croix à ces hommes stoïques,
> Et des larmes coulaient de leurs yeux héroïques.
> Muets, ils adoraient leur demi-dieu vainqueur ;
> On eût dit qu'allumant leur âme avec son âme,
> En touchant leur poitrine avec son doigt de flamme,
> Il leur faisait jaillir cette étoile du cœur !

Un autre tableau a aussi produit une grande impression. L'empereur, prisonnier à Sainte-Hélène, se promène dans un paysage désolé, anfractueux, torride, n'ayant d'autre ombrage que des roches volcaniques. Une sentinelle rouge lui fait signe de rebrousser chemin, et l'empereur retourne sur ses pas : il n'y a pas un mot de prononcé. Cette résignation majestueuse et morne serre le cœur.

Après Sainte-Hélène vient nécessairement l'apothéose. L'empereur, la tête ceinte de lauriers, apparaît dans une espèce de panthéon peuplé de héros, au milieu de ses braves compagnons d'armes. Le bruit lointain du canon se fait entendre. L'empereur s'écrie : « Une nouvelle victoire se prépare pour le drapeau tricolore ! Allons applaudir ces vainqueurs. » La toile du fond s'enlève et laisse voir, — quoi ? — La bataille de l'Isly et le parasol d'Abd-er-Rahman !

Le combat est réglé avec beaucoup d'art et d'une façon très-pittoresque : divers praticables, simulant des bancs de rochers, permettent aux groupes de s'étager et donnent de la profondeur à la perspective. Il y a surtout une escalade de cavalerie, sur une rampe presque abrupte, d'une grande hardiesse et d'un beau mouvement.

Chéri a joué très-convenablement le rôle difficile de l'empereur ; il porte le petit chapeau et la redingote grise de manière à retracer des silhouettes devenues populaires.

Querellons en passant madame Usannaz, qui donne à l'impératrice Joséphine une robe à taille longue : la ceinture, du temps de l'Empire, se plaçait presque sous les bras, ce qui n'est peut-être pas plus laid que de la mettre sur les hanches.

24 février.

ITALIENS. *Norma.* — L'interdiction qui pesait sur *Norma* a été levée enfin. M. Alexandre Soumet a compris qu'une belle musique n'ôtait rien à une belle tragédie, et que, puisqu'il fallait prendre les idées quelque part, il était naturel qu'on les cherchât là où elles sont, c'est-à-dire chez les poëtes.

Du moment que cette belle Norma pouvait reparaître armée de sa faucille d'or, le front couronné de verveine et l'œil perdu dans la lueur argentée de la lune, il était bien juste que ce fût au bénéfice de Giulia Grisi, qui a rendu désormais ce rôle impossible à toute autre qu'elle. Norma et Grisi ne font qu'un : c'est l'idéal réalisé.

Nous avouons qu'en fait de chanteuses, ce qui nous préoccupe d'abord, c'est la beauté; les accents les plus mélodieux sortant d'une bouche mal dessinée nous séduisent fort peu; il y a même quelque chose de regrettable dans ce don égaré. Avec cette voix, une forme gracieuse restée dans l'ombre et le silence, eût pu se produire sur le théâtre et rectifier notre goût faussé par les lignes anguleuses et maussades de la civilisation. — N'est-ce pas une espèce d'ironie de la nature d'enfermer le talent dans la laideur? Sans doute, il vaut mieux une liqueur exquise dans une cruche grossière qu'une piquette frelatée dans un cristal de Bohême; mais le vin de Syracuse dans un vase d'or de Benvenuto, c'est l'harmonie complète.

La Grisi a ce rare bonheur d'être à la fois une belle femme, une grande cantatrice et une admirable tragédienne. Où a-t-elle trouvé cette tête sculptée par Phidias, qu'elle porte si fièrement et si noblement sur ses épaules de marbre dépoli? Quelle fouille mystérieuse autour du Parthénon lui a fourni ce masque si pur, si correct et si vivant dont la passion la plus violente ne peut déranger les lignes superbes et qui reste beau même pendant les agonies dramatiques? — Quant à son chant, vous le connaissez : elle a pu s'asseoir après Malibran sur le trône d'or laissé vacant, et ceindre son front du bandeau étoilé de la diva. — D'autres, à ce qu'on prétend, font des choses plus difficiles. Que ne sont-elles impossibles! — Mais, si vous aimez le vrai chant italien, simple, large, d'une facilité toujours heureuse, d'une justesse toujours sûre, le chant d'un gosier humain et non le gazouillis d'une flûte; si vous voulez entendre comment l'amour, la colère, l'indignation et la douleur se mêlent aux mélodies des grands maîtres, et comment ce qui n'était qu'un opéra devient tout à coup une tragédie et un poëme, il faut aller au Théâtre-Italien, un soir de *Semiramide* ou de *Norma*.

Tout heureuse de rentrer en possession de son rôle favori, la belle druidesse a joué et chanté merveilleusement; elle a dit avec une mélancolie sereine, comme une belle nuit d'été, ce délicieux air de *Casta Diva*, qui s'épanouit en une fusée d'argent dans le ciel d'azur; — elle a été fort belle dans le duo avec Adalgise et le trio qui termine le premier acte; il est impossible de déployer une plus grande énergie, une plus magnifique violence. Le duo et le finale du second acte ont aussi donné à la grande cantatrice de nombreuses occasions de se faire applaudir.

Quand le voile noir s'est abaissé sur sa noble tête, le bombardement fleuri a commencé; ç'a été une mitraillade de bouquets et de couronnes. — Une dame anglaise a lancé d'une avant-scène une botte de violettes de Parme d'une dimension effrayante; ce bouquet monstre avait au moins la circonférence d'une table de six couverts: un instant l'on a pu craindre pour la vie de la bénéficiaire; mais l'avalanche embaumée est venue poliment mourir à ses pieds.

ODÉON. *Notre-Dame des Abîmes*. — Nous sommes assez embarrassé pour rendre compte de la nouvelle pièce de M. Léon Gozlan, qui a obtenu, l'autre soir, à l'Odéon, un succès contesté, — que nous aurions voulu incontestable.

Nous avons pour le talent de M. Léon Gozlan une sympathie que nous avons manifestée en toute occasion. C'est un des esprits les plus vifs, les plus ingénieux, et les plus variés de ce temps-ci. Ce qu'il a jeté de perles à pleines mains en articles, en contes, en nouvelles dans les journaux grands et petits, dans les revues beurre frais ou bleu de ciel, est inimaginable; les citernes d'Aboulcassem et le caveau d'Aladin n'y eussent pas suffi; nul écrivain n'a été plus prodigue de ses trésors; il a laissé partout des traces brillantes oubliées de lui seul : qui ne se souvient de *Rog*, de la *Frédérique*, du *Croup*, des *Petits Machiavels*, ces chefs-d'œuvre de trente à quarante pages, où les pleurs de la sensibilité sont essuyés par l'*humour*, où l'esprit le plus aigu se mêle à la richesse descriptive, où l'observation la plus sagace se cache sous la folie du paradoxe? Que de mots charmants — parfois un peu cherchés — mais trouvés toujours, dont un seul eût fait, au xviiie siècle, la réputation d'un auteur! que d'éblouissantes peintures, que de verve, que de curiosité dans le choix des sujets, et que de soin dans l'exécution! Car, en ce temps d'improvisation et de forme lâchée, M. Léon Gozlan est resté littéraire en dépit de tout, et les feuilles volantes du journaliste sont aussi précieusement burinées que les pages composées pour le livre dans le silence et le recueillement. Cet éloge que nous donnons à M. Léon Gozlan, tous ceux qui sont entre les mains de ce Briarée qu'on appelle la presse, savent combien il est difficile à mériter. Le monstre vorace exige tant de pâture, il lui faut ses repas si exactement à l'heure, que souvent on est forcé de laisser emporter les plats à moitié crus.

Comme tous les esprits actifs, M. Léon Gozlan, non satisfait par sa réputation de journaliste, de romancier, de conteur, d'historien,— car, dans ses *Châteaux et Tourelles*, il s'est plus d'une fois élevé à cette hauteur,— a voulu, pressé par cette inquiétude qui pousse l'artiste déjà célèbre à faire mettre en question sa gloire sur un coup de dé, aborder le théâtre, cette périlleuse et mouvante arène où le pied le plus ferme glisse et trébuche souvent, sans qu'on sache pourquoi. Ces velléités hasardeuses viennent d'un noble cœur; et, si l'abîme a des attraits, ce n'est que pour les natures fortes; nous concevons très-bien que M. Léon Gozlan, comme Balzac, comme madame Sand et d'autres dont la réputation était faite d'ailleurs, ait voulu se donner ce dangereux plaisir de lutter corps à corps avec le public, cet être abstrait pour le poëte et le romancier; déjà il a fait trois expériences dont la première a été sans contredit la plus heureuse, et cela, pour des raisons qui pourraient sembler bizarres et qui ne sont que justes. *La Main droite et la Main gauche* a réussi plus qu'*Ève* et *Notre-Dame-des-Abîmes*, précisément à cause de l'inexpérience relative de l'auteur. Il y a plus de lui-même que dans les deux autres.

Le major Palmer, par exemple, ce rôle si bien joué par Bocage et qui a décidé la vogue de la pièce, est un personnage comme on en voit beaucoup dans les nouvelles de M. Léon Gozlan, et comme on en voit peu à la scène; il parle avec l'esprit, les paradoxes et le style de l'auteur. Et croyez-vous que le public (calomnié assurément par les directeurs de théâtre) n'aime pas mieux une répartie étincelante, dite par un acteur dont l'entrée n'est pas suffisamment motivée, qu'une plate tirade débitée selon toutes les règles ? M. Léon Gozlan a cherché—et c'est le défaut de tous les écrivains qui arrivent devant la rampe déjà connus— à faire voir qu'il en savait autant, en fait de ficelles dramatiques, que les Dennery, les Anicet Bourgeois, les Francis Cornu et autres illustrations du genre. Nous n'estimons pas plus qu'il ne faut l'habileté de ces messieurs, la plupart du temps toute mécanique, et ressemblant fort à la science des échecs et des dominos ; mais il est bien certain qu'un homme qui n'a pas passé dix ans de sa vie sur les planches, à étudier les *entrées* et les *sorties*, ne peut lutter avec ces habiles faiseurs, sur ce point, très-peu important du reste, et dont les grands maîtres ne se sont jamais préoccupés. Au point de vue d'où l'on juge les pièces aujourd'hui, ni Corneille, ni Racine, ni Molière ne soutiendraient une minute l'examen, et le plus mince charpentier de l'Ambigu-Comique ou de la Gaieté trouverait dans la structure de leurs pièces des vices et des impossibilités.

Si M. Léon Gozlan avait écrit sa nouvelle œuvre sans souci de ces combinaisons auxquelles on a voulu réduire aujourd'hui l'art dramatique, s'il n'avait pas, de parti délibéré, rogné l'aile à sa fantaisie et forcé son style à cheminer péniblement à travers les sinuosités et les méandres d'une action compliquée à plaisir, il aurait vu qu'une idée brillante, un mot inattendu, une plaisanterie heureuse provoquent l'applaudissement tout aussi bien qu'un coup de théâtre souvent prévu d'avance, ou ménagé par des préparations puériles.

O poëtes, restez poëtes et vous y gagnerez ! — ce qu'on attend de vous, ce ne sont pas des ficelles, des trucs dramatiques; ce sont des pensées, des cris de l'âme, de beaux élans vers l'idéal, de ces observations que les rêveurs savent seuls faire avec leur œil qui semble ne pas voir, des caprices étincelants, de la passion à grands coups d'aile, et surtout et toujours de la forme et du style. — Gozlan, vous qui avez tout cela, pourquoi vous priver volontairement des plus belles facultés? vous qui pouvez voler, pourquoi vous obstinez-vous à marcher? Si le public vous perd de vue quelques instants, tant pis pour le public! c'est que vous serez dans le ciel.

Nous n'essayerons pas de reproduire les scènes de ce drame, nous nous y perdrions!

C'est du *Sonneur de Saint-Paul* et de son immense succès que datent ces mélodrames compliqués, véritables jeux de patience dont il faut que le spectateur ajuste les morceaux s'il veut y comprendre quelque chose. — Cette école du brouillamini, déjà très-nombreuse, semble destinée à s'agrandir encore. *Forte Spada*, de Mallefille, *les Talismans*, de Soulié, et *Notre-Dame des Abîmes*, de Gozlan, révèlent une préoccupation visible des drames dédaliens de Bouchardy.

Laissons aux écrivains inférieurs la distribution plus ou moins habile des faits matériels, la recherche des accidents et des surprises; l'économie des sentiments et des idées appartient aux poëtes. Nous aimons beaucoup mieux, pour notre part, ces pièces antiques où le prologue récite l'argument de l'ouvrage en quelques vers, afin que personne n'en ignore. Nous préférons le *mystère* où saint Bonaventure s'avance et s'annonce ainsi :

Je suis Bonaventure et je viens pour vous dire...

à toutes les énigmes en cinq actes qu'on nous présente sous prétexte de drames *ficelés* et *corsés*.

GYMNASE. *Les Deux César*. — Ce vaudeville renferme une idée, chose rare! — C'est de l'*Émile* en un acte et mêlé de couplets. — *Les Deux César* n'ont rien de belliqueux, comme le titre pourrait le faire penser. C'est un traité sur l'éducation des garçons. Chaque César est élevé d'après une méthode différente, selon le caractère du père dont la nature l'a pourvu.

M. César d'Auvray est fils d'un banquier de Paris, encore jeune, et qui est, pour ainsi dire, presque le frère de son fils. Aussi César n'a-t-il rien de caché pour lui, pas même ses fredaines, et son caprice à l'endroit d'une mademoiselle Lolotte des Folies-Dramatiques. Vous n'aurez pas de peine à croire que César, pour mériter la confiance d'un père si commode et si spirituel, se hâte de devenir un jeune homme charmant, du meilleur ton et des plus excellentes manières.

Le César numéro 2 est fils d'un M. Martineau, d'Angoulême, également banquier. M. Martineau a, en fait d'éducation, des idées d'une pureté toute classique. Sa doctrine favorite est : *Qui benè amat benè castigat*. Cette maxime est inculquée sous toutes les formes au pauvre César, qui redoute son père à l'égal de Croquemitaine. — La nuit, il voit dans ses rêves d'épouvante passer un long fantôme aux gros sourcils froncés, aux rides pleines de menaces, à la mine revêche et refrognée, agitant ce que les philanthropes anglais appellent le *chat à neuf queues*; — *id est* un énorme martinet avec de belles lanières en peau de buffle, terminées par de petits nœuds, les plus mignons du monde. — Qu'advient-il de cela? Le César d'Angoulême, abruti par la peur, devient un sournois, un hypocrite et un imbécile; il entasse bêtises sur bêtises.—César d'Auvray épouse mademoiselle Césarine Martineau, et la toile tombe au milieu des fous rires.

Klein, avec cette longue, triste et maussade figure dont il n'existe pas au monde un autre exemplaire, est le plus excellent père fouetteur qu'on puisse imaginer. Mademoiselle Melcy, jeune et jolie personne, a montré, dans le rôle de la sœur du César Martineau, une gaucherie provinciale si bien jouée, qu'elle semble naturelle à l'actrice.

III

MARS 1845. — Théâtre-Français : *le Gendre d'un Millionnaire*, comédie de MM. Léonce et Moleri. — Odéon : *le Docteur amoureux*, pastiche de Molière, avec un prologue en vers par M. de Calonne. — Le manuscrit de la pièce exposé au foyer. — Question de paléographie. — Gymnase : *le Tuteur de vingt ans*, par MM. Mélesville et Paul Vermond. — Gaieté : *les Ruines de Vaudemont*, drame de MM. Boulé et Lajariette. — Odéon : *Walstein (Wallenstein)*, drame imité de Schiller, par M. de Villenave. — La pièce allemande et l'imitation. — Variétés : *les Deux Pierrots*, par M. Bayard. — Spleen. — Gymnase : *le Petit Homme gris*, par le même M. Bayard et M. Simonnin. — Achard. — Opéra : début de mademoiselle Plunkett, dans *la Péri*. — Porte-Saint-Martin : *la Biche au Bois*, féerie de MM. Cogniard frères. — Le royaume des poissons. — Un ballet de légumes. — L'économie bien entendue au théâtre.

3 mars.

Théatre-Français. *Le Gendre d'un Millionnaire*. — Cette comédie, ou, si vous l'aimez mieux, ce drame, n'a pas obtenu la réussite qu'on en attendait. Vivement disputée à l'Odéon par le Théâtre-Français, et acquise à ce dernier au moyen d'une transaction pécuniaire, l'œuvre de MM. Léonce et Moleri mérite-elle ou non l'empressement qu'elle excitait avant de s'être produite à ce grand jour de la rampe qui éclaire tout ce qu'on lui soumet de lueurs inattendues ? — Oui et non. — Considéré d'après ce point de vue qui fait rechercher, au théâtre de la rue Richelieu, tout ce qui se rapproche de la comédie, telle que l'entendent MM. Scribe, Bayard, Empis, etc., c'est-à-dire du vaudeville infiniment prolongé et sans couplets, *le Gendre d'un Millionnaire* a pu, nous le concevons très-bien, paraître présenter de nombreuses chances de succès. L'idée prêtait assez à une comédie pour qu'elle semblât faite. Le dialogue est semé de cet esprit sans caprice et sans fantaisie qui plaît toujours aux acteurs et aux bourgeois. L'observation, quoique vulgaire, n'est pas dénuée de justesse. — Jugée absolument, l'œuvre de MM. Léonce et Moleri, bien qu'elle annonce certaines dispositions dramatiques, n'a rien qui soit fait pour intéresser les poëtes et les artistes, — ce public si restreint et que pourtant ne peut jamais remplacer l'autre !

ODÉON. *Le Docteur amoureux.* — Ainsi que l'affiche l'annonçait, le manuscrit du *Docteur amoureux*, retrouvé miraculeusement, était déposé dans le foyer et livré à l'examen du public ; car, s'il faut en croire les annonces et les réclames, il ne s'agissait pas moins que d'une farce du grand Poquelin qui n'a jamais été imprimée et dont Boileau lui-même regrettait la perte.

Cette copie, qu'on dit venir de papiers ayant appartenu au comédien Lagrange, est écrite sur un papier d'apparence ancienne, en encre jaunie et en caractères qui semblent appartenir à la fin du XVIIe siècle. — Nous ne sommes pas assez fort en paléographie pour trancher une semblable question ; mais nous serions bien trompé si ce prétendu manuscrit ancien avait plus de six mois de date ; un vieux manuscrit aurait l'air plus neuf, et ne prendrait pas tant de précautions archaïques ; une encre décolorée par le temps, le serait d'une manière inégale, selon la nuance et le grain du papier, l'action de l'air et de la poussière, et n'aurait pas cette teinte blonde uniforme produite par une décoction de bistre. Tel qu'il est, ce manuscrit est cependant assez bien imité pour pouvoir servir, pendant quelques jours, la petite supercherie littéraire à laquelle se livre en ce moment l'Odéon.

Un prologue, en vers assez bien tournés, explique les vicissitudes du manuscrit, et bientôt laisse place à la farce. Ce prologue est de M. Ernest de Calonne, ainsi que la pièce de Molière, qu'il aura reconstruite d'après les analyses laissées par des contemporains, et qu'il a entremêlée de centons pris dans les différentes œuvres du maître.

Ce pastiche est assez adroitement fait, quoique, çà et là, des phrases datées de 1845, et qui pourraient figurer dans le répertoire d'Arnal, viennent détruire l'illusion. En somme, l'allure du style est assez franche et la pièce est amusante ; elle est, d'ailleurs, rondement jouée par Alexandre Mauzin, Monrose et mademoiselle Volet, que ce faquin de Mascarille s'est permis d'embrasser quatre fois — l'heureux drôle! — sous des prétextes encore plus frivoles que ceux du fils Diafoirus.

La représentation était entièrement tirée du théâtre de Molière. Pour lever de rideau, *l'Avare;* pour finir, *le Malade imaginaire;* entre deux, *le Docteur amoureux!* — Voilà de la bravoure!

GYMNASE. *Le Tuteur de vingt ans.* — Pour être tuteur, il faut avoir vingt et un ans. Le Code le dit, et MM. Mélesville et Paul Vermond le savent bien. Mais allez donc mettre sur l'affiche *le Tuteur de vingt et un ans,* cela fera une belle figure. D'ailleurs, on n'y regarde pas de si près en jurisprudence de vaudeville.

Félix, le héros de la pièce, est un beau jeune homme, majeur depuis peu, qui est fou des femmes, des chevaux et des chiens, et qui a bien raison, car de quoi serait-on fou? Notre aimable vaurien, au moment de se coucher, un matin, reçoit une lettre timbrée de la Guadeloupe, où il a des parents; dans cette lettre, on lui apprend qu'il est nommé tuteur d'une pupille appelée Valentine, qu'on lui expédie par le prochain paquebot. — Félix s'imagine qu'il s'agit d'une enfant d'une dizaine d'années tout au plus, dont une pension lui retirera tout le souci, et qu'il n'aura qu'à entretenir de bonbons et de poupées; mais, en plein carnaval, après un souper infiniment trop prolongé, dans lequel figurent M. Beauvoisin et M. Chabanais, l'un avocat, l'autre banquier, plus mademoiselle Armide, enchanteresse pour le moins aussi dangereuse que l'autre (cette beauté raffole de vin de Champagne, de truffes et d'écrevisses, penchants positifs qui ne dénotent pas une âme bien romanesque), la pauvre Valentine tombe du ciel dans cette orgie, comme un rayon de jour dépaysé dans un bal; ce n'est pas une petite fille comme on le croyait: c'est une belle personne de dix-huit ans, d'une grâce parfaite et d'une distinction accomplie.

Vous conviendrez que c'est un étrange tuteur qu'un jeune fou comme Félix pour une délicieuse créole aux yeux de flamme et de velours, et vous croyez sans doute qu'il va en tomber amoureux subitement, tout vif. Pas du tout. — Aimer une jeune fille honnête et charmante qu'on voit tous les jours et dont le cœur transparent vous laisse lire son secret, cela serait trop raisonnable et trop naturel. Les femmes qui ne sont dignes ni d'amour ni d'estime peuvent seules inspirer des passions : c'est par les mensonges, les tromperies, les méchancetés, les insultes et les affronts de toutes sortes qu'elles vous attachent et vous dominent. Passion ne veut-il pas dire aussi souffrance? Nul ne sait comme ces femmes-là pincer la fibre aux endroits douloureux ; ce n'est pourtant pas qu'elles soient de grandes psychologistes, mais elles ont une sûreté de mauvais instinct qui repousse les finesses du plus vif esprit. Piqué, exaspéré par cette seconde Armide, Félix est sur la pente de quelque folie irréparable ; mais Valentine est là. La pupille veille sur le tuteur. Félix est détrompé par elle sur le compte d'Armide, qu'il reconnaît pour une intrigante de la plus dangereuse espèce.

Valentine a remis de l'ordre dans les affaires de Félix ; grâce à elle, les dettes ont été éteintes, les revenus doublés. Félix est reconnaissant de tous ces soins. Il n'aime plus Armide, mais il n'aime pas encore Valentine. — Une innocente coquetterie est bien permise surtout quand le but est si louable. — Valentine parvient à faire comprendre à son tuteur que les honnêtes femmes ont aussi du charme. Une scène de balançoire, très-gentiment jouée par la jolie mademoiselle Désirée, démontre à Félix combien les grâces ingénues d'une jeune fille chaste et pure sont supérieures aux grimaces forcées d'une coquette émérite.

Cette charmante pièce, petillante de mots spirituels, a réussi complétement. La donnée est ingénieuse et la scène de la balançoire a le mérite de l'originalité, chose rare dans le genre gracieux. — Klein, se posant en séducteur auprès de mademoiselle Armide, est une des plus réjouissantes caricatures qu'on puisse imaginer.

GAIETÉ. *Les Ruines de Vaudemont.* — Nous sommes en retard d'un mélodrame avec la Gaieté. Celui-ci est un mélodrame pur sang, un mélodrame sérieux, convaincu, comme il y a bien longtemps qu'il ne s'en est fait ; Guilbert de Pixérécourt et Lamartellière l'avoueraient. Nous ne parlons pas ici pour nous moquer, bien au contraire !

A ce titre superbe, *les Ruines de Vaudemont!* vous êtes tout de suite saisi de terreur, et vous frissonnez rien qu'à regarder l'affiche.

Pas un seul mot sceptique, pas un demi-sourire incrédule ne vient déranger l'illusion. Nous-même, sommes-nous digne de faire l'analyse de cette œuvre consciencieuse? n'avons-nous pas pris, en rendant compte des vaudevilles, l'habitude d'un style ironique et peu respectueux? notre phrase a-t-elle la solennité convenable pour rendre l'effet de ce drame sincère? Cette fable ne prendra-t-elle pas sous notre plume un air volontairement grotesque, et ces scènes qui font trembler ne feront-elles pas rire, racontées par nous?

Un inconnu traverse les ruines de Vaudemont avec cent mille francs dans son portefeuille. La nuit approche, l'éclair brille, la foudre gronde; un autre inconnu tue le premier, qui est vu par un troisième, que la pluie avait forcé de se réfugier dans les ruines!

Le meurtrier est le comte Walter; le témoin du crime se nomme Max Desgranges. — Au moyen des cent mille francs volés, Walter fait figure à Paris. Il prétend à la main de Lucienne Desgranges, sœur de Max, laquelle aime un aspirant de marine.

Max, à son retour, veut s'opposer à ce mariage, car il a reconnu dans le comte le voleur et l'assassin; mais Lucienne prononce cette phrase terrible : « Il m'a déshonorée quand j'étais évanouie ! » Max consent au mariage, se réservant le droit de tuer le comte après la cérémonie.

Mademoiselle Lucienne se trompe : ce n'est pas Walter, c'est l'aspirant de marine qui a fait ce joli tour. En reprenant ses sens, elle a vu Walter debout auprès d'elle et elle a cru qu'il était l'auteur du crime. — L'aspirant de marine explique tout, et Walter, se voyant découvert, passe dans un cabinet et se fait proprement sauter la cervelle.

O messieurs Boulé et Lajariette, excusez-nous d'avoir la simplicité sublime et tranquille de votre œuvre !

17 mars.

ODÉON. *Walstein.*—La trilogie de *Wallenstein* (et non *Walstein*), du poëte Schiller, n'est pas une petite chose assurément à transporter sur notre scène. Elle demanderait trois jours pour être représentée dans son entier avec sa vaste mise en scène, qui se rapproche de celle des pièces militaires du Cirque. Wallenstein n'est rien de moins que le Napoléon de l'Allemagne. La vie de Napoléon eût peut-être ressemblé à la sienne, si la révolution française n'eût pas eu lieu, et si, suivant la version du père Loriquet, ce conquérant n'eût été que le généralissime du roi Louis XVIII. Supposez maintenant un tel général en pays étranger à la tête d'une belle armée, qui aurait combattu quinze ans sous ses ordres, jalousé de loin par les courtisans qui s'appliquent à tourner contre lui l'esprit ombrageux du souverain, entouré lui-même de courtisans militaires qui l'abusent ou l'égarent, pressé de propositions magnifiques des souverains étrangers qui lui offrent une couronne pour prix seulement de ses ménagements ou de sa neutralité, qui peut dire que l'ivresse du commandement et de la victoire ne lui montera pas à la tête et n'en fera pas un rebelle? C'est ainsi, après tout, que la plupart des dynasties ont commencé. Pepin, Hugues Capet, n'ont pas agi autrement et ont fait souche pourtant de rois très-légitimes.

Wallenstein, quant à lui, n'eût pas détrôné son empereur : il ne demandait que l'aventureuse couronne de la Bohême; frappé par un traître la veille de son couronnement, il a conservé, par la grandeur de sa chute, tous les droits possibles à l'intérêt dramatique, au point que c'est un des héros les plus chéris du public de Vienne, à qui la censure impériale permet de déifier à loisir cette ombre puissante, de même que la nôtre permet le culte de Napoléon au bon public des boulevards. Mais, comme un Allemand prendrait peu de plaisir aux longues odyssées qui défrayent l'hiver du Cirque-Franconi, nous n'apporterions qu'un médiocre intérêt aux tableaux militaires et infiniment uniformes de la guerre de Trente ans. Ce n'est pas à dire que le talent de Schiller doive être mis au même niveau que celui de M. Ferdinand Laloue; mais de telles figures, martiales et familières, sont si chères au peuple dans tout pays, que les auteurs sont amenés facilement à donner au drame qui les présente les proportions vastes du roman.

Wallenstein a été regardé par beaucoup de critiques comme le chef-d'œuvre de Schiller. Pour nous, c'est un drame grandiose mais froid, régulier mais stérile; comme drame historique, c'est du Shakspeare corrigé et refroidi. Le grand poëte obéissait alors à la critique de son pays et réformait peu à peu les excentricités de sa première manière; il se purifiait, comme l'amant de Cybèle, en se privant de sa virilité. *Les Brigands*, *Don Carlos*, *l'Intrigue et l'Amour* et *Fiesque*, ces œuvres inspirées de sa jeunesse, succombaient sous l'effort des aristarques d'université. On avait démontré à Schiller comme à Gœthe qu'il n'y avait pas de salut hors des règles, et la critique, désenchantée des théories de Schlegel, attendait la venue d'un Ponsard germanique, qui ne se manifesta pas. Ce sont les poëtes romantiques eux-mêmes, en Allemagne, qui ont opéré la réaction contre leurs propres ouvrages. Schiller commença par *Wallenstein* pour arriver à *la Fiancée de Messine*, œuvre dans le goût de Racine; le sujet de *Wallenstein* se prêtait peu à l'observation des unités, il le coupa en trois pièces, renfermées chacune dans un cadre régulier. On sent dans cette production, assez pâle pour nous, les débris d'une pensée plus forte, d'une inspiration plus hardie, que l'esprit de système a comprimée dans sa fleur. Nos poëtes ont plus de courage. Victor Hugo aime mieux renoncer au théâtre que d'obéir au *bon goût* des gens médiocres; Alexandre Dumas emprunte pour un temps les allures du faiseur vulgaire, et se venge par des succès purement lucratifs des injustices de la critique envers son beau drame de *Caligula*. Voilà le point où nous en sommes; notre Gœthe et notre Schiller sont encore debout.

Wallenstein est donc tout à fait un drame de transition. Les caractères y sont traités avec soin, l'action est simple, trop simple pour tant de moyens si longuement déployés; l'amour de Max et de Thécla y jette seul un intérêt romanesque et doux. La première partie est plus colorée que le reste, et rappelle les tableaux populaires du premier acte d'*Egmont*. A partir de là, le caractère du héros efface tous les autres et tourne malheureusement dans un cercle restreint. Pendant deux actes, il ne s'agit que de savoir s'il sera fidèle à l'empereur ou sujet rebelle. Le traître Butler le suit dans toutes ses hésitations, l'encourage, le trompe et le tue. Il y a une véritable grandeur dans l'analyse du caractère. Les préoccupations superstitieuses et astrologiques de ce personnage illustre, qui ne pouvait pas entendre miauler un chat, et que le cri du coq mettait hors de lui-même, sont la partie la plus originale de cette peinture. Voici une scène où il parle à Illo des influences occultes qui le menacent :

« La seule influence qui vous menace, lui dit ce dernier, c'est l'hésitation. — Vous parlez suivant vos idées, répond Wallenstein ;

à l'heure de votre naissance, Jupiter, le dieu de la clarté, était à son déclin, et il ne vous est pas donné de pénétrer dans les choses mystérieuses. Vous ne pouvez atteindre au delà du sol terrestre; vos regards aveugles ne connaissent qu'une lumière terne, pâle et souterraine; votre prudence se borne à lier entre eux les rapports qui se touchent de près; mais les choses dont le sens est abstrait, qui s'ourdissent et se forment dans les profondeurs de la nature; mais cette échelle symbolique qui s'élève par mille degrés de ce monde jusqu'aux étoiles, et que les puissances célestes montent et descendent sans cesse; mais ces cercles qui enferment d'autres cercles toujours de plus en plus rapprochés du soleil, leur centre, on ne les aperçoit qu'avec des yeux dessillés : il faut être né sous une influence lumineuse, il faut être l'enfant de Jupiter resplendissant. »

Voici la description de la tour astrologique qu'il avait fait bâtir, racontée à Max par Thécla : « Je me suis soudain trouvée dans une nuit obscure qu'éclairaient seulement quelques lueurs faibles et rares. En cercle, autour de moi, étaient rangées six ou sept grandes figures de rois, le sceptre à la main; une étoile se voyait au-dessus de la tête de chacun d'eux; et toute la clarté répandue dans la tour semblait venir de ces seules étoiles. « Ce sont les planètes, » m'a dit mon guide, « et, comme elles règnent sur le destin, on les représente
» comme des rois. Le dernier, ce vieillard triste et sombre, dont l'étoile
» est d'un jaune obscur, c'est Saturne; celui dont la clarté est rou-
» geâtre, et que vous voyez au-dessus de lui, couvert d'une armure,
» c'est Mars; et tous deux ne sont pas propices aux hommes. A côté,
» c'est une femme; elle est belle, son étoile brille d'un doux éclat, c'est
» Vénus. A gauche, se montre Mercure aux ailes légères; au milieu,
» brille d'un éclat argenté une figure au front serein, au maintien
» royal, c'est Jupiter, le père des astres; et le Soleil et la Lune se
» tiennent à ses côtés. »—Ah! s'écrie Max, je ne veux pas réprouver cette croyance aux étoiles et à la puissance des esprits. Ce n'est point par orgueil que l'homme peuple l'espace de formes mystérieuses, d'esprits inconnus. La nature commune est trop étroite pour un cœur aimant, et les fables dont on berça mon enfance cachent un sens plus profond que le train réel de la vie. Le monde éclatant des merveilles est le seul qui réponde au ravissement de mon cœur; il

m'ouvre les espaces éternels; il étend de tous côtés mille branches sur lesquelles se balancent mon esprit enivré. L'amour croit volontiers aux divinités, parce que lui-même est divin. Les dieux de l'antiquité ne sont plus, leur race brillante a disparu; cependant, ils vivent encore dans le langage du cœur. Ces noms antiques sont en usage comme jadis. Ces divinités qui, autrefois, se mêlaient avec grâce à la vie humaine, remontées désormais dans leurs froides étoiles, se font connaître pourtant à leurs adorateurs; et, de nos jours encore, Jupiter préside à la puissance, comme Vénus à la beauté. — C'est une pensée heureuse et chère, dit Thécla, de songer que, dans les hauteurs de l'infini, parmi les étoiles étincelantes, les liens d'amour qui devaient nous unir étaient déjà tissus quand nous avons commencé d'exister. »

Rien de tout cela, bien entendu, n'a été conservé dans la pièce de l'Odéon. Un mot qui a couru longtemps avant la représentation, annonçait que c'était « du Schiller dédié à la garde nationale. » L'auteur est, en effet, un officier fort estimable de la onzième; mais cette soirée a prouvé qu'il pouvait se faire applaudir légitimement par toute espèce de public. Le prologue est vif et spirituel, et il y a des parties fort bien traitées, notamment dans les scènes d'amour de Max et de Thécla. — L'ouvrage a donc obtenu le plus honorable succès.

Variétés. *Les Deux Pierrots.* — La donnée des *Deux Pierrots* n'est pas des plus neuves; il s'agit de cette histoire qui fait l'ornement de tous les ana :

Deux masques, l'un mâle, l'autre femelle, habillés du même costume, sont pris l'un pour l'autre par un séducteur ridicule, et, après un souper fin et une conversation demi-égrillarde, demi-sentimentale, la barbe de satin se relève et laisse voir, à la place d'un joli minois chiffonné, rose et blanc, une rude moustache de sous-officier.

Cette situation sera éternellement drôle, et fera rire successivement des générations de spectateurs. Nos grands-pères en ont ri, nous en rions nous-mêmes, nos petits-fils en riront également, et ainsi de suite jusqu'à la consommation des siècles. Le jugement dernier surprendra des hommes occupés à applaudir un vaudeville basé sur une situation pareille à celle des deux pierrots. — Si nous étions immortels, il faudrait trouver un nouveau sujet de vaudeville, mais la terre glaise nous avale les uns après les autres, et nos stalles vides sont remplies par un public vierge pour lequel il n'y a pas besoin de changer de thème. — Hélas! deux ou trois hochets, deux ou trois idées tout au plus ont suffi pour amuser le monde depuis sa création jusqu'à nos jours. — Cela est bien solennel pour un compte rendu de folie carnavalesque; mais, en vérité, cher lecteur, le temps est gros de spleen aujourd'hui. — Les feuilletonistes, ces *graciosos* hebdomadaires, sont des hommes après tout, ils sont tristes quelquefois; la rêverie s'empare d'eux comme s'ils étaient des poëtes. Le vent d'hiver qui siffle peut les distraire du tintement fêlé des grelots du vaudeville; tout en étant penchés sur le pupitre pour faire au maître le rapport des plaisirs de la semaine, ils peuvent penser que les ifs sont noirs dans la neige, et que la terre est froide aux derniers couchés.

Disons cependant, pour en finir, que Lepeintre jeune, en major de lanciers, est une des plus réjouissantes caricatures que l'on puisse voir; que mademoiselle Maria Violet est charmante en pierrette, et que Hoffmann joue le rôle de Pichenel avec sa rondeur et sa verve accoutumées.

GYMNASE. *Le Petit Homme gris.* — MM. Bayard et Simonnin ont fait un vaudeville d'une chanson de Béranger.—C'était de la besogne toute taillée.

Tout le monde connaît, car les couplets sont populaires, ce petit homme toujours gai, toujours chantant, et son refrain d'une philosophie un peu dégagée.

Les auteurs ont marié Guilleri; ils lui ont donné une place et un état dans le monde, ce qui lui attire une infinité de désagréments dont il se rit, car c'est la gaieté incarnée que ce petit homme.—Madame Guilleri est charmante; elle a force courtisans, et, un beau jour, notre ami Guilleri croit découvrir qu'il a sujet de rire *jaune*, et alors il ne rit plus du tout. Heureusement, l'innocence de madame Guilleri est prouvée d'une façon éclatante et sa vertu reluit plus claire que la lune en son plein. Guilleri se remet à chanter son refrain à tue-tête, le cœur plus allègre que jamais.

Achard donne à ce personnage la volubilité tourbillonnante et l'activité de toupie, qui en font un des acteurs les plus assourdissants de l'univers.

31 mars.

Opéra. *Débuts de mademoiselle Plunkett.* — Mademoiselle Plunkett est une jeune et jolie personne, bien tournée, pied mignon, jambe fine, physionomie charmante; quoiqu'un peu délicate pour la scène et difficilement visible de loin, elle a tout ce qu'il faut pour devenir une danseuse. Bien des gens disent qu'elle l'est déjà, c'est un peu prématuré; elle le deviendra sans doute et, pour notre part, nous n'en serions pas étonné. — Le rôle de la Péri avait été choisi par mademoiselle Plunkett. — Danser la Péri après Carlotta, c'est de la hardiesse; eh bien, la hardiesse n'a pas été malheureuse; mademoiselle Plunkett a été applaudie très-souvent pour sa gentille figure et quelquefois pour son talent. — Le saut périlleux que Carlotta exécute avec la légèreté d'une plume de colombe soulevée par la brise, a paru inquiéter la débutante, qui s'est retenue au cou de Petitpa d'une façon un peu terrestre, au moyen de deux petites mains assez visiblement crispées. — Elle a du ballon, du parcours, mais les pointes sont encore un peu molles; les bras ne manquent pas de grâce, la taille est souple; mais il y a encore à acquérir cette précision, ce fini des détails, cette fermeté qui font les danseuses de premier ordre.

Au second acte, mademoiselle Plunkett a dansé, avec un partenaire quelconque, une espèce de boléro très-vif, très-échevelé, qui a été applaudi à tout rompre pour des raisons qui n'étaient pas toujours chorégraphiques. — La débutante a fait ici la même faute que Carlotta Grisi, qui a substitué au pas local de l'Abeille un pas espagnol, tout à fait en dehors de l'action et du sens de l'ouvrage; une péri, avec des castagnettes et dansant la cachucha, était une chose que notre imagination n'avait pas prévue: il faut, même dans un ballet, un peu de vraisemblance, sinon pour l'esprit, du moins pour les yeux! Le boléro de mademoiselle Plunkett dépasse tout ce que mesdemoiselles Elssler, Noblet, Alexis Dupont et Dolorès ont risqué de plus violent. A travers beaucoup de choses désordonnées et folles, que ne se sont jamais permises les danseuses de Séville, de Grenade ou de Cadix, elle a montré des qualités de cambrure et de souplesse qui, mieux réglées, pourraient être de beaucoup d'effet. — Telle qu'elle est, bien que l'Opéra compte parmi ses pensionnaires plusieurs danseuses beaucoup plus habiles, mademoiselle Plunkett nous semble, par l'aspect de sa personne et une certaine ressemblance vague, plus apte que toute autre à doubler Carlotta pendant ses congés.

PORTE-SAINT-MARTIN. *La Biche au Bois.* — Nous aimons beaucoup ces sortes de pièces qui tiennent le milieu entre les contes d'enfant et les rêves. En quelques heures, toute la création vous passe devant les yeux. Les décorations succèdent aux décorations. Vous sautez de l'enfer au ciel, de la Suisse à la Chine, du palais à la chaumière, sans bouger de place. Les machinistes sont les postillons qui font rouler votre voiture à travers une infinité de pays réels ou fantastiques.

La pièce de la Porte-Saint-Martin, et c'est là son mérite, ressemble à toutes les pièces féeriques imaginables. Nous vous avons déjà raconté cela cent fois. Depuis le maillot, on n'entend pas autre chose. C'est une princesse, douée à sa naissance de toutes les perfections possibles, et menacée d'un malheur par une fée plus ou moins Carabosse; un prince Charmant, suivi de son fidèle écuyer, et cherchant à rompre l'enchantement de la princesse, ce à quoi il parvient après mille épreuves terribles ou grotesques. — Voilà. — C'est bien assez. — Perrault, madame d'Aulnoy ont fait sur ce thème les plus charmants récits du monde.

Le royaume des poissons est de la fantaisie la plus baroque. Dans une décoration de madrépores, de coraux, de plantes aquatiques, se meut tout un peuple revêtu d'écailles avec des têtes de brochet, de saumon, de carpe, d'écrevisses, etc. Ces travestissements sont exécutés avec beaucoup de vérité. Moëssard en saumon est la fantaisie la plus monstrueusement grotesque qu'on puisse imaginer.

La décoration représentant le château enchanté peut lutter avec les plus belles; les roches praticables s'élèvent jusqu'aux frises; un torrent d'eau naturelle reluit et grésille sur des lames d'argent; les sapins étendent leurs bras de spectre sur l'abîme; le grand-duc roule ses yeux flamboyants et fouette l'air de ses ailes énervées; les squelettes des chevaliers métamorphosés en pierre s'ébauchent en traits de feu sous leur enveloppe de granit; des formes noirâtres et velues se laissent couler le long des rampes ; des monstres flasques, rampant sur des moignons estropiés, se glissent dans les jambes du prince et de son écuyer, et tâchent de le faire renoncer à son entreprise, mais le prince déracine un sapin et traverse le torrent sur ce pont improvisé. Le charme est rompu.

Dans une autre décoration représentant une grotte sur le bord d'un lac éclairé par la lune, une jeune danseuse a exécuté une imitation du pas de l'Ombre, de Cerito. Le motif de ce pas est très-gracieux. La danseuse a son ombre portée pour partenaire. — Ce qui nous a beaucoup plu dans ce pas, c'est que la rampe baissée laissait venir d'en haut un jet de lumière, et que le théâtre se trouvait éclairé comme les objets le sont dans la réalité. Sur la scène, par la faute du système gothique de rampes et de quinquets, le jour vient de tous les côtés, et les personnages sont dans ce cas qui affligeait si fort le naïf Pierre Schlemiehl : sans l'avoir vendue au mystérieux personnage dont la poche contenait des télescopes, une tente pour vingt personnes, une voiture à quatre chevaux, etc., etc., ils n'ont plus d'ombre, — ce qui est fort laid.

Le palais féerique où se passe ce qu'en argot dramatique on appelle l'apothéose, est d'un ton brillant et léger, quoiqu'il ait trop de ressemblance avec l'architecture des surtouts et des sucreries montées ; mais c'est là un écueil bien difficile à éviter.

Un ballet de légumes des plus grotesques a excité les rires de toute la salle ; rien n'était plus singulier que de voir la polka dansée par des champignons et des poireaux secouant leur racine chevelue. Le roi des cantalous était très-drolatique avec sa casaque saumon, hérissée de filaments et historiée de grappes de pepins.

Les costumes sont riches, les figurants nombreux, et l'on s'étonne qu'un théâtre de second ordre, réduit à ses propres ressources, puisse obtenir de pareils résultats. — Heureusement, au théâtre, le plus sûr moyen de gagner de l'argent, c'est d'en dépenser. — Toute pièce pour laquelle on a sacrifié cent mille francs en rapporte le double. La prodigalité en pareil cas est de l'économie.

IV

AVRIL 1845. — Théâtre-Français : *Virginie,* tragédie de M. Latour (de Saint-Ybars). — Le sujet et la pièce. — Mademoiselle Rachel. — La versification de M. Latour. — Équation poétique. — Italiens : Concert de madame Marie Pleyel. — Odéon : *l'Eunuque* de Térence, traduit par M. Michel Carré. — Les comédies de Plaute et celles de Térence. — Gymnase : *l'Image,* par MM. Scribe et Sauvage. — Débuts de madame Doche et de Montdidier. — Klein, Geoffroy. — Opéra-Comique : *la Barcarolle,* paroles de M. Scribe, musique de M. Auber. — Le répertoire de M. Scribe. — Sa nouvelle pièce. — La partition de M. Auber. — Variétés : *Tom Pouff.* — A propos des exhibitions de monstres et de phénomènes.

7 avril.

Théatre-Français. *Virginie.* — *Mademoiselle Rachel.* — Si jamais thème ingrat de tragédie a été retourné en tous sens, c'est assurément celui de Virginie : les bibliophiles ne comptent guère moins de cent cinquante pièces sur ce sujet.

L'intérêt de curiosité est sans doute un intérêt vulgaire et auquel il ne faut pas attacher trop d'importance, surtout dans un théâtre qui a conservé des traditions de littérature ; mais cependant il est ennuyeux de savoir d'avance, jusque dans les moindres détails, ce que vont dire et faire tous les personnages. — Un semblable inconvénient ne peut être racheté que par de rares beautés de versification et de style, et ce n'est point là le cas de la pièce de M. Latour (de Saint-Ybars), à notre avis, du moins, car elle a été applaudie d'un bout à l'autre, tirade par tirade, vers par vers.

Est-il nécessaire de faire l'analyse de *Virginie?* En tout cas, ce ne sera pas long ; car cette tragédie appartient au genre sobre et les événements y dansent à l'aise.

Virginius va marier sa fille Virginie au jeune Icilius. — Appius arrive, et reproche à Virginius de s'occuper d'affaires de famille, quand l'intérêt de Rome le réclame. Virginius répond fort sensément qu'il y a temps pour tout, et conduit sa fille à l'autel. Appius, resté seul avec son confident Maxime, dit qu'il a gagné les augures, et qu'ils feront retarder le mariage par quelque prodige menaçant. En effet, le cortége rentre sans que l'hymen soit conclu, et Virginius part pour l'armée, ainsi que son futur gendre.

Le décemvir a pour Virginie une de ces passions qui ne connaissent pas d'obstacles. Il a fait tuer Icilius, et, profitant de l'absence de Virginius, il vient trouver la fille du vieux soldat et lui déclare sa flamme, qu'elle repousse avec horreur. « Comment osez-vous parler d'amour à la fiancée d'un autre? s'écrie la chaste enfant. — Icilius est mort, répond le décemvir. — Assassiné par vous! » s'écrie Fausta, la sœur de la victime, qui a découvert le crime.

Ce moyen n'ayant pas réussi, Appius fait enlever Virginie ; Maxime prétend qu'elle est la fille d'une esclave à lui, et que, par conséquent, elle lui appartient. Selon le sycophante, elle n'a passé pour la fille de Virginius qu'à l'aide d'une supposition, la vraie Virginie étant morte en bas âge. Des témoins payés soutiennent cette calomnie infernale. Fabius, le patron de Virginius, réclame en vain la pauvre enfant ; Appius prétend la garder chez lui jusqu'à ce que le procès ait été jugé.

Virginius, fait prisonnier, est parvenu à briser ses liens ; il revient à Rome, après avoir fait payer cher sa captivité aux ennemis. Il trouve son foyer désert, la chambre de Virginie est vide. Il apprend alors tous les horribles événements qui se sont passés en son absence; transporté de fureur, il s'élance pour courir chez Appius ; mais, sur le seuil, il rencontre sa fille, qui s'est échappée des mains de l'infâme, et n'a pu sauver sa pudeur que par une menace de suicide, soutenue d'un poignard. — Ce récit à peine terminé, les licteurs viennent sommer Virginius de paraître devant le décemvir.

Virginius tâche d'ameuter la foule, lasse déjà des violences d'Appius ; mais le décemvir monte à son tribunal et les licteurs ont facilement raison des mutins. Maxime et les faux témoins apostés soutiennent que Virginie est fille d'esclave, et le jugement est prononcé en sa faveur. Virginius, voyant qu'il n'y a plus d'espoir, saisit un couteau sur l'étal d'un boucher et tue sa fille. Le peuple, indigné, se rue sur Appius et l'assomme.

Certes, l'histoire est simple, et, bien que nous n'aimions pas autrement la complication, elle nous semble un peu bien nue, même pour une tragédie romaine.

Mais l'intérêt n'était pas là. — Qu'importe la tragédie, pourvu qu'on ait la tragédienne! — Mademoiselle Rachel a fait de cela un ravissant poëme, dont tout l'honneur lui revient. Avec un son de voix, une intonation, un geste, un regard, un pli de draperie, un camée sur l'épaule, une certaine façon de nouer ses cheveux et de laisser tomber ses bras, elle a réalisé une délicieuse figure qui justifie l'amour effréné d'Appius. Ce décemvir avait le goût bon, et l'on conçoit aisément qu'il ait fait détruire par là un Icilius quelconque, pour se rapprocher d'un si charmant objet. Mademoiselle Rachel paraît dès le premier acte, et ne quitte presque pas la scène. Quelle tragédie ne réussirait pas avec cela! Si vous saviez quels plis chastes et purs font dessiner à sa blanche tunique ses mouvements si nobles, ses gestes si contenus! Comme son œil est d'un noir profond dans son masque de marbre pâle! comme la ligne de son cou, un peu amaigri, s'attache avec élégance à ses épaules! et quel luisant flot de cheveux coule de chaque côté de ce front si intelligent et si plein de volonté!

Pendant que nous la regardions dans chacune de ses attitudes, comme un sculpteur qui étudie tous les profils d'une statue, nous faisions cette réflexion, que mademoiselle Rachel, qui avait obtenu de si beaux triomphes dans l'ancienne tragédie, était précisément douée de toutes les qualités modernes dans le talent comme dans la beauté. — Cette jeune fille élancée et mince, qui pourrait se faire une ceinture de son diadème, cet enfant au corps souple, aux mains fluettes, au pied mignon, au front bombé, aux yeux pleins de sombres éclairs, à la lèvre arquée par le *sneer*, ne ressemble en rien aux femmes antiques, à hanches étroites, à flancs épais, à larges épaules, à front bas que nous font voir les statues grecques et romaines; toute la passion maladive du temps où nous vivons agite ces membres frêles, inquiets, nerveux et tirant de l'énergie morale la force que les anciens tiraient de l'énergie physique. — Cette fièvre moderne qui bouillonne sous toutes les froideurs de la vieille tragédie, et qui parvient toujours à trouver quelque échappement, est une des auses inconnues et inavouées du succès de la jeune tragédienne. —

Tel croit applaudir un vers antique et bat des mains à un coup d'œil byronien.

Le rôle de Virginie est, parmi le petit nombre de créations de mademoiselle Rachel, une des plus heureuses et des mieux réussies. Elle y est tendre et caressante avec son père, d'un mépris ineffable dans les scènes avec Appius, et elle a des accents de pudeur outragée vraiment sublimes; aussi a-t-elle été applaudie avec fanatisme et rappelée à grands cris par toute la salle.

Maintenant, quel sera le sort de *Virginie?* Cet ouvrage est-il destiné à un long succès, et quel effet produirait-il joué par une autre actrice? Nous ne nous connaissons pas assez en tragédie pour résoudre cette question.

La versification ne nous a paru différer en rien de cette espèce de versification courante qui s'attrape si facilement aujourd'hui; ce sont, comme on dit, des vers bien faits, assez mal rimés, et s'en allant deux à deux ou quatre à quatre; conçus dans ce style qui n'admet plus le mot propre et qui n'admet pas encore l'image, c'est-à-dire à la fois maniéré et terne. Quelques passages sont d'une sobriété assez correcte et feraient de bonne prose. — Mais, si le lyrisme, les métaphores, les comparaisons et les images sont bannis des vers, pourquoi ne pas écrire comme M. Jourdain parlait? Le rhythme, appliqué à ce langage terre à terre, a quelque chose de contrariant. Pourquoi une mesure si l'on ne chante pas, et des violons si l'on reste assis?

Nous n'insisterons pas sur les ressemblances de *Virginie* avec *Lucrèce*, et nous terminerons par cette équation poétique : M. Latour nous paraît être à M. Ponsard ce que Campistron est à Racine, toute proportion gardée.

ITALIENS. *Concert de madame Pleyel.* — Le spirituel vicomte de Launay, avec cette finesse d'appréciation qui lui est propre, a jeté, dans son *Courrier de Paris,* à propos de madame Pleyel, le mot caractéristique que nous cherchions : « Thalberg est un roi, Liszt un prophète, madame Pleyel une sibylle. » Une sibylle qui a pour trépied un piano! c'est-à-dire le plus dur, le plus sec et, malgré tous les prodiges qu'on lui a fait exécuter, le plus rebelle de tous les instruments! Être inspirée dans une caverne aux profondeurs inconnues, lorsqu'un dieu vous agite, lorsque la vapeur prophétique vous pénètre et vous enveloppe, et qu'un peuple à genoux attend l'oracle qui va sortir de vos lèvres écumantes, cela se conçoit; mais être inspirée dans un théâtre, sous le feu de la formidable artillerie des lorgnettes, face à face avec des touches blanches et noires, est un miracle bien autrement difficile.

Plus que personne, nous nous méfions des yeux qui, à défaut de ciel, cherchent le plafond et le trouvent, des cheveux en coup de vent, des frémissements convulsifs, des mines extatiques ou rébarbatives, et de toutes les simagrées chaleureuses qui servent trop souvent à masquer une froideur réelle; aussi ne faut-il pas croire, sur ce nom de sibylle, que madame Pleyel se livre à la moindre contorsion. Sa tenue au piano est des plus correctes. Elle se tient parfaitement droite, dans une attitude où les professeurs les plus austères ne trouveraient rien à reprendre; ses bras agissent seuls et ses mains retombent sur l'ivoire et l'ébène du clavier sans ces mouvements plus dignes de prestidigitateurs que d'artistes, si fort à la mode aujourd'hui. Sa toilette n'a rien d'excentrique, ni de bizarre : une robe de satin aux reflets de perle et d'argent, des cheveux en bandeaux avec deux nœuds tout simples; tel était son costume à son dernier concert. Rien n'est moins échevelé, et pourtant, si un peintre cherchait un modèle pour la muse lyrique, il n'aurait qu'à regarder madame Pleyel au piano.

Quand l'esprit de la musique s'est emparé de la grande artiste, il s'opère en elle une véritable transfiguration : ses traits semblent illuminés par une lumière intérieure; ses yeux étoilent et passent du vert de mer le plus limpide au bleu d'azur le plus foncé; sa bouche prend un vague sourire, comme une bouche endormie qui sourit aux visions du rêve. Le monde a disparu, et le feu prendrait au théâtre, que cette cataleptique d'un nouveau genre continuerait à se laisser bercer aux ondulations de l'harmonie, jusqu'à ce que la flamme vînt brûler la gaze de ses manches.

Nous avons eu des pianistes suaves, des pianistes violents, des pianistes élégiaques, des pianistes humanitaires et même de mauvais pianistes. — Ce sont les plus rares pourtant. — Madame Pleyel est une pianiste magnétique. Son propre jeu la fascine et la plonge dans le somnambulisme. Des touches qu'elle frappe jaillissent des courants et des effluves qui, pénétrant par ses doigts, remontent le long de ses bras et gagnent son cœur et sa tête. L'impression éprouvée se répand dans la salle, conduite par les vibrations sonores, et l'artiste, à son tour, exerce sur le public le magnétisme que l'art exerce sur elle.

Madame Pleyel, à qui de fortes et sévères études laissent toute liberté dans l'exécution, a ce mérite fort rare de ne jamais escamoter une note, même dans les mouvements les plus rapides; aucune paillette ne manque à ses fusées chromatiques, et elle n'a pas besoin de compter sur l'éblouissement de l'oreille. Elle possède un sentiment exquis de la mesure, et la justesse parfaite de ses rentrées dans les concertos trahit une musicienne consommée. Elle a aussi une grande égalité de son. Nous faisons ressortir à dessein ces qualités toutes positives, qui sont au jeu de madame Pleyel ce que les os sont au corps d'une jolie femme : la grâce, la pureté de style, la finesse et, pour ainsi dire, le velouté de l'exécution, forment les contours, l'épiderme, et constituent la beauté.

Bien qu'elle se joue des difficultés les plus ardues, qu'elle ait la force et la vigueur des talents virils, madame Pleyel, et c'est, selon nous, un de ses grands mérites, donne son sexe aux morceaux qu'elle exécute; le cachet féminin s'y reconnaît, même dans la violence, à quelque chose de mieux lié, de plus onctueux.

Elle a joué la grande fantaisie sur la *Norma*, qui lui a été dédiée par Liszt, l'andante de *Dom Sébastien*, le quatuor de *Don Pasquale*, un concerto de Weber, qui lui ont valu de longues salves d'applaudissements, et une tarentelle de Rossini, qui a eu les honneurs du *bis*. Il est impossible de réunir plus de douceur à plus d'agilité; ces babillages étincelants, si familiers à Rossini, sont quelquefois un peu secs à cause de leur volubilité même; sous les doigts de madame Pleyel, la tarentelle a pris une grâce caressante, une insouciance voluptueuse qui ne retardait en rien le sautillement précipité de la mesure. — Les imaginations les plus paresseuses ont pu voir, pendant toute la durée du morceau, Naples s'élever blanche entre le double azur du ciel et de la mer, et les tabliers rayés d'écarlate et d'or se relever par le coin aux mains des brunes filles de Nisida.

Paraître nouvelle et se faire applaudir après tant d'artistes prodigieux, c'est un rare bonheur, surtout pour une femme qui est assez séduisante pour faire craindre qu'on ne l'ait entendue autant par les yeux que par les oreilles. — Paris a confirmé les succès de Vienne, de Saint-Pétersbourg et de Bruxelles ; Paris, qui pourtant n'aime guère les réputations faites sans lui, et se donne souvent le plaisir de les casser.

21 avril.

Odéon. *L'Eunuque*. — La comédie antique a son tour, c'est justice ; l'Odéon, qui nous avait donné l'*Antigone* de Sophocle, nous devait en conscience une exhumation latine. — Il nous semble que l'on aurait dû choisir une pièce de Plaute plutôt qu'une pièce de Térence ; Plaute a plus de force burlesque et plus d'effets de théâtre. Térence, que des érudits soutiennent n'être qu'un prête-nom de Scipion et de Lélius, a pour mérite principal l'atticisme et la politesse du langage, c'est-à-dire ce qui se traduit le moins ; il imite souvent Méandre, le plus doux et le plus suave des comiques grecs. Ses pièces, du moins à notre point de vue, ont peu de mouvement : l'emploi des mêmes types conventionnels amène nécessairement la monotonie, et le temps a fait disparaître les demi-teintes qui nuançaient des caractères presque semblables pour nous. Il n'y a dans Térence qu'un seul et même père, qu'un seul valet, qu'un seul amant, qu'une seule courtisane.

Il s'agit toujours d'une jeune esclave qu'un fils de famille, tenu à l'étroit par un père avare, veut racheter ou affranchir, but qu'il atteint, au moyen d'un valet, homme de ressources, aïeul des Mascarille et des Frontin. A la fin, il se trouve que l'esclave est une personne de race noble ou une ingénue enlevée par des pirates. — Les rivaux sont évincés ; le père pardonne, et le mariage se fait. — Ce thème en vaut bien un autre ; mais on pourrait le souhaiter plus varié.

Au théâtre, il faut une certaine rudesse ; la vie est brutale et va droit son chemin ; les esprits trop fins, trop délicats, trop tendres, ne valent rien pour cette besogne triviale et profonde de faire rire la foule. On n'y parvient que par une sorte de grossièreté magistrale dont Molière avait le secret, qu'il n'a dit à personne. Térence a dû avoir plus de succès à la lecture qu'au théâtre, parmi les patriciens qu'auprès du populaire. — Il y a dans sa manière une sorte de mollesse racinienne, si l'on peut appliquer cette épithète d'une manière rétrospective, nous ne savons quelle langueur élégiaque qui nous fait douter de son action sur ce farouche public romain. Aussi, Molière, qui s'y connaissait, n'a-t-il fait à Térence que de rares emprunts, tandis qu'il a levé sur le butin de Plaute ces larges contributions, droits du génie, qu'on appelle vols et plagiats, de la part des talents médiocres.

La versification de M. Michel Carré marche rondement; ses alexandrins se suivent sans encombre et dans un ordre processionnel assez régulier; pourtant, nous avons saisi au vol un assez grand nombre de rimes peu exactes; les plaisanteries ne sont pas assez détachées. Le style manque de trait. Telle phrase a passé inaperçue, qui eût fait rire, résumée dans quelques mots incisifs ou brefs. — Quant à la question de fidélité, il faudrait pour en juger exactement, avoir sous les yeux le texte latin et la version française. — Après tout, le mot à mot n'est pas nécessaire, et les exigences du théâtre ont dû amener quelques déplacements, quelques interpolations.

La pièce a été bien écoutée et n'a pas excité le moindre murmure, le plus mince sifflet. Nous ne croyons cependant pas à un succès. — La curiosité littéraire est seule intéressée dans une tentative pareille.

Gymnase. *L'Image.* — La donnée de ce vaudeville est invraisemblable; mais qu'est-ce que cela fait? Une pièce n'est pas une démonstration mathématique. Il vaut mieux être intéressant, spirituel avec un point de départ contestable, que d'ennuyer par une logique désespérante; n'apportons pas tant de gravité dans les choses futiles et ne nous amusons pas à peser, dans des balances de toiles d'araignée, si les motifs de tel ou tel vaudeville ont le poids légal et font pencher le trébuchet.

L'Image est une de ces petites pièces que M. Scribe, cet habile équilibriste, sait faire tenir sur la pointe d'une aiguille; il ne faudrait qu'un souffle pour les faire tomber, comme ces châteaux de cartes qu'élèvent les enfants, et pourtant elles ne tombent pas. Une combinaison heureuse, un mot habile viennent étayer à temps le frêle édifice près de crouler. — Là est le vrai esprit de M. Scribe, qui n'a ni l'haleine ni le style qu'il faut pour la grande comédie : il est, comme la nature, admirable surtout dans les petites choses : *maximè miranda in minimis*.

Léopold est un de ces jeunes aigles qui ont les ailes, mais à qui le ciel manque, bien qu'il loge au sixième étage, dans un grenier arrangé en atelier, auprès d'une bonne femme à qui la charitable marquise de Brévannes vient apporter des secours. Le jeune peintre soutient à huis clos, contre la misère, une de ces luttes sourdes, acharnées, héroïques, dans lesquelles plus d'un fier génie a succombé, n'osant pas appeler à l'aide, et se laissant silencieusement ronger le ventre sous sa tunique comme le petit Spartiate qui avait volé un renard. Heureusement, la pauvre voisine, experte en misère, a deviné celle de Léopold ; elle en a parlé à madame de Brévannes, qui, avec toutes les délicates précautions qu'exige la hautaine susceptibilité du talent honorable et pauvre, est venue au secours de Léopold. Le jeune peintre, grâce à madame de Brévannes, a des travaux et des commandes. Il l'aime, car la première elle a admiré son génie inconnu, et il voudrait pouvoir lui rendre en bonheur la gloire qu'il lui devra. — Madame de Brévannes n'est point heureuse; son mari est un libertin parfait, sans âme ni cœur, qui la traite de la façon la plus indigne. Léopold a toutes les peines du monde à se retenir de tuer ce misérable comme un chien enragé, dans son exaspération de reconnaissance et d'amour. Lasse de souffrir, madame de Brévannes saisit le prétexte du choléra bleu, qui régnait dans ce temps, et fait semblant de partir pour un monde meilleur; en réalité, elle se réfugie chez sa nourrice, dans une ferme de Bretagne, prend le nom de Madeleine, parle le jargon paysan, écrème le lait et bat le beurre, pour que l'illusion soit complète.

Léopold, fou de douleur, s'est mis à voyager, et, bien que Rossini prétende qu'il n'y a pas de chagrin qui tienne contre la queue poudrée d'un postillon, allant d'une épaule à l'autre sur un collet rouge, le peintre est revenu de ses pérégrinations plus triste, plus désolé que jamais.

Pendant que, sous le nom de Madeleine, madame de Brévannes confectionnait des fromages blancs; que Léopold, l'âme distraite et les yeux noyés de larmes, jetait un regard distrait aux chefs-d'œuvre des maîtres, M. de Brévannes a eu le bon esprit de se faire tuer en duel à Calcutta, seule action délicate dont il fût capable.

Tout en errant, Léopold arrive chez un baron quelconque, dont le château est situé non loin de la ferme où se cache madame de Brévannes; il n'est question que de la jolie laitière; on engage Léopold à la voir, en sa qualité d'artiste. Léopold retrouve avec un ravissement douloureux dans la jeune paysanne tous les traits de madame de Brévannes; — c'est elle, plus de doute; jamais ressemblance ne fut plus parfaite. Malheureusement, Madeleine parle, et, par la trivialité de ses idées, par les libertés grammaticales de son langage à la Martine, elle fait fuir le gracieux fantôme évoqué par sa charmante figure. Léopold prie la jeune laitière de vouloir bien poser pour un portrait de madame de Brévannes, et, après lui avoir fait essayer plusieurs poses, il lui met entre les mains un journal. Madeleine y jette les yeux, et qu'y voit-elle? l'annonce de la mort de M. de Brévannes. — Elle est veuve et libre, et peut aimer Léopold sans être coupable. La laitière redevient marquise, et il ne faut pas beaucoup d'imagination pour deviner le dénoûment.

Madame Doche a mis la gaucherie la plus gracieusement affectée qu'on puisse voir, dans le rôle de la laitière-marquise; c'est une charmante image sans métaphore ni calembour. Montdidier, qui débutait dans le rôle de Léopold, ne manque pas de chaleur ni d'intelligence, il a su s'arrêter à la nuance qui sépare le vaudeville sentimental du drame. Klein est très-comique dans le rôle du baron, et Geoffroy est assez amusant dans le rôle d'un paysan bas breton, à qui M. le baron veut faire épouser Madeleine, dans l'idée de revendiquer certains droits seigneuriaux tombés depuis longtemps.

Ce vaudeville a parfaitement réussi, quoiqu'il soit difficile d'admettre qu'un peintre, c'est-à-dire un homme habitué à se rendre compte des lignes et des formes, ne reconnaisse pas celle qu'il aime au premier coup d'œil, et se laisse abuser cinq minutes par un déguisement de comédie.

28 avril.

Opéra-Comique. *La Barcarolle.* — Il paraît, d'après les feuilletonistes érudits, que *la Barcarolle* a déjà été jouée un nombre de fois considérable sous différents titres; M. Scribe, en collaboration avec M. Varner, aurait donné un vaudeville intitulé *la Chanson, ou l'Intérieur d'un bureau*, dont le sujet est identiquement celui de *la Barcarolle*.

Mais bah! les pièces ne sont-elles pas toujours les mêmes; et, d'ailleurs, pourquoi changer? ne vaut-il pas mieux une bonne situation, bien usée, bien connue, bien triviale, qui n'exige qu'une demi-attention de la part des spectateurs, des gens qui viennent de sortir de table et ne veulent pas se fatiguer la tête à comprendre des idées ou des combinaisons nouvelles? *La Barcarolle* ne cause aucune courbature intellectuelle. Dès le premier mot, vous savez le dernier, cela va sur des roulettes dans une rainure savonnée, sans secousse, sans cahot. C'est charmant! Vous n'éprouvez pas ces affreuses inquiétudes que vous inspirent les auteurs hasardeux, dont le char dramatique est à chaque instant près de s'embourber et de verser. Les chevaux de M. Scribe ne prennent jamais le mors aux dents; ils vont un gentil petit trot allongé et vous mènent gaillardement à destination le sujet qu'on leur confie, pourvu cependant qu'il n'y ait pas plus de trois postes; car, au delà, ils commencent à s'essouffler.

Chose singulière! M. Scribe, sans nouveauté de conception, sans profondeur de pensée, sans sévérité de style, sans force comique, sans traits et sans mots, parvient à faire des ouvrages qui sont encore les plus agréables de tous ceux dont se compose la fourniture des théâtres. Au moins, ce qu'il fait est facile; il ne s'est pas arraché les sourcils et rongé les ongles pour cela; on ne sent, dans son répertoire, ni tension ni effort. Il ne vise pas au chef-d'œuvre; il écrit au courant de la plume, à peu près aussi mal que tout le monde parle, des vaudevilles, des comédies, des opéras qui remplissent parfaitement le but que tout auteur se propose : amuser le public et avoir beaucoup de représentations fructueuses. Chacune de ces productions légères n'a pas grande valeur par elle-même, et cependant, par leur nombre, elles forment quelque chose de considérable : occuper pendant plus de vingt-cinq ans, avec succès, toutes les scènes d'une ville comme Paris est une preuve de puissance, et l'homme qui a fait cela n'est pas un homme ordinaire. Il résulte de toutes ces œuvres, dont pas une ne supporterait la critique sérieuse, l'idée de rares facultés dramatiques, et une gloire assez semblable à celle d'un publiciste éminent qui, sans avoir fait un chef-d'œuvre spécial, a donné dans cent occasions des preuves de capacité remarquables, et dont le nom reste plus connu que les ouvrages.

Le comte de Fiesque est épris de Clélia, la fille du premier ministre de Parme. Il voudrait lui adresser une barcarolle; rien n'est plus légitime : pour un amoureux d'opéra-comique, c'est un droit et même un devoir ; mais les grands seigneurs sont, en général, médiocres poëtes et pires musiciens. Le comte de Fiesque n'est pas très-sûr de son inspiration, et il fait corriger ses vers et sa musique par un jeune compositeur, nommé Fabio, qui se trouve être plus tard son frère naturel, et qui a, selon l'usage, plus de génie que d'argent : — on ne peut pas tout avoir. D'un autre côté, le premier ministre, qui se croit obligé à des galanteries transcendantes, pour imiter en tout Richelieu, le modèle qu'il s'est proposé, conçoit cette idée neuve et triomphante d'envoyer à la grande-duchesse de Parme, bien que son été penche à l'automne, une déclaration d'amour versifiée et musiquée. Il ne manque guère pour cela au premier ministre que d'être écrivain et compositeur. — Dans son embarras, il va trouver il signor Caffarini, maître de chapelle de la cour et professeur de Fabio. — Ce Caffarini est un véritable âne académique ; il connaît à fond le contre-point, la fugue et tous les fatras scientifiques, mais jamais la moindre fleurette musicale ne s'est épanouie dans ce cerveau aride. — Une barcarolle à improviser n'est pas chose facile pour Caffarini ; il vous aurait plutôt fait dix tomes de musique savante, avec force cuivre et timbales ; mais un air, mais un chant, il faut être plus leste, plus adroit que lui, pour l'attraper par le bout de l'aile, quand il monte de l'âme dans les cieux ; aussi, ne pouvant rien extraire de son imagination hérissée par les chardons des triples et des quadruples croches, il cherche dans les papiers de son élève Fabio quelque motif à orchestrer ; il trouve la barcarolle destinée au comte de Fiesque et la donne au premier ministre, qui n'a rien de plus pressé que de l'aller glisser dans le panier à ouvrage de la grande-duchesse, où elle est ramassée par le grand-duc.

Vous voyez d'ici le scandale effroyable qui résulte de cette découverte; la barcarolle, répandue par le comte de Fiesque, est fredonnée par tous les citadins de Parme. Le grand-duc est furieux et veut punir de mort celui qui a ainsi outragé la majesté ducale. Heureusement, Fabio se dévoue; il prouve que la barcarolle, vers et musique, est de lui, et qu'il la destinait à Gina, jeune couturière fort gentille et fort espiègle. — Le comte de Fiesque épouse Clélia, et Fabio épouse Gina; c'est ainsi que tout se termine au théâtre. Nous voudrions bien voir une pièce dont la première scène serait le mariage du héros et de l'héroïne. — Le mariage et la mort sont-ils donc les seuls dénoûments? et pourquoi les auteurs abandonnent-ils leurs personnages au seuil du temple et de la tombe?

La musique dont M. Auber a brodé ce frêle canevas, bien qu'élégante, facile et distinguée, comme tout ce qui vient de l'illustre maître, n'a peut-être pas assez de nouveauté; beaucoup des motifs éveillent des réminiscences; M. Auber ne se souvient pas, et il est le seul, de tous les airs charmants qu'il a faits, et quelquefois ils lui reviennent involontairement sous la plume. — Le thème de *la Barcarolle* n'a pas toute l'originalité désirable; c'est la phrase principale de l'ouvrage; elle est prise, reprise, répétée à chaque instant; il aurait fallu là une de ces mélodies nettes, franches, incisives, se gravant invinciblement dans la mémoire, comme M. Auber en rencontre à chaque pas, surtout lorsqu'il ne les cherche point. Il est singulier que le compositeur qui a fait tant de charmantes barcarolles dans des pièces où elles n'étaient qu'accessoires, ait manqué celle-ci, qui donne le titre à l'ouvrage, et qui en était, en quelque sorte, la pensée musicale.

VARIÉTÉS. *Tom Pouff.* — Nous aurions bien voulu ne pas parler de ce petit monstre échappé d'un bocal d'alcool, qui occupe en ce moment les *cokneys* de Paris comme il a occupé les badauds de Londres. De pareilles curiosités sont tout au plus dignes de l'amphithéâtre et de l'École de médecine. Il y a quelque chose de révoltant à voir l'infirmité d'un chétif avorton qu'on devrait cacher à tous les yeux, puisque le christianisme ne permet pas la destruction des enfants mal venus, devenir ainsi un objet de spéculation! Certes, ce n'est pas la faute de Tom Pouce s'il a la taille d'un citoyen de Lilliput; mais, enfin, ce corps imperceptible enferme une âme, si petite qu'elle soit, et nul n'a le droit de lui faire jouer le rôle d'un *ouistiti* ou de telle autre bête curieuse.

Nous avons, comme tout le monde, vu passer dans la rue ce prospectus bleu à quatre poneys microscopiques qu'avalerait un chien de Terre-Neuve, et qui ferait devenir fou de joie un enfant d'empereur; mais nous n'avons pas encore pu nous résoudre à aller rendre visite au général Tom Pouce.

Au lieu de faire des exhibitions de monstres, ne vaudrait-il pas mieux faire voir quelque beau Grec, au profil droit, aux proportions de statue, quelque Tyrolien athlétique, quelque enfant d'Asie, quelque Géorgienne aux formes irréprochables, nobles échantillons, types sacrés de la beauté humaine?

Tom Pouce, qui entend la publicité en Américain, a vu dans l'annonce de la pièce des Variétés matière à procès, et surtout à réclames. Il a prétendu que prendre son nom pour titre d'une pièce était porter atteinte à sa considération personnelle et à son industrie privée. Que dira donc Stahl, qui, par une illumination sans doute prophétique, a fait paraître, il y a deux ans, un charmant petit livre illustré intitulé *les Aventures de Tom Pouce?* Se déclarera-t-il frustré par le *général?*

M. Roqueplan, à qui nous ne voulons pas nuire dans ses affaires en disant qu'il est un homme d'esprit, — l'injure la plus funeste qu'on puisse adresser à quelqu'un, — a changé immédiatement le titre de *Tom Pouce* en celui de *Tom Puff.*

Analyser cette parade est parfaitement inutile: c'est le plus réjouissant amas de calembours, de coq-à-l'âne, de lazzi, de charges, d'impertinences et d'incongruités.—M. Moutardier a une femme, une fille et une cuisinière, munies chacune d'un amant. Des soupçons jaloux le travaillent; il fait des perquisitions; les trois galants se sauvent, et, d'une armoire ouverte par le féroce Moutardier, sort un petit bonhomme moins haut qu'un bâton de sucre d'orge; c'est Tom Pouce, qui vient donner une soirée, et qui se livre à divers exercices sous la conduite de son cornac André Hoffmann, déguisé en colonel fantastique; rien n'y manque, pas même la voiture bleue; seulement, les poneys sont remplacés par des chèvres.

V

MAI 1845. — Théâtre-Français : *une Soirée à la Bastille*, comédie en vers, de M. Adrien de Courcelles. — Odéon : *le Camoëns*, drame de MM. Perrot et Armand Dumesnil.—Gymnase : *Jeannette et Jeanneton*, par MM. Scribe et Varner. — Théâtre de Chartres : *la Mort du général Marceau*, drame de MM. Lesguillon et Labrousse. — Projet de statue de M. Auguste Préault. — Vers d'Antony Deschamps. — Vaudeville : *le Petit-Poucet*, par MM. Clairville et Dumanoir. — Le monstre à la mode. — Ambigu : *les Étudiants*, drame de M. Frédéric Soulié. — Le quartier latin calomnié. — Mélingue, Lacressonnière, madame Guyon.

5 mai.

THÉATRE-FRANÇAIS. *Une Soirée à la Bastille*. — Cette petite comédie, Dieu merci, n'a pas de sujet, ce qui a laissé à l'auteur la place d'y mettre un peu d'esprit et quelques jolis vers. Félicitons MM. les comédiens ordinaires du roi d'avoir représenté cette bluette, œuvre d'un jeune homme qui, au moins, n'a pas cherché à imiter Bouchardy.

Le duc de Fronsac, si célèbre plus tard sous le nom de Richelieu, a été mis à la Bastille, ainsi que Malezieux, mademoiselle de Launay, Boisdavy et autres partisans de la duchesse du Maine, comme ayant trempé dans la fameuse conspiration de Cellamare; il paraît que la Bastille n'était pas une prison bien rigoureuse, car tous les personnages vont et viennent comme s'ils étaient en parfaite liberté. Le gouverneur et Boisdavy sont amoureux de mademoiselle de Launay: le premier est une bête et l'autre un sot ; le sot a de grandes chances de réussir; heureusement que Richelieu s'en mêle; il grise l'imbécile et le provoque à de fausses confidences dont s'indigne mademoiselle de Launay, qui entend tout, cachée derrière le rideau de sa fenêtre. Vous devinez le reste. Le régent fait grâce aux conspirateurs étourdis, et l'on est obligé de mettre à la porte de la prison Richelieu, qui s'y trouve si bien, qu'il n'en voudrait pas sortir.

Brindeau, Mirecourt et la jolie mademoiselle Denain ont joué avec beaucoup d'esprit et de goût cette petite pièce qui, si elle ne fait pas de grandes promesses, n'a rien non plus d'alarmant pour l'avenir du jeune auteur. — Un portrait vif et spirituel du cardinal Dubois a provoqué les bravos avec justice.

ODÉON. *Le Camoëns.* — La *Lusiade* de Camoëns est un poëme dont beaucoup de personnes parlent et que bien peu ont lu ; on n'en connaît guère que l'épisode du géant Adamastor se dressant du fond des mers, au cap des Tempêtes, devant la flotte de Vasco de Gama. Le portugais est une langue trop restreinte pour qu'un poëte se servant de cet idiome, puisse jamais être véritablement connu. — C'est un malheur de ne pas naître dans un grand pays ; car, si parfaites qu'elles soient d'ailleurs, les langues des contrées séparées ou lointaines ne peuvent guère être considérées que comme des patois entendus seulement des indigènes.

Pour nous, le véritable poëme de Camoëns, c'est sa vie, sa vie aventureuse, romanesque, héroïque. Nous le voyons toujours sous une volute d'écume et d'eau salée, tenant, d'une main, sa *Lusiade* au-dessus des flots, et cramponné, de l'autre, à un fragment de mât, regardant l'éclair de son œil unique, et disant comme Ajax : « Je le sauverai malgré les dieux ! » ou bien encore sur son rocher de Macao, mangeant, sans rougir, le pain qu'un esclave dévoué va mendier pour lui.

C'est toujours un spectacle intéressant que la lutte du génie contre la richesse et la sottise ; il y a là quelque chose qui fait palpiter, au fond de l'âme, une de ces nobles fibres aisément émues qu'il suffit d'effleurer.

Les sots de tous les temps et de tous les pays peuvent bien se moquer des poëtes ; les gens enrichis par quelque ignoble spéculation railleront les haillons de l'homme de génie ; mais c'est une chose tellement révoltante, qu'il suffit de la leur mettre sous les yeux, symbolisée par Chatterton ou Camoëns, pour qu'ils en aient horreur.

M. Perrot et Dumesnil ont tiré de cette donnée tout le parti possible. Il y a dans leur pièce des mots délicats et qui viennent du cœur, — tels que ceux du roi dom Sébastien voulant faire avouer à Camoëns sa pauvreté, et la réponse de la femme du ministre surprise en allant chez le poëte.

Bignon et mademoiselle Fitzjames, plus à leur aise dans la prose que dans les vers, ont joué avec feu et passion deux rôles intéressants.

Gymnase. *Jeannette et Jeanneton.* — Jeannette et Jeanneton, c'est ainsi qu'elles s'appellent : l'une est charmante, l'autre est jolie ; toutes deux sont jeunes, — deux anges qui, heureusement, n'ont pas d'ailes. Comment les reconnaître? A un bouquet de violettes imprégné sur une peau de satin par un gracieux caprice de la nature; mais personne ne l'a vu, tant ce sont d'honnêtes, de chastes et d'innocentes filles, que Jeannette et Jeanneton, ou Jeanneton et Jeannette, si cela vous plaît mieux ainsi. Le brave Galuchet, ouvrier bijoutier, est le père de l'une et le père nourricier de l'autre : laquelle est sa fille? Il l'a oublié, tant il les aime. Il paraît que la chose se passait dans un temps fort embrouillé, à travers les Cosaques et la déroute de Waterloo. — Les enfants se sont mêlés dans leurs berceaux; — cela lui est bien égal! — toutes deux sont ses filles ; Jeannette et Jeanneton adorent papa Galuchet. Mais, si brave qu'il soit, l'amour ne tarde pas à se mettre de la partie : les Anatole et les Octave ne tardent pas à se produire; l'un, fils d'un gros marchand bijoutier; l'autre, tout bonnement fils d'un duc et pair. — Grâce au bouquet de violettes, tout s'arrange : Jeanneton est reconnue marquise, et Jeannette, dotée par le duc, peut épouser Anatole.

Tout cela est assaisonné de petites scènes fort charmantes, de demi-sourires et de demi-larmes qui font de *Jeannette et Jeanneton* un des meilleurs vaudevilles de M. Scribe.

Mademoiselle Désirée joue avec beaucoup de grâce et d'ingénuité le rôle de Jeanneton.

Théâtre de Chartres. — Vous nous permettrez de pousser une petite pointe jusqu'à Chartres et de vous dire quelques mots d'une représentation qui a été donnée, au théâtre de cette ville, au profit de la souscription pour la statue du général Marceau, dont M. Auguste

Préault a déjà exécuté une esquisse d'une élégance héroïque et d'une fierté de tournure admirable.

On a joué une pièce de circonstance intitulée : *la Mort du général Marceau*, par MM. Lesguillon et Labrousse; puis on a lu une pièce de vers du même M. Lesguillon, et chanté une cantate dont les paroles sont de M. Noël Parfait, Chartrain et promoteur de la souscription.

M. Antony Deschamps, qui ne laisse passer aucune gloire, aucun fait contemporain sans le saluer de quelques vers, a improvisé devant l'esquisse de Préault les rimes suivantes, où l'on reconnaît l'auteur des *Satires* et le traducteur du *Dante* :

> Pour la seconde fois, jeune homme à l'âme antique,
> Nous allons contempler ta figure héroïque.
> A Bouchot le premier, qui, comme toi vainqueur,
> Mourut au champ de l'art, cet autre champ d'honneur,
> Nous devons ton front pur et l'imposante image
> De l'ennemi rendant un solennel hommage
> A ta dépouille auguste, et rapportant en deuil,
> Chez les tiens consternés, ton corps et ton cercueil !
> Puisses-tu réveiller toutes les belles flammes
> Et le patriotisme endormi dans les âmes ;
> Car la France, ta mère, en son sein triomphant,
> N'a jamais enfanté de plus illustre enfant !
> O bronze glorieux, à ta vue animée,
> Que la France applaudisse avec sa jeune armée ;
> Et moi, poëte, et moi, j'ose ici l'attester,
> Je suis fier d'avoir eu l'honneur de te chanter,
> Et d'avoir, ô Marceau, dans un noble délire,
> Pu mêler ton laurier aux cordes de ma lyre !

La représentation a été très-fructueuse.

12 mai.

VAUDEVILLE. *Le Petit-Poucet.* — Il y aurait de charmantes pièces à faire avec les contes de Perrault ; mais il faudrait pour cela des poëtes et non des vaudevillistes. Ludwig Tieck, dans son *Petit*

Chaperon-Rouge et son *Chat botté* a montré quelles ressources offraient ces délicieux récits dont ne peut se lasser l'admiration naïve de l'enfance et l'admiration raisonnée de l'homme fait. La Fontaine l'a dit, et il s'y connaissait :

> Si *Peau-d'Ane* m'était conté,
> J'y prendrais un plaisir extrême.

Voyez le délicat! *Peau-d'Ane*, c'est-à-dire le chef-d'œuvre de l'esprit humain, quelque chose d'aussi grand dans son genre que l'*Iliade* ou l'*Énéide*.

Ce que les faiseurs, quelque habiles qu'ils soient, entendent le moins, c'est le fantastique. Ils n'y comprennent rien; la logique qui leur sert à construire des armatures de pièces régulières et capables de soutenir un corps dramatique leur fait ici défaut. Le fantastique n'a pas de motifs et ne s'explique pas. Il est parce qu'il est; comme tout mystère, il exige la foi.

MM. Clairville et Dumanoir, gens d'esprit à coup sûr, ne croient ni à l'ogre ni aux bottes de sept lieues; ils croient peut-être au Petit-Poucet depuis qu'ils ont vu Tom Pouce, mais voilà tout; aussi leur pièce est-elle pleine d'irrévérences et d'ironies. Il y manque la conviction, la terreur et la pitié. Les sinistres paroles de l'ogre : « Je sens la chair fraîche! » l'échange des couronnes d'or et du bonnet de coton n'ont pas produit l'effet d'épouvante et d'horripilation qu'on était en droit d'en attendre, plusieurs lazzi d'un scepticisme imprudent ayant donné à comprendre aux spectateurs que l'histoire du Petit-Poucet n'est peut-être pas des plus authentiques. Mais, sans chicaner plus longtemps MM. Clairville et Dumanoir sur l'esprit incrédule et protestant qui règne dans leur pièce, arrivons au héros de la soirée, au général Tom Pouce, qui a obtenu, nous sommes fâché de le dire, un succès immense, colossal, pyramidal.

A propos de *Tom Puff*, des Variétés, nous avons déjà formulé notre antipathie contre les exhibitions de monstres et de phénomènes; ces curiosités médicales ne devraient pas, à notre sens, sortir des amphithéâtres et des bocaux d'apothicaire. Nous pensons que tout être où se trouve une parcelle d'âme doit être respecté. La nature se trompe quelquefois; pourquoi l'exposer à rougir de ses erreurs et de ses avortements? Que la triste mère de Tom Pouce ait soin de sa pauvre poupée mal venue et la couche de bonne heure dans une boîte à gants garnie de coton; cela vaudra beaucoup mieux que de le faire courir sur les planches, au risque d'être écrasé par le pied d'un figurant distrait; mais nous sommes à peu près seul de notre avis. Tom Pouce est à la mode; c'est le tigre de la saison : les femmes en raffolent; les plus jolies posent sans dégoût leur bouche en fleur contre la joue bouffie du petit monstre, qui se vante d'avoir embrassé un million de femmes, et qui ne ment pas, comme c'est l'ordinaire de tout fat. Il disparaîtra un de ces jours sous une avalanche de bouquets et de bonbons.

Nous sommes incapable, vu la perturbation que le nouveau système a jetée dans nos idées de mesure, de vous dire au juste le nombre de centimètres et de millimètres dont se compose la taille de Tom Pouce. Le fait est qu'il est vraiment microscopique et n'arrive pas au genou d'une personne médiocrement grande. Il est bien formé, sauf la tête, qu'il a trop grosse, comme un très-jeune enfant. On le dit âgé de treize à quatorze ans ; nous avons peine à le croire, il indique tout au plus six à sept ans. Le rôle qu'il joue n'a rien qui soit au-dessus de l'intelligence d'un bambin de cet âge. Le glorieux Fouyou, à peine sevré, se montrait déjà comédien de premier ordre. Les exercices de Tom Pouce, dans la pièce du Vaudeville, se bornent, d'ailleurs, à fort peu de chose. Il passe entre les jambes d'une rangée de figurants, se fait traîner dans un sabot, change les bonnets de coton de ses frères contre les couronnes d'or des jeunes ogresses, tire les bottes de sept lieues, et, pour prix de ses services, reçoit du prince Benin une boîte meublée assez semblable à celle que fit construire à Gulliver le roi de Brodignac, et cet équipage d'azur, prospectus à quatre poneys, que chacun a pu rencontrer rue Vivienne, sur les boulevards ou aux Champs-Élysées. — Cette chambre miniature est la plus charmante bonbonnière qu'on puisse imaginer. Rien n'y manque : le lit, le canapé, les fauteuils, la toilette, la cheminée, le tout à la proportion du héros; un vrai ménage de poupée à ressort. Une petite blanchisseuse de six à sept ans apporte le linge de Tom Pouce; le drôle, avec l'aplomb d'un Colin d'opéra-comique ou d'un vieillard d'orchestre, la lutine et lui prend la taille un peu au-dessus de la jarretière. Ses mains n'atteignent pas plus haut, et, s'il est inconvenant, ce n'est du moins pas sa faute; puis arrive un Figaro assorti qui lui fait la barbe qu'il n'a pas, avec une dextérité tout espagnole, et le remet aux mains de deux valets de chambre qui viennent de faire leurs dents. Tom Pouce revêt un uniforme de général et sort pour passer la revue de ses troupes, car le prince Benin l'a mis à la tête de son armée; la revue achevée, il monte dans sa voiture pour se rendre à la cour où ses devoirs l'appellent.

Les rôles des frères du Petit-Poucet sont remplis par les plus jolies actrices du théâtre, parmi lesquelles il faut nommer mademoiselle Victorine Capron et mademoiselle Morel.

Leclère représente d'une manière assez bouffonne le personnage de l'Ogre, que MM. Clairville et Dumanoir ont baptisé du nom rébarbatif de Crockaffamédevorancrock. — O dernier vestige de la tradition homérique des cyclopes anthropophages, voilà donc ce que le vaudeville a fait de toi!

26 mai.

AMBIGU. *Les Étudiants.* — M. Frédéric Soulié affectionne le théâtre de l'Ambigu. *L'Ouvrier, les Amants de Murcie, il Mammone, les Talismans,* se sont succédé avec des chances diverses sur ces planches habituées au ronflement des r de Saint-Ernest et au sifflement des s d'Albert. *Les Étudiants* viennent augmenter cette liste, déjà assez nombreuse pour former un répertoire. La Porte-Saint-Martin, accaparée par les frères Cogniard, est, pour ainsi dire, fermée aux gens de lettres; il est donc tout simple que M. Frédéric Soulié se fixe à ce théâtre de l'Ambigu, où il a obtenu des succès, dont il a éprouvé les acteurs et le public, bien que, par sa réputation et ses antécédents littéraires, il paraisse fait pour des scènes plus hautes. Ce n'est pas nous qui l'en blâmerons; nous n'avons aucun préjugé là-dessus; rien n'empêche de faire un chef-d'œuvre pour un théâtre du boulevard, de même que rien n'empêche de faire une platitude pour le Théâtre-Français. Qu'importe le tréteau, pourvu qu'on y fasse monter une idée!

La tâche que s'est donnée M. Frédéric Soulié était assez difficile à remplir ; il s'agissait de mêler une action sentimentale et pathétique à la peinture des mœurs du quartier latin, si souvent essayée, si rarement réussie. Plusieurs romans et plusieurs drames ont fait voir que M. Frédéric Soulié entendait à merveille l'art de trouver des situations violentes, des effets énergiques et inattendus, et possédait, en un mot, les qualités robustes et l'entrain quelque peu brutal dont il est besoin aujourd'hui pour passionner la foule. — Dans les *Mémoires du Diable* se révèle une âpreté d'ironie, une espèce de jovialité féroce qui va bien avec les mœurs décrites dans ce singulier ouvrage, père de tous les romans en dix tomes qui se publient maintenant; mais l'éclat de rire franc et naturel manque à M. Frédéric Soulié ; il ne rit pas, il ricane ; aussi les parties gaies de sa nouvelle pièce sont-elles les plus faibles. Sous ce rapport, il est inférieur à la plupart des vaudevillistes qui se sont adonnés à la reproduction des scènes familières. Plusieurs de ces vaudevillistes ont fait la véritable comédie de notre époque, et atteignent, dans ce genre, à une grande vérité et une grande franchise. Il ne leur a manqué qu'un peu de grammaire et de style pour égaler les plus vives saynètes espagnoles. C'est peu, mais c'est tout.

A propos de la nouvelle œuvre de M. Frédéric Soulié, qu'on nous permette une petite digression sur la manière dont, au théâtre, on représente les étudiants.

Ces mots seuls *les étudiants* éveillent des idées de redingotes extravagantes, de bérets prodigieux, de blagues à tabac phénoménales, de pipes à faire honte aux calumets des Ioways, de Chaumière non indienne, de grisettes peu sauvages et de danses alarmantes pour la pudeur des sergents de ville.

Il semblerait que les écoles de droit et de médecine soient composées de deux bandes de truands et de malandrins en belle humeur, qui n'ont d'autre affaire que de vexer les bourgeois, prendre la taille aux fillettes, casser la vaisselle et danser comme des polichinelles détraqués. Nous avouons qu'il n'est pas sans exemple qu'un étudiant ait offert de la bière et son cœur à quelque jolie chamarreuse, qu'il ait fumé du caporal dans une pipe d'écume de mer (ou de Kummer, comme Alphonse Karr recommande de l'écrire) et se soit livré à quelques excès de chorégraphie sous prétexte de polka et de cachucha ; mais ce n'est là qu'un épisode d'une vie sédentaire et laborieuse.

S'il fallait en croire ces *peintures de mœurs*, nous aurions des légistes et des médecins d'une étrange espèce, et ceux qui leur confieraient leurs intérêts ou leur santé seraient en belles mains ! On oublie trop, dans ces scènes burlesques, que les étudiants sont, après tout, la fleur de la France, les fils des plus honnêtes familles, qu'ils ont fait leurs humanités, et se sont préparés par les belles-lettres et la poésie à l'étude des sciences austères. Ce sont de vifs esprits, d'excellents cœurs qui aiment tout ce qui est beau et bon, et chez qui les difficultés de la vie, les désenchantements de l'expérience n'ont pas encore émoussé le sens supérieur. De tels jeunes gens peuvent-ils ressembler à ces étudiants de convention ? — Sans doute, ce ne sont pas de petits Catons ; ils mettent peu à la caisse d'épargne et vont quelquefois se promener avec insouciance à ce beau soleil de la bohème qui éclaire tous les artistes et leur donne plus de rayons qu'il ne leur fait perdre d'heures. Ils font bien. Rien n'est horrible comme la jeunesse terne, froide, rangée, sobre, économe, prudente, avec toutes les pauvres vertus de l'âge mûr ; on peut jeter là le Code pour le volume de vers d'Alfred de Musset, canonner le plafond de la mansarde avec des bouchons de vin de Champagne, et n'en pas moins être plus tard un bon avocat, un délicieux député. Mais il faut, à travers tout cela, une distinction naturelle, une fermeté honnête qui fasse comprendre tout de suite que ce sont des jeunes gens en gaieté et non des viveurs en débauche.

Nous n'avons vu qu'une seule fois des étudiants bien peints à notre gré, c'est dans le beau drame de Gérard de Nerval, *Léo Burkart*, joué il a quelques années à la Porte-Saint-Martin. Il est vrai que c'étaient des étudiants allemands. — Mais, à travers les extravagances et les folies obligées, quelles rêveuses et loyales figures ! quel cynisme séraphique, quelle virginale rouerie ! quel doux regard bleu au fond de ces œillades terribles ! quel frais sourire sous ces moustaches à faire cacher les Philistins dans la cave ! — Nos étudiants français sont les frères de ceux-là ; aussi sommes-nous toujours vivement contrarié lorsqu'on nous les représente sous la figure de rapins de soixante-cinquième ordre en frairie, ou de courtauds de boutique en bonne fortune. On leur fait parler un *argot convenu*, comme le langage *patois* des paysans d'opéra-comique, et, s'ils se remuent, c'est avec des balancements hasardeux, dans le genre des troupiers du Cirque. Quant à nous qui avons eu l'honneur d'en connaître quelques-uns, nous pouvons affirmer qu'ils s'expriment en un français parfaitement correct, comme il convient à des gens qui ont passé huit ans de leur vie à apprendre le grec et le latin, et qu'ils sont aussi sobres de gestes que de jeunes attachés d'ambassade.

Cette querelle, nous ne la faisons pas à M. Frédéric Soulié particulièrement; il a pris le type tel qu'il l'a trouvé, et, si ses étudiants ne sont pas naturels, ils répondent, du moins, à l'idée que le public paraît s'en faire. Nous lui adresserons un autre reproche : c'est que l'action qu'il développe n'a aucun rapport avec les étudiants, et aurait pu se nouer et se dénouer avec les premiers personnages venus. Quoi qu'il en soit, la pièce a obtenu un plein succès. Elle est fort bien jouée par Lacressonnière et madame Guyon; mais les honneurs de la soirée ont été pour Mélingue, qui s'est montré comédien habile, varié et chaleureux dans le personnage de Roger d'Origny, le roi des étudiants.

VI

JUIN 1845. — Théâtre-Français : représentation pour l'anniversaire de la naissance de Corneille. — Un discours en vers de Casimir Delavigne. — Odéon : M. Lireux. — Changement de direction. — M. Bocage. — Utilité d'un second Théâtre-Français. — Variétés : exercices de M. Sands et de ses deux enfants. — Palais-Royal : *Sylvandire*, vaudeville tiré du roman d'Alexandre Dumas. — Le terre-neuve du romancier. — Cirque des Champs-Élysées : réouverture. — Le singe York. — Variétés : *la Gardeuse de dindons*, par MM. Dartois et de Biéville. — Réaction contre le genre trumeau. — Mademoiselle Déjazet. — Lepeintre jeune. — Palais-Royal : *la Pêche aux beaux-pères*, par MM. Bayard et Sauvage. — Début de mademoiselle Nathalie. — Gymnase : *Grande Dame et Grisette*. — Mesdames Rose Chéri et Désirée. — Les actrices de Paris, dessins de Gavarni.

9 juin.

THÉATRE-FRANÇAIS. *Anniversaire de la naissance de Corneille.* — Le Théâtre-Français a fêté cette semaine l'un de ses patrons dramatiques, le grand saint Corneille. L'office a commencé par *le Menteur*, assez tristement psalmodié; puis est venue l'invariable cérémonie, enjolivée d'un discours de feu Casimir Delavigne déjà lu à Rouen, et dont le peu de fraîcheur n'était point relevé par l'à-propos.

Le poëte normand, alors en proie à de tristes préoccupations, se plaint à son glorieux compatriote des poëtes novateurs qui attaquent sa gloire, veulent ressusciter Brébeuf, évoquer Chapelain du tombeau,

    Et de Ronsard éteint rallumer le flambeau!

Il faut pardonner ces tristes récriminations à un homme d'esprit qui s'en va. La Comédie-Française aurait dû songer que personne, au plus fort moment des paradoxes littéraires, n'a jamais attaqué Corneille, si ce n'est ceux qui avaient la prétention d'être ses continuateurs.

Cela dit, nous applaudissons de tout notre cœur au culte rendu sur le théâtre à ce noble marbre que les comédiens sont venus couronner tour à tour. L'hommage rendu au génie est la plus sincère religion de notre siècle, et on brûlerait même un peu d'encens, que nous ne jugerions pas la chose malséante ou ridicule ; seulement, nous aimerions mieux un temple qu'un théâtre, un peuple autre qu'une troupe de comédiens, même fort respectables, et surtout nous ne voudrions pas qu'on profanât tout aussitôt, par la représentation d'un vaudeville sans couplets, comme *le Mari à la Campagne*, la place même où l'on vient de couronner le grand Corneille.

ODÉON. *Changement de direction.* — L'Odéon est mort. Jetons quelques fleurs sur sa tombe. Que de services ce pauvre théâtre a rendus à la critique dans les jours de disette ! Quand il ne s'était rien joué sur la rive droite pendant la semaine, il y avait toujours bien sur la rive gauche quelque tragédie ou quelque comédie en cinq actes en vers, qui fournissait les assises nécessaires pour terminer le feuilleton, réduit à deux ou trois colonnes comme un temple ruiné. — C'était un théâtre de ressource, et, après tout, il valait bien les autres, ce qui n'est pas un grand éloge. — Comme intermède aux pièces, on avait les mots de M. Lireux, ce Harel du faubourg Saint-Germain ; et quels mots ! les arcades désertes en rient encore. Si quelqu'un fut jamais capable de faire la suite du *Roman comique*, cette délicieuse odyssée burlesque, c'est à coup sûr M. Lireux. Ce qu'il a dépensé d'esprit, de verve, de saillies, de réparties étincelantes, dans cette direction désastreuse, est vraiment prodigieux ; on en ferait plusieurs volumes d'ana. Un des plus grands plaisirs du parterre turbulent de l'endroit, était d'entendre les harangues de M. Lireux. « M. Lireux parlera ! » Cette annonce mise sur l'affiche eût doublé la recette.

Bien des récriminations s'élèvent contre lui, comme cela ne peut manquer d'arriver pour tout homme tombé, et qui a dû froisser beaucoup d'amours-propres et d'intérêts ; cependant, il faut le dire, cette direction a bien mérité de l'art. *Lucrèce, la Ciguë, Antigone, la Main droite et la Main gauche* sont des titres réels, et peu de théâtres pourraient en produire de semblables dans le même espace de temps et à travers tant d'obstacles de toutes sortes. Sans l'Odéon, il est permis de douter que l'Académie eût à décerner le prix de tragédie à M. Ponsard.

L'Odéon ne peut vivre ni mourir, c'est son défaut. Il a des éclipses et des époques d'intermittences; mais ses crises ne durent pas longtemps. Le moribond se reprend à la vie, sauf à retomber en léthargie quelques mois plus tard. Personne ne peut le tuer ni le ressusciter tout à fait : il ouvre, mais c'est pour fermer; il ferme, mais c'est pour rouvrir. Étrange existence !

Un essai va encore être tenté, et si, cette fois, il ne réussit pas, il faut raser l'Odéon et semer du chanvre à la place.

Le nouveau directeur n'est autre que Bocage. — On ne dira pas de celui-là qu'il ne connaît pas le théâtre. Il a donné de son intelligence et de sa probité toutes les preuves désirables; Bocage croit si bien à la possibilité de l'Odéon, qu'il y engage quatre-vingt mille francs de son avoir, de cet argent conquis avec labeur et gloire pendant une longue carrière de succès. En effet, l'Odéon est un théâtre indispensable; les jeunes poëtes, les écrivains hardis, mais inconnus encore, tout ce qui a de la séve et de l'avenir a besoin d'une scène un peu aventureuse, d'une espèce de gymnase où puissent se hasarder les œuvres excentriques, les audaces inexpérimentées qui effrayeraient la prudence du premier Théâtre-Français, réservé en quelque sorte aux réputations consacrées.

Variétés. *Exercices de M. Sands et de ses deux enfants.* — M. Sands appartient à cette espèce de jongleurs que les Anglais appellent *acropedestrian*, c'est-à-dire, autant qu'on peut traduire ce grec britannique, qui travaillent les pieds en l'air, sans mains. Les mains, fi donc! cela est trop commun, et, puisque l'on a quatre membres, pourquoi ne pas s'en servir? — N'est-il pas singulier qu'on n'emploie que la seule main droite? Lorsque les pieds sont convenablement exercés, ils deviennent aussi adroits que la main; pourquoi condamner à la paralysie trois des moyens d'action que le bon Dieu nous a donnés? C'est là une des mille stupidités de la civilisation. — M. Sands est le professeur de M. Risley, et, bien qu'il ait fait son apparition devant le public parisien un an après son élève, il n'en a pas moins obtenu un succès d'étonnement : l'élève était fort, le maître est prodigieux.

M. Sands est accompagné de deux jolis enfants, frais et blonds, l'un de cinq ans, l'autre de sept. Tous les trois sont vêtus de maillots constellés d'un semis de paillettes d'argent, qui tremblent et frissonnent à la lumière comme des ventres de poisson au clair de lune. Ce costume est d'une élégance charmante. On est tellement déshabitué aujourd'hui de la forme humaine, les inventions grotesques des tailleurs et l'imitation des hideuses modes anglaises ont si bien pris le dessus, que l'on a presque oublié l'aspect du corps humain, ce noble poëme chanté en strophes de marbre par les divins artistes grecs. Quand, par quelque hasard comme celui-ci, on est à même de contempler une silhouette humaine nettoyée de tous les vêtements disgracieux qui l'alourdissent, on éprouve un mouvement de surprise, comme si l'on se trouvait face à face avec un être inconnu ; l'homme n'a plus la conscience de sa propre forme; et pourtant c'est un plaisir très-vif que de voir un beau corps aux contours bien rhythmés, se déployer dans sa force et dans sa grâce; l'harmonie des lignes réjouit les yeux, comme de bonne musique réjouit l'oreille.

Les plantes des mains et les paumes des pieds — non, c'est le contraire que nous voulions dire, mais, avec M. Sands, on peut s'y tromper — sont comme quatre raquettes, quatre tremplins intelligents qui se renvoient ces deux petits anges étincelants, qui n'ont pas d'ailes et qui volent, qui se croisent en l'air et retombent comme des plumes de colombe ou des feuilles de rose.

Que l'on ait pu obtenir des nerfs et des muscles une telle sûreté, une telle aisance, une si grande souplesse, cela est inconcevable. Ce sont des pyramides, des sauts périlleux, doubles, triples, en avant, en arrière, sur une seule main, sur un seul pied, un tourbillon éblouissant de culbutes, des équilibres inconcevables, un spectacle féerique et vertigineux ; aussi les bravos roulaient comme un tonnerre, des baignoires au cintre, et aucune femme ne s'en est retournée avec le bouquet qu'elle avait apporté ; celles qui n'avaient pas de bouquet arrachaient les fleurs de leurs cheveux. L'enthousiasme était au comble, surtout lorsque M. Sands ouvre en éventail ses jambes chargées chacune d'un enfant et les rapproche petit à petit jusqu'à ce qu'ils se confondent dans un baiser fraternel.

Rappelé à la chute du rideau, M. Sands a reparu flanqué de ses deux gracieux petits démons, qui ont fait au public une révérence américaine et un petit sourire anglais d'une gaucherie charmante.

PALAIS-ROYAL. *Sylvandire.* — Vous n'êtes pas sans avoir lu le roman de *Sylvandire*; vous n'avez point oublié cette narration vive et facile, qui semble n'avoir coûté aucun effort à l'auteur et qui est impossible à tout autre. La pièce du Palais-Royal reproduit avec exactitude les situations du roman, et c'est ce qu'elle avait de mieux à faire. Le premier acte surtout est délicieux. Alexandre Dumas a passé par là au galop sans doute, et pour dire comme Napoléon : « Soldats, je suis content de vous ! » Mais cela se devine tout de suite.

A propos de Dumas, qui vient d'être mordu par son chien de Terre-Neuve, nous avons bien envie d'établir une théorie à l'endroit des susdits animaux, les seuls vraiment féroces, car la douceur du tigre et la lâcheté du lion sont désormais des faits acquis. — Les chiens de Terre-Neuve finissent toujours par manger leurs maîtres plus ou moins. Cela tient à une cause, et même à deux causes : comme le Terre-Neuve est amphibie, lorsqu'il est sur terre, il regrette l'eau, et tombe dans des mélancolies extrêmement aiguës qu'il exhale à coups de crocs et à coups de dents. Quand il est dans l'eau, il regrette la terre, et vous dévore sous prétexte de vous ramener à cet élément chéri. — Il est donc bien plus simple d'avoir chez soi une panthère noire de Java. C'est plus original et moins dangereux.

Quant au beau d'Anguilhem, vous savez mieux que nous son odyssée, comme quoi il arrive à Paris sur un petit cheval, comme quoi il tombe dans une société de brillants libertins, comme quoi il se fait mettre à la Bastille plutôt que de prêter les mains à un mariage qu'il croit déshonorant, comme quoi Sylvandire devient la femme d'un Turc, et toutes ces belles histoires aussi amusantes qu'un conte de l'Arioste, que Dumas jette au vent de la publicité avec la verve intarissable d'un improvisateur italien et d'un conteur arabe.

Cirque des Champs-Élysées. — Le Cirque d'été s'est ouvert malgré la terre humide et le ciel crotté, et son public n'en a pas été moins nombreux pour cela ; — on est si heureux de n'entendre ni mauvaise prose, ni couplets glapissants, ni drame malsain, ni vaudeville frelaté, et d'apercevoir — si le temps le permet — flotter un pan du manteau bleu de la nuit par les ouvertures de la coupole ! Ces étoiles qui regardent tourner les chevaux en rond, sont un si charmant spectacle ! et puis, sur les gradins, en haut et en bas, s'épanouissent de jolis visages sous de frais chapeaux ; d'élégantes toilettes printanières chantent aux yeux une harmonieuse fanfare de couleurs, qui fait oublier les éclats de l'orchestre de cuivre et l'éternel *hop ! hop !* des écuyers, dont la hardiesse sans péril fait toujours l'admiration des âmes naïves.

Hélas ! il est bien plus facile à un écuyer de rester à cheval que d'en descendre. La croupe de la bête est saupoudrée d'une telle quantité de colophane, que le Zéphyr ou le Grec mourant a toutes les peines du monde à se décoller ; il faut, pour se séparer de sa monture à laquelle il adhère par la fusion de la poudre résineuse, une force de trois colonels de Franconi. Voilà ce que disent les mauvaises langues, les esprits sceptiques, qui épiloguent sur toutes choses et qui ont pris pour devise : *Nil admirari*.

Cette année, la troupe s'est enrichie d'un nouvel acteur, — le singe York, qui monte un poney d'une sauvagerie et d'une férocité rares. Ce jeune quadrumane n'est pas attaché à la selle, et il guide lui-même son cheval ; les exercices qu'il exécute sont à peu près ceux des écuyers bimanes. Il se tient debout, il fait le saut de carpe et attrape plusieurs drapeaux au vol. Il ne serait guère possible, même à un singe belge, de pousser plus loin la contrefaçon humaine. La ressemblance est vraiment alarmante. York, comme son nom l'indique, a été élevé en Angleterre ; il ne parle qu'anglais, ce qui gêne et restreint sa conversation avec son cornac actuel, qui ne sait que le français... du Cirque. — Il faut voir les colères du singe, qui ne peut se faire comprendre de l'homme, et qui lui reproche son manque d'intelligence par la pantomime la plus expressivement dédaigneuse qu'on puisse imaginer. — York est à peu près de la taille de Tom Pouce ; seulement, il est plus adroit, plus spirituel, et ressemble davantage à un homme, ce qui pourrait peut-être bien nuire à son succès.

16 juin.

Variétés. *La Gardeuse de dindons.* — M. Nestor Roqueplan ne partage pas les idées des autres directeurs de théâtre, sur la façon de passer la saison torride. Il est le seul qui ait osé risquer une pièce nouvelle par la température sénégambienne qui s'est déclarée enfin avec toute la violence d'un été en retard.

Nous avouons ne rien comprendre à la tactique des directeurs. Il nous semble qu'on devrait, pendant les saisons défavorables, redoubler de zèle et d'efforts pour conjurer la désertion du public, et réserver pour les mois de juin et de juillet les noms les plus célèbres, les pièces les plus intéressantes, les acteurs les plus aimés. — Pour l'hiver, nous réserverions les ours les plus mal léchés; le plaisir d'avoir chaud et d'être à l'abri de la pluie est un attrait suffisant.

Une gardeuse de dindons (quelle réaction contre les agneaux poudrés à blanc des pastorales du dernier siècle!), nommée Gothe, est aimée d'un jeune bûcheron fort jaloux, et qui a bien quelque droit de l'être; car les beaux seigneurs de la cour de Vienne, attirés par les grâces rustiques de la paysanne, papillonnent en foule autour de cette simple fleur des champs. Un de ces gentilshommes, entre autres, le comte de Neubourg, a juré de posséder Gothe à tout prix. Mais celle-ci est sage; la société des dindons ne pousse pas aux idées romanesques. Comment faire? Rien de plus simple; le comte emprunte le nom de l'empereur Léopold, son souverain, et, sous ce nom, reçoit dans un pavillon rustique la jolie bergère de volatiles, qui sollicite l'emploi de garde-chasse pour le bûcheron Hermann, son fiancé. Toutefois, la vertu de Gothe reste sauve.

Il n'y a qu'Hermann qui se permette d'en douter. L'amour, quoi qu'on en dise, rend sceptique et, loin de donner la foi, fait naître le soupçon; aux instigations d'Hermann, Gothe est chassée du village comme indigne... et ses dindons sont égorgés comme complices.

Hermann ne borne pas là sa vengeance. Il va demander justice à l'empereur lui-même, et parle de la malencontreuse scène du pavillon, devant qui?... devant l'impératrice. Jalousie de celle-ci.

Fureur du prince, qui ne comprend rien au récit du bûcheron et proteste contre ses accusateurs. Gothe arrive à son tour; elle vient réclamer de Sa Majesté un certificat d'innocence; mais quoi! l'empereur qu'elle voit n'est pas l'empereur auquel elle a parlé! Quel sujet indigne a donc osé prendre le nom de son souverain pour commettre une action honteuse? Nous allons le savoir. On fait venir toute la cour. Gothe, cachée derrière un paravent, doit agiter une sonnette, quand le faux empereur se présentera, et le comte de Neubourg, à son entrée dans la salle, est signalé par elle comme le coupable. « Monsieur, dit Léopold, vous avez déshonoré cette jeune fille aux yeux de tout le village; il n'y a qu'un moyen de réparer cette faute, c'est d'épouser votre victime. Ce soir, vous la conduirez à l'autel. »

Heureusement, avant que la chose se consomme, Hermann a un entretien secret et nocturne avec Gothe, qui, croyant parler au comte de Neubourg, lui rappelle la scène du pavillon et la façon triomphante dont elle lui a résisté. — Hermann, joyeux, se précipite aux pieds de l'ex-gardeuse de dindons, et la supplie de ne pas épouser le comte. Gothe, en bonne fille qu'elle est, lorsque l'empereur arrive pour assister au mariage, le conjure de revenir sur sa décision et de ne pas la forcer à devenir comtesse de Neubourg; car, au théâtre, rien n'est plus méprisé que la noblesse, et la moindre maritorne se révolte à l'idée d'épouser un gentilhomme à la place d'un garçon d'écurie. L'empereur, avec une bonhomie tout allemande, comprend cette répugnance et la trouve fort naturelle; mais il faut que le coupable soit puni, car il importe à la sûreté de l'État que les dons Juans à court de ressources ne compromettent pas la majesté impériale dans la séduction des dindonnières. « Sire, répond tout bas Gothe, s'il épouse la baronne de ***, qui a payé ses dettes, et à qui, en revanche, il a fait une promesse de mariage, il sera bien plus puni. »

Cette réflexion judicieuse persuade l'empereur. La place de gardechasse est donnée au bûcheron Hermann, et Gothe évite ainsi l'opprobre de devenir comtesse de Neubourg.

C'est mademoiselle Déjazet qui joue le rôle de Gothe. — Vous savez quelle finesse et quel esprit elle déploie dans ses moindres créations; elle est charmante dans Gothe comme dans tout; sa

verve est toujours la même ; un long usage du théâtre ne l'a pas
amortie. — Peut-être mademoiselle Déjazet abuse-t-elle un peu de
son petit filet de voix pour chanter, avec assez d'art et de justesse,
des couplets qui ressemblent trop à des airs d'opéra-comique ; mais
ces airs, fort gracieux du reste, sont de M. Déjazet fils, et l'on conçoit
que la sémillante artiste ne les trouve pas trop nombreux.

Lepeintre jeune, dans le petit rôle du marquis de Canichberg,
grand veneur de la cour, s'est montré d'une bêtise adorable. Décidément, Lepeintre est la première ganache du monde ! — Qu'il faut
d'esprit pour atteindre à cette stupidité !

On a nommé comme auteurs MM. Dartois et de Biéville.

23 juin.

Palais-Royal. *La Pêche aux beaux-pères.* — Fabien est un bon
jeune homme, très-honnête, qui n'a pas accepté l'héritage paternel
sous bénéfice d'inventaire, et s'épuise à payer toutes sortes de créanciers laissés par ce père vertueux, mais maladroit dans ses spéculations ; il serait réduit à la plus évidente misère, s'il n'avait à côté de
lui un ange, au nom bien choisi, Dorothée, sa sœur de lait, vrai
présent de Dieu, qui use, Caleb femelle, des stratagèmes les plus
ingénieux pour lui conserver les apparences confortables, sans lesquelles le peu de crédit qui lui reste s'évanouirait bien vite. Servi
par un tel dévouement, Fabien n'a pas grand'peine à supporter sa
pauvreté ; mais Dorothée est ambitieuse pour lui ; elle voudrait,
l'héroïque fille, relever la fortune de son maître par un bon mariage.
Malheureusement, pour faire un bon mariage, il faut trouver non-seulement une femme, mais encore un beau-père riche ; — où le
pêcher ?

Un imbécile nommé Olgar, extrêmement criblé de dettes et de
petite vérole, est l'ami ou, pour parler plus correctement, le fâcheux de Fabien ; pour éviter d'aller en villégiature à Clichy, il
voudrait, à l'aide de son physique et de ses agréments de société,
épouser une héritière cossue ; il mitonne un beau-père, M. Camus
de Montgibaut. Dans l'idée d'éblouir le bonhomme, il a loué une
voiture au mois, commandé des habits à son tailleur et un déjeuner
au café de Paris. Mais Dorothée est une fine mouche, elle a plus

d'une ruse dans son sac : c'est Fabien qui, sans le savoir, met les habits d'Olgar, promène le beau-père dans la voiture louée par Olgar et mange avec lui le déjeuner commandé par Olgar.

M. Camus de Montgibaut, enchanté d'une telle réception, regarde Fabien d'un fort bon œil ; mademoiselle de Montgibaut, peu charmée d'Olgar, se range, cette fois, à l'opinion paternelle, ce qui est rare au théâtre et mérite d'être signalé comme une grande hardiesse. Le mariage va donc de lui-même ; mais Fabien veut épouser Dorothée, dont il comprend et partage l'amour. — La pauvre enfant a la force de refuser le bonheur qu'on lui offre, et se marie avec un garçon tailleur, pour ne pas être un obstacle à la fortune de son maître.

Mademoiselle Nathalie débutait au Palais-Royal par le rôle de Dorothée, qu'elle a rendu avec le charme et l'esprit qu'elle met à toutes ses créations. Sainville a été prodigieux dans le Camus de Montgibaut. — Quant à Alcide Tousez, il était encore plus grêlé et plus enroué que de coutume, c'est-à-dire qu'il jouissait de tous ses moyens et qu'il était à faire crever de rire l'héraclite le plus atrabilaire.

GYMNASE. *Grande Dame et Grisette.* — Une dame du grand monde, madame de Renneville, veuve d'un mari volage et trompeur, ne veut convoler en secondes noces qu'à bon escient. Elle se loge donc, déguisée en grisette, dans une mansarde qui fait face à la chambre du jeune homme qu'elle doit épouser. Par toutes sortes d'agaceries charmantes, elle tâche d'attirer son attention ; elle noie, à force de les arroser, ses cobæas, ses volubilis et ses pois de senteur ; le studieux Victor ne lève pas le nez de dessus son livre, pendant plus de quinze jours. Pourtant il finit par s'apercevoir qu'il y a là-haut, à travers les brindilles et les feuilles en cœur des clochettes, une tête blanche et rose, un frais sourire, un regard étincelant dans un rayon de soleil, et ce sont là de ces choses dont on ne s'aperçoit pas impunément ; il échange des œillades, puis des baisers jetés du bout des doigts avec la charmante voisine, et oublie bientôt aussi parfaitement que possible madame de Renneville, sa belle veuve à la fois heureuse et effrayée de son expérience. Mais, en pareil cas, la justification est facile. Vous savez la phrase : « Il n'y avait que vous capable de me rendre fidèle à vous-même, — je vous avais devinée et pressentie, etc. »

Mesdemoiselles Désirée et Rose Chéri font assaut d'esprit dans cette pièce. Mademoiselle Rose Chéri engraisse, mademoiselle Désirée maigrit; — nous livrons cette observation à la profondeur des physiologistes.

Les actrices de Paris. *Dessins de Gavarni.* — Le théâtre est un monde particulier. Il a pour soleil un astre de gaz et de cristal, pour lune un quinquet derrière un transparent, pour forêts des toiles peintes au balai, pour cascades des rouleaux de papier argenté, pour mer un tapis sous lequel s'agitent des gamins, pour tonnerre du lycopodium soufflé à travers une sarbacane, pour population des êtres fardés de plus de couleurs que les Indiens Ioways, et qui sont bruns, blonds, roux dans la semaine; — une ligne de feu sépare l'univers réel de cet univers fantastique.

Le public, celui qui paye, se fait, sur ce qui se passe au delà de cette traînée flamboyante qu'on appelle la rampe, les idées les plus bizarres; car le public est essentiellement sérieux; il croit à ce qu'il voit et à ce qu'il entend. Il a l'*illusion* au plus haut degré. Il ne doute pas un instant de la férocité du traître, de la candeur de l'ingénue, de la beauté de la grande coquette; il pense que la reine de théâtre est encore reine chez elle, et qu'elle garde le diadème dans son intérieur; il la voit toujours traînant après elle quinze aunes de velours ou de satin.

Heureusement, Gavarni est un sceptique, qui ne se laisse prendre à aucune apparence; il connaît l'envers de la coulisse, et il monte sur la scène quand le rideau baisse. C'est le bon moment! — C'est alors que la pièce commence pour les délicats et les raffinés.

Quelque compliquée que soit l'intrigue du drame qu'on vient de jouer, elle est d'une simplicité extrême, en comparaison des imbroglios dédaliens qui s'ourdissent au foyer, derrière la toile de fond, ou d'un *portant* à l'autre.

C'est dans les coulisses que les diplomates vont étudier. Six mois d'opéra instruisent plus un jeune attaché d'ambassade que des années de résidence dans les cours étrangères.

Il est difficile d'imaginer ce qu'une actrice dépense de finesse, de talent, de patience, de ruses, de machinations, pour se faire accorder un rôle, et surtout pour l'ôter à une rivale. Chaque couplet, chaque mot, est l'objet d'une lutte dont le champ de bataille est l'auteur. Quel art! être bien avec le directeur, avec le régisseur, avec le costumier, avec le souffleur, avec l'avertisseur, et, en dernier ressort, sans compter le protecteur, l'amant favorisé, celui qui l'était, celui qui va l'être, les hommes de lettres, les chorégraphes, les compositeurs, les journalistes et les claqueurs; dire un mot à celui-ci, adresser un sourire à celui-là, être charmante pour tous, ne fâcher personne sous peine d'entendre un *chut* prolongé, partir d'une baignoire obscure, une cabale se soulever en ondes noires dans un coin du parterre; et, à travers tout cela, changer dix ou douze fois de costume dans une soirée, réciter sans se tromper un drame, une partition, des mots et des notes, faire des gestes gracieux ou tragiques, donner à son sein les ondulations appropriées à la circonstance, se rouler échevelée au dénoûment, en ayant soin de ne pas tacher sa robe, c'est difficile; et pourtant, si vous croyez l'actrice accablée d'un tel fardeau, vous vous trompez. Elle le porte le plus aisément du monde; tout en jouant son rôle, elle trouve moyen, dans l'intervalle d'une réplique, de faire la conversation avec ses camarades, de lancer des œillades aux avant-scènes, et de s'occuper de mille choses parfaitement étrangères à l'art dramatique; le spectateur débonnaire et patriarcal se doute peu de ce que dit la victime au bourreau, dans les marches au supplice, fin ordinaire des drames romantiques : s'il le savait, il tordrait son mouchoir pour en exprimer les larmes dont il l'imbibe, et regretterait fort sa dépense de sensibilité.

Gavarni, qui a l'oreille fine, l'a entendu, lui, ce dialogue interligné qui n'avait pas été prévu par l'auteur, et vous pourrez le lire comme légende au bas d'une de ses plus charmantes vignettes; rien ne lui échappe. Il connaît les mœurs des rats, des marcheuses, des demoiselles de l'espalier, des coryphées, des danseuses, des cantatrices. Il sait le secret de leurs amours, de leurs fortunes et de leurs misères, de leurs succès et de leurs chutes : il n'y a pas, dans leur cœur et dans leur toilette, de recoin qu'il ne visite, de tiroir qu'il n'ouvre, de flacon qu'il ne débouche, de pot de fard ou de *cold-cream* qu'il n'analyse. Il vous dira le côté faible des maillots, les exagérations des jupes empesées, les mensonges des corsets; — il est, sur les arcanes de la loge, de la force de vingt habilleuses!

Comme il reproduit l'allure, le geste, l'accent, l'aplomb, la grâce de ces femmes, qui aiment encore plus la gloire que l'argent, et la couronne de fleurs du public que le bandeau étoilé de diamants du boyard et du Moldave!

Son crayon vif et net les saisit dans toutes les poses, soit qu'elles se penchent vers le trou de la toile, pour voir si les banquettes se garnissent, ou si le petit vicomte est installé à sa place ordinaire, ganté de blanc jusqu'au coude; soit qu'elles achèvent une pirouette sur le nez de quelque envoyé d'une imperceptible cour du Nord, ou que, nonchalamment étendues sur un canapé, elles annoncent au régisseur effaré une indisposition subite, qui bouleverse le spectacle de fond en comble.

Rien de ce qui concerne l'actrice n'est indifférent à Gavarni; le chapeau d'âne savant, le tartan à franges éplorées, le cabas difforme de la mère véritable ou de louage, le chapeau lustré, le paletot cossu du *monsieur*, les fines bottes vernies, la mince canne, les moustaches en croc de l'Arthur, la redingote flasque et recoquevillée de l'auteur, il représente tout avec une fidélité légère qu'on ne saurait trop louer. — Il ne se trompe ni dans le costume, ni dans l'ameublement, ni dans le trait, ni dans le mot. Il ne met pas un miroir là où il faudrait une armoire à glace, un fauteuil à la place d'un divan; la gravure qu'il suspend à la muraille est précisément celle qui frappera vos yeux, si votre bonne ou mauvaise étoile vous conduit chez une de ces divinités!

Personne mieux que lui ne saisit les contrastes qui se rencontrent dans ces existences accidentées et composées d'éléments hétérogènes, du rôle avec l'actrice, du mot avec la bouche, car il ne tombe pas toujours des perles de ces lèvres de roses.

Tout le monde des coulisses est là, mais plus vif, plus varié, plus amusant; car Gavarni, comme tous les grands artistes, même en restant exact, imprime à ce qu'il fait un cachet particulier; il élève, par la fantaisie et le caractère, ce qui n'aurait qu'un attrait médiocre traduit en dessin de procès-verbal. — Avec ces gravures en légendes, vous connaîtrez, n'eussiez-vous jamais quitté le Marais, les coulisses de l'Opéra, mieux que le lion le plus chevelu, mieux que le membre du Jockey-Club le plus anglaisé, mieux qu'un machiniste ou qu'un pompier!

VII

SEPTEMBRE 1845. — Un revenant. — Gymnase : *les Murs ont des oreilles*, par MM. Anicet Bourgeois, Brisebarre et Nyon. — Madame Marteleur, mademoiselle Désirée. — Variétés : *le Désastre de Monville*, à-propos, de MM. Ferdinand Langlé et Fontaine. — Singulière morale de la pièce. — Vaudeville : *un Tour d'Europe*, par M. Clairville. — Hippodrome : quelques idées pour le programme de ce spectacle. — Théâtre-Français : *l'Enseignement mutuel*, comédie de MM. Eugène Nus et Charles Desnoyers. — Où est aujourd'hui la comédie. — Éloge non suspect du vaudeville. — Encore la femme de quarante ans! — Madame Volnys. — Cirque-Olympique : danseuses moresques. — Les almées comme se les figure le Parisien. — Pudeur locale de la censure. — Le puritanisme et les tableaux vivants. — Triomphe de la laideur et des monstruosités.

15 septembre.

UN REVENANT. — Lorsqu'on a été absent de Paris pendant quelques semaines et qu'on a dépassé la banlieue d'un certain nombre de kilomètres (1), on s'imagine toujours trouver, en rentrant, les hommes et les choses avec une nouvelle physionomie; on s'attend à des édifices, à des poëmes, à des gloires de fraîche date. Telles étaient, du moins, les pensées qui nous occupaient en voyant scintiller vaguement dans l'ombre la thiare de gaz de la Babylone moderne, à notre retour d'Afrique. Nous nous demandions : « Les sceptres d'or de l'art sont-ils encore aux mêmes mains? Quel génie Paris a-t-il inventé pendant que nous étions là-bas? De quel poëte, de quel peintre, de quel musicien couronné d'hier nous faudra-t-il

(1) M. Théophile Gautier venait de faire un voyage en Algérie.

baiser le cothurne, nous, pauvre critique, humble adorateur des vrais dieux intellectuels? »

Et nous penchions la tête à droite et à gauche pour démêler dans la rapidité de la course quelque colonnade gigantesque, quelque cathédrale démesurée, quelque ébauche de Babel montant aux cieux à travers un inextricable fouillis d'échafaudages; mais nous n'apercevions que d'honnêtes façades bariolées d'enseignes, que des rues à angles droits plus satisfaisantes pour l'édilité que pour l'art; Paris s'était borné à déplacer ce qu'il faut de moellons et de sacs de plâtre pour l'usage de ses habitants.

Rien n'avait changé. Les mêmes gravures figuraient aux étalages des marchands d'estampes; le même cachemire, seulement un peu fané et plus marqué à ses plis, pendait à la montre des magasins de nouveautés; les jeunes gens que nous avions laissés sur le boulevard de Gand fumant un cigare, l'achevaient à peine et en secouaient la poussière blanche du bout du doigt; ils étaient assis sur la même chaise, étalant leur jambe dans une position identique; la petite marchande de violettes poursuivait les passants du même bouquet; au Divan, une discussion que j'avais vue commencer se continuait sans avoir fait de progrès sensibles; les gens s'abordaient et se quittaient sans paraître se douter du temps écoulé. Nous aurions pu croire n'avoir jamais cessé de nous promener devant le passage de l'Opéra si le hâle de notre visage et de nos mains ne nous eût prouvé le contraire.

Nous allâmes voir l'ami excellent qui avait bien voulu se charger pour nous de la besogne ingrate de rendre compte des vaudevilles d'été et des mélodrames caniculaires, afin de prendre langue et de nous remettre un peu au courant des choses de la littérature; car nous avions peur de paraître tout d'abord provincial, en montrant des admirations surannées pour des gloires abolies; nous craignions de déclarer charmantes des femmes tombées en désuétude et de nous pâmer à faux sur quelque pirouette dépassée depuis longtemps.

Notre ami se hâta de nous rassurer et nous dit: « Pourquoi as-tu négligé de faire stéréotyper tes anciens articles, ils pourraient te servir tous aujourd'hui. Ce que tu as écrit sur Carlotta Grisi à propos de *Giselle*, de *la Jolie Fille de Gand*, de *la Péri*, est encore parfaitement exact pour *le Diable à quatre,* qu'elle a fait réussir pendant ton absence. Tes peintres et tes poëtes favoris sont toujours sans rivaux. Il n'est pas arrivé d'Orient un second Félicien David, à moins que tu ne l'aies rapporté dans ta valise. Si tu veux te convaincre qu'il n'y a rien de changé depuis ton départ, tu n'as qu'à aller voir *les Murs ont des oreilles,* au Gymnase. — Voici la loge. »

GYMNASE. *Les Murs ont des oreilles.* — En ce temps-là, il y avait, non pas un roi et une reine, mais seulement un roi de Suède très-bête et très-curieux, lequel se faisait bâtir dans son palais des cheminées acoustiques qui lui coûtaient fort cher et ne lui servaient à rien, si ce n'est peut-être à enfumer ses appartements et à jaunir ses rideaux ; car il est douteux que la fumisterie et l'acoustique puissent faire bon ménage dans le même tuyau. Ce bonhomme de roi ne se doutait sans doute pas qu'il imitait Denys, tyran de Syracuse, qui allait écouter aussi dans une oreille de pierre les gémissements des prisonniers et les malédictions dont ils l'accablaient. — Triste plaisir ! curiosité superflue !

La cheminée acoustique n'empêche pas le roi d'être trompé comme un homme dont la chambre ne serait chauffée que par un simple poêle. — La sincérité n'est la vertu ni des courtisans ni des femmes ; à peine si ces dernières sont vraies dans leurs monologues ! Le pauvre roi a beau passer des heures l'oreille collée à son cornet, il n'entend que des mensonges. Les conversations qu'il écoute avec le plus de soin sont celles d'une certaine duchesse, Pompadour ou Dubarry, comme vous voudrez, de ce Versailles au petit pied. La duchesse est courtisée par un jeune seigneur, le comte de Steinbock, qui, pour détourner les soupçons du roi, juge à propos d'imiter, en transposant les personnages, un charmant proverbe d'Alfred de Musset...

Mais à quoi bon vous raconter cette histoire, si, comme c'est probable, vous connaissez *le Chandelier ?*

Nous aurions désiré de tout notre cœur trouver ce vaudeville charmant; car, quelque romantique qu'on soit, un vaudeville n'est pas désagréable après une privation prolongée de toute espèce de représentation théâtrale; mais, franchement, cela nous a été impossible, et nous n'étions pas seul de notre avis. Les claqueurs eux-mêmes n'étaient pas contents, et applaudissaient d'une manière si molle, si découragée, que, pour des claqueurs, c'était siffler.

Madame Marteleur, qui débutait dans le personnage de la duchesse, n'a pu y montrer que de la tenue et de la distinction. On ne doit pas la juger sur une pareille absence de rôle.

Quant à mademoiselle Désirée, dont un débat judiciaire a révélé le très-peu poétique nom de famille, elle était naguère une petite actrice fûtée, alerte, égrillarde, assez réjouissante à voir; maintenant, son débit est devenu saccadé, sa voix est grêle et criarde, ses gestes paraissent déterminés par des détentes de ressort, et, quand elle chante, il semble qu'on passe l'ongle sur les dents d'un peigne. — Tout cela vient de trop de tension, de trop d'effort, du désir immodéré de produire de l'effet. Il ne faut pas mettre d'intentions partout, que diable! c'est bien assez d'en mettre quelque part. *Bonjour, monsieur*, veut dire *bonjour, monsieur*, et pas autre chose.

Les murs de ce vaudeville ont choisi une bien mauvaise occasion d'avoir des oreilles, car ces dernières ont dû être peu flattées du concerto de sifflets, avec variations, qui a été joué dans la salle par une foule de musiciens improvisés.

VARIÉTÉS. *Le Désastre de Monville*. — Les journaux ont donné trop de détails sur cet effrayant phénomène météorologique, pour qu'il soit nécessaire d'y revenir. Les moindres circonstances de la catastrophe sont connues de tout le monde. — Nous nous bornerons donc à débattre la valeur *morale* du cadre que MM. Ferdinand Langlé et Fontaine ont mis à leur tableau.

Quand la toile se lève, le théâtre représente l'extérieur de la filature, perspective peu séduisante, murs gris, fenêtres chassieuses, toit pleurant. Cette fabrique est peuplée de bons ouvriers, contents de gagner peu, de travailler beaucoup et d'être mal nourris. Un mauvais drôle, renvoyé par le contre-maître, cherche à les débaucher et à leur faire quitter l'ouvrage. Ses suggestions perfides produisent de l'effet sur le frère du contre-maître, jeune homme bon mais faible. Il quitte la fabrique, maudit le travail, refuse les offres qu'on lui fait de rentrer à la manufacture, abandonne sa fiancée et manifeste l'idée de s'en aller, avec le mauvais drôle, coloniser la Nouvelle-Zélande! Quelle infamie!

Tout à coup, le ciel s'obscurcit, l'air devient lourd ; le frère du contre-maître, malgré sa perversité naissante, éprouve le besoin de faire un somme sur le gazon. Il s'endort avec le calme et la sécurité du crime. — On enlève la toile sur laquelle est peinte la fabrique et l'on aperçoit le *tableau*, c'est-à-dire les arbres arrachés, les murs détruits, les toits effondrés et toutes les variétés de dégâts causés par la trombe. — C'est très-laid.

Une figure allégorique sort de la coulisse sur un petit chariot de nuages. Cette figure, c'est la Charité, représentée par madame Bressan, qui a donné presque tous ses vêtements aux pauvres, — ce n'est pas nous qui nous en plaindrons, — et n'a gardé qu'une tunique de gaze étoilée d'argent. Ce serait un peu bien mince pour l'hiver, mais les allégories n'ont jamais froid. Ainsi déshabillée, elle chante toutes sortes de vers de circonstance sur des airs encore plus de circonstance, ce qui réjouirait peu le public, si la Charité n'avait la voix douce, le bras potelé et le pied mignon.

Le discours de la Charité au mauvais ouvrier endormi est à peu près ainsi conçu : « Le travail a toujours sa récompense, et la bienfaisance de la France vient au secours de la souffrance, etc., etc. » Sur quoi, notre gaillard se réveille, touche le montant des souscriptions et se marie avec sa fiancée.

L'intention honnête des auteurs fait pardonner leurs fautes ; mais la déduction logique de leur œuvre ne laisse pas que d'être bizarre. Les bons ouvriers n'ont pas quitté la fabrique ; pour récompense, la trombe les emporte, les écrase, les écharpe, les met en bouillie. Un seul échappe, c'est le paresseux qui était resté dehors. Ne voilà-t-il pas une singulière morale pour un vaudeville composé en faveur du travail ?

Autre inconséquence. — Un mauvais sujet, le démon, l'Ahrimane de la pièce, n'aime pas à s'enfermer dans les salles des fabriques ; il y a, selon lui, autre chose à faire au monde que tordre des fils de coton ! Cet homme aventureux, actif dans un autre sens, veut aller coloniser la Nouvelle-Zélande. Cette idée lui est reprochée comme une abomination. « Ah ! quel gueux ! quel scélérat ! se faire colon ! mais c'est un paresseux ! Traverser les mers, quel vagabondage ! Abattre des arbres dans les forêts vierges, labourer des terres inconnues ! au lieu de mourir sur place et de se faire écraser dans les engrenages des machines. Affreux chenapan! Que fait la gendarmerie? à quoi pensent les autorités? »

Vous conviendrez que de pareilles idées, émises au théâtre, ne sont guère propres à répandre le goût de la colonisation, déjà si rare en France, où tout homme qui voyage est regardé comme un esprit inquiet, incapable de réussir à rien. Est-ce ainsi que l'Algérie se peuplera?

Le Désastre de Monville a été sifflé autant que peut l'être une pièce conçue dans un but de bienfaisance.

VAUDEVILLE. *Un Tour d'Europe.* — Le jeune Étienne Galuchet est encore un mineur qui s'émancipe et se livre aux mauvais conseils d'un drôle fort aventureux. Le *Tour d'Europe* est un tour joué par ledit Galichet à son oncle, qui, voulant l'éloigner des mauvaises sociétés, lui a mis en poche l'argent nécessaire pour un grand voyage destiné à former son inexpérience. Une fois nanti des frais de route, le jeune homme loue un petit logement isolé, le peuple d'une aimable grisette, se livre aux fêtes et aux divertissements les plus nocturnes, et coule ainsi des jours exempts de naufrages, au préjudice des messageries et des bateaux à vapeur. — Cependant, l'oncle recevait une foule de lettres datées d'Italie, d'Allemagne ou de Norvége, et remplies des descriptions les plus colorées; le touriste n'a eu que la peine de s'abonner à un cabinet de lecture.

A cette donnée plaisante succèdent quelques scènes à tiroir qui ne s'y rapportent guère, et le neveu finit par avouer que son *tour d'Europe* ressemble au *Voyage à Dieppe* de feu Vaffard. On pourrait dire que M. Clairville n'a pas assez mûri l'idée comique de ce vaudeville, — si cette idée était de lui.

HIPPODROME. — Nous voilà quittes envers les spectacles clos de murs, boutiques malsaines où se débite la denrée dramatique; allons à l'Hippodrome. Bien que ce ne soit qu'un cirque de planches et de toiles peintes, il rappelle du moins, par la dimension et la forme, les belles arènes antiques où tout un peuple s'asseyait à l'aise sur des gradins de marbre. — Son plafond d'azur, sa couronne de grands arbres, le noble profil de l'Arc de Triomphe, donnent à l'Hippodrome un aspect joyeux et magnifique.

Mardi dernier, il faisait un temps superbe, un temps de fêtes olympiques, et le ciel n'a jamais dû être plus bleu aux luttes d'athlètes célébrées par Pindare. — Toutes les places étaient prises, les places d'ombre, bien entendu. Nous nous installâmes frileusement aux places de soleil, ayant fait depuis longtemps le sacrifice de notre fraîcheur, et tout heureux de retrouver encore un chaud rayon. — O Méry! que n'étiez-vous là? Vous n'auriez gardé que deux manteaux!

L'Hippodrome n'est encore qu'à son enfance. On n'a pas en France l'habitude des spectacles en plein air, les plus sains et les plus populaires de tous. On peut arriver à une grande variété d'exercices et mettre le monde entier à contribution. Nous ne parlons pas des courses de taureaux, notre éternel regret; la fausse philanthropie des magistrats et la sensiblerie des femmelettes ne permettront pas d'introduire de longtemps en France cet héroïque divertissement. Mais il y a une infinité de choses moins sanguinaires qui seraient d'un grand attrait pour le public parisien.

Pourquoi n'arrangerait-on pas, pour l'année prochaine, une grande fantasia arabe, — une tribu venant au-devant d'un prince ou d'un général français?

C'est un des plus heureux thèmes que l'Hippodrome puisse se proposer. Il faudrait avoir pour cela de ces beaux chevaux aux crinières plus longues que des chevelures de femme, à la queue ondoyante, aux pieds teints de henné, de ces selles et de ces harnais bosselés d'or et d'argent, et surtout de ces merveilleux cavaliers hadjoutes qui écrivent avec la pointe de l'éperon le nom d'Allah sur le poil rebroussé de leur monture. — Ces galops à fond de train arrêtés subitement, ces décharges d'armes à feu, ces longs fusils jetés en l'air et repris avec une si étonnante dextérité, ces longs burnous flottants, ces vestes brodées, ce miroitement d'armes splendides, ce calme dans la turbulence, qui caractérise les Orientaux, tout cela produirait un effet irrésistible, — surtout dans des conditions de sincérité. Quand on a le soleil pour lustre, il faut être vrai.

On pourrait représenter le défilé d'une caravane, celle des pèlerins de la Mecque, par exemple, avec ses chameaux, ses dromadaires, ses chevaux, ses ânes, sa composition bigarrée, Arabes, nègres, mulâtres, Biskris, Syriens, Turcs, Asiatiques, tous ces types variés, afin de montrer au peuple de Paris un échantillon de ces races qu'il ignore ou qu'il soupçonne à peine, et dont quelques-unes n'ont rien à envier pour la noblesse et la pureté au beau type grec qu'on croit perdu.

Des exhibitions d'animaux rares auraient aussi leur charme. Des chasses à l'autruche, à l'éléphant, au lion, au tigre, au rhinocéros, à l'hippopotame pourraient être simulées. — Des courses de traîneaux attelés de rennes, de chiens esquimaux, de vigognes et d'alpagas varieraient agréablement le répertoire.

Nous ne faisons là que jeter au hasard quelques idées. On en trouverait mille autres. — Sans compter les jeux si variés des Grecs et des Romains, dont l'érudition a conservé ou retrouverait au besoin tous les détails.

22 septembre.

Théâtre-Français. *L'Enseignement mutuel.* — Un critique de goût, — M. Jules Sandeau, si notre mémoire ne nous trompe pas, — s'écriait, un soir de première représentation orageuse : « Pourtant, il est si facile de ne pas faire une comédie en cinq actes en vers ! » Ce mot judicieux nous revenait à la pensée samedi, au Théâtre-Français, à la représentation de *l'Enseignement mutuel*, mais formulée ainsi : « Il est encore bien plus aisé de ne pas faire une comédie en cinq actes en prose. »

C'est une chose étrange que si peu d'auteurs fassent cette réflexion toute simple. — Ils s'épargneraient ainsi bien des peines et des sifflets.

Depuis longtemps, la comédie a quitté le théâtre. Il faut la chercher ailleurs. Une peinture comique des mœurs de l'époque n'est plus possible à la scène : la censure s'y opposerait, et, à défaut de la censure, le *cant* anglais, l'hypocrisie constitutionnelle, la bigoterie puritaine, qui attristent notre société moderne, auraient soin de rogner les ailes du poëte. — Les pères électeurs, les mères incomprises et les jeunes personnes poitrinaires seraient révoltés par la rude franchise de la comédie et de la satire véritables. Les formes accusées de l'Apollon viril alarmeraient leurs susceptibilités inquiètes, et Aristophane reviendrait au monde, qu'aucun de ses divins poëmes ne pourrait être joué dans cette cité, qui se vante d'être l'Athènes nouvelle,— à moins d'être arrangé en vaudeville, — ce qui s'est vu plus d'une fois.

La comédie actuelle, que l'on s'obstine à vouloir jeter dans le moule que Molière a brisé après s'en être servi, comme un statuaire jaloux, existe, non pas au Théâtre-Français, mais sur vingt scènes différentes, morcelée en petits actes, faits de toutes mains, par celui-ci et celui-là, par des gens qui savent le grec et par des gens qui ne savent pas l'orthographe; cette comédie, qui s'appelle le vaudeville, est une comédie multiple, vivace, pleine d'invention et de hardiesse, risquant tout; adroite et spirituelle, semant par écuellées le sel attique et le sel gris, peignant les mœurs avec une fidélité négligente plus sincère que bien des portraits surchargés; elle n'a guère que le défaut d'être écrite en charabia et entremêlée de petites musiques stridentes d'une fausseté insupportable.

Nos vaudevillistes ont remplacé, pour la fécondité, les anciens dramaturges espagnols, et leurs inventions défieraient le monde entier. Bien que nous mettions au-dessus de tout le style et la perfection des détails, nous ne pouvons méconnaître qu'il n'y ait, dans cette production intarissable, une certaine puissance et une certaine originalité. Le vaudeville a, en outre, pour lui l'avantage d'être tout à fait français (non pas grammaticalement, hélas!); c'est une forme éminemment nationale. La tragédie est grecque; la comédie, latine; le drame, anglais ou allemand; le vaudeville nous appartient en propre. Il est fâcheux que des préoccupations classiques empêchent les écrivains en renom de s'emparer de cette forme si souple, si commode, si facile aux caprices, qui se prête à tout, même à la poésie!

Nous avons fait en temps et lieu une rude guerre au vaudeville, et ces paroles pourraient surprendre dans notre bouche. A ceux qui s'en étonneraient, nous répondrons que nous avons vu hier une comédie.

Dans cette comédie, on ne fait que pleurer et se quereller! Le masque de Thalie, tout fardé de joyeuses couleurs, ne doit point dégoutter d'eau comme un mascaron à l'angle d'un toit quand il pleut : laissez la fiole lacrymatoire à la tragédie et le mouchoir au drame.

Il ne faut à la comédie qu'un éventail étincelant pour cacher son fou rire.

Malgré le titre, il n'y a pas d'enseignement mutuel dans la pièce de MM. Eugène Nus et Charles Desnoyers; en revanche, il s'y trouve une certaine étude du cœur humain qui ne manque pas de vérité : c'est la répulsion instinctive que toutes les mères éprouvent plus ou moins pour les maîtresses ou les femmes de leurs fils. Cette malveillance sourde, et dont elles ne se rendent pas compte à elles-mêmes, a troublé bien des ménages et causé les trois quarts des séparations. La femme de son fils, pour une mère, c'est une rivale plus jeune, plus belle, plus élégante; elle ne peut comprendre que cette inconnue, arrivée d'hier, ait déjà tant d'empire et se soit fait une si grande place; elle se regarde comme dépossédée, comme lésée dans ses droits. La jalousie arrive, et, de la jalousie à la haine, il n'y a qu'un pas.

Tout cela est juste mais peu comique, et plutôt du ressort du roman que de celui du théâtre.

Ajoutons qu'on ne ferait pas mal d'en finir, au théâtre, avec les femmes de quarante ans. Cette obstination à reproduire ce type suranné devient fatigante. Il n'y a que les anges qui puissent avoir toujours quinze ans, puisque c'est l'âge éternel que Dieu leur a donné, nous le savons. Mais pourquoi vanter sans cesse les quadragénaires? Une femme est jeune tant qu'elle est belle. Il y a des vieilles de dix-huit ans et des jeunes de trente. Mais à quoi bon ces chiffres? Une héroïne ne peut-elle marcher que son extrait de baptême à la main? Retrouvons, au moins, au théâtre et dans les poëmes, la jeunesse qui nous fuit.

Madame Volnys ne mérite pas encore l'affront de ces rôles infiniment trop chargés de lustres, auxquels elle semble vouée maintenant. Sans doute, elle ne serait plus vraisemblable dans les boutons de rose, mais elle pourrait encore très-bien jouer les jeunes femmes, à un théâtre où mademoiselle Mars a représenté les Agnès jusqu'à soixante ans. Ses beaux yeux et ses grands sourcils noirs pourraient utiliser plus agréablement leurs éclairs et leurs contractions.

29 septembre.

Cirque-Olympique. *Danseuses moresques.* —Nous aimons assez les exhibitions dansantes des races exotiques. Ce genre de spectacle commence à se naturaliser chez nous. Les Français, et surtout les Parisiens, sont peu voyageurs. Il faut donc, puisque nous n'allons pas visiter les peuples, que les peuples viennent nous visiter.

Malheureusement, les Moresques d'Alger ne ressemblent pas assez aux comparses de *la Révolte au Sérail* pour plaire beaucoup à notre public. De la gaze blanche à pois d'or et des caleçons pêche, voilà comme le Parisien se figure l'almée. — Tant pis pour elle si elle ne remplit pas les conditions du programme.

En outre, la danse moresque contrarie nos idées chorégraphiques. L'art suprême, pour les almées, consiste à ne jamais quitter la terre et à progresser par des déplacements de pieds imperceptibles : c'est le corps qui danse, tandis que les jambes sont immobiles, juste le contraire de ce qui se pratique chez nous. On ne saurait imaginer quelle souplesse déploient ces almées ; ce sont des ondulations serpentines, rhythmées, tantôt lentes, tantôt rapides, qu'on ne croirait pas exécutables par un corps humain. On ne soupçonne pas, en Europe, tout ce que l'habitude du corset ôte de grâce aux mouvements de la femme.

Mais la censure a fait subir aux danses de ces pauvres Moresques de tels retranchements, qu'il n'est plus possible de les juger.

La pudeur officielle est parfois bizarre : elle défend ces mouvements d'une naïveté primitive et d'une audace qui s'ignore, et ne trouve rien à redire aux danseuses de l'Opéra, lesquelles prennent vingt fois dans un soir des poses de compas forcé, qui ne laissent plus rien de mystérieux dans leurs charmes que la place recouverte par la ceinture. Nul ne songe à s'alarmer de ces exhibitions de tricot de soie, et nous moins que personne ; mais, si l'indécence est d'un côté, elle n'est pas de celui des Moresques, dont les pieds ne quittent jamais terre, et qui dansent avec le corps au lieu de danser avec les jambes.

Cette tendance protestante et puritaine se fait remarquer dans plusieurs choses. Ainsi, l'on a refusé la permission de montrer sa troupe, à M. Keller, un brave Allemand qui a eu l'idée de rassembler les plus beaux hommes et les plus belles femmes qu'il a pu trouver dans les magnifiques races du Nord, et de leur faire représenter au naturel des tableaux historiques ou mythologiques, groupés avec beaucoup d'art et de science. — M. Keller a donné à Bruxelles des représentations très-suivies, qui n'ont choqué aucun bourgeois et ont ravi tous les artistes. Il obtient maintenant à Londres le plus grand succès. Le *cant* anglais, si susceptible et si farouche pourtant, n'a pas jugé nécessaire de se cacher derrière un éventail à ces exhibitions de torses, de bras et de jambes, où la draperie intervient toujours à propos, et qui n'ont pas plus d'inconvénient qu'une galerie de tableaux ou de statues.

Il est vrai que l'on permet de se montrer aux monstruosités les plus hideuses, aux fœtus échappés de leur bain d'alcool, aux Esquimaux, aux Papous, aux sauvages de tous pays, pourvu qu'ils soient abominables. On porte sur le pavois Tom Pouce, qui revenait de droit au cabinet d'anatomie et qu'une police sage aurait dû faire empailler. — Est-ce que vous croyez, par hasard, que la laideur est morale, et que l'âme profite beaucoup à ces spectacles immondes? Si nous avions une fille, nous aimerions mieux lui laisser voir dix hercules et vingt géants bien faits et de belle mine qu'un seul nain et un seul magot. — C'est avec ces idées étroites et mesquines qu'on rend les populations rabougries, difformes et malsaines. — Quand nous pensons au nombre de jeunes mères qui ont été voir cet affreux avorton américain, nous ne sommes pas sans inquiétude pour la conscription de 1866.

VIII

OCTOBRE 1845. — Italiens : réouverture. — Les habitués et la salle. — Du bien-être dans les théâtres. — Le maestro Verdi. — Palais-Royal : *les Bains à domicile*, par M. Paul de Kock. — Un vaudeville sans mariage ! — Analyse de cette œuvre audacieuse. — Mademoiselle Juliette, Alcide Tousez, Sainville. — Italiens : début de M. Napoléon Moriani, dans *Lucia di Lammermoor*. — L'idéal du ténor. — Des différentes espèces de chanteurs. — L'art et le don. — M. Moriani. — Théâtre-Français : *Corneille et Rotrou*, comédie de MM. Delaboulaye et Cormon. — Variétés : *le Diable à quatre*, arrangé d'après Sedaine, par MM. Siraudin et Brunswick. — Moyen comique peu galant. — A voleur, voleur et demi. — Palais-Royal : *le Code des femmes*, par M. Dumanoir. — Leménil, mademoiselle Nathalie. — Italiens : *Nabucco*, paroles de M. Thémistocle Solera, musique de M. Giuseppe Verdi. — Nature du talent de Verdi. — Opéra : représentation au bénéfice de Massol. — Mademoiselle Rachel dans *les Horaces*. — Bouffé dans *le Père Turlututu*. — Carlotta Grisi. — Variétés : reprise de *l'Abbé galant*, de MM. Laurencin et Clairville. — La pièce. — Bouffé.

6 octobre.

ITALIENS. *Réouverture.* — *I Puritani.* — Les Italiens viennent de rouvrir, heureux théâtre ! et déjà toutes les loges sont louées ; la recette de la saison est assurée d'avance.

Le spectacle se composait des *Puritains*, chantés par Giulia Grisi, Mario, Lablache et Ronconi, magnifique quatuor dont l'équivalent n'existe nulle part !

On aurait représenté autre chose, pourvu toutefois que ce ne fût pas un opéra nouveau, que l'affluence eût été la même. Le public des Bouffes est parvenu à se donner, à force d'assiduité, une des plus douces jouissances humaines, *l'habitude*, et il tire autant de plaisir de l'observation d'une simple nuance de chant ou d'exécution, que d'autres pourraient le faire de l'assouvissement de la curiosité la plus vorace. — Ne vaut-il pas mieux, en effet, vu la rareté des chefs-d'œuvre, se contenter de l'audition d'une demi-douzaine d'ouvrages d'un mérite incontestable, dont on savoure lentement les beautés, dont on apprécie chaque détail en vrai dilettante? La familiarité intime d'un opéra de premier mérite n'est-elle pas préférable à la connaissance superficielle d'un tas de partitions médiocres?

A cet attrait d'une habitude créée et devenue impérieuse, il faut joindre le confortable de la salle. Aucune sensation désagréable ne peut pincer vos nerfs dans ce charmant théâtre : vous marchez sur des tapis épais à votre place, qui est commode et moelleuse; vous êtes enveloppé par une atmosphère tiède et parfumée; des constellations de lustres, des grappes de bougies versent une pure lumière; de belles femmes, étoilées de diamants, fleuries de bouquets, guirlandent les rebords des loges; une musique harmonieuse vous occupe sans vous étourdir; la fable de la pièce représentée ne vous inquiète en aucune façon; l'orchestre est excellent, les chanteurs sont éprouvés, vous n'avez qu'à vous laisser faire, et, d'une façon ou d'une autre, par les oreilles ou par les yeux, vous aurez passé une charmante soirée.

On oublie trop souvent, en France, les premières lois du bien-être dans les endroits consacrés aux plaisirs scéniques. — Comment jouir d'un joli motif, d'un beau vers, d'un *taqueté* bien précis et bien net, si le coude d'un voisin vous entre dans les côtes, si vous ne savez où pendre votre feutre, et si Décembre vous souffle son haleine glacée par la bouche ronde de la loge? Il faut le dire, une soirée passée dans la plupart des théâtres de Paris, même aux meilleures places, équivaut à une condamnation à l'estrapade. — Le goût des spectacles n'est cependant pas si vif aujourd'hui, que l'on brave, pour s'y livrer, des supplices dignes des tortionnaires du moyen âge. Nous sommes encore sur ce point dans la plus honteuse barbarie; et, comme diraient les phalanstériens, il n'y a guère que des *civilisés* capables de s'imposer une pareille gêne sous prétexte de plaisir.

Cependant, quelque peu avides de nouveautés que soient les spectateurs des Italiens, les mêmes opéras ne peuvent pas être stéréotypés à tout jamais sur l'affiche. Si le public n'a pas encore assez des *Puritains*, de la *Norma*, du *Barbier de Séville*, d'*Anna Bolena*, les chanteurs s'ennuient d'exécuter toujours la même musique. Ils voudraient agrandir leur répertoire; ce besoin de créer, qui fait l'artiste, les tourmente; ils demandent à grands cris de représenter quelques-unes de ces partitions qui font fanatisme et vont aux étoiles, *alle stelle*, de l'autre côté des monts.

Les essais tentés jusqu'à présent n'ont pas été très-heureux : les habitués des Bouffes ne connaissent pas de salut hors Rossini, Bellini et Donizetti. A peine souffrent-ils de loin en loin le Mozart et le Cimarosa.

Pourtant, il est un nom vanté par les uns, déprécié par les autres ; un génie, suivant ceux-ci, un cuistre suivant ceux-là. Nous voulons parler de Verdi, dont la France seule ne connaît encore aucun ouvrage. Il ne se fait pas tant de bruit autour d'une médiocrité, et ce qu'il y a de sûr, c'est que Verdi est un compositeur de talent. — Paris ne peut ignorer plus longtemps les œuvres d'un homme qui paraît avoir succédé à la vogue de Donizetti, et dont les opéras sont applaudis partout.

Palais-Royal. *Les Bains à domicile.* — Nous avons assisté cette semaine à un spectacle inouï : nous avons vu un vaudeville qui ne finissait pas par un mariage. Voilà la première fois que cela nous arrive dans notre carrière de critique! Effrayé d'une telle hardiesse, nous restions cloué à notre place, attendant quelque trombe, quelque tremblement de terre. O lustre, voile ta face! ô parterre, entr'ouvre-toi! gueule édentée du masque de Momus, pousse des gémissements! le monde va finir, Alfred n'a pas épousé Henriette! Où marchons-nous, grands dieux! si les rites sacrés sont méprisés de la sorte? Comment! nous qui apportons tant de pesanteur dans les choses frivoles et tant de légèreté dans les choses sérieuses, nous avons permis cette infraction monstrueuse aux dogmes de la scène, et nous n'avons pas demandé la tête de M. de Kock, et nous n'avons pas démoli de fond en comble le théâtre du Palais-Royal et semé des pavots à la place!

Les Français, jusqu'à ce jour, ont fait bien des choses formidables et hardies, renversé des trônes et des autels, fait des révolutions, gagné et perdu des empires, mais ils n'ont pas encore osé achever un vaudeville autrement que par un mariage.

Nous ne savons pas vraiment si nous devons prêter notre plume à l'analyse de cette œuvre exceptionnelle, anomale et subversive; mais la critique, comme la fortune, doit aimer les audacieux, et ne pas craindre d'aborder le compte rendu de ces vaudevilles titaniques, prométhéens, qui trahissent des ambitions gigantesques et des essors démesurés.

Il fallait être M. Paul de Kock, c'est-à-dire le romancier le plus populaire de France et de Navarre, pour se permettre impunément ces choses-là; tout autre que lui eût été impitoyablement sifflé.

Voici la fable de ce vaudeville excentrique et dangereux :

M. Lacaille est vieux, laid, sot, — mais propriétaire! C'est sans doute à lui que Gavarni a entendu dire ce mot sublime : *Mon mur!* inscrit au bas d'une ébouriffante silhouette; un homme qui a pignon sur rue doit posséder à l'endroit de lui-même la plus excellente opinion; aussi M. Lacaille est-il d'une fatuité digne d'Antinoüs ou d'Alcibiade. — Pour rehausser ses charmes, il a eu soin de prendre un domestique d'une laideur idéale; — vous devinez tout de suite que c'est Alcide Tousez.

La maison de M. Lacaille est habitée, entre autres, par une jeune dame de Sainte-Sophie — ne pas confondre avec la mosquée de ce nom — qui ne paye jamais son terme, et par une grisette colorieuse de perles, qui paye toujours le sien. Madame de Sainte-Sophie loge au premier étage, dans un magnifique appartement, et a pour position d'être veuve d'un général mort au champ d'honneur. Mademoiselle Niniche perche à l'*entre-sol des pierrots*, c'est-à-dire aux combles, dans une mansarde d'où elle jouit de la perspective d'une multitude de tuyaux de cheminées qui fument, et d'un sien cousin qui travaille en face, dans un atelier de peintre.

M. Lacaille, très-indulgent pour madame de Sainte-Sophie, est très-féroce pour Niniche, et lui donne congé, sous prétexte d'un peu d'eau répandue dans les escaliers; car mademoiselle Niniche prend des bains à domicile. Elle est propre, c'est son luxe. Cette inimitié vient de plus loin : M. Lacaille a été repoussé par la vertueuse grisette, qui n'a pas craint d'appeler *vieux sapajou* un homme patenté, électeur, éligible, etc., et de lui jeter au nez un bel éclat de rire, insolent comme celui d'une duchesse!

Niniche tient beaucoup à cette mansarde, qui donne sur un cousin, vue préférable à toute autre pour elle; elle va donc trouver maître Lacaille, et tâche de l'induire en un bail de trois, six, neuf, à force de chatteries et de gentillesses. Mais un vieux garçon, attaqué dans sa fraîcheur, est rancunier comme une vieille dévote attaquée dans sa vertu ; M. Lacaille tient bon et ne veut pas retirer le congé. Niniche sort furieuse, en méditant des projets de vengeance.

La grisette partie, madame de Sainte-Sophie se présente et parle de loyer, de quittances et autres conversations de locataire à propriétaire, que le galant M. Lacaille se hâte d'interrompre par des madrigaux surannés et tombés en désuétude, mais contemporains de sa jeunesse. Madame de Sainte-Sophie minaude, fait la chipie (style de M. de Kock), et cependant finit par accepter un dîner chez Véry ou au *Cadran Bleu*, et une loge à l'Opéra ou aux Funambules.

L'heure du rendez-vous étant prise, M. Lacaille sort pour ses affaires, madame de Sainte-Sophie va faire un tour aux Champs-Élysées.

Bourriquet, le valet de chambre destiné à faire valoir la beauté de son maître, reste à la maison, où il se livre à des monologues extrêmement émaillés de calembours, de coq-à-l'âne, d'incongruités, et de jeannoteries.— Pendant que Bourriquet babille, drelin drelin et kling et klang, un coup de sonnette se fait entendre : c'est un bain qu'on apporte pour M. Lacaille. On installe la baignoire derrière une tapisserie. Une minute après, autre sonnerie, autre bain. Bourriquet, étonné, indique aux porteurs une place pour la nouvelle baignoire. Il pense judicieusement que l'un de ces bains est pour lui.

Il faut vous dire — pardon, madame ! — que Bourriquet n'a jamais pris de bain de sa vie ; toujours il a rêvé ce bonheur, cette volupté sans l'atteindre. Un bain chaud, c'est pour lui le paradis de Mahomet, avec ses houris bleues, rouges et vertes; il se plonge, après s'être dépouillé en scène de la plupart de ses vêtements, même de ceux que la pudeur anglaise appelle *indispensables*, dans le liquide bouillant; car il n'a pas voulu y laisser mettre d'eau froide, attendu que l'eau froide est bonne pour les canards et les petites gens. Un homard se cardinaliserait, un œuf deviendrait dur à cinquante degrés de chaleur, Bourriquet trouve que c'est tiède; le drôle est coriace.

Ses recouvrements achevés, M. Lacaille rentre, et, voyant un bain, il le prend pour se mettre en fraîcheur; car il a besoin d'être joli. — A peine est-il assis dans sa cuve de zinc, qu'on apporte un troisième bain; telle est la vengeance inventée par Niniche, qui ne tarde pas à paraître; elle agite un papier et dit : « Signez mon bail, ou vous allez subir un déluge à domicile. L'escalier est déjà comme la cascade de Saint-Cloud les jours de grandes eaux. »

Après une brillante résistance, Lacaille se rend. — Madame de Sainte-Sophie est arrivée pendant tous les débats; Niniche reconnaît en elle une ancienne camarade, — très-peu veuve d'un général, — et tout s'arrange, — mais sans mariage.

A la bonne heure ! voilà un vaudeville qui n'a ni queue, ni tête, ni ventre ; un vaudeville stupide qui vous fait énormément rire, et vous lance perpétuellement à la figure des poignées de salpêtre en guise de sel attique. Il faut réellement être un homme supérieur pour atteindre à cette insouciance, à ce laisser aller. — M. Paul de Kock est, en effet, un homme supérieur ; sa manière, comme celle des grands maîtres, est d'une largeur négligée, d'une puissance sans efforts, d'une audace qui ne se trompe jamais, d'une confiance dans la bêtise humaine, dont rien n'approche. — C'est autrement beau qu'Homère et Dante ! mais c'est aussi beau !

Mademoiselle Juliette est charmante dans le rôle de madame de Sainte-Sophie; Alcide Tousez et Sainville sont prodigieux ! Le mot est faible sans doute; mais il ne nous en vient pas d'autre au bout de la plume.

13 octobre.

ITALIENS. Début de M. Napoléon Moriani dans la *Lucia*. — L'imagination, et surtout l'imagination féminine, est toujours tentée, malgré des déceptions nombreuses, de se figurer un ténor comme un jeune homme charmant et doué de toutes les qualités qui font le cavalier accompli. En effet, dans les partitions, tout semble arrangé pour le triomphe du ténor; il aime, il est aimé. Le baryton, son rival, est impitoyablement éconduit. Quant à la basse, son sort est pire, si c'est possible, que celui d'un traître de mélodrame. Il est donc logique de s'attendre à voir cette préférence justifiée par quelque avantage physique; mais la nature loge les voix dans les gosiers qui lui conviennent, ayant plus d'égards à la conformation du larynx qu'à la pureté du profil et à l'élégance de la taille.

Moriani, il faut l'avouer, est un homme de plus de quarante ans, d'une physionomie morne et d'une encolure épaisse. — C'est un Rubini non grêlé. — La ressemblance n'aurait, d'ailleurs, rien de fâcheux pour un ténor, surtout si elle se continuait.

Les chanteurs se divisent en deux classes : ceux qui doivent tout à la nature, et ceux qui doivent tout à l'art; autrement dit, ceux qui ne savent pas se servir de la voix qu'ils ont, et ceux qui savent se servir de la voix qu'ils n'ont pas. D'un côté, il y a fraîcheur, facilité, charme; de l'autre, méthode parfaite, effets ménagés, mécanisme irréprochable. L'idéal serait la réunion des deux. Malheureusement, le travail, pour arriver à la perfection de l'art, nuit au don naturel. D'autre part, une grande voix est difficile à conduire, comme un cheval fougueux. Lequel préférez-vous du cheval secouant sa crinière, creusant la terre de son sabot, s'emportant, faisant des écarts, ou du cheval dompté, maté, assoupli à tous les exercices du manége, dansant en mesure, exécutant des courbettes, mais incapable de sauter une haie ou de franchir un précipice ? Toute la question est là. Les jeunes gens, les femmes et les poëtes aimeront mieux le premier; les gens positifs, les professeurs et les dilettanti émérites prendront parti pour le second. — Quant à nous, malgré notre respect pour les talents acquis à force de travail et de volonté, nous sommes plus sensible à ce qu'on appelle le *don* en langage de conte de fée. Aussi n'hésitons-nous pas un instant entre Mario et Moriani.

Ce dernier a pourtant ses qualités : il ne crie pas, il ne se livre à aucune de ces exagérations à la mode ; il ne cherche pas l'effet dans des efforts désespérés; son chant est limpide, azuré, nocturne en quelque sorte ; certaines notes ont une douceur pénétrante, une émotion communicative. Cette sensibilité contenue, qui n'éclate qu'en soupirs harmonieux, vaut bien les vociférations antimusicales que le public applaudit trop souvent. Moriani a dit d'une manière tout à fait magistrale son duo avec madame Persiani, et la scène finale du troisième acte ; il a été douloureux et touchant. On ne gémit pas un air d'une façon plus sympathique ; les bravos de toute la salle le lui ont prouvé.

Moriani excelle dans les nuances, dans les demi-teintes, dans l'art de diminuer et d'enfler le son ; mais cette habileté, quelque grande qu'elle soit, ne peut dissimuler la fatigue, le manque de fraîcheur, et même l'absence de quelques notes. Nous regrettons beaucoup de ne pas avoir entendu Moriani plus tôt, — il y a huit ou dix ans. — Ce devait être un délicieux chanteur dans le genre tendre et mélancolique ; tel qu'il se survit, c'est encore un grand artiste, aussi intéressant par ce qu'il n'a plus que par ce qui lui reste.

Théatre-Français. *Corneille et Rotrou*. — Faire l'analyse de cette comédie serait, pour le moins, superflu. Qui ne sait les injures et les humiliations dont fut abreuvé l'illustre auteur du *Cid*? qui ne connaît l'admiration, l'amitié que, seul, pour sa gloire éternelle, lui témoignait Rotrou ? à qui apprendrions-nous que le grand poëte fut jalousé, disgracié par Richelieu, puis revint en faveur auprès de lui, malgré Colletet, Boisrobert, l'Étoile et toute leur clique, appuyée de l'Académie? Personne non plus, à coup sûr, n'ignore que Corneille épousa, *par ordre*, mademoiselle de Lampérière, fille d'un stupide gentillâtre qui croyait déroger en s'alliant à l'immortel Rouennais.

Tels sont les faits, malheureusement trop historiques, sur lesquels MM. Cormon et Delaboullaye ont échafaudé leur pièce. L'intrigue n'en est pas fort compliquée, — elle ne devait pas l'être ; — il suffisait qu'elle prêtât au développement des deux principaux caractères, et qu'elle fût clairement conduite, pour exciter l'intérêt. Deux noms comme ceux de Corneille et de Rotrou remplissent assez une comédie pour qu'il soit inutile de les mêler à une action très-*corsée*, comme on dit en argot de coulisses. Nous féliciterons donc les deux auteurs de la tempérance qu'ils ont montrée. Le public leur en a tenu compte avant nous ; il a vivement applaudi plusieurs scènes bien pensées, plusieurs traits spirituels, et le succès a été des plus complets.

Geffroy a donné à la grande figure de Corneille toute la noblesse désirable, et Provost, dans le rôle de Lampérière, a été très-comique, trop comique peut-être ; car, si Lampérière était infatué de sa noblesse, rien ne dit pourtant que ce fût un bouffon. — Le monsieur inconnu qui représentait Rotrou lui a prêté une voix et des gestes passablement fantasques.

20 octobre.

VARIÉTÉS. *Le Diable à quatre.* — Il règne en ce moment, sur les théâtres de Paris, une maladie épidémique assez bizarre, et qui mériterait d'être étudiée avec autant de soin que la maladie des pommes de terre, objet de tant de recherches savantes. C'est la maladie du *Diable à quatre*.

Sous prétexte que la pièce de Sedaine a eu beaucoup de succès, aux Funambules sous forme de pantomime, à l'Opéra sous forme de ballet, chaque établissement dramatique sent le besoin de faire confectionner un *Diable à quatre* par quelqu'un de ses faiseurs ordinaires.

Celui des Variétés ne sera pas le plus ennuyeux. — La substitution de la marquise à la savetière, et réciproquement, s'opère avec beaucoup d'adresse. — Hyacinthe est sans rival dans l'art de jouer du tire-pied ; Lepeintre jeune est d'une bouffonnerie énorme ; mademoiselle Valérie est gentille ; madame Bressan, charmante ; les calembours abondent, les coq-à-l'âne fourmillent, et les couplets se chantent sur des airs de M. Adam. — Tout est donc pour le mieux. Les acteurs eux-mêmes s'amusent, et la salle rit aux éclats.

Nous avouons pourtant que le sujet du *Diable à quatre*, sous quelque forme que ce soit, ne nous a jamais fait grand plaisir. Quel charme peut-on trouver à voir une jolie femme rouée de coups par un butor ? Nous ne sommes pas troubadour et nous ne portons pas de redingote abricot bordée de velours noir ; mais ce spectacle nous répugne.

Il paraît que nous sommes seul de notre avis, et qu'il y a quelque chose de très-drôle que nous ne saisissons pas, à battre une jupe avec une lanière de cuir. Le public nous donne tort en se pâmant d'aise et en se tenant les côtes de peur d'éclater à force de rire. Apparemment, chacun pense à sa femme en regardant l'actrice ainsi fustigée.

Apprenons, du reste, aux auteurs qu'ils ne doivent rien à Sedaine ; car il avait lui-même *arrangé* son *Diable à Quatre*, d'après une farce anglaise dont le père légitime est un certain Farqwhar. — A voleur, voleur et demi ; c'est bien fait pour Sedaine.

PALAIS-ROYAL. *Le Code des femmes.* — On a nommé M. Dumanoir tout simplement ! pas le moindre collaborateur ! — Travail herculéen ! un vaudeville conçu, charpenté, écrit par un seul homme ! Et ce vaudeville n'en est pas plus mal tourné ! ô prodige ! ô merveille ! ô renversement des choses ! — Pends-toi, Bayard ! on a vaincu sans toi !

Emma est mariée depuis vingt-quatre heures ; elle a épousé un habit noir de son choix ; elle devait être la plus heureuse femme du monde, et pourtant, elle rêve déjà une séparation, elle la veut, elle l'aura. Que s'est-il donc passé ? d'où vient cette subite aversion, ce précoce dégoût pour l'état conjugal ? L'explication qu'Emma refuse à son mari, — car il ne sait que penser lui-même, — nous allons vous la donner en deux mots : le monstre a une maîtresse ! il a une maîtresse qui lui rappelait encore hier au soir, dans une lettre saisie par Emma, le serment qu'il avait fait, le matin, de ne jamais se séparer d'elle.

En voilà sans doute assez pour justifier une demande en séparation ? « Oui, sans doute, mais trop peu cependant pour que le tribunal fasse droit à cette demande, objecte M. Mignonnet, un homme de loi qu'Emma s'est empressée de mander. Par exemple, madame, vous auriez sûrement gain de cause si votre mari tenait sa maîtresse sous le toit conjugal, ou si, devant témoins, il osait lever la main sur vous... — N'est-ce que cela ? dit la jeune femme dans sa colère ; alors, soyez tranquille, je ferai si bien, que je le forcerai de... sortir des bornes ! »

Dès ce moment, en effet, le pauvre mari se voit taquiné, harcelé, vexé, piqué au vif ; mais en vain Emma tend la joue ; il a surpris le secret de ses manœuvres, il refuse de donner dans le piége, et il décharge sa bile sur les domestiques, donne des soufflets à celui-ci, à celui-là, à tout le monde enfin, excepté à sa femme, qui, poussée par le dépit, et ne se connaissant plus, finit par le souffleter elle-même. — Au bruit que rend la joue tuméfiée du malheureux, apparaît M. Mignonnet, suivi de témoins qu'il avait apostés : « Brigand ! scélérat ! bourreau ! tu ne crains pas d'abuser de ta force en frappant un être faible et sans défense! Oh! mais ne compte pas sur l'impunité; je saurai bien t'arracher ta victime et la venger de tes outrages! Au revoir! — Cet homme était dans votre chambre. Quel est-il, madame? s'écrie Paul; votre amant, sans doute? — Non, monsieur, c'est mon avocat, M. Mignonnet, que j'ai voulu consulter sur une demande en séparation. » Au nom de Mignonnet, Paul laisse éclater un fou rire: « Quoi! c'est là M. Mignonnet, et c'est lui qui se fait le vengeur des victimes du mariage! Il devrait bien songer à défendre sa propre cause, et veiller un peu lui-même sur son honneur conjugal, car j'ai entre les mains certaines lettres écrites par sa femme à mon frère Gaston... — Écrites à votre frère? — A lui-même, et des lettres fort compromettantes, je vous jure; une, entre autres, datée d'hier... Je m'en suis emparé pour les remettre à la dame, en l'invitant à plus de circonspection, parce qu'enfin les maris méritent bien quelques égards. »

Vous comprenez qu'Emma s'est trompée, qu'elle reconnaît avec joie son erreur et se précipite dans les bras de son mari, qui vient de lui pardonner, quand reparaît M. Mignonnet, apportant une signification qu'il s'est hâté de rédiger. Le rapprochement des époux annule la procédure; mais, voulant néanmoins récompenser le digne avocat des peines qu'il s'est données, Paul lui offre, pour sa femme, un charmant petit coffret... qui contient les lettres en question, et dont Emma promet d'aller elle-même porter la clef à madame Mignonnet.

Cette petite étude de mœurs est franchement comique, très-spirituellement traitée, et elle a réussi comme elle le devait. — Leménil a tiré fort bon parti du rôle de l'avocat; on n'y saurait mettre plus de verve bouffonne. — Mademoiselle Nathalie est aussi gracieuse qu'intelligente; sous ce double rapport, le rôle d'Emma lui convenait à merveille. Quelquefois pourtant son zèle nous semble l'avoir emportée trop loin : elle a mis dans plusieurs scènes un peu d'exagération. Heureusement, qui peut le plus peut le moins.

ITALIENS. *Nabucco.* — C'est une sensation délicieuse pour nous et pour tout homme voluptueux en matière d'art, de se trouver assis en face d'une toile derrière laquelle s'agite quelque chose d'inconnu, — peut-être un génie nouveau! — Quel événement important dans la vie, que l'apparition d'un maître qui ne s'était pas encore révélé à vous !

Cet homme, dont vous saviez à peine le nom, va devenir pour vous une occupation de tous les jours, de toutes les heures; ses pensées se mêleront aux vôtres, les domineront et les modifieront profondément; vous acquerrez un frère que vous n'avez jamais vu et qui vous dira mille secrets intimes, votre mélancolie aura un compagnon; quand votre âme sera mouillée par ces pluies grises intérieures, qui poussent au suicide, comme si l'on était sous le ciel de Londres, vous irez vous réchauffer à ce soleil bienfaisant, vous vous jetterez dans le sein de cet ami universel que Dieu accorde à l'humanité. De cette circonstance d'un tableau regardé, d'un livre lu, d'un morceau de musique entendu par hasard, peut dépendre le sort d'une vie entière. Nous qui sommes aujourd'hui journaliste (nous n'osons plus dire poëte), nous aurions probablement été peintre, sans un volume de Victor Hugo qui nous tomba dans les mains à l'atelier; c'étaient *les Orientales!* L'effet que nous produisit ce livre étincelant ne peut se rendre. A dater de ce moment, l'illustre maître a eu dans notre existence une part plus grande que nos compagnons les plus chers; nous lui devons les émotions les plus vives que nous ayons éprouvées; c'est une si douce chose d'admirer, de se sentir pénétré par une pensée supérieure, d'être l'humble flacon qui contient le nectar, de voir réalisé d'une manière éclatante ce qu'on rêvait confusément. — Ce bonheur est si grand pour nous, que nous voudrions le voir se renouveler, et que nous assistons à tout début avec le vif désir de trouver un dominateur, et d'être encore possédé par un de ces génies-démons, qui vous obsèdent sans relâche et qui ne peuvent être chassés par aucun exorcisme.

Raphaël, Rossini, Lamartine, voilà les vrais bienfaiteurs, les vrais frères, les vrais amis ! Que de bouches altérées ont bu à leur large fleuve sans en faire baisser le niveau !

Ces réflexions nous occupaient l'autre soir, aux Italiens; nous nous disions en nous-même : « Si nous allions encore éprouver une de ces foudroyantes impressions que cause un génie nouveau en déclarant son verbe ! »

L'effet que nous attendions ne s'est pas complétement produit en nous : mais, hâtons-nous de le dire, Verdi n'est pas au-dessous de sa réputation ; il peut s'asseoir hardiment aux pieds de Rossini, à côté de Bellini et de Donizetti. C'est, à coup sûr, le début le plus brillant qui ait eu lieu depuis longtemps à la salle Ventadour, où nul opéra récent ne semblait pouvoir prendre racine. La France sera, cette fois, de l'avis de l'Italie, trop prodigue parfois de son facile enthousiasme.

La manière de Verdi est un composé du genre français et du genre allemand, plus le fond rossinien obligé. De la musique française, il a pris la fidélité au sens des paroles et des situations ; de la musique allemande, une instrumentation plus nourrie, des dessins d'orchestre plus compliqués et plus savants ; de la musique italienne, l'heureuse disposition des voix et la clarté de la mélodie. L'auteur de *Nabucco* n'est pas un génie, mais c'est un grand talent, et la chose est assez rare pour mériter qu'on la remarque et qu'on s'en félicite.

On a tellement abusé du mot génie dans ces derniers temps, qu'en accordant *un grand talent* à Verdi, on pourrait supposer que nous ne ressentons à son endroit qu'une admiration médiocre : cela est bien loin de notre idée ; car, depuis longtemps, nous n'avions entendu une œuvre plus satisfaisante que *Nabucco*.

Giuseppe Verdi est plus dramatique que la plupart des compositeurs de son pays ; il s'attache à la situation, et ne se laisse pas aller à ces gaietés de mélodies hors de propos, à ces fioritures et à ces arabesques sans rapport avec le fond qui ont toujours profondément déplu aux Français, la nation la plus sensée dans ses plaisirs et la plus folle dans ses affaires. Cette qualité le fera réussir infailliblement sur notre scène ; car ce sont les mots, et non la musique, qu'écoutent, en général, les spectateurs français. Tout honnête abonné parisien sera infailliblement choqué d'entendre chanter *pieta* sur un air bouffon, et *felicita* sur un air mélancolique. Giuseppe Verdi ne commet jamais une faute de ce genre ; aussi sa musique faite exclusivement au point de vue du théâtre, ne se prête pas à être détachée en morceaux de concert, et y produit moins d'effet que des airs indépendants de toute espèce de sens et d'action.

Malgré la solennité un peu ennuyeuse qui s'attache fatalement aux sujets bibliques, *Nabucco* a obtenu un succès complet, qui deviendra, nous n'en doutons pas, un succès de vogue; la victoire a été emportée d'assaut. Verdi a gagné ses éperons ; et pourtant, à ce qu'en disent ceux qui connaissent le répertoire du jeune maître, *Nabucco* n'est pas son chef-d'œuvre; *Ernani* lui est bien supérieur et ne peut manquer de faire fanatisme et d'aller aux étoiles, ou aux nues, pour parler d'une façon plus conforme à notre ciel brumeux.

27 octobre.

OPÉRA. *Représentation au bénéfice de Massol.* — Les choses se sont passées dans les règles. Le spectacle, commencé le samedi, s'est continué le dimanche; même, de mauvaises langues prétendent que c'est à peine si le lundi *les chants avaient cessé*. Il paraît qu'en fait de représentations à bénéfice, les conditions que Charles Nodier mettait au bonheur,

Le bonheur a deux lois, beaucoup et pas longtemps,

ne seraient pas acceptées comme justes. Il faut entasser Pélion sur Ossa, tragédie sur vaudeville, opéra sur ballet; accoler des noms qui hurlent de se trouver ensemble, des genres tout à fait contradictoires ; composer un de ces plats nommés *arlequin* en style des *Mystères de Paris*. Le public n'est pas si généreux qu'il en a l'air; il veut bien dire adieu à un artiste aimé, récompenser de longs et glorieux services, mais il tâche d'en avoir un peu plus que pour son argent : il paye sa stalle vingt francs, et consomme quarante francs de pâture dramatique. Au risque d'avoir une indigestion, il avale un théâtre à chaque bouchée, l'Opéra, les Italiens, les Français, le Vaudeville, *la Favorite, Lucie de Lammermoor, Horace, le Père Turlututu*, le bal masqué de *Gustave*. Quel appétit de Gargantua !

La *Lucie de Lammermoor* a été chantée en français par Massol, Roger et mademoiselle Nau : Massol jouait Asthon; Roger, Edgard, et mademoiselle Nau, Lucie.

Quoique assez fortement indisposé, le bénéficiaire a fait preuve de son talent accoutumé.

Mademoiselle Rachel a obtenu dans *les Horaces*, et surtout au quatrième acte, un succès immense et beaucoup plus grand qu'aux

Français. Cela vient de ce que la salle de l'Opéra, quoique plus vaste que celle de la rue Richelieu, fait bien mieux ressortir la voix, étant coupée et construite d'après certaines lois d'acoustique que l'on néglige trop souvent dans les théâtres qui ne sont pas destinés au chant d'une manière spéciale. L'organe si net, si ferme, si incisif de la jeune tragédienne, vibrait pleinement dans ce large espace; pas une syllabe, pas une rime, pas une intonation n'était perdue; au lieu qu'au Théâtre-Français, il faut l'attention la plus soutenue, le silence le plus complet pour entendre les morceaux jetés dans la pénombre et dits *sotto voce*. Une avalanche parfumée — plusieurs fleuristes ont dû faire fortune ce soir-là — est venue fondre aux pieds de mademoiselle Rachel, et, soit hasard, soit maladresse, tous les bouquets s'étaient entassés du même côté, à l'exception d'un seul qui avait roulé à l'autre extrémité du théâtre, où il faisait bouquet à part, au coin d'une coulisse, de l'air le plus mélancolique du monde. C'est celui-là que la fière Camille a ramassé.

Bouffé a fait rire dans *Turlututu*, chose difficile à l'Opéra. Il semble que le rire ait besoin d'intimité; la gaieté naît avec peine dans une vaste salle. Aussi, toutes les parties de plaisir, tous les fins soupers ont-ils lieu dans de petits appartements, et les théâtres de vaudeville sont-ils d'une exiguïté de proportions extrême.

Il n'y a guère qu'une danseuse comme Carlotta Grisi qui soit capable de se faire admirer et applaudir à une heure et demie du matin. Quand elle s'est élancée sur la scène, légère comme une gazelle poursuivie, les yeux les plus ensablés de sommeil se sont écarquillés subitement; jeunes et vieux ont activement essuyé le verre de leurs lorgnettes, étamé par la moite vapeur de la salle, pour ne perdre aucune pose de la charmante créature, — qu'un danseur maladroit a blessée au peu de pied qu'elle a; — mais le mal n'est pas grave, et bientôt l'orteil guéri pourra se ficher comme une flèche sur les planches du théâtre.

Variétés. Reprise de *l'Abbé galant*. — *L'Abbé galant* a eu du succès, il y a quelques années, au Gymnase; il en aura sans doute aux Variétés, où Bouffé vient de le reprendre. — Est-ce à dire pour cela que la pièce soit excellente? Nous ne sommes pas de cet avis. N'en déplaise à MM. Laurencin et Clairville, qui vont nous trouver bien hardi de casser l'arrêt du parterre, le sujet nous semble malheureux, l'intrigue à peu près nulle; c'est une suite de scènes vides de situations dramatiques, vides d'observation, vides d'esprit, et reliées seulement entre elles par une foule de petits moyens bien connus des faiseurs; — c'est ce qu'on peut appeler, en style de coulisses, *un paquet de ficelles*. — Nous ne comprenons pas, d'ailleurs, ce qu'il y a de comique à mettre un homme d'Église en contact avec des gens de théâtre. — On ne saurait nous taxer de bigotisme; mais il nous répugne de voir le vaudeville mêler ainsi le sacré et le profane, s'égayer aux dépens de ce qui doit être respecté; — on ne nous fera jamais rire en plaisantant sur les choses de la religion, ni en ridiculisant un de ses ministres, que ce soit un prêtre de Zeus, d'Osiris, de Vishnou, de Teutatès, de Mahomet ou du Christ; d'autres ont le courage de s'en divertir; tant mieux pour MM. Clairville et Laurencin.

Bouffé a joué le rôle de Claude (l'abbé), avec une distinction, une grâce naïve qui nous en aurait fait oublier l'inconvenance, si c'eût été possible.

Il fallait son talent supérieur, pour rendre *l'Abbé galant* supportable; il y a montré une jeunesse et une candeur qui font regretter de lui voir jouer si souvent des rôles de vieux.

IX

NOVEMBRE 1845.—Ambigu : *les Mousquetaires*, drame de MM. Alexandre Dumas et Auguste Maquet. — De la coupe des pièces de théâtre. — Les entraves de la symétrie. — Ce qui a fait le succès du roman des *Mousquetaires*. — Vaudeville : *l'Ile de Robinson*, par MM. Duvert et Lauzanne. — Le style arnalesque. — *La Grande Bourse et les Petites Bourses*, par MM. Clairville et Faulquemont. — La fièvre de l'agiotage. — Odéon : réouverture. — Prologue en vers de M. Théophile Gautier. — *Le Véritable saint Genest, comédien païen, représentant le Martyre de saint Adrien*, tragédie de Rotrou. — *Un Bourgeois de Rome*, comédie de M. Octave Feuillet. — Bocage. — Mademoiselle Marthe. — Variétés : *les Compagnons du Devoir*, par MM. Lockroy et Jules de Wailly. — Bouffé, mademoiselle Judith, André Hoffmann. — Porte-Saint-Martin : *Marie-Jeanne, ou la Femme du peuple*, drame de MM. Maillan et Dennery. — La pièce. — Madame Dorval. — Théâtre-Français : *un Homme de bien*, comédie en vers, de M. Émile Augier. — Caractère du héros. — Le style. — Les acteurs. — Vaudeville : *Riche d'amour*, par MM. Duvert et Lauzanne. — Arnal.

3 novembre.

AMBIGU. *Les Mousquetaires*. — Ce drame est, à coup sûr, un des plus longs qu'on ait jamais représentés, du moins en France. Il commence à six heures et demie et finit à plus d'une heure du matin, avec des entr'actes fort courts. Ce n'est pas un reproche que nous adressons à l'œuvre, nous constatons seulement le fait. Un vaudeville, qui dure un quart d'heure et qui vous ennuie est long ; un drame qui dure sept heures et qui vous amuse est court. Le chronomètre appliqué aux représentations théâtrales, manque souvent de justesse. — Nous aimons, d'ailleurs, cette façon d'occuper toute une soirée par une seule action ; on a le temps de s'accoutumer aux personnages, de s'habituer à leurs allures et de croire à leur réalité. Eh ! qu'importe, après tout, que le temps et la somme d'attention consacrés au plaisir dramatique ne soient pas divisés entre plusieurs sujets ! On y gagne une ou deux expositions de moins.

Les Mousquetaires sont un drame en douze chapitres, une chronique dramatisée (toute proportion gardée) comme les grandes pièces légendes de Shakspeare, où le principe de concentration n'est pas observé et qui embrassent à la fois une histoire et un roman, un fait et une idée, une tradition et une intrigue.

Les Allemands et les Anglais, peuples flegmatiques, acceptent naturellement ce genre d'ouvrage. Le *Wallenstein* de Schiller dure trois jours : au sortir de la première soirée, on donne des contre-marques pour le lendemain et le surlendemain. Les Français, nation impatiente par excellence, s'accommodent mal du déploiement tranquille de ces larges épopées. Il faut tout le talent de M. Alexandre Dumas, toute l'habileté qu'il a, sa connaissance de ce que peut porter le public, pour réussir dans de pareilles tentatives.

Un des grands défauts, ou, si vous voulez, une des grandes qualités de notre théâtre, c'est qu'il est logique comme une partie d'échecs ; cette symétrie mathématique satisfait l'esprit, et cependant la vie n'est pas construite sur ce modèle. Les événements se succèdent impossibles à prévoir, les amours et les haines se nouent sans vraisemblance ; les caractères se démentent à chaque instant ; des scènes insignifiantes produisent des résultats incalculables ; l'on se prend, l'on se quitte au hasard ; la mort intervient brusquement, et, dès l'exposition, emporte sous son maigre bras un des principaux acteurs de la pièce ; les comédies finissent en tragédies par un coup de couteau, les tragédies en comédies par un éclat de rire, tout cela à travers les conversations laissées et reprises, l'inaction des entr'actes, le vagabondage perpétuel des choses et des hommes dans un désordre apparent dont Dieu seul peut connaître les lois mystérieuses et les parallaxes secrètes.

De là vient l'intérêt qu'inspirent des œuvres irrégulières et monstrueuses, au point de vue des codes poétiques, mais qui, par leur trame moins serrée, leur composition moins logique et moins justifiée, rappellent heureusement l'allure ondoyante de la vie.

Il n'est personne qui n'ait lu *les Mousquetaires* et *Vingt ans après*. La pièce, écoutée d'un bout à l'autre avec le plus vif intérêt, aura autant de représentations à l'Ambigu-Comique, que le roman a tenu de feuilletons dans les journaux ; ce qui n'est pas peu dire.

Ce succès est d'autant plus remarquable, qu'il n'y a pas l'ombre d'amour dans le drame, — pas même une Aricie pour contenter les petits-maîtres; il est vrai que les petits-maîtres ne vont guère aux boulevards; tout l'intérêt découle de l'amitié et du dévouement, nobles passions qui méritent de remplir un drame. L'association de ces quatre braves garçons, unissant leur pensée, leur cœur, leur courage et leur force pour le même but, a quelque chose de touchant. Ces quatre frères, non par la naissance, mais par le choix, forment une de ces familles comme on voudrait en posséder une. Qui n'a pas, dans ses années de foi et de jeunesse, essayé une de ces associations qui se dissolvent, hélas! au premier péril ou à la première rivalité, par la faute du Pylade ou de l'Oreste?—Là est le secret de la réussite du roman et de la réussite de la pièce. L'homme sent vaguement que l'union décuplerait sa force; mais les éléments de discorde sont si nombreux dans le monde où nous sommes, que quatre amis ne peuvent s'associer que dans une fiction.

10 novembre.

VAUDEVILLE. *L'Ile de Robinson.* — *La Grande Bourse et les Petites Bourses.* — MM. Duvert et Lauzanne sont, comme on sait, les fournisseurs brevetés d'Arnal; ce sont eux qui s'entendent le mieux à le faire agir, et surtout à le faire parler, car ils ont créé la langue qui lui est propre, idiome bizarre, dont tout le secret consiste dans la fausse application des mots, et qui nous a toujours paru médiocrement comique. Avec d'autres auteurs, quelque habiles qu'ils soient, Arnal ne réussit jamais qu'à moitié, il lui arrive même parfois de ne pas réussir du tout; mais, avec MM. Duvert et Lauzanne, il est d'avance certain du triomphe, et cette assurance, qui double sa verve, est souvent la cause première du succès. Aussi, dans son engagement, le spirituel acteur, en se réservant le droit de refuser les rôles qu'on voudrait lui faire jouer, n'a-t-il admis d'exception qu'en faveur de MM. Duvert et Lauzanne, dont il accepte tout les yeux fermés.

La pièce nouvelle est venue lui donner encore une fois raison, car elle a été parfaitement accueillie du public. — Ce bon public n'est pas difficile à satisfaire, il faut l'avouer, ou plutôt il a son système, lui aussi ; quand il est convenu de s'amuser, il s'amuse à tout prix ! — Nous osons à peine dire que *l'Ile de Robinson* ne nous a pas fait pouffer de rire ; que, sauf deux ou trois plaisanteries agréables, nous n'y avons rien trouvé de divertissant ; et, pourtant, l'auguste vérité nous oblige à faire cette déclaration, qui pourra bien nous coûter cher !

Nous préférons de beaucoup *la Grande Bourse et les Petites Bourses*, dont la première représentation a été donnée au bénéfice de Bardou.

Ce petit vaudeville en un acte aurait pu être une grande comédie aristophanique. L'agiotage est, en effet, le travers du jour, ou, du moins, la forme actuelle d'un désir qui a existé de tout temps dans le cœur de l'homme, le besoin d'être riche et de conquérir le bien-être sans travail répugnant. — Le bonheur ! tel est le rêve secret que fait l'humanité depuis le jour où Adam fut chassé du paradis terrestre ; elle le poursuit en dépit des moralistes, qui persuaderont très-difficilement aux gens qu'il est agréable de traîner une vie maussade et de croupir dans la médiocrité.

Toutes les fois qu'une combinaison quelconque a pu faire espérer une fortune promptement réalisée, un changement rapide de position, elle s'est emparée des esprits et a donné le vertige au temps qui l'a vue naître.

Au XVIe siècle, la chimère de l'Eldorado faisait traverser les mers aux Espagnols, enivrés de rêves fiévreux, où ils voyaient des villes d'or pavées d'argent, éclairées par des escarboucles. Sous le régent, Law et la rue Quincampoix ont bouleversé toutes les têtes. Ensuite est venue la fureur des loteries, puis le lansquenet ; maintenant, ce sont les actions ou plutôt les promesses d'actions de chemins de fer ; après, ce sera autre chose, car rien n'éteindra chez l'homme le besoin de gagner et même de perdre, — l'attrait de la chance, la curiosité du hasard et l'esprit d'aventure.

Il est bon que, de temps à autre, la main inconnue secoue sur les populations ces appâts invisibles : c'est ainsi que les fortunes s'écroulent et s'élèvent, que les ruisseaux d'or et d'argent prennent d'autres cours. Sans cela, une portion des hommes serait éternellement riche et l'autre éternellement pauvre.

MM. Clairville et Faulquemont n'ont pas pris la chose à ce point de vue philosophique; ils se sont contenté de réunir dans un cadre étroit quelques silhouettes grotesques et quelques plaisanteries de bon aloi.

Cette maison, où tout le monde, depuis le père jusqu'au petit moutard, depuis le propriétaire jusqu'au portier, ne s'occupe plus que de chemins de fer fantastiques, est réellement drôle; — le *sur les toits*, le *sous Paris*, sont d'assez bonnes farces et les banquiers Fich-Tong-Khan et Crapouillard sont plaisamment inventés. Quelques coups de sifflets se sont mêlés aux rires qu'excitait cette bluette. Il est probable qu'ils venaient de spectateurs qui avaient aussi du Crapouillard et du Fich-Tong-Khan.

17 novembre.

ODÉON. Prologue d'ouverture en vers. — *Le Véritable saint Genest*. — *Un Bourgeois de Rome*. — L'Odéon a enfin rouvert ses portes, et cela sans tambour ni réclames. Le nouveau directeur semble ne pas chercher la publicité, — du moins cette publicité prématurée qui crée des exigences difficiles et souvent impossibles à satisfaire. — La salle a été restaurée, repeinte, presque mystérieusement; aucune pièce n'a été annoncée; une affiche posée trois ou quatre jours d'avance a seul fait connaître le soir de l'ouverture et la composition du spectacle. Cependant la foule n'a pas été moins grande samedi, et la place de l'Odéon, d'ordinaire si tranquille, s'étonnait de tant de bruit et de mouvement.

Il ne nous appartient pas de parler du prologue d'ouverture. Le public a montré de l'indulgence pour ce morceau, dont le principal mérite était de servir de prétexte à une exhibition de frais costumes et de jolis visages. Les beaux yeux ont distrait des mauvais vers.

Au reste, Bocage l'a dit de la façon la plus intelligente, et nous le remercions ici d'avoir su faire applaudir cette tirade qui le termine :

> Maintenant, ô vous tous, ô mes meilleurs amis,
> Chers inconnus, public ! grande âme collective,
> Cerveau toujours fumant où bout l'idée active,

Maître puissant, par qui tout génie est formé ;
Public, sublime auteur qu'on n'a jamais nommé,
Verse une part de toi dans les chefs-d'œuvre à naitre ;
Si tu veux nous aider, il en viendra peut-être.
La nature n'a pas vidé tout son trésor,
Et Dieu nous doit beaucoup de poëtes encor.
Patrie aux flancs féconds, sainte mère des hommes,
Ce que furent jadis nos pères, nous le sommes,
Et ton généreux sang, qui fit tant de vainqueurs,
N'a point perdu sa pourpre en coulant dans nos cœurs.
Soulevons le passé qui sur nos fronts retombe ;
Le laurier peut verdir ailleurs que sur la tombe.
Par trop de piété pour nos illustres morts,
Ne décourageons pas de vivaces efforts.
D'un vol prompt, sur le toit, si le moineau s'élance,
L'aigle qui va planer en rampant se balance ;
Le but est le soleil, le chemin l'infini,
Et l'oiseau, palpitant, hésite au bord du nid ;
Mais, quand il s'est lancé dans le vent qui l'appelle,
Prenez garde qu'un plomb n'ensanglante son aile ;
Car il est des chasseurs qui font la lâcheté
De tirer sur un aigle ivre d'immensité !...

Dans l'entr'acte, on a ouvert le foyer consacré à l'exposition de peinture. C'est une heureuse idée d'avoir utilisé d'une façon agréable ce temps que l'ennui fait paraître long et qui semblera trop court à présent. La galerie, qui se composera de tableaux fréquemment renouvelés, compte dès aujourd'hui beaucoup de noms célèbres et d'œuvres remarquables. Eugène Delacroix, Théodore Chassériau, C. Roqueplan, Louis Boulanger, Charlet, Adolphe Leleux, Granet, Diaz, Corot, Rousseau, Appert, Isabey, Gaspard Lacroix, Bouquet, tels sont les noms qui viennent au bout de notre plume. Nous en oublions sans doute, qui, sans être meilleurs, ne sont pas des pires.
— Nous avons compté un tableau et trois esquisses de Delacroix. Le tableau représente *Hamlet* rencontrant l'ombre armée de son père sur les glacis de la citadelle d'Elseneur, par un de ces froids clairs de lune du Nord, temps de promenade des spectres. La lithographie a rendu célèbre cette composition, une des plus belles et des plus ter-

rifiantes d'Eugène Delacroix. Les esquisses sont un *Saint Jérôme* dans sa grotte avec son lion ; une *Madeleine* défaillante soutenue par un ange, et un *Christ* sur l'arbre de douleurs, qui, pour le désordre de la touche et le strapassé du dessin, se rapproche des Tiepolo les plus bizarres et les plus extravagants.

L'*Apollon et Daphné* de M. Th. Chassériau se distingue par la grâce étrange, le goût gréco-indien qui font du jeune peintre un artiste à part. Le torse de la femme est charmant et modelé avec une finesse étonnante : le passage de la vie à la végétation, de la chair au bois et de la peau à l'écorce, se fait heureusement comprendre. — Quel est le sens de cette allégorie antique? — Veut-elle dire que, pour les poëtes, la gloire vient de l'amour, et que le laurier dont on couronne leur front est fait avec l'âme et la substance de l'idole, poursuivie éperdument? ou signifie-t-elle tout simplement qu'entre les bras des gens d'esprit les femmes se métamorphosent en bûches? Il faudrait un Kreutzer pour résoudre la question, et nous ne sommes pas assez fort sur la symbolique.

Corot a exposé plusieurs paysages empreints de cette sérénité tranquille, de cette conscience naïve qui donnent tant de charme à ses productions aux yeux de quiconque s'est promené dans les bois et s'est couché dans l'herbe pour regarder le ciel à travers la déchiqueture des feuillages. — Nous aimons beaucoup le cadre où de grands arbres aux troncs élancés rayent un fond de tendre verdure de leur colonnade blanchâtre.

La *Chaumière* d'Adolphe Leleux est un chef-d'œuvre de vérité et d'exactitude. L'escalier frappé par le soleil qui se trouve dans le coin a une force de réalité extraordinaire... Mais nous ne sommes pas ici au Musée : la sonnette nous rappelle. Saint Genest va nous représenter *le Martyre de saint Adrien*, et nous allons assister à ce spectacle, toujours si curieux, d'une pièce dans le ventre d'une autre.

Nous ne savons si le magnifique buste de Rotrou, par Caffieri, qui se voit à la Comédie-Française, a été fait sur des documents authentiques, et s'il reproduit la véritable physionomie du poëte ; mais, à coup sûr, on ne lui en voudrait pas une autre, et c'est bien là l'idée que ses œuvres, sa vie, et surtout sa mort, donnent de lui. Oui, Rotrou devait avoir cette tête fine et mâle, ces méplats accentués, cette élégance hardie, cette intelligence cavalière. C'est bien là l'homme des vers que nous avons entendus l'autre soir.

Une de ses tragédies oubliées, et qui n'a, d'ailleurs, jamais été représentée, a tenu hier en haleine, l'oreille et le cou tendus, le public le plus rebelle qu'il y ait au monde, le public des premières représentations composées comme elles le sont aujourd'hui. Un éclair de joie et d'orgueil a dû faire scintiller dans son orbite de marbre cette prunelle blanche que les sculpteurs donnent aux immortels et aux poëtes divinisés, si le bruit des applaudissements est parvenu jusqu'au foyer où Rotrou trône sur son piédouche.

On a d'abord été étonné de ce style carré et magistral, de ce vers dru, abondant, spacieux, qu'on croit ordinairement l'apanage exclusif de Corneille, et dont il n'est que l'expression suprême. Cette grande manière demi-latine, demi-espagnole, hautaine avec familiarité, était celle du temps ; vous la retrouverez comme ton local chez tous les écrivains de l'époque, jusque dans les lettres de commis et les mémoires de dépenses. Chez aucun, elle n'est plus prononcée que chez Rotrou, qui, bien qu'il soit contemporain de Corneille et qu'il ait fait plusieurs pièces après l'apparition du *Cid*, semble, par ses archaïsmes et ses façons plus gauloises, appartenir à une période antérieure. La fougue cavalière de Rotrou accepte difficilement ces règles terribles des trois unités, contre lesquelles Corneille se débat dans ses préfaces avec cette humilité que le génie seul est capable d'avoir vis-à-vis de la sottise et de la pédanterie.

La surprise était générale ; à chaque vers radieux, à chaque coup d'aile touchant la voûte, les spectateurs ravis se récriaient et applaudissaient ; on n'en revenait pas de trouver dans cette pièce, que l'on croyait surannée, tant de jeunesse et de sève ; on s'attendait à la solennité un peu ennuyeuse d'une tragédie chrétienne jetée dans le moule classique, et l'on voyait un drame shakspearien avec changement de scène, double théâtre, dialogue coupé heureusement d'esprit et de naturel, métaphores n'empêchant pas le mot propre et l'expression franche, détails charmants, coquetteries héroïques, une variété de tons infinie ; toute la gamme du style depuis le grandiose jusqu'au comique.

Cette résurrection, car c'en est une, a eu plein succès. Rotrou s'est élancé radieux du cercueil d'oubli où il dormait depuis plus de deux siècles. Cela engagera sans doute le directeur de l'Odéon, à faire de nouvelles recherches dans le répertoire de ce brave et noble poëte.

Le sujet de *Saint Genest* est des plus simples, et il fallait toute l'imagination de Rotrou pour en tirer de semblables effets. Saint Genest était un comédien païen qui excellait à représenter l'air dévot, les mines extatiques des nouveaux néophytes, — ce qui réjouissait beaucoup l'empereur et sa cour. — Un jour, en jouant *le Martyre de saint Adrien*, où les cérémonies chrétiennes étaient parodiées, Genest, mis en état de grâce par un baptême dérisoire, aperçoit dans l'azur un ange qui lui conseille de renoncer à cette farce impie et d'expier sa faute par le martyre. Genest alors se met à renverser les idoles des faux dieux, à injurier César, à invoquer les grils ardents, les bains de plomb fondu, les griffes et les dents des lions, comme un chrétien ivre du ciel et fou de la croix. Les spectateurs, croyant que c'est une feinte, applaudissent Genest avec transport, et attribuent au talent de l'artiste cette imitation parfaite du zèle des néophytes. Cependant Genest en fait tant, que le César est bien forcé de lui accorder la faveur qu'il demande, et de le faire déchiqueter en morceaux par des ongles de fer, les supplices ordinaires semblant trop doux à l'acteur converti.

Une foule de vers charmants ou sublimes ont fait éclater des tonnerres d'applaudissements. Citons celui-ci: Genest, parlant des jeunes chrétiens qui cherchent déjà le martyre, dit :

> Ces fruits à peine éclos déjà mûrs pour les cieux !

Bocage a joué le rôle long et difficile de saint Genest avec une habileté consommée; il a été simple, onctueux, pathétique, et, du moment où il a entendu la voix mystérieuse, rêveur, la face illuminée de rayons, le pas incertain comme celui d'un homme qui ne regarde plus que le ciel et nage dans un océan d'extase. C'est ainsi, en effet, qu'étaient ces sublimes cataleptiques qu'on appelle les martyrs, et qui plongeaient en souriant dans la gueule fumante des tigres

> Une tête où déjà l'auréole s'allume,

comme a dit un poëte de nos amis.

Mademoiselle Naptal, dans le rôle de la jeune actrice païenne, a montré de charmantes qualités de jeu et de tenue ; elle a été coquette au commencement, persuasive ensuite, et touchante au dénoûment, quand elle demande au César la grâce de saint Genest.

Une décoration singulière et d'un effet pittoresque, où l'éclat argenté de la lune, blanchissant une foule d'architectures à la Panini ou à la Piranèse, luttait avec la lueur rouge des trépieds et des lampadaires du théâtre construit pour la représentation du *Martyre de saint Adrien*, ajoutait à l'intérêt du spectacle, qu'on néglige trop souvent dans les tragédies, nous ne savons pourquoi. Une belle décoration ne gâte pas les beaux vers, et les rimes ne perdent rien à être récitées devant des colonnes d'un style convenable.

Les costumes avaient été aussi l'objet d'un soin particulier. En fait de costumes romains, évitons, autant que possible, le calicot rouge, et laissons en paix les rideaux de croisée ; à certains manteaux tragiques, il ne manque en vérité que la tringle et les anneaux. — Saint Genest et sa troupe étaient vêtus de façon à ne pas mériter ce reproche.

La petite pièce intitulée *un Bourgeois de Rome*, de M. Octave Feuillet, qui a été jouée après la tragédie, c'est-à-dire fort tard, n'a pas été très-favorablement accueillie. Faut-il l'attribuer à la fatigue du public ? Nous sommes tenté de le croire, car cette petite comédie est la fine satire d'un ridicule assez commun de nos jours.

Un bourgeois de Rome, le signor Nicolo Rienzi, jaloux de conserver intactes les traditions républicaines de sa famille, a juré de ne marier ses deux enfants, Astolfo et Fiametta, qu'à des gens sortis des rangs du peuple. Cette détermination contrarie d'autant plus vivement Astolfo qu'il adore une charmante patricienne. Quant à Fiametta, elle croit n'avoir point à redouter, pour sa part, le préjugé paternel, car elle aime tout simplement un M. Muller, dont le nom (qui signifie *meunier*, en allemand) n'a rien que de fort démocratique. Ce M. Muller se présente chez le signor Rienzi et lui demande la main de Fiametta, mais, hélas ! non point pour lui-même ! Il se dit le secrétaire d'un haut et puissant seigneur qui, connaissant l'antipathie des Rienzi pour la noblesse, n'a point osé venir en personne. Dépit de la jeune fille et refus du père.

L'ambassadeur va se retirer ; mais, avant de sortir, il fait entendre que celui qui l'envoie est un prince souverain, ayant, par conséquent, des États, des sujets, une armée. Diable ! une alliance presque royale, cela vaut qu'on y regarde à deux fois ! Le Rienzi se ravise et, à force de mauvaises raisons, finit par transiger avec ses principes. Mais c'est au tour de Fiametta de refuser. Cependant elle ne tarde pas à découvrir que le prétendu Muller n'est autre que le prince lui-même, c'est-à-dire qu'elle devient altesse et que son frère Astolfo épouse la patricienne.

M. Octave Feuillet aurait tort de se plaindre des murmures qui ont accueilli quelques-unes de ses saillies ; les applaudissements de la salle entière, dans plusieurs passages fort heureux, ont dû lui prouver que ses débuts présagent un avenir dramatique. Qu'il se console de n'avoir pas été compris d'un bout à l'autre. Passé onze heures trois quarts, on n'applaudit plus rien. — Les auteurs se siffleraient eux-mêmes.

Il est impossible d'être plus jolie, plus fine et plus délicate que mademoiselle Marthe Letessier (Fiametta). On dirait un Watteau ou un Chardin détaché de son cadre. Quelle charmante nuance rose avait le satin de sa robe, — ce rose-paille glacé d'argent dont le secret semble perdu. O Latour ! ô Eisen ! ô Lancret ! ô Gravelot ! tressaillez dans la poussière de pastel où vous dormez ! voilà une de vos créatures qui marche et qui parle. Et quelle mutine et naïve physionomie ! quelle fleur sur cette joue ! quel duvet de pêche sur cette nuque ! Comme ce petit bonnet est posé, comme cet œil de poudre adoucit l'éclat de ces yeux volés à quelque marquise du temps !

Variétés. *Les Compagnons du Devoir*. — Les *dévorants* et les *gavots*, après de longues et sanglantes querelles, ont résolu d'en finir par un duel pacifique. Deux des plus habiles compagnons, choisis dans chaque parti, seront mis en loge pour exécuter un chef-d'œuvre. — Si le chef-d'œuvre des dévorants est supérieur au chef-d'œuvre des gavots, ceux-ci quitteront la ville, et réciproquement. — *Le Corinthien* est choisi par les compagnons du devoir comme le plus habile. Son travail est près d'être achevé, lorsque les gavots, par une ruse infernale, lui font quitter sa chambre et détruisent son ouvrage. Les dévorants veulent tuer *le Corinthien*, qu'ils accusent d'avoir reçu de l'argent des gavots. Nantais *le Pensif*, frère du *Corinthien*, a vu toute la chose, et pourrait d'un mot le justifier; mais il est jaloux, et ne peut souffrir ce frère, qu'on lui a préféré dès l'enfance en toute occasion; il le croit aimé de Julie, la fille de la mère des compagnons (cette mère est un père, par parenthèse).

Julie, témoin de cette mauvaise action, refoule dans son cœur l'affection qu'elle avait pour *le Pensif*, et reste deux ans sans vouloir lui adresser la parole; à la fin, il découvre que mademoiselle Julie nourrissait pour lui un amour qu'il n'avait pas su deviner. Le repentir le prend; il proclame l'innocence du *Corinthien* devant tous les compagnons, et, par cette confession franche et cette action généreuse, reconquiert l'estime de mademoiselle Julie, devenue à son tour la mère des compagnons. La chose, comme cela se fait toujours au théâtre, se termine par un mariage. — Le dénoûment est un nœud.

Bouffé s'est montré, dans le personnage de Nantais *le Pensif*, sous un jour tout nouveau; nous ne l'avions pas encore vu amoureux, fatal et sombre; il a été tout cela, car on n'est grand comédien qu'à la condition d'être aujourd'hui triste, demain gai, trivial cette fois, élégant l'autre, naturel toujours: par l'intensité de sa souffrance, par la force de sa passion contenue, il a réussi à rendre intéressant un rôle presque odieux. Il est si malheureux, si jaloux, si inquiet, si troublé qu'on lui pardonne. — Au second acte, quand il veut oublier Julie, quel entrain factice! quelle joie fiévreuse! quelle voix stridente! quel rire aigre! — Il rit, mais comme le Spartiate à qui le renard ronge le ventre. Et quelle explosion délirante, à la fin, lorsqu'il découvre qu'il est aimé! — Les trépignements de la salle enthousiasmée permettaient à peine d'entendre les paroles.

Mademoiselle Judith, qui jouait la jeune fille, outre une charmante figure, a montré une sensibilité exquise et pénétrante: avec quelle pâleur inflexible elle a fait jusqu'au bout le rôle de Némésis, qu'elle s'était imposé vis-à-vis du mauvais frère, qu'elle aimait pourtant!

Hoffmann, dans un rôle épisodique de compagnon bellâtre, querelleur, stupide et bon enfant, a déployé une verve étourdissante. Il est impossible d'être plus vrai, plus naturellement comique et, en même temps, plus singulier.

PORTE-SAINT-MARTIN. *Marie-Jeanne, ou la Femme du peuple.*
— Ce drame commence par où les vaudevilles finissent ordinairement, c'est-à-dire par un mariage; il y en a même deux qui viennent d'être célébrés, quand la toile se lève. Le premier est celui d'une couturière et d'un charpentier, de Marie-Jeanne et de Bertrand, — mariage d'inclination; le second, celui d'une demoiselle de grande famille et de M. Jules de Bussières, — mariage de convenance, ou plutôt mariage d'argent. — Ne nous occupons que du premier.

Marie-Jeanne n'est déjà plus très-jeune; car, avant de se mettre en ménage, elle a voulu faire quelques économies, amasser une petite somme qui pût la préserver contre les chances de l'avenir. Jour à jour, sou par sou, la digne ouvrière est parvenue à réaliser quinze cents francs, une fortune, un trésor qu'elle croit inépuisable. Aussi, qu'importe que Bertrand soit un peu bambocheur, qu'il néglige parfois l'ouvrage pour le plaisir, ne sont-ils pas riches? D'ailleurs, Bertrand se corrigera, il l'a promis. — Hélas! promesse d'ivrogne! — Au bout d'un an, les quinze cents francs sont dévorés; Marie-Jeanne est réduite à la misère la plus affreuse; en vain elle emploie à travailler les jours et les nuits que son mari passe au cabaret, les dettes s'accumulent; tous les efforts de la pauvre femme sont impuissants: le boulanger lui refuse du crédit, le propriétaire lui donne congé. Chose cruelle surtout! Marie-Jeanne est mère, elle adore son enfant, et il lui faut s'en séparer, le confier à une mercenaire, parce que les jeûnes l'ont affaiblie, épuisée, et qu'elle ne peut plus le nourrir de son lait!

Pour payer d'avance les premiers mois de nourriture, elle a mis de côté, à l'insu de Bertrand, une trentaine de francs, dont elle ne détournerait pas un sou, fût-ce pour se racheter la vie. Eh bien, ces trente francs, Bertrand les trouve un jour; il les vole et il va les boire. — Accablée par ce dernier coup, et n'ayant plus d'espoir que dans la charité publique, Marie-Jeanne prend son fils en pleurant, le cache sous ses haillons, et va le porter à l'hospice des Enfants-Trouvés. Au moment où le tour se referme, elle pousse un cri déchirant, un cri de mère, qui va réveiller un ivrogne endormi, près de là, dans le ruisseau: c'est Bertrand; il reconnaît sa femme; il apprend ce qu'elle vient de faire, et, comprenant enfin combien il est coupable, il se jette à ses pieds en la suppliant de lui pardonner; mais elle le repousse avec horreur : « Adieu, lui dit-elle, mauvais époux! mauvais père! Il n'y a plus rien de commun entre nous. Je ne vous reverrai que le jour où vous me ramènerez mon enfant! »

Voilà où Marie-Jeanne est arrivée, après un an de mariage. — Qu'est devenue madame de Bussières? — Elle a été plus heureuse; elle a perdu son mari, qu'elle n'aimait pas, et conservé un fils chéri que les médecins avaient condamné. Le sauveur de l'enfant est un certain Appiani, soi-disant docteur de la faculté de Bologne. Il a demandé, pour prix de cette guérison, la main de la jeune veuve, qui, en bonne mère, n'a pas cru devoir refuser. Le mariage ne peut tarder à se conclure; car Appiani, qui était allé soigner l'enfant chez sa nourrice, vient de le rapporter à Paris, sinon très-bien portant, du moins hors de tout danger. — Pour les apprêts de sa toilette de noces, madame de Bussières a fait chercher une ouvrière habile; on lui présente Marie-Jeanne. Reconnaissance et épanchements. La grande dame s'émeut au récit des malheurs de la femme du peuple, et lui donne la somme nécessaire pour le rachat de son enfant. Transportée de joie, Marie-Jeanne court à l'hospice de la rue d'Enfer; mais bientôt elle revient éperdue, criant, sanglotant; on lui a volé son fils! Le jour même où elle l'a déposé, un homme qui n'a pas dit son nom est venu le réclamer comme le sien!... Madame de Bussières cherche à la consoler, à lui redonner quelque espoir. « Vous le retrouverez, lui dit-elle; il y a un Dieu pour les mères! Le Ciel m'a bien rendu mon enfant, que je ne croyais plus revoir. » Et elle lui montre le berceau où dort l'innocente créature; Marie-Jeanne s'en approche. « Ah! c'est lui, mon Charles! mon enfant! c'est lui! s'écrie-t-elle. — Lui! votre fils!... y pensez-vous? — Oui, le voilà, je le reconnais! — Cette femme est folle, » dit froidement Appiani, qui est présent à la scène. Puis, appelant les domestiques et leur montrant Marie-Jeanne, il leur ordonne de la conduire dans une maison d'aliénés. La malheureuse y est retenue depuis quelque temps déjà, sans avoir pu faire comprendre qu'elle n'est pas folle et ne sachant plus elle-même si elle possède bien toute sa raison, lorsqu'un jour Bertrand vient la trouver, Bertrand, qui ne devait la revoir qu'en lui ramenant son fils. Il a découvert, en effet, que le jeune de Bussières est mort chez sa nourrice, entre les bras du docteur Appiani, et il apporte, pour preuve, un acte constatant le décès de l'enfant. — Grâce à cette pièce, Marie-Jeanne obtient sa liberté, et court à l'hôtel de Bussières, où elle s'introduit furtivement, afin de reprendre son fils, lorsqu'il serait beaucoup plus simple de se le faire restituer avec l'assistance de M. le procureur du roi. Surprise par Appiani, elle est près d'expier chèrement son imprudence, lorsque heureusement Bertrand accourt à son aide, et démasque le prétendu docteur italien, qui n'est autre qu'un échappé des galères de Naples.

Il y a dans ce drame des tableaux vrais sans doute, et des détails bien observés, mais il est, à cause de cela même, infiniment pénible à entendre. Les spectacles de ce genre ne sont rien moins que récréatifs ; mieux vaudrait suivre un enterrement ou aller voir guillotiner ; les émotions seraient moins douloureuses. — Cependant le succès a été complet, il a été magnifique ; mais nous n'hésitons pas à l'attribuer au jeu puissant de madame Dorval.

Tout ce que nous pourrons dire pour exprimer l'effet qu'elle a produit, sera au-dessous de la réalité ; jamais actrice ne s'est élevée à cette hauteur : l'art n'existait plus, c'était la nature même, c'était la maternité résumée en une seule femme. Des torrents de larmes coulaient de tous les yeux ; les jeunes, les vieux, les hommes, les femmes, les enfants, tout, jusqu'aux claqueurs et aux journalistes, était attendri. — Un vrai déluge !

Jamais nous n'avons eu le cœur serré d'une façon plus poignante ; nos sanglots nous brisaient la poitrine, nous étions aveuglé et nos pleurs obscurcissaient les verres de notre lorgnette.

Où madame Dorval peut-elle prendre des accents si déchirants, des soupirs si pathétiques, des poses si désespérées ?

On lui demandait, quelques jours avant la représentation : « Qu'est-ce que c'est que votre rôle, et comment le trouvez-vous ? — Je ne sais pas ; j'ai un enfant, je le perds : voilà tout. »

En effet, c'est tout : mais, avec cela, vous avez fait, ô merveilleuse actrice, le plus grand drame qu'on ait jamais vu. Vous avez réuni — dans une pauvre femme du peuple — Rachel, qui ne pouvait se consoler, Niobé, dont les yeux de marbre sont toujours humides, Hécube, qui, selon l'expression grecque, *aboyait* de douleur.

Frédérick Lemaître, dans un entr'acte, est allé voir madame Dorval dans sa loge pour la complimenter; les deux grands acteurs n'ont pas trouvé un mot à se dire; ils se sont embrassés et se sont mis à pleurer.

24 novembre.

Théatre-Français. *Un Homme de bien*. — Personne n'a oublié le succès de *la Ciguë*, cette charmante comédie athénienne qui a révélé et fait glorieux le nom de M. Émile Augier. C'était là, en effet, un début du plus heureux augure. A une rare facilité de versification, à un style de bon aloi, se joignaient cette fraîcheur de poésie, cette délicatesse de sentiment qui accompagnent les premières œuvres et que ne remplacent pas toujours les qualités plus mûres de l'expérience. La grâce et la jeunesse s'épanouissaient, comme un bouquet de fleurs sur un vase de marbre blanc, dans cette jolie pièce grecque, taillée d'un ciseau si dégagé et si souple.

N'allez pas vous imaginer, sur ce préambule, que nous voulions faire de *la Ciguë*, à l'endroit de M. Émile Augier, ce qu'on a fait d'*Eugénie Grandet* et de *Notre-Dame de Paris*, pour MM. de Balzac et Victor Hugo, un prétexte de rabaisser leurs ouvrages récents, et, sous couleur d'enthousiasme rétrospectif, de ne pas admirer leurs chefs-d'œuvre actuels. Nous croyons, pour notre part, qu'un homme de talent ne peut s'absenter de lui-même, à moins d'imbécillité et de folie. A part quelque bonheur de sujet, on le retrouve également dans toutes ses productions. Il nous semblerait absurde que l'auteur d'une bonne pièce en fît ensuite une mauvaise, et, après un intervalle, une troisième meilleure que les deux autres. Elles peuvent plaire plus ou moins, voilà tout; mais la valeur intrinsèque est identique. On n'est pas alternativement un génie et un cuistre; aussi avons-nous toujours été surpris de la réprobation dont la plupart des tragédies de Corneille étaient frappées par les classiques. — Il est vrai que les classiques n'aiment pas Corneille, et ne le supportent que retouché par Andrieux.

Un Homme de bien, qui, sur la réclamation d'un monsieur quelconque, a remplacé le titre primitif de *Féline*, s'appelle ainsi par antiphrase. Cet homme de bien est de la famille de ce bon M. Tartufe ; seulement, il est plus adroit, plus raffiné, et ses fourberies sont si ingénieusement combinées, que M. Loyal ne vient pas à la fin débiter la fameuse tirade qui commence par ce vers :

Nous vivons sous un prince ennemi de la fraude...

Féline, ainsi que son nom l'indique (ô pauvres chats comme on vous calomnie !), a des façons cauteleuses et matoises qui trompent tout le monde; il sait prendre, pour arriver à son but, des allures obliques et détournées. Quoi qu'il en dise, la ligne droite n'est pas la plus courte à ses yeux. Féline ne fait pas le mal, et même il conseille le bien ; mais tout cela d'une telle façon, qu'il finit toujours par tirer son épingle du jeu. Par un machiavélisme de probité, il pousse les autres à commettre les mauvaises actions dont il a besoin : il n'assassinerait pas, oh ! non ! mais, s'il voulait se défaire de quelqu'un, il aurait soin de parler devant quelque coupe-jarret des richesses de son ennemi et du trésor qu'il cache sous son oreiller. — Il convoite l'héritage d'un oncle, et, pour l'avoir, il faut perdre une jeune nièce qui a l'affection du vieillard ; il saura bien y parvenir en affectant la conduite la plus loyale. Au surplus, laissons lui expliquer sa petite théorie de la conscience. Escobar l'eût approuvée.

> Que Juliette aime Octave, est-ce ma faute ? En rien.
> Qu'Octave, d'autre part, soit un fieffé vaurien
> Qui se rit de l'honneur des femmes et des filles
> Et traite ses noirceurs d'aimables peccadilles,
> Je n'en suis pas coupable ; et, certes, ce n'est point
> Mon exemple qui l'a corrompu sur ce point,
> Moi qui n'ai jamais eu d'aventure galante...
> Qu'en sortant du collége, avec une servante.
> Si donc il perd Juliette et ne l'épouse pas,
> Je ne suis nullement responsable du cas.
> Oui ; mais, comme Juliette, une fois mal notée,
> Par notre oncle commun serait déshéritée
> Et que j'y gagnerais cinquante mille écus,
> Ma conscience prend la mouche là-dessus
> Et m'objecte qu'on est le complice hypocrite
> Du mal qu'on laisse faire alors qu'on en profite.

. . . .
>	Allons, tandis que rien n'est encore bien grave,
>	Allons ouvrir les yeux à l'oncle sur Octave.

Et il le fait comme il le dit ; on ne saurait être plus consciencieux. Voilà l'oncle Bridaine prévenu de veiller sur sa pupille ; pourtant l'intérêt de Féline trouverait son compte à la mauvaise conduite de Juliette, qui serait déshéritée, — quelle générosité ! — Pour ne pas faire les choses à demi, Féline va trouver Octave, et lui adresse des représentations très-morales en apparence, mais qui apprennent au jeune écervelé des choses qu'il ignorait, et lui montrent la manière d'attaquer Juliette. — Écoutez le bon apôtre :

>	Je viens en suppliant frapper à votre porte,
>	Pour qu'il ne puisse pas m'être un jour reproché
>	D'avoir négligé rien qui vous aurait touché.
>	. . . .
>	Juliette est en vos mains, et tel est son danger,
>	Que vous seul contre vous la pouvez protéger.

OCTAVE.

Juliette entre mes mains !

FÉLINE.

>	 Tout conspire à sa chute ;
>	Pour être son mari, l'oncle la persécute.
>	Elle pleure, elle hésite ; une lettre de vous
>	Pourrait à sa vertu porter les derniers coups.
>	Je viens vous supplier de ne lui pas écrire.

Vous pensez bien qu'Octave n'a rien de plus pressé que de se mettre en correspondance avec elle. — Féline lui reproche ses allures de don Juan et lui propose son exemple :

>	Les jeunes gens du jour ont ce travers commun,
>	D'affubler leur candeur d'un vêtement d'emprunt,
>	De faire les lurons à qui rien n'en impose,
>	Et dont l'œil voit d'abord le fond de toute chose ;

> De ne pas sembler neufs, sottement occupés,
> Ils mettent leur orgueil à se croire trompés ;
> Perdant ainsi, pour feindre un peu d'expérience,
> La douceur d'être jeune et d'avoir confiance.

Ce faux bonhomme de Féline est hypocrite jusqu'à la poésie, et la scélératesse lui fait trouver des choses charmantes. Octave jure de se laver du reproche d'innocence, par la séduction de Juliette et par celle de Rose, la femme de Féline (ceci *in petto*, bien entendu).

Voyant Octave si bien disposé, Féline commence à avoir des scrupules ; mais il les surmonte par les raisonnements suivants : — S'il était seul, il pourrait renoncer à cet héritage, mais il est marié !

> Ma femme ! j'oubliais ma femme et mes enfants
> (Car le ciel quelque jour m'en enverra, j'espère,
> Et je dois avant tout me conduire en bon père).
> Ah ! mon aveuglement était grand, j'en conviens ;
> Sauver Juliette, c'est sacrifier les miens,
> Et je n'ai pas le droit, quelque appât qui me tente,
> De faire à leurs dépens une chose éclatante ;
> Ils me reprocheraient avec sévérité
> De les avoir aimés moins que ma vanité !

Ces citations expliquent mieux que nous ne saurions le faire, le caractère de Féline ; c'est une haute et profonde étude du cœur humain qui montre que, chez M. Émile Augier, le poëte contient un philosophe. En effet, personne ne convient, vis-à-vis de lui-même, qu'il est un coquin. Ce n'est guère que dans les mélodrames que les traîtres et les tyrans se disent: « Je suis un scélérat et un monstre! » les plus parfaites canailles trouvent moyen de colorer leurs infamies, et donnent à leurs crimes un prétexte de vengeance ou de nécessité. A entendre les forçats, le bagne n'est peuplé que de gens honnêtes, tous ont été victimes de quelque injustice. — Beaucoup de gens de l'espèce de Féline n'ont pas le courage d'une mauvaise action directe ; mais ils n'empêchent pas ce qu'ils ne voudraient pas faire eux-mêmes ; la forme du crime les retient seule ; et, si, pour tuer en

Chine un mandarin très-riche et dont les biens leur reviendraient, il ne fallait que pousser un ressort à Paris, il est à croire qu'ils le feraient après un peu d'hésitation : ils sauraient bien imposer silence à leurs remords. — Les motifs ne leur manqueraient pas. — Le mandarin était si vieux, si Chinois, si fabuleusement lointain! — et puis ils feront de son argent un si noble usage! leurs filles, bien dotées, épouseront de si braves garçons! etc., etc., etc... Que de Félines qui se croient les plus gens de bien du monde!

Il faut dire que ce premier acte, consacré aux développements du caractère de Féline, a été peu compris, malgré la lucidité et la transparence extrême de la manière de M. Augier : on a pris le titre de *l'Homme de bien* au pied de la lettre. — Aux yeux de beaucoup de spectateurs, les cent mille écus de l'héritage excusaient, et au delà, les manœuvres de Féline. On trouvait tout simple qu'il cherchât à éloigner Juliette, et les moyens qu'il emploie ne semblaient pas trop odieux : la femme de Féline, qui a deviné ce que cache le masque de beaux sentiments de son mari, a paru bizarre, fantasque, et un peu malhonnête de ne point l'aimer. Ne garde-t-il pas toutes les apparences? n'est-il pas régulier dans ses mœurs, modéré dans ses propos, sentencieux comme le conseiller Mathieu, Pibrac, et Publius Syrus? N'a-t-il pas toutes les qualités qu'on peut exiger d'un homme patenté, électeur, éligible, et susceptible d'être membre de toutes les sociétés philanthropiques? Ne gouverne-t-il pas bien sa fortune, et que peut-on lui reprocher? De vouloir l'agrandir — pour une famille qu'il aura. — Que peut-on voir de plus moral? Et, d'ailleurs, n'a-t-il pas des droits à cet héritage? N'a-t-il pas averti l'oncle, la nièce, le neveu? Évidemment, plus d'une mère, dans la salle, n'aurait pas souhaité d'autre époux à sa fille. Ce joli petit caractère anglo-américain frotté de *cant* et de *respectability*, n'a soulevé aucune indignation; on le trouvait tout naturel, et, à plusieurs reprises, les maximes vertueuses de Féline ont été couvertes d'applaudissements qui n'étaient pas ironiques; ce Tartufe a eu un succès de Moëssard.

Le second acte a été accueilli avec enthousiasme : il rentre dans la comédie proprement dite; l'observation philosophique y tient moins de place. Là, le vers franc et alerte de M. Augier saute allégrement sur ses pieds, content de n'avoir plus à traîner le boulet d'une exposition. Les scènes charmantes abondent ; les mots venus du cœur se mêlent en soupirant à l'esprit qui rit et babille ; Octave poursuit sa double entreprise, la séduction de Rose et celle de Juliette ; poussé par les conseils diaboliques du doucereux Féline, il demande Juliette en mariage, mais, malheureusement, de façon à se faire refuser.

Cette belle algarade a un double résultat ; elle livre Juliette sans défense aux entreprises d'Octave, et rassure la jalousie de Rose, qui se croit seule aimée. Octave, qui tient fort à prouver qu'il n'est pas un apprenti Lovelace, dit à Juliette qu'il mourra de chagrin et lui débite toutes sortes de tirades romanesques en style hyperélégiaque. Seulement, en voyant les pleurs de Juliette, il s'attendrit et se laisse aller à l'émotion qu'il veut produire ; — ce qu'il disait d'abord par exagération court grand risque d'être vrai ; il sort précipitamment pour ne pas tomber dans la pastorale et la bergerie.

Juliette, montée à ce diapason, accueille de la belle manière les propositions de mariage que lui fait Bridaine, conseillé par Féline. Les refus de la jeune fille exaspèrent le colérique vieillard ; il veut même la chasser de chez lui, et le paterne Féline s'empresse de lui offrir un asile. — Vous voyez qu'avec tous ses scrupules de conscience, l'homme de bien n'a pas mal avancé ses petites affaires. — L'oncle est furieux. — La pauvre enfant est sur le penchant d'une faute irréparable : Féline héritera.

Au troisième acte, Rose, vaincue par les instances d'Octave et le mépris que lui inspire son mari, dont elle a pénétré l'hypocrisie, arrive chez le jeune homme, tout émue et tremblante, comme une femme à son premier faux pas. Féline, qui croyait trouver Juliette chez Octave, entre tout triomphant, amenant l'oncle Bridaine. Jugez de son désappointement, de sa colère et de son débordement d'indignation vertueuse. Bridaine le console joyeusement ; mais il change de ton lorsque la porte, en s'ouvrant, laisse voir Juliette, qui, avec la candeur de l'innocence, vient se réfugier chez celui qu'elle aime et qui l'a demandée pour femme. Féline, rassuré matériellement au moins sur sa mésaventure conjugale, ne perd pas cette occasion de placer de belles maximes et de s'assurer les cent mille écus de l'héritage. Il se fait grand, généreux, sublime; il pardonne, il pacifie, il intercède. Octave, qui est riche, épouse Juliette. — Un chœur universel chante les louanges de Féline. Il a trompé tout le monde et lui-même. — La pièce se clôt sur ce vers, qui la résume :

Parbleu ! je savais bien que j'étais honnête homme !

Voilà, certes, une large étude du cœur humain et une conception vraiment philosophique. Aujourd'hui que tout est sacrifié stupidement à une rapidité insensée d'action, il faut savoir gré à M. Émile Augier d'avoir osé prendre le temps de développer une pensée, de peindre un caractère dans toutes les nuances, avec les conditions d'art et de poésie sans lesquelles les pièces de théâtre ne sont, à vrai dire, que des pantomimes où le geste est aidé çà et là par quelques mots.

Le style de M. Augier est d'une excellente qualité; on y sent l'étude intelligente et profonde de Molière. La phrase est ample, aisée, française de vieille roche et sans mélange aucun des patois du jour.

Le vers jaillit d'un seul jet, libre, souple, facilement comique. Nous ne lui reprocherons qu'une négligence de rimes qui n'est plus permise aujourd'hui. Assurément, les vers de comédie ne doivent pas résonner comme des battants de cloche, mais une consonnance juste ne gâte jamais rien. Une rime inexacte n'a jamais facilité un beau vers.

Geffroy, qui jouait Féline, a peut-être donné au personnage un air trop digne et trop respectable; il n'a pas, selon nous, assez corrigé, par la fausseté du regard et la douceur perfide de l'intonation, l'élévation de sentiments dont il faisait parade; il avait l'air tout à fait honnête. — Au théâtre, en France surtout, où les spectateurs sont si inattentifs, il est nécessaire quelquefois de souligner les intentions, et de mettre en italique les phrases qu'on veut faire trouver ridicules. — Nous livrons cette remarque à l'intelligence de cet estimable acteur.

Mademoiselle Solié a de la grâce et de l'ingénuité dans le rôle de Juliette. — Mademoiselle Brohan a sauvé par son adresse le personnage un peu scabreux de Rose. — Leroux a très-bonne façon sous le frac du libertin Octave, et Provost est le plus excellent oncle Bridaine qu'on puisse imaginer.

Louons la Comédie-Française d'avoir accueilli M. Émile Augier; c'est une précieuse conquête pour elle. La Comédie a grand besoin de jeunes auteurs; l'ancien répertoire ne pique plus la curiosité assez vivement. Les Achilles poétiques boudent sous leur tente; il faut donc à toute force appeler de jeunes recrues.

VAUDEVILLE. *Riche d'amour.* — A la bonne heure! cette fois, il y avait de quoi rire, et nous avons ri comme un fou, comme nos voisins, comme tout le monde. La situation exploitée par les deux auteurs arnalesques est de celles où l'on peut se trouver soi-même; on comprend le désespoir comique d'un malheureux amant qui, faute de cinq francs, va perdre l'occasion de se montrer galant envers sa belle, de la reconduire à la sortie du bal, d'avoir, à minuit et en fiacre, un tête-à-tête avec elle. — Au prix modique de cinq francs, pouvoir acheter le bonheur, et ne sentir dans ses poches que la *place de la bourse*, quelle position lamentable! quel supplice affreux! celui de Tantale peut-il un seul instant lui être comparé?

Telle est pourtant l'extrémité où se voit réduit Arsène Pingoin. — Il a retrouvé, dans un bal de souscription, une charmante femme qu'il a connue aux eaux des Pyrénées et qui lui doit la vie, car il l'a rattrapée à la force du poignet, un jour qu'elle allait rouler au fond d'un précipice. En sauveur bien appris, il est devenu dès lors amoureux de la dame, quoiqu'elle fût des plus mariées, et, après avoir renoué connaissance avec elle dans ce bal, donné au profit des pauvres, il ose réclamer la faveur de la reconduire. Elle refuse, sous un prétexte en l'air. « J'entends, se dit Pingoin, son mari est là; » et, de dépit, il va s'asseoir à une table de jeu. Mais Pingoin se trompe : la dame est maintenant veuve et libre. Elle est venue au bal en compagnie de sa sœur et de son beau-frère, un officier de marine très-jaloux et très-féroce, qui grince des dents à tous les freluquets et fait des capilotades de galantins. Ce hargneux soudard a, du reste, mille fois raison d'être défiant; car, pendant qu'il s'absente pour aller se montrer à la soirée du ministre, sa femme se rapproche d'un petit cousin qu'elle a rencontré là, et se permet avec lui des polkas passablement légères. La veuve, inquiète pour la vertu de sa sœur, veut se retirer sans attendre le retour du mari, et, avisant Pingoin : « Pardonnez-moi d'être capricieuse, lui dit-elle; tout à l'heure vous m'avez offert de me ramener chez moi, et j'ai refusé; maintenant, j'accepte vos services. Envoyez, je vous prie, chercher un fiacre. »

Mais, hélas! Pingoin a perdu au jeu tout l'argent qu'il possédait; il ne lui reste plus un centime. Que faire? Il s'adresse au petit cousin, en le suppliant de lui prêter cinq francs; celui-ci, qui devine quel emploi il en veut faire, n'a garde de fournir des armes contre lui-même et s'esquive en ricanant. Passe un commissaire du bal : « Je n'ai que de l'or sur moi, lui dit Pingoin, et je voudrais... je voudrais donner cinq francs au garçon. — N'est-ce que cela? répond l'autre. Eh! François! tenez, voici un pourboire de la part de monsieur. — Bon! une dette de plus! » s'écrie le pauvre amoureux. Puis, se ravisant, il rappelle François et lui redemande la pièce de cinq francs, en lui promettant le double pour le lendemain. « Justement, monsieur, dit l'honnête garçon, je venais vous la rapporter, car elle est fausse. » Pingoin ne sait plus à quel saint se vouer. « Hélas! s'écrie-t-il, sur un air de complainte :

> Moins heureux qu'autrefois les Gaules,
> J'appelle en vain l'invasion des Francs! »

Il voit bien un moyen de sortir d'embarras : ce serait d'aller à pied; mais il a beau vanter à la veuve la sérénité de la nuit, elle craint de gâter sa chaussure de satin et demande opiniâtrément un fiacre. « Allons, se dit Pingoin, il faut en faire venir un; je payerai le cocher avec mon paletot, il n'y perdra pas... Garçon, envoyez chercher une voiture et donnez-moi mon paletot. » On lui apporte le seul qui reste au vestiaire; ce n'est pas le sien, c'est une affreuse twine qui ne vaut pas une course de cabriolet!

Mais voici bien mieux encore : pendant les apprêts du départ, le petit cousin, sous prétexte de souper, a induit la femme du marin en cabinet particulier, et, la veuve, ne voulant pas abandonner sa sœur, vient prier Pingoin de congédier le fiacre en l'indemnisant, bien entendu, et de faire servir pour elle une petite collation. L'infortuné pousse un soupir de bœuf qu'on assomme, et commande vaguement au garçon de monter des radis et du fromage. Mais, ô fortune! ô bonheur! en enfonçant ses poings crispés dans son paletot de rencontre, Pingoin sent une bourse pleine, il la saisit, il l'ouvre, il voit de l'or! « Garçon, un souper des plus fins, toutes les primeurs du monde, du champagne frappé et quarante francs de cure-dents! »

Au bout de cinq minutes, on est à table. « Pan! pan! — Qui va là? — Ouvrez, mille sabords! » A ce juron maritime, la veuve s'esquive prudemment. « Diable! c'est le mari, se dit Pingoin. — J'ai laissé ici mon paletot et ma femme. Voilà mon paletot; bon! ma bourse y est encore... Mais où est ma femme?... » Pingoin répond qu'il n'en sait rien, qu'il était entièrement seul. S'il y a deux couverts sur la table, c'est qu'il attendait un ami. Pour remplacer ce convive absent, le marin s'invite à souper. La colère lui a donné de l'appétit, un appétit convulsif qui lui fait broyer les verres entre ses dents, casser des piles d'assiettes et briser la table à coups de poing. Bref, dans une scène des plus burlesques, notre Othello, qui a des soupçons sur Pingoin, le force d'avouer qu'il était en conversation criminelle avec sa femme, et lui demande raison de cet outrage. Mais, tandis qu'il est sorti pour aller chercher des armes, on fait évader le cousin, et, au retour de son beau-frère, la veuve arrange les choses en mettant tout sur son propre compte. Quant à la carte du souper, c'est le marin qui l'a payée, ne voulant rien devoir à l'homme qu'il croyait son rival. Le garçon vient cependant demander un pourboire à Pingoin. Celui-ci le tire à part et lui glisse dans la main une fausse pièce de cinq francs. « Elle est en plomb; que voulez-vous que j'en fasse? » objecte le garçon.

> Ça serait donc pour jouer au petit palet?
> — Prends-la toujours, exécrable valet!

dit Pingoin; puis, s'adressant au public :

> Ah! vous voyez ma pénurie affreuse;
> Prouvez-lui donc, messieurs, pour l'amorcer,
> Qu'une pièce, même douteuse,
> A quelquefois la chance de passer!

Arnal a joué ce désopilant vaudeville avec une verve étonnante ; — c'est assurément, depuis *Passé minuit*, le plus grand succès qu'il ait obtenu. On sait qu'un accident qui lui est arrivé l'a malheureusement forcé d'en interrompre le cours. Il s'est brûlé une partie du visage en versant de l'esprit-de-vin dans une lampe à café dont la mèche était allumée. Tout fait cependant espérer qu'il sera bientôt rendu aux applaudissements du public. Après sa guérison, nous conseillons à MM. Duvert et Lauzanne d'arranger pour lui une comédie de circonstance, dont le principal personnage, grand ami du progrès des lumières, deviendrait la victime de toutes les petites inventions qu'on nous donne comme économiques, et qui sont autant de machines infernales.

X

DÉCEMBRE 1845. — Italiens : Mario dans *il Pirata*. — *Don Pasquale*. — Lablache dans les rôles bouffes. — Palais-Royal : M. Robert Houdin. — La seconde vue. — Théâtre-Français : représentation de retraite de Firmin. — *Le Misanthrope*. — *Le Legs*. — *Oreste*. — La tragédie de Sophocle et celle de Voltaire.—Mademoiselle Rachel dans le rôle d'Électre. — Cirque-Olympique : *les Éléphants de la Pagode*. — Le monde antédiluvien. — Mise en scène indienne. — De la domestication des bêtes sauvages. — Opéra : *l'Étoile de Séville*, paroles de M. Hippolyte Lucas, musique de M. Balfe. — Les ouvertures d'opéra. — Caractère du talent de M. Balfe. — Italiens : *Sémiramide*. — *Gemma di Vergi*. — Début du ténor Malvezzi. — Théâtre-Français : *la Famille Poisson*, comédie en vers, de M. Samson. — La pièce et le style. — Provost. — Variétés : début de mademoiselle Marquet dans *les Vieux Péchés*. — La danseuse devenue comédienne. — Gymnase : *le Marchand de Marrons*, par MM. Duvert et Lauzanne.— Palais-Royal : *les Pommes de terre malades* par MM. Dumanoir et Clairville. — Concert de M. Limnander. — Bals de l'Opéra.

1er décembre.

ITALIENS. *Il Pirata*. — *Don Pasquale*. — *Il Pirata* était un des triomphes de Rubini. Il avait imprimé à ce rôle un tel cachet de perfection, qu'au dire des dilettanti louangeurs du temps passé, il était impossible de le remplacer jamais. — Hélas! tout se remplace, et c'est là une des plus profondes mélancolies de l'existence humaine. Vous avez beau avoir eu le génie, l'éclat, la jeunesse, la puissance, la gloire, toutes les couronnes : dès que vous avez quitté la scène, un autre s'avance et joue votre rôle à la satisfaction même de ceux qui vous proclamaient inimitable! — Hélas! — et peut-être tant mieux! Ne faut-il pas que chacun ait son heure, que chacun passe à son tour sous le rayon qui scintille, comme le flot dans la traînée d'argent du clair de lune, pour se perdre ensuite dans l'immensité obscure? — Le roi est mort, vive le roi! Rubini est parti, soyez le bienvenu, Mario.

Ce jeune ténor a rarement mieux chanté que dans *il Pirata;* sa voix, toujours fraîche et pure, mais assouplie par l'étude, dirigée par l'expérience, se prête à toutes les exigences du chant. Elle est moelleuse, vibrante, pathétique; elle a de la douceur et de la force, deux qualités qui, sans s'exclure, ne se trouvent pas souvent réunies. Les plus difficiles ont dû reconnaître que Mario était maintenant de taille à lutter contre tous les souvenirs.

Le rôle d'Imogène n'est pas un des plus favorables de Giulia Grisi, ce qui ne l'empêche pas d'y déployer son magnifique talent; le champ de bataille est moins heureusement choisi, mais la vaillance de la guerrière est la même, et, malgré les obstacles, elle remporte une victoire encore glorieuse.

L'opéra de Bellini, admirablement interprété, finira par se joindre à la liste des cinq ou six chefs-d'œuvre dont on ne se lasse pas.

Don Pasquale a obtenu, comme d'habitude, un succès de fou rire. Les soirs où on le donne, les Italiens justifient leur nom de Bouffes, car c'est bien la plus triomphante parade musicale qu'on puisse imaginer. Les délicats diront peut-être que c'est là une gaieté un peu grossière, un peu sans gêne; les délicats auront tort. Le bon goût peut faire sourire, il ne fera jamais rire, et c'est une si excellente et si délicieuse chose que le rire! — Le rire distingue l'homme de l'animal. Aucun animal ne rit! le rire est réservé aux hommes et aux dieux, qui n'ont pas d'autre plaisir dans l'Olympe! — Aussi ne saurait-on être assez reconnaissant envers ceux qui nous procurent ces concerts célestes, ces soubresauts divins, ces renversements extatiques ! O Lablache ! l'univers reconnaissant devrait t'élever une statue de grandeur naturelle, dût son petit doigt peser plus que la poitrine de la Bavaria, le plus lourd morceau de fonte connu. Quel spleen noir de tous les brouillards de Londres, quel ennui formé de toutes les désillusions parisiennes résisteraient à cet habit dont les basques s'écartent et palpitent comme des élytres de hanneton près de prendre son vol ; à ces airs triomphants et soumis tour à tour ; à ces petits soins qui prennent, de l'énormité de celui qui les rend, une valeur si comique, si irrésistible. Ce Cassandre aux proportions de Titan, avec ces bouffonneries gigantesques et son sourcil de Jupiter Olympien, nous a toujours produit un immense effet ; au théâtre, les acteurs qui jouent les personnages ridicules produisent à la longue un effet triste ; on sent que, s'ils voulaient être sérieux et grands, ils ne le pourraient pas : la grimace des niais finit par creuser un pli indélébile dans leur visage ; le défaut qu'ils ont affecté d'abord leur devient naturel ; l'organe enroué, la voix de fausset, la démarche dégingandée, l'accoutrement bizarre les suivent hors de la scène.

Lablache, au contraire, n'a qu'à se débarbouiller de son fard violent et de ses rides au bouchon pour fulminer la sublime malédiction de Brabantio et l'écrasant anathème d'Orovèse. Don Pasquale fera demain tonner sa voix dans le duo : *Suoni la tromba intrepida ;* et, certes, jamais plus terrible et plus majestueuse figure n'aura apparu à vos yeux. On peut donc se livrer de tout cœur à l'hilarité qu'il provoque ; il n'y a rien là de dégradant pour la nature humaine ; ce n'est ni d'une infirmité, ni d'un malheur qu'on s'amuse. La conscience de pouvoir être un héros quand il le voudra, donne aussi à l'acteur une sérénité d'enjouement, une liberté d'expansion extraordinaires. Il n'y a là rien du ricanement haineux d'un Triboulet, qui ne peut ôter sa bosse, la farce finie.

Giulia Grisi, qui remplit le rôle de Norina, a été charmante ; elle était en voix et en beauté ; son chant avait la fraîcheur argentée de la jeunesse, et Norina n'a jamais eu de notes plus pures et plus veloutées au service de ses enfantillages, de ses mutineries et de ses feintes colères. — La farouche amante de Pollion jouant une ingénuité égrillarde, n'est-ce pas un intéressant spectacle ? Rien ne nous plaît comme la grâce de la force, comme la coquetterie de la puissance. Il faut voir quelles chatteries de lionne, quelles câlineries de statue, quelles gentillesses d'impératrice elle emploie pour amadouer le colossal vieillard ! Que nous préférons cela aux miévreries malingres, aux malices futées et aux petits manéges !

La *serenata* obtient, comme toujours, un succès d'enthousiasme. Cette délicieuse cantilène est dite par Mario avec une limpidité nocturne qui fait naître des rêves de lune se baignant dans l'eau de rosée, égrenant ses perles sur les chèvrefeuilles et les clématites, et autres poésies plus ou moins printanières !

Ronconi, dans le rôle du médecin, s'est montré ce qu'il est partout, excellent acteur et chanteur consommé, soit qu'il porte le frac noir moderne ou le manteau de pourpre des rois babyloniens.

Que ce manteau nous serve de transition pour dire que le succès de *Nabucco* va toujours grandissant. — Verdi a décidément ses lettres de naturalisation chez nous. — Cette Bradamante du chant, qui a nom Teresa Brambilla, continue à faire luire aux feux de la rampe les écailles de sa cuirasse et les éclairs de ses yeux ; elle secoue avec une furie toujours croissante les grappes noires de ses cheveux, et lance aux frises sa voix claire, aiguë, incisive, à la satisfaction générale. Elle sera, non pas la passion, mais le caprice du public, cet hiver. On parle, comme devant être très-prochaines, des représentations du *Proscrit* (*Ernani*), de la *Gemma di Vergy*, du *Matrimonio segretto*. Mais à quoi bon se presser ? Il faut du temps aux spectateurs des Bouffes pour s'habituer à un opéra ; et, d'ailleurs, les dilettanti sont comme les commentateurs, ils ont chacun leur œuvre chérie qu'ils étudient sans cesse, qu'ils savent par cœur, et où pourtant ils trouvent chaque jour des beautés inattendues. Que d'intentions profondes ils découvrent dans la moindre note, dans le moindre mot ! — Allez donc demander à l'homme de goût qui feuillette depuis vingt ans son Horace de lire le roman du jour ! Après tout, ne vaut-il pas mieux éprouver beaucoup de sensations avec un seul opéra que de n'éprouver aucune sensation avec beaucoup d'opéras ? Pour qu'une musique exerce toute sa puissance, il faut en quelque sorte qu'elle soit devenue une habitude. Chaque phrase alors prend une force d'évocation extraordinaire ; les notes apportent à l'oreille, qui les transmet au cœur, les pensées des temps qui ne sont plus ; on croit écouter, on ne fait que se souvenir ; on ajoute sa rêverie personnelle au génie du compositeur. C'est ainsi que les opéras qu'on a vu jouer quand on était jeune, beau, amoureux, semblent toujours admirables.

Tout cela n'empêche pas que nous n'attendions avec impatience la représentation du *Proscrit* et l'arrivée de Malvezzi ; car, nous autres feuilletonistes, nous ne sommes pas des dilettanti, et il faut bien çà et là quelque nouveauté pour remplir les cinquante-deux urnes de prose que nous versons annuellement dans le tonneau sans fond du journalisme.

PALAIS-ROYAL. *Représentation de M. Robert Houdin.* — M. Robert Houdin, a fait, cette semaine, au théâtre du Palais-Royal, une expérience des plus curieuses.

Vous savez que les adeptes du magnétisme ont la prétention de faire désigner à leurs somnambules toutes sortes d'objets qu'on leur présente, bien que les yeux de ces derniers, plongés d'ailleurs dans le sommeil, soient occlus par des tampons de coton et des bandeaux très-épais qui ne laissent filtrer aucun rayon de lumière. Nous avons suivi les expériences de mademoiselle Pigeaire ; nous avons vu Virginie et Alexis, le phénix du genre, qui lisait une phrase renfermée dans une triple enveloppe de papier gris. Ces résultats très-singuliers et difficilement explicables nous ont vivement préoccupé, sans nous convaincre cependant. Il pouvait se cacher là-dessous quelque tour d'adresse et de passe-passe incompréhensible, comme toute jonglerie dont on n'a pas le mot. Il y a des *trucs* si bizarres, des combinaisons si étranges !

M. Robert Houdin n'a pas peu contribué à augmenter nos perplexités à l'endroit du magnétisme. N'allez pas croire sur ce préambule que M. Robert Houdin soit un disciple de Mesmer et de Puységur. Bien loin de là, c'est un rival de Philippe, de Bosco et de Comte ; un prestidigitateur très-habile, qui fait tout ce qu'il veut de ses mains, excepté toutefois des passes magnétiques.

Voici l'expérience de M. Robert Houdin : il prend son petit garçon, enfant d'une douzaine d'années ; il le fait asseoir sur une chaise, lui bande les yeux hermétiquement, s'éloigne de lui et demande aux spectateurs de lui donner différents objets, des anneaux, des montres, des pièces de monnaie, ou toute autre chose : l'enfant, avec lequel il n'a aucune communication, désigne les objets qu'on remet à son père le plus mystérieusement possible. Il dit la valeur et le millésime des pièces de monnaie, l'heure, la minute et la seconde des montres, le nom de l'horloger dans le fond des boîtes, la forme et le chiffre des anneaux, — des détails incroyables! Vous allez parler de compérages; mais on ne remplit pas toute une salle de compères, et nous sommes sûr, pour notre part, de n'être pas complice de M. Robert Houdin, et, pourtant, l'objet remis par nous a été nommé instantanément.

Les somnambules les plus lucides ne sont rien à côté de cela. — Comment le prodige s'opère-t-il? C'est ce qu'il nous est impossible de concevoir. L'explication nébuleuse du magnétisme ne peut servir à rien ici, puisque l'enfant est parfaitement éveillé; sous son bandeau noir, il ne peut y avoir ni combinaisons de glaces, ni effets d'acoustique, car le miracle s'accomplit dans la première chambre venue; et jamais d'hésitation, jamais d'erreur! C'est à jeter sa langue aux chiens.

Cette étonnante expérience, qui sort des tours de cartes et des escamotages ordinaires, M. Houdin la répète tous les soirs dans la charmante petite salle qu'il s'est fait bâtir à l'extrémité de la galerie où se trouve l'antique spectacle de Séraphin, qui, par son diaphanorama, vient de faire une concession aux idées du jour. — Outre l'expérience de divination, vous voyez là des pièces automatiques que n'aurait pas désavouées Vaucanson : un Auriol, un Debureau, que tous les enfants croiront réels, un pâtissier magique, le tout entremêlé de tours si incroyables, qu'ils eussent fait brûler M. Robert Houdin au XVe siècle.

Quelle valeur ont maintenant ces expériences magnétiques qui ont si vivement excité l'attention des savants et des poëtes, si un prestidigitateur peut en imiter tous les prodiges et même les dépasser? — Qui trompe-t-on donc ici? comme dit Beaumarchais.

Les magnétiseurs pourront répondre que l'enfant de M. Robert Houdin est somnambule, et qu'alors le miracle est tout simple. Mais jamais diablotin ne fut plus éveillé que ce petit bonhomme, et, pour répondre aux questions qu'on lui adresse, il n'a pas besoin d'être mis en contact avec les interlocuteurs ; ce qui démontre aux yeux de tous ceux qui se sont occupés de magnétisme qu'il n'est pas endormi le moins du monde.

8 décembre.

Théatre-Français. *Représentation au bénéfice de Firmin.* — *Le Misanthrope.* — *Oreste.* — *Le Legs.* — Cette représentation à bénéfice, d'une composition sage, et ne ressemblant en rien aux *arlequins* dramatiques qu'on sert aux spectateurs en pareille circonstance, avait cependant attiré une affluence considérable. Les seules ressources du théâtre en faisaient tous les frais. — Il est vrai que mademoiselle Rachel devait paraître pour la première fois dans *Oreste*, une tragédie de Voltaire presque inconnue à la génération actuelle, et qui n'a pas été jouée depuis vingt ans ! Firmin, acteur aimé à juste titre, faisait ses adieux au public dans deux pièces, *le Misanthrope* et *le Legs*, et cela était plus que suffisant pour former une *attraction combinée*, sans avoir recours aux chanteurs et aux danseuses de l'Opéra.

Firmin a joué Alceste avec ce feu et cette verve dont il emporte le secret avec lui, et l'on peut dire qu'il y avait longtemps que *le Misanthrope* n'avait été représenté ainsi. La vie est une qualité si indispensable dans les arts, qu'elle fait pardonner tous les autres défauts, quelque graves qu'ils soient : il vaut mieux être incorrect et vivant que d'être parfait et mort; ce don, Firmin le possédait au plus haut degré ; d'autres ont eu la composition plus savante, le débit plus net, l'attitude plus assurée ; mais nul n'a possédé autant que lui cette animation, cette fièvre qui fait circuler dans toutes les veines et jusque dans les moindres fibrilles d'un rôle, la liqueur rouge de l'existence ; toutes ses créations théâtrales avaient ce mouvement de sistole et de diastole qui annonce la présence d'un cœur ; il faut avouer aussi, pour tout dire, qu'il était, à ses mauvais moments, — qui n'en a pas ? — turbulent, inquiet, convulsif ; il brûlait les planches, ce qui est la froideur des artistes chaleureux. Mais quels beaux triomphes n'a-t-il pas obtenus dans *le Tasse*, dans *Hernani* et dans *Mademoiselle de Belle-Isle*. Car, ainsi que tous les grands comédiens, il savait poser tour à tour sur sa figure le masque sévère et le masque riant.

Quoiqu'il soit regrettable d'être désormais privé de ce talent si vif et si charmant, on ne peut que louer Firmin de se retirer du théâtre avant que le théâtre se retire de lui. N'est-ce pas une triste et funeste obstination que celle d'un acteur qui veut mourir sous le feu de la rampe et qui fait assister le public au pénible spectacle de sa décrépitude? — Pourquoi faire dire aux fils qui l'ont entendu vanter par leurs pères : « Comment! c'est là cet enchanteur qui tenait tout un peuple suspendu à ses lèvres! Cette grimace fanée, c'est ce sourire rose et blanc qui faisait tourner toutes les têtes! » S'arrêter à propos, sortir à temps, bien peu l'ont su. La mort intelligente s'en charge pour quelques favorisés, Alexandre, Raphaël, lord Byron et Malibran. — Nous savons bien qu'il est dur de se dire : « Je me survis, je ne suis plus que l'ombre de moi-même, mon rôle est joué, mon temps est fini! » Et à quel moment s'avouer ces maussades vérités! « Hier, j'étais applaudi; ne le serai-je pas aujourd'hui encore? Vingt-quatre heures m'ont-elles changé au point qu'une couronne fraîche ne puisse venir remplacer cette couronne fanée à peine? » Voilà les questions qu'on se pose.

Malheureusement, les artistes et les femmes se font ce raisonnement quarante ans de suite. Ils ne s'aperçoivent de la fuite de leur jeunesse que lorsqu'ils entendent le maigre doigt frapper à leur porte les trois coups secs qui vous appellent dehors et auxquels personne n'a encore désobéi. — C'est que, surtout pour le comédien dont l'art n'a pas de consistance et ne laisse pas de trace après lui, il est fâcheux de quitter la scène et de rentrer dans la vie privée. Que reste-t-il de l'inflexion de voix, du geste, du regard, de l'émotion sentie et communiquée, de ces physionomies peintes sur une figure et laissées dans la loge aux plis de quatre mouchoirs? — Qui peut prouver aujourd'hui, à nous qui ne l'avons pas vu, que Talma était supérieur à Frédérick? — A partir de la soirée d'adieux, l'oubli commence, l'ombre vous envahit, vous n'êtes plus qu'un souvenir lointain.

Aussi n'avons-nous jamais assisté à ces sortes de représentations qu'avec une profonde tristesse et en faisant de mélancoliques retours sur nous-même. — Quel moment douloureux que celui où l'encre se fige dans la plume qui s'arrête ! où le pinceau incertain bavoche sur la toile, où le ciseau se rebouche sur le marbre, où la main trahit la pensée, où la pensée trahit la main ! Hélas ! il vient pour tous ; il est venu peut-être pour beaucoup qui ne s'en doutent pas.

— L'œuvre que vous avez commencée grand poëte, vous la finissez quelquefois écrivain de troisième ordre : l'art est si long, la vie est si courte, et cette étincelle électrique qu'on appelle génie, et qui nous traverse, passe si vite ! Quand faudra-t-il donner sa représentation d'adieu ? Telle est l'inquiétude de tout artiste éprouvé et mûri. Il y en a, il est vrai, qui se croient éternellement jeunes, éternellement beaux, éternellement sublimes ; amours-propres de cœur de chêne, illusion de granit que rien ne peut entamer ; ce sont d'heureux fous qui ignorent les mélancolies de la décadence, et qui ne s'aperçoivent pas que les œufs durs et les pommes crues ont succédé aux bouquets de camellias.

Firmin a eu cette force, pour conserver sa réputation, de renoncer à quelques années de succès vraisemblables ; — il a bien fait, — et puissions-nous tous, comme lui, comédiens et poëtes, nous retirer avant qu'on nous dise de sortir.

La curiosité était vivement piquée à l'endroit de l'*Oreste*, où mademoiselle Rachel a joué le rôle d'Électre. C'était déjà chez la jeune tragédienne un désir ancien de représenter ce personnage. L'idée première en remonte assez loin. En effet, une telle création devait séduire mademoiselle Rachel ; elle y pressentait, avec son merveilleux instinct, une figure à réaliser, d'un type fatal et d'un caractère véritablement antique. Pour satisfaire son rêve, elle a pris, faute de mieux, l'*Oreste* de Voltaire. —Cette tragédie a été mal reçue lors de sa première représentation (cela ne prouverait rien contre elle), et Voltaire, furieux, eut beau crier du fond de sa loge : « Vous sifflez du Sophocle ! » il ne persuada personne.

Pour nous, *Oreste* n'est ni meilleur ni pire que toute autre tragédie en cinq actes et en vers. Nous avons déjà avoué notre incompétence sur ce point. Les gens qui s'y connaissent et trouvent des différences d'une tragédie à l'autre, prétendent qu'*Oreste* ressemble beaucoup à *Mérope*, que l'invention en est pauvre et la versification lâche; enfin, que c'est un ouvrage faible de l'auteur. Cependant, quelques morceaux sont d'un style assez simple et assez naturel, à part les *cœurs*, les *tyrans*, les *mortels*, les *humains* et la phraséologie évasive du temps; c'est ce qui fait, sans doute, qu'on l'estime moins. La couleur grecque est complétement absente, malgré les efforts tentés pour l'atteindre; mais, pourtant, nul détail par trop français ne vient rappeler les habits à paillettes et la poudre. Vous n'êtes pas dans la ville d'Argos, mais vous n'êtes pas non plus à Versailles. La chose se passe dans une de ces contrées grises, éclairées par un jour douteux, milieu impossible où se meuvent les actions tragiques. Même, un désir d'innovation se manifeste dans l'indication du lieu de la scène. « Le théâtre doit représenter le rivage de la mer, un bois, un temple, un palais, un tombeau d'un côté, et, de l'autre, Argos dans le lointain. »

L'embarras de l'unité de lieu ne paraît-il pas là visiblement, et comment comprenez-vous une décoration ainsi faite ? Les auteurs du siècle passé oublièrent toujours que les œuvres des tragiques qu'ils imitaient se déroulaient largement, sur d'immenses théâtres où pouvaient se trouver, en effet, le rivage de la mer, un bois, un temple, un palais, un tombeau, plus, dans le fond, les blanches murailles d'Argos se détachant sur le bleu du ciel.

Le caractère d'Électre, tel qu'il résulte d'Eschyle, d'Euripide et de Sophocle, et tel qu'aurait dû l'exécuter un poëte moderne, avec cette compréhension du passé que n'ont pu avoir les auteurs grecs eux-mêmes, est d'une grande beauté et d'une nature profondément religieuse. C'est une fille chaste, sévère, dévote, ayant une foi complète aux oracles et se soumettant sans murmure aux lois de la fatalité. Le sacrifice de sa sœur Iphigénie lui semble légitime, les dieux l'ont demandé, elle approuve Agamemnon d'avoir livré la victime à Calchas; à sa place, elle eût tendu la gorge au couteau, heureuse de s'offrir en holocauste propitiatoire pour le salut des Grecs; elle hait Clytemnestre de toute la haine d'une fille sage contre une mère qui a un amant, et poursuit la vengeance du meurtre de son père avec cette ténacité implacable du fanatisme appuyé sur un motif divin. Son frère, Oreste, a été sauvé par elle dans ce but, le but de toute sa vie. Quand il revient de la Phocide avec son ami

Pylade, elle l'exhorte, l'irrite, lui met sans cesse sous les yeux le tableau de la mort d'Agamemnon, le traite de cœur faible et pusillanime qui n'ose obéir aux volontés célestes ; elle poursuit l'expiation du meurtre paternel comme un devoir sacré, et s'étonne de trouver tant d'hésitations dans son frère. La mort d'Égisthe ne lui suffit pas, il faut que la vendetta soit complète, sang pour sang.

La femme d'Égisthe n'est plus sa mère, et même, Clytemnestre n'eût-elle pas tué à coups de hache son royal époux, embarrassé dans sa tunique cousue par en haut, Électre ne lui pardonnerait pas d'avoir manqué aux prescriptions du musicien placé à côté d'elle pour rhythmer sa conduite d'après les rites et l'étiquette consacrés. — Sa douleur, réelle d'abord, se continue par bravade ; elle pleure sur le tombeau de son père avec ostentation, pour exciter la colère d'Égisthe et adresser de muets reproches à sa mère. Elle agite ses bras chargés de chaînes, heureuse d'être opprimée, car la pitié que ses malheurs inspirent augmente la haine du peuple contre le tyran, et l'intérêt peut exciter la sédition.

Ce n'est pas elle qui s'épouvanterait des serpents qui sifflent, des torches qui grésillent et des noires vapeurs qui s'élèvent de terre. Les Euménides, accroupies sur le seuil, pourraient ronfler à leur aise et pousser leur terrible *hon hon*, sans qu'elle en prît alarme.

Elle a l'audace froide et la résolution virile de la femme blonde, et berce sans peur, sur ses genoux, la tête renversée de son frère épileptique, vers qui s'allongent les griffes crochues de la meute infernale. — Autant elle était sombre, pleureuse et farouche avant le meurtre, autant, l'expiation accomplie, elle est calme, sereine, heureuse : elle a fait son devoir et rempli sa tâche ; elle peut vivre maintenant pour elle. Les mânes paternels sont satisfaits, elle se reprend aux sentiments humains : son rôle de Némésis est joué ; son âme, fermée jusque-là, s'ouvre à l'amour ; elle épouse Pylade. Oreste, plus agité que jamais, demande à tous les temples, à tous les autels, de le purifier et de lui rendre le repos.

Voilà à peu près le caractère d'Électre tel qu'il peut se rendre en quelques lignes de prose : l'Électre grecque, comme on le voit, n'a pas, pour Clytemnestre, de ces retours de tendresse filiale que Voltaire a cru devoir accorder aux exigences de notre scène. Elle est froide, dure, et blanche comme le marbre ; ses yeux rougis sont immobiles dans sa figure pâle ; malgré sa jeunesse et sa beauté, elle effraye comme un spectre, car on sent qu'une pensée terrible habite son cerveau. Elle est la mandataire de la fatalité.

Tout cela n'est pas, à beaucoup près, dans l'*Oreste* de Voltaire ; mais tout cela est dans le jeu de mademoiselle Rachel, qui semble s'être inspirée directement des grands tragiques grecs ; elle a compris toutes les nuances de ce rôle difficile, coloré par un sentiment unique, et les a rendues avec un merveilleux bonheur ; même à travers l'explosion de joie de sa reconnaissance avec Oreste, on sent l'idée implacable et dominante, on sent qu'à ce frère retrouvé elle va mettre tout de suite le poignard à la main ; c'est le vengeur encore plus que le frère qu'elle embrasse. Quelle amertume profonde et contenue quand elle répond à Clytemnestre! quelle froideur hautaine, quel mépris écrasant quand elle s'adresse à Égisthe! quel empressement plein d'une tendresse qui épouvante autour d'Oreste portant l'urne qui contient les cendres de Plisthène! — Quand on l'a vue paraître sous ces draperies mornes comme des linceuls, grises de ton et bordées d'un filet rouge, ses bras délicats emprisonnés par de rudes anneaux de fer, ses yeux fixes sous son front plein de volonté, toute la salle a éclaté en applaudissements.

C'est ainsi que les comédiens de génie achèvent les figures ébauchées par les poëtes, et suppléent, par l'attitude, par le regard, par le son de voix, à ce que la parole écrite n'a pu rendre ; d'une Électre à peine indiquée, mademoiselle Rachel a fait une Électre complète, sculptée dans un marbre étincelant et pur. Elle a, chose difficile, traité sa mère coupable avec la rigueur hautaine de l'innocence et de la chasteté, et su, sans nous choquer, conserver la dureté de l'Électre grecque faisant taire la piété filiale devant la grande idée de l'expiation prescrite par les dieux ! — Cette conception vient d'un esprit élevé ; des tragédiennes vulgaires n'auraient pas résisté à l'entraînement de faire du pathétique facile dans les scènes où Clytemnestre a des retours de tendresse pour sa fille : son air contraint montre qu'elle ne veut pas engager sa vengeance ; les mauvais traitements et les rudes paroles lui rendent sa liberté ; un ton plus doux donnerait plus tard au sacrifice un air de trahison. — Du jour où

Agamemnon a été assassiné, tout a été rompu entre elle et sa mère. Peut-être eût-elle pardonné à Clytemnestre restant veuve ; mais à Clytemnestre épousant Égisthe et voulant déposséder Oreste de son trône, jamais !

Toutes ces intentions si fines et si larges ont été admirablement comprises par le public, et le seront encore mieux aux représentations suivantes, car la première représentation n'est guère, pour mademoiselle Rachel, qu'une répétition générale où elle se rend compte de ses effets. De cette espèce de travail préparatoire, fait en commun avec les spectateurs, résulte le type définitif qui sera applaudi pendant cent représentations. Électre est une belle statue de plus dans ce musée antique que mademoiselle Rachel a déjà peuplé de si pures et si nobles créations.

Mademoiselle Rébecca Félix, qui jouait le rôle d'Iphise, a secondé sa sœur avec beaucoup de goût et d'intelligence.

Beauvallet a prêté au personnage d'Oreste cet organe tonnant dont les éclats inspireraient la terreur à des tyrans encore plus farouches qu'Égisthe. — Il aurait peut-être dû mettre une perruque blonde ; car, dans *les Coéphores* d'Eschyle, Électre reconnaît que son frère est venu, à la boucle de cheveux couleur d'or qu'Oreste a déposée sur le tombeau d'Agamemnon. Alors il eût fallu aussi que mademoiselle Rachel changeât la teinte de ses bandeaux et de ses tresses, car il est dit que le frère et la sœur avaient les cheveux de nuance pareille.

Pammène, Égisthe et Pylade ont été convenablement représentés par Guyon, Maubant et Fechter.

15 décembre.

Cirque-Olympique. *Les Éléphants de la Pagode*. — Chaque fois qu'on annonce un éléphant, un rhinocéros, un hippopotame, un crocodile, un serpent boa plus ou moins instruit, nous y courons, toute affaire cessante. On a si peu d'occasions, dans la vie civilisée, de voir les ouvrages du bon Dieu ! — Quelles énormités monstrueuses, quels étranges caprices s'est permis le souverain sculpteur, surtout dans les premiers jours de la création ! Alors, il ne craignait pas de manquer de matière, il modelait largement et sans économiser la terre glaise : c'était le temps des mammouths, des béhémoths, des krakens, des léviathans, des mégalonix, des dinothériums giganteums, des ptérodactyles, et de toutes ces races étranges dont le poids aurait fait chavirer l'arche et que noya la pluie de quarante jours.

De cette nature colossale, il est resté quelques témoins, les moins disproportionnés avec le monde actuel. Leur grandeur relative et l'étrangeté de leurs formes les fait regarder avec curiosité et stupeur ; on sent, quoiqu'ils vivent encore, qu'ils appartiennent à un autre âge et que leur vraie place serait dans la pâte d'un terrain tertiaire ou dans la glace éternelle, au fond d'une caverne du pôle ; ils le comprennent eux-mêmes sans doute, car ils ne se remuent qu'avec pesanteur et gaucherie au milieu de cette fourmilière de créatures pygmées; ils y sont évidemment dépaysés. La mélancolie de l'extinction prochaine de leur race et la nostalgie d'un monde disparu, dont ils sont les contemporains en retard, se lisent dans leurs yeux profonds et pleins de mystères.

Ces pensées nous préoccupaient l'autre soir, au Cirque, beaucoup plus que la pièce, exactement taillée sur le patron de celle qui a servi autrefois pour *Kiouni* ou mademoiselle *Djeck*. — Nous sommes surpris qu'on n'ait pas eu l'idée de mettre en drame *la Floride* de Méry. — La scène du cimetière des éléphants aurait donné lieu à une décoration d'un effet neuf et à une situation tout à fait appropriée aux moyens des acteurs à trompe engagés par M. Gallois. — Il est vrai, qu'en matière de théâtre, ce qui est usé et rebattu obtient toujours une inexplicable préférence.

Il s'agit, comme dans *l'Éléphant du roi de Siam*, d'un proboscidien dynastique qui déjoue les menées d'un usurpateur et remet l'héritier légitime sur le trône. — Vous voyez d'ici les péripéties peu variées que cette donnée peut produire ; mais il ne s'agit pas là de littérature ; dans de pareilles circonstances, le cornac ou le belluaire sont les véritables auteurs de la pièce.

Après une exposition que le désir de voir les animaux a rendue longue, les éléphants ont fait leur entrée. Ils sont tout jeunes et d'une taille peu élevée encore ; il y en a un beaucoup plus petit que l'autre. — Le petit a des défenses de deux ou trois pieds de long ; le grand n'en a pas ; c'étaient sans doute ses défenses de lait, il les a perdues, et les nouvelles n'ont pas encore repoussé; peut-être bien aussi qu'on les lui a sciées pour venir plus aisément à bout de lui. Ils sont tous les deux d'un noir de velours écrasé et miroitant par places d'un effet singulier. Un caparaçon rouge galonné d'or et un frontail de même couleur : telle était leur toilette.

Cette tête à front bombé, à oreilles faites comme des drapeaux, où scintille, dans un lacis de rides, un imperceptible œil de taupe qui se termine par une énorme sangsue, toujours en mouvement, étonne par un air de sagacité narquoise, de prudence cauteleuse, et de philosophie analytique en désaccord avec ces proportions épaisses et ces formes lourdes, tâtonnements de la nature à ses premiers essais. Quoique monstrueuse, la tête de l'éléphant n'a rien de bestial; la trompe, ce merveilleux outil, cette main placée au bout d'un nez, met l'éléphant aussi près de l'homme au moins qu'en est le singe. Grâce à cet affreux serpent qui renferme deux tuyaux et porte à son extrémité une espèce de pédoncule pareil à un doigt, cette grosse masse de chair, qui a plutôt l'air d'un rocher qui marche que d'un animal vivant, est d'une adresse extrême, et peut exécuter toutes sortes d'opérations compliquées et délicates, déboucher une bouteille, ramasser par terre un outil de petite dimension; la trompe de l'éléphant vaut les quatre mains du macaque. Aussi une idée de sagesse naît-elle à la vue de cette tête bizarre que semblent animer des rêveries cosmogoniques, et l'on conçoit très-bien que les Hindous en aient coiffé souvent les épaules de leurs divinités difformes et touffues.

Les deux éléphants du Cirque, sans être de la force de ces éléphants romains qui dansaient sur la corde, sont parfaitement dressés; ils s'agenouillent, se relèvent, donnent le sceptre au plus digne, arrachent aussi bien que Porthos les barreaux de la prison où gémit l'innocence, enlèvent un figurant dans leur trompe, et poussent à propos des reniflements terribles ou des glapissements d'instrument de cuivre qui détonne, leur nez leur servant de trombone à cet effet. Quelle atroce peur on aurait, si, au milieu d'un bois, on entendait tout d'un coup cette clameur stridente et enrouée qui n'a pas d'analogue dans les cris des bêtes féroces, et serait risible si elle n'était effroyable.

A la fin de la pièce, dans le triomphe du Joad hindou, les deux éléphants paraissent attelés à une voiture ou espèce de char d'un splendide mauvais goût, toute luisante de vernis britannique, ornée de lions en relief qui rappellent le lion héraldique placé sur la porte de l'hôtel de Northumberland, et qui doit être celle qui a servi à la fameuse promenade dans Regent's street et dans Piccadilly.

Le succès a été complet. Tout s'est passé régulièrement. Les costumes et les décorations n'ont rien de répréhensible. Chaque acte, ainsi que cela se doit, a fini par une illumination de feux de Bengale, rouge pour l'incendie, bleue pour l'orage, blanche pour le triomphe. Les exercices des intermèdes ont été surprenants, quoique déjà connus en partie, et pourtant nous ne sommes pas aussi content du Cirque qu'à l'ordinaire. L'habile directeur a manqué là une occasion de mettre en scène une de ces grandes épopées hindoues dont l'auteur d'*Héva* possède le secret, et d'écrire un mahabharata de décorations dont la lecture eût duré deux cents représentations.

Le Cirque eût pu faire des prodiges avec l'Inde. Quels motifs splendides pour les brosses du décorateur n'eussent pas fourni les illustrations de Daniell! Il fallait nous faire voir ces pagodes taillées dans des montagnes et soutenues par des bottes de colonnes; ces escaliers de terrasses et ces superpositions de tours de Babel que Dieu a oublié d'abattre; ces bas-reliefs mystérieux où se déroulent en strophes de granit les poëmes des cosmogonies et des avatars; ces idoles aux bras de polype, à la trompe d'éléphant, aux jambes cerclées de bracelets, abîmées dans la contemplation du lotus mystique; la statue tricéphale de Brahma, de Vichnou et de Shiva; tout ce peuple de divinités hideuses, tortillées comme des racines de mandragore, pleines d'excroissances et de ramifications inventées par le symbolisme effréné de l'Inde; ces forêts inextricables, ces jungles où le baobab, jaune encore du limon des déluges, étend dans l'ombre ses branches grosses comme des troncs de cèdre millénaire, où les mangliers entre-croisent leurs arcades infinies, où les lianes géantes ourdissent leurs filets à mailles flexibles, où des fleurs de cinq mètres recueillent la rosée dans leur urne colossale; ces fleuves s'épanchant comme des mers où viennent se baigner les théories de brahmines et les multitudes en pèlerinage!... N'y avait-il pas là tout un monde à représenter? Et cela pouvait se réaliser. Les documents sont nombreux ; les Anglais ont fait sur l'Inde des publications éblouissantes ; il ne s'agissait, pour ainsi dire, que de copier. Quels prodiges eussent accomplis avec un pareil thème MM. Séchan, Diéterle et Despléchin !

Au lieu de ces costumes de convention, de cette pauvre richesse d'or et de clinquant, pourquoi n'avoir pas cherché la fidélité du costume, la sincérité des détails, tout ce qui donne de l'intérêt à ces sortes de spectacle? M. Gallois avait l'occasion de nous faire voir l'Hindoustan du fond de notre loge. Nous regrettons qu'il l'ait manquée. C'est de cette manière que le Cirque peut devenir un spectacle très-amusant et, en même temps, très-instructif. Les jeunes et les vieux pourraient y prendre une idée exacte des pays lointains, des civilisations fabuleuses, qu'ils n'auront probablement pas l'occasion de connaître par eux-mêmes.

Il y avait, ce nous semble, une façon plus heureuse et plus simple de mettre les éléphants en scène. — Il aurait fallu les montrer d'abord en liberté dans leur forêt natale, puis traqués et tombant dans un piège ; nous faire assister à leur éducation, à leur élévation au rang d'éléphant sacré ou de monture royale ; en faire échapper un, le petit, par exemple, que la mère, piquée par son cornac, serait obligée de poursuivre. — Cela aurait été le moment pathétique : l'animal se serait révolté, aurait désarçonné son guide, et un peu écrasé le rajah présomptif pour donner au jeune éléphant le temps de fuir ; les cypayes du prince auraient blessé profondément l'éléphant rebelle, qui aurait eu cependant la force de gagner, à travers la forêt, ce cimetière où ceux de sa race se retirent à l'heure de la mort pour dérober leurs dépouilles colossales aux profanations humaines. Le petit éléphant serait venu jeter de grosses fleurs et des larmes proportionnées sur la tombe de sa maman, et, ruminant sa vengeance, il aurait attendu l'occasion favorable pour escamoter le rajah, en plongeant sa trompe par quelque fenêtre entr'ouverte, et l'eût apporté sur la tombe, où il l'aurait écrasé en s'agenouillant sur son estomac.

Ne voilà-t-il pas un joli canevas, un peu moins usé que celui dont on s'est servi, et dans lequel ces honnêtes pachydermes eussent pu déployer à leur aise les talents qu'on leur a inculqués à force de morceaux de sucre et de coups de lance derrière les oreilles.

Tel qu'il est cependant, ce spectacle attirera la foule, car il est toujours intéressant de voir le parti que l'homme peut tirer des créatures qui habitent en même temps que lui cette planète terraquée, et sur lesquelles son intelligence lui donne un pouvoir sans borne. Il y a encore beaucoup à faire de ce côté : un grand nombre d'espèces, qui ne sont pas ralliées, pourraient l'être facilement ; plusieurs nous font des avances que nous ne comprenons pas et que nous repoussons quelquefois à coups de fusil ; car le rêve de tout animal est de s'associer à l'homme ; nous sommes pour eux un sujet d'étonnement et de préoccupation ; nos villes, nos vaisseaux, nos machines les remplissent d'une stupeur admirative ; l'éclair de la pensée qui luit dans notre regard les fascine, les éblouit ; ils voudraient entrer en communication avec nous et nous demander de compléter leur instinct. L'idée d'une existence supérieure les agite vaguement, et ils ont le désir d'y atteindre. Nous leur produisons le même effet que des dieux nous produiraient, s'il en descendait sur la terre.

Ce qu'on s'obstine à prendre pour de la férocité n'est que la faim. Aucune bête rassasiée n'est cruelle. Des lions, qu'on accoutumerait à venir chercher leur ration de viande tous les matins, seraient plus doux que des caniches. Les tigres s'estimeraient heureux de boire du lait dans la soucoupe de votre tasse. — Comment se fait-il que l'homme ne se soit pas fait, jusqu'à présent, une plus large famille d'humbles amis à plus ou moins de pattes, qui lui rendraient toutes sortes de services pour un peu d'indulgence et de cordialité ? Pourquoi ne pas appeler, à l'aide du cheval et du bœuf, les vigognes, les mouflons, l'alpaga, l'hémione, le zèbre, l'élan, le renne, le cerf, qu'il serait si facile de dresser ? Pourquoi aussi, à côté du chat et du chien, ne pas admettre, dans notre intimité, une foule de charmantes petites bêtes à peine connues qui seraient si contentes de se frotter le dos aux pieds de vos fauteuils, et de pousser votre main pendante de leur nez humide de contentement et de bien-être ?

C'est cette pensée qui nous fait assister avec tant d'intérêt aux exhibitions des animaux savants ; bien que l'éducation qu'on leur donne soit un peu académique, elle montre à quel point la matière est malléable et avec quelle facilité on peut la modifier.

22 décembre.

Opéra. *L'Étoile de Séville*. — *L'Étoile de Séville* est prise — comme M. Hippolyte Lucas l'indique lui-même, avec une probité littéraire assez rare aujourd'hui — d'une pièce de Lope de Vega, intitulée *la Estrella de Sevilla*, dont les principales situations ont été transportées, par Candido-Maria Trigueros, dans sa tragédie de *Don Sancho las Ortiz de Roëlas*, avec cette différence que la pièce de Lope est en trois journées, et celle de Trigueros en cinq actes. La donnée est des plus dramatiques et prête aux développements de la scène et de l'harmonie.

M. Balfe n'a pas suivi l'usage actuel qui supprime les ouvertures et les remplace par quelques phrases d'introduction ; il a donné à ce morceau toute l'importance qu'il doit avoir, du moins comme dimension. Nous ne savons trop pourquoi les compositeurs d'aujourd'hui dédaignent cet argument musical, ce discours préliminaire où ils peuvent chanter pour leur compte, confier au public le secret de leur cœur, et dire leur avis comme un chœur antique sur les choses intéressantes ou terribles qui vont se passer. — Cette désuétude dans laquelle est tombée l'ouverture vient sans doute de cette fièvre d'action qui s'est emparée de nous, et de cette impatience de tout développement, de toute rêverie et de toute pensée, dont les meilleurs esprits ne peuvent se défendre, tant l'amour des faits, des incidents et des complications matérielles est général maintenant. — L'ouverture, avec ses vagues prophéties, ses méditations, ses élans indéfinis, ses demi-confidences, ses récits confus de l'action encore à naître, ses thèmes favoris dont la signification sera révélée plus tard ; l'ouverture, cette synthèse de l'opéra, devait, en effet, répugner à la paresse des compositeurs et du public. — Louons M. Balfe de l'avoir restituée.

Le poëme de *l'Étoile de Séville*, versifié par un homme qui a l'habitude d'écrire pour les musiciens, et s'est fait une spécialité de la traduction des libretti italiens, est bien coupé, et offre au compositeur d'heureuses occasions de se développer. — M. Balfe en a-t-il tiré tout le parti possible ? l'extrême rapidité avec laquelle sa partition a été composée — trois mois à peine — doit-elle être mise en ligne de compte? Le temps, nous le savons, ne fait rien à l'affaire. On peut écrire très-vite un bel air, et très-lentement un air détestable ; le résultat doit seul être regardé. Cependant, il ne faudrait pas confondre la facilité du génie avec la facilité du talent. Que Rossini laisse tomber sous son lit une page admirable, et en récrive une autre toute différente pour ne pas se donner la peine d'allonger le bras, c'est bien ; il dépense en dix minutes la concentration de dix années, et cette improvisation apparente est le fruit d'une immense étude antérieure.

M. Balfe, malgré son nom irlandais, est, à tout prendre, un Italien de l'école de Donizetti ; il en a toutes les formules et toutes les coupes ; c'est la même clarté élégante mais pâle, la même facilité souvent irréfléchie, le même orchestre agité et bruyant sans motif. A ces défauts, qui lui sont communs avec presque tous les compositeurs modernes d'au delà des monts, M. Balfe joint d'importantes qualités : il a de la mélodie, il écrit bien pour les voix, mérite très-rare aujourd'hui, où tout est sacrifié à l'orchestre. Chanteur agréable lui-même, il connaît le fort et le faible des larynx et ne donne à chacun que ce qui est dans ses possibilités.

En résumé, le concours de M. Balfe ne pourra qu'être utile à l'Opéra, qui trouvera en lui une inspiration toujours prête. — A défaut des génies, accueillons les talents. Ils ne sont pas déjà si communs. L'esprit qu'on affecte de mépriser tient lieu de bien des choses, et personne ne peut refuser à M. Balfe d'être spirituel.

Madame Stoltz a joué et chanté le rôle de l'Étoile de Séville avec son énergie ordinaire ; c'est même par là qu'elle pèche ; elle dépasse presque toujours le but ; elle est si nerveuse, si passionnée, si violente, ses yeux lancent de tels éclairs noirs dans sa figure pâle, qu'elle a plutôt l'air d'une Euménide, d'une Némésis antique, que d'une jeune fille qui veut venger son père. La rage implacable succède trop vite à la douleur ; heureusement, il est plus facile de se modérer que de s'exciter, et d'émonder une branche que de la faire pousser : l'excès est un beau défaut.

Gardoni a donné une grâce chevaleresque au rôle de don Sanche, le Cid d'Andalousie. Sa voix pure, bien timbrée, ayant toute la fraîcheur argentée de la jeunesse, se fait toujours entendre avec plaisir, et l'on ne pense pas à se plaindre d'un peu de mollesse et de timidité dans le jeu de l'acteur. Mademoiselle Nau a fait des prodiges de vocalise et de légèreté : ni madame Dorus, ni madame Damoreau n'ont mieux lancé le trille et la roulade.

ITALIENS. La *Semiramide.* — *Gemma di Vergi.* — La reprise de la *Semiramide* a été des plus brillantes. La *Semiramide* est, avec *Norma*, un des plus beaux rôles de Giulia Grisi, qui a l'ampleur babylonienne, l'air de commandement et la majesté qu'il faut pour représenter dignement la veuve de Ninus. — Il était curieux, pour les dilettanti, de comparer *Semiramide* à *Nabucco*. Nous n'avons ici l'envie d'établir aucun parallèle, il n'est pas possible. Dans *Semiramide*, Rossini a recomposé tout un monde, non pas par ces puériles imitations plastiques à la mode aujourd'hui, mais par les sentiments grandioses et les passions gigantesques qu'il éveille. En entendant cette musique étonnante, on voit s'élever avec les notes aiguës les huit tours entassées du temple de Bélus, les terrasses des jardins suspendus, les palais inondés de soleil; et, dans les notes basses, on démêle les plaintes des cités souterraines, le murmure sourd des populations enfouies dans les nécropoles de Ninus, tous les épouvantements des lieux inférieurs.

Rossini seul pouvait exécuter cette épopée colossale.

La *Gemma di Vergi*, de Donizetti, bien qu'elle n'ait pas encore été jouée en France, n'est pas un opéra nouveau. *Gemma*, dont le sujet est emprunté au *Charles VII* d'Alexandre Dumas, date de 1836, et a été représentée d'origine au théâtre de la Scala, à Milan, par madame Ronzi-Debegnis. Dix ans, ce n'est rien et c'est beaucoup, — en musique surtout, — car la musique est l'art qui contient la plus forte portion de mode et qui vieillit le plus vite.

Cet opéra, digne sous tous les rapports du talent de Donizetti, aurait obtenu du succès si l'on n'eût pas attendu si longtemps pour nous le faire connaître; *Lucia di Lammermoor* et les autres œuvres du maître ont défloré pour nous ce que *Gemma di Vergi* aurait pu avoir de neuf, et, bien que ce soit l'original, ne l'ayant vu qu'ensuite, il nous semble que ce soit la copie.

Il y a pourtant dans *Gemma di Vergi* des scènes largement traitées, de grands morceaux d'ensemble et des cavatines comme Donizetti sait les faire. A cet attrait se joint celui d'un chanteur nouveau : — Malvezzi, le ténor, est arrivé enfin, et il s'est montré au public à travers une épaisse couche de bistre dans la personne de l'Arabe Tamas, imitation italienne de l'Yaqoub de Dumas. C'est un beau jeune homme de vingt-sept à vingt-huit ans, qui chante à pleine poitrine avec une voix forte et sonore, richement timbrée et que l'étude assouplira.

THÉATRE-FRANÇAIS. *La Famille Poisson, ou les Trois Crispins.* — La famille Poisson a laissé des souvenirs historiques au Théâtre-Français : elle lui a fourni trois célèbres acteurs comiques, Raymond, Paul et Arnould Poisson, — le père, le fils et le petit-fils, qui, dit-on, excellaient dans les rôles de Crispin. Un quatrième Poisson, nommé Philippe, et frère aîné d'Arnould, fut aussi tenté par l'appât de la scène; mais il n'y mordit que médiocrement, et se fit poëte en désespoir de cause, comme son grand-père l'avait été en cumulant. — C'est le début d'Arnould, début longtemps contrarié, que M. Samson a pris pour sujet de sa pièce. — Le public est assez friand de voir les comédiens se jouer ainsi eux-mêmes; ce monde mystérieux des coulisses, qui s'agite derrière la toile, et dont une rampe de feu le sépare, a toujours été pour lui l'objet d'une vive curiosité. Nous ne partageons pas le goût général à cet égard, non parce que l'envers du rideau nous est connu de reste, mais parce qu'il nous répugne d'entendre les acteurs vanter immodestement leur caractère et leur profession, comme ils ont l'habitude de le faire dans les pièces dont ils sont les héros. Où cela nous a-t-il conduits ? A des panégyriques sans pudeur, à des personnalités telles que *Ravel en voyage* et *Déjazet au sérail!* — Cette observation, qui nous est suggérée par la comédie nouvelle, ne saurait, toutefois, lui être particulièrement appliquée. En prenant ses personnages parmi des gens de théâtre, M. Samson, nous devons le reconnaître, y a mis une louable discrétion, et, sauf une tirade didactique où l'on reconnaît le professeur au Conservatoire, rien dans l'ouvrage n'amène sur les lèvres du spectateur le mot de Sganarelle : *Vous êtes orfévre...*

Le jeune Arnould Poisson, fidèle à son origine, se sent invinciblement entraîné vers le théâtre; il a grandi dans l'espoir de recueillir un jour l'héritage des Crispins; mais son aïeul, qui, en vieillissant, est devenu dévot, et son père, qui craint de voir compromettre la gloire de son nom, l'ont forcé à prendre le métier des armes. Arnould a feint de se résigner; il est parti pour Lille, où son régiment tient garnison; puis, à peine arrivé là, il s'est fait délivrer un congé de réforme par l'entremise d'un protecteur puissant, et s'est engagé, sous le pseudonyme de Delarose, dans une troupe d'acteurs qui exploite la province du Maine. Sa famille ignore complétement cette escapade, car il a eu soin de laisser une douzaine de lettres postdatées entre les mains d'un ami fidèle qui, chaque mois, en expédie une de Lille à Paris. Tout va donc le mieux du monde. — Mais bientôt les lauriers de province ne suffisent plus à l'ambition d'Arnould : il rêve d'autres succès, il aspire au titre glorieux de comédien ordinaire du roi, et, un beau matin, il décampe du Mans sans tambour ni ni trompette pour venir solliciter un ordre de début au Théâtre-Français. Le jour même de son arrivée, Arnould obtient de paraître, à la place de son père, dans un rôle de Crispin. — Heureusement pour la vraisemblance de la chose, cela se passe, à la fin du XVIIe siècle; car M. Samson sait fort bien qu'on ne débute pas aussi facilement aujourd'hui à la Comédie-Française.

En attendant l'heure du spectacle, Arnould croit devoir rendre une petite visite à sa famille. Il se présente prudemment sous l'uniforme de Royal-Cravate, prévoyant bien que personne dans la maison, hors sa cousine Marianne, dont il est aimé, ne verrait d'un bon œil son changement de condition. Il se trouve qu'on a reçu, le matin même une lettre de lui, datée de Lille, laquelle n'annonçait en aucune façon qu'il dût arriver; mais cela s'explique; c'est une surprise agréable qu'il ménageait à ses chers parents. — Voici quelque chose de plus grave : le directeur du théâtre du Mans, qui s'est mis à la poursuite de son Crispin fugitif, vient prier son camarade Paul Poisson de l'aider dans ses recherches et de lui donner un gîte pendant son séjour à Paris. Il rencontre Arnould, un peu déguisé, il est vrai, mais pas assez pour être méconnaissable : « Grand dieu! que vois-je? C'est lui! c'est Delarose! » Notre Poisson se trouve pris dans ses propres filets. Cependant, il sort de là en payant d'audace : « Qué... qué... qu'est-ce que... De... De... Delarose? » balbutie-t-il d'un air ébahi; et, grâce à son talent de comédien, il joue le rôle de bègue avec tant de naturel, que le directeur finit par croire qu'il a été la dupe d'une ressemblance.

Pendant qu'il est en verve de ruses, Arnould raconte à son grand-père que, pour charmer les loisirs de la garnison, il avait monté à Lille un théâtre bourgeois, ou plutôt militaire, sur lequel on représentait ses pièces, à lui, Raymond, et notamment son *Baron de la Crasse*. Ce récit chatouille l'amour-propre du bonhomme, qui, oubliant sa conversion, fait répéter quelques scènes à son petit-fils, lui donne des conseils, l'applaudit, le reprend, et se voit forcé de convenir que le jeune drôle aurait fait un excellent acteur. — Enfin, l'heure du spectacle sonne; Arnould se rend au théâtre avec la fièvre d'un homme qui va jouer sa fortune, et cependant raffermi par l'excellente leçon que lui a donnée son aïeul. Mais Paul Poisson apprend que, sans l'avoir averti, on doit le faire *doubler*, ce soir-là, par un débutant dont il ignore le nom. Justement irrité de ce manque d'égards, il revêt à la hâte son costume de Crispin, et court revendiquer ses droits. Jugez de sa surprise lorsque, dans son rival, il reconnaît son fils, et de sa joie lorsqu'il l'entend saluer par des bravos frénétiques! Il n'a pas la force d'attendre que le rideau tombe pour se jeter dans ses bras; le public leur fait une double ovation et les reconduit triomphalement chez eux à la sortie du spectacle. — Bref, Arnould succède à son père; son titre de comédien ordinaire du roi le soustrait aux poursuites du directeur manceau, et, comme toute bonne comédie doit finir par un mariage, il épouse sa cousine Marianne, qui lui promet beaucoup de petits Poisson.

L'idée de cette pièce n'est pas neuve, et l'intrigue n'en est pas forte; l'auteur s'est un peu trop souvenu de *Carlin à Rome* et des *Vieux Péchés;* mais nous ne lui ferons point un crime de ces réminiscences, que le public a d'ailleurs applaudies : ce que nous lui reprocherons, c'est d'avoir écrit sa pièce en vers. Nous aimerions beaucoup mieux de simple et vile prose que des alexandrins comme celui-ci par exemple :

> Ta tête, tout ton corps se laissent trop aller.

Nous pourrions donner de nombreux échantillons de ce style rocailleux et vulgaire, que M. Samson prend pour de la poésie. Cet affreux charabia rimé n'est rendu à peu près supportable que par l'habileté des acteurs qui le traduisent, et M. Samson a, comme vous le pensez bien, magnifiquement choisi ses interprètes. Sans parler de lui-même, Provost, Regnier et mademoiselle Brohan forment une réunion de talents comiques capables de faire goûter de pires choses que la *Famille Poisson;* Provost surtout, dans le rôle du vieux Crispin, a puissamment contribué au succès. Quel naturel! quelle bonhomie et, en même temps, quelle finesse! Il a été tout simplement sublime.

C'est un grand, un très-grand acteur que Provost, et, si un pareil comédien se révélait aujourd'hui tout d'un coup, nul doute qu'il ne fît courir la foule au Théâtre-Français; mais, parce qu'il est arrivé à la perfection par l'étude, que ses progrès ont été de chaque jour, Provost, comme l'enfant que sa famille n'aperçoit pas grandir, s'est élevé à la hauteur des plus éminents artistes sans que, pour ainsi dire, le public y ait fait attention, et sa renommée n'est point populaire, et il joue, les trois quarts de l'année, devant des salles vides! Rendons-lui justice, du moins, nous qui devons, autant que possible, réparer les erreurs du public: Une chose bien remarquable pour tous ceux qui suivent et connaissent le théâtre, c'est que Provost, contrairement aux acteurs dont le talent a grandi par les recherches et par l'étude, possède un jeu franc, varié, simple et toujours large. — Que l'on aille voir Bouffé dans *la Fille de l'Avare*, et, toute proportion gardée entre les deux pièces, que l'on voie ensuite Provost dans *l'Avare* de Molière, puis qu'on nous dise pourquoi l'un de ces acteurs fanatise le public, et pourquoi l'autre en est presque délaissé.

29 décembre.

VARIÉTÉS. *Représentation extraordinaire.* —Mademoiselle Delphine Marquet dans les *Vieux Péchés*. — L'autre soir, une représentation extraordinaire aux Variétés offrait ce détail piquant d'une danseuse jouant un rôle parlé. La danseuse n'était autre que mademoiselle Delphine Marquet, de l'Opéra, qui s'est fait remarquer dans *Fenella* et dans la sultane de *la Péri* par sa pantomime dramatique et passionnée.

Nous n'avons rien à dire de la pièce, elle est connue de tout le monde. Le rôle de Gambetti est un des meilleurs de Bouffé, si ce n'est le meilleur; il s'y montre plein de finesse, de bonhomie et de verve. Arrivons tout de suite à mademoiselle Delphine Marquet.

Bien souvent, en assistant à la représentation des ballets, à la vue de ces yeux petillants de malice, de ces lèvres qui ne s'ouvrent que pour sourire, mais sur lesquelles semble voltiger une phrase indécise, la pensée nous est venue que le secret désir de toutes ces belles filles, sourdes-muettes volontaires, était de prononcer une parole, une syllabe seulement. A certains instants, on dirait qu'un cri part de leurs poitrines, bien qu'elles le reprennent avant qu'il arrive à leurs lèvres et qu'on n'entende rien. Cette agitation silencieuse devient pénible quelquefois. Le babil des pieds, l'éloquence des bras ne suffisent pas toujours et produisent un sentiment d'impatience nerveuse; on serait tenté de crier à la danseuse : « Eh bien, dis-le, ce mot qui te suffoque ! » La fantaisie qui a poussé mademoiselle Marquet à jouer un rôle de vaudeville est des plus naturelles. C'est le rêve de toutes les danseuses.—Leur mutisme leur pèse; ne serait-ce que pour connaître le son de leurs voix, elles seraient toutes curieuses de faire cet essai.—Si les hommes d'aujourd'hui n'étaient pas vingt fois plus bavards que les femmes, nous pourrions risquer ici une vieille plaisanterie sur la loquacité du beau sexe et sur l'héroïsme qu'il faut aux desservantes de Terpsichore pour renoncer à la parole.

Le début de mademoiselle Marquet, dans Ninette, avait cela d'intéressant qu'elle se représentait elle-même, Ninette étant une danseuse de l'Opéra. L'actrice se trouvait être précisément le personnage; on ne pouvait mieux choisir; et puis mademoiselle Marquet offrait le curieux mélange d'une grande habitude de la scène, d'une tenue parfaite, de gestes élégants et rhythmés avec une naïveté charmante de débit et d'intonation. — L'émotion inséparable d'un début — selon la phrase sacramentelle — ne la troublait que sur un point. Cette voix incertaine, accompagnée de ce geste sûr, cet aplomb dans cet embarras, cette habileté dans cette ignorance formaient un délicieux contraste. — Au bout de quelques minutes, rassurée par l'accueil bienveillant du public, accoutumé à l'applaudir ailleurs, mademoiselle Marquet a dit avec simplicité et justesse toute la partie parlée de son rôle. Sa voix est agréable; elle articule bien et se fait parfaitement entendre. — Quant à la partie dansée, elle allait d'elle-même. On n'est pas de l'Opéra pour rien; mademoiselle Marquet a fait voir, ce soir-là, qu'une danseuse intelligente contenait naturellement une actrice, et pouvait parler autrement qu'avec ses jambes. Une délicieuse toilette rehaussait le profil pur et les cheveux d'or de Ninette, malgré le préjugé qui condamne les blondes au bleu à perpétuité.

Le rôle d'Oscar était rempli par mademoiselle Alice Ozy, que le Vaudeville cédait pour ce soir-là aux Variétés, son ancien théâtre. Elle s'y est montrée espiègle et mutine comme d'ordinaire.

GYMNASE. *Le Marchand de Marrons.* — Cette pièce prouve la vérité de deux maximes également neuves : à savoir, qu'un bienfait n'est jamais perdu, et que les hommes d'esprit sont parfois très-peu spirituels.

MM. Duvert et Lauzanne sont heureux d'avoir eu Achard pour tirer leurs marrons du feu. Sans lui, nul doute que la pièce n'eût culbuté dès le premier acte; il serait difficile, en effet, d'y reconnaître les auteurs de *Riche d'amour;* le fond en est aussi commun que la forme : pas une scène, pas un trait agréable ne relèvent la fadeur de cet insipide imbroglio; c'est évidemment un *ours* et des plus mal léchés. — Nous souhaitons qu'Achard trouve bientôt une meilleure occasion de se montrer. Les rôles qu'il a créés au Gymnase ne lui ont pas été jusqu'à présent favorables. On dit qu'il est dépaysé, mais non; le talent est partout à sa place; seulement, il faut lui donner les moyens de se produire.

Nous vous apprenons la rentrée de mademoiselle Désirée. — Il paraît que c'est un gros événement, car l'affiche l'annonçait en lettres majuscules.

PALAIS-ROYAL. *Les Pommes de terre malades.* — Après les marrons, voici venir les pommes de terre; nous ne sortons pas du règne végétal. — Disons tout de suite que les tubercules du Palais-Royal ont été mieux goûtés que leurs farineux confrères du Gymnase, quoique le sel qui les assaisonne ne soit pas toujours très-attique. C'est une bonne grosse farce épicée de calembours, de jeux de mots, de coq-à-l'âne qui vous égayent peut-être malgré vous ; mais, enfin, l'on a si peu l'occasion de rire, qu'il ne faut pas regretter de céder à l'entraînement.

Cette sorte de pièces que l'on nomme des *revues* ne se prête guère à l'analyse, vous le savez ; la fable n'en est jamais le côté saillant. L'année dernière, M. Louis Nicolaïe, dit Clairville, qui semble avoir le monopole des *à-propos*, s'était emparé de l'idée d'un célèbre éditeur, et avait mis tout simplement en scène *le Diable à Paris*. Cette fois, ne trouvant pas dans la circulation un thème aussi heureux, il a eu recours à M. Dumanoir, qui lui a fourni le canevas de circonstance.

Les Pommes de terre malades auront, à coup sûr, de nombreuses représentations. Il y a de l'esprit, bien que le mot soit quelquefois brutal ; les couplets piquants y abondent, de ces couplets faciles et lestement tournés que l'on retient à la première audition. Nous avons reconnu là M. Clairville, qui s'est fait vaudevilliste, mais que la nature avait créé chansonnier. — Presque toute la troupe du Palais-Royal figure dans cette revue : ç'a été une des causes du succès, c'en est une aussi pour qu'il soit durable ; car chacun des acteurs du théâtre de M. Dormeuil a ses dévoués, ses fanatiques ; il y a ceux d'Alcide Tousez, ceux de Grassot, ceux de Sainville, ceux de Levassor, ceux de Leménil ; joignez-y les partisans de mesdemoiselles Nathalie et Scrivaneck, et vous aurez tout Paris.

CONCERT DE M. LIMNANDER. — La saison des concerts a commencé avec le mauvais temps. Le soleil fait chanter les rossignols, et la pluie fait chanter les musiciens. — Chaque oiseau a son printemps.

Une solennité musicale, qui ne peut être passée sous silence, est le concert qu'a donné dernièrement, au Conservatoire, M. Limnander, maestro belge d'un grand mérite.

Ce concert était exclusivement composé de la musique de M. Limnander, et avec raison, car les occasions de faire entendre ses œuvres au public sont si rares, même pour le compositeur riche et en état de réunir la masse d'exécutants nécessaire, qu'il fait bien d'en profiter résolûment et sans fausse modestie.

M. Limnander a fait de bonnes études, il sait son art à fond, et ses œuvres sont dignes de l'attention des hommes sérieux. Le farouche Habeneck n'a pas dédaigné de conduire lui-même l'orchestre et les chœurs : c'est tout un éloge.

L'Hymne à l'Amitié, chœur sans accompagnement, est d'une mélodie large et d'un beau caractère : en confiant l'exécution exclusivement à des voix d'hommes, M. Limnander a fait preuve de finesse et d'esprit, car l'amitié n'est pas un sentiment féminin.

Un autre chœur sans accompagnement, *les Enfants de la Nuit*, a fait plaisir.

La Fin de la moisson, fantaisie à grand orchestre en quatre parties, montre que M. Limnander connaît toutes les ressources instrumentales et sait en tirer parti. Le reste du concert consistait en morceaux ou fragments des *Scènes druidiques*, espèce d'opéra ou d'oratorio dramatique conçu en dehors des prévisions de la scène. Il y a un duo, un chœur de prêtresses, un chœur intitulé *Au gui l'an neuf*, qui prouvent que M. Limnander réussirait aisément au théâtre. Le chœur, chanté en sourdine, à bouche fermée, a produit beaucoup d'effet.

BALS DE L'OPÉRA. — L'autre soir, nous trouvant éveillé par hasard à l'heure du bal de l'Opéra, nous y sommes entré : c'était le bal d'ouverture, et notre métier de feuilletoniste nous impose le devoir d'assister à toute première représentation.

Le bal masqué nous a toujours attristé, on le sait. Nous nous promenions donc d'une façon assez maussade dans le foyer, encombré de monde, ayant à peine la place de tirer notre mouchoir pour nous essuyer le front, tant il faisait chaud. Nous nous croyions cependant bien aguerri contre la chaleur par nos exercices en Afrique, aux mois de juillet et d'août, en plein soleil, lorsqu'un de nos amis vint nous prendre et nous conduisit dans la salle, au pied de l'estrade des musiciens, pour nous faire voir Musard déchaînant le carnaval par un signe de son bâton de chef-d'orchestre.

Musard était là, morne, livide et grêlé, le bras étendu, l'œil fixe. Certes, il est difficile pour un prêtre de bacchanales d'avoir une figure plus sombre et plus sinistre ; cet homme, qui verse la joie et le délire à tant de folles têtes, a l'air de méditer une suite aux *Nuits* d'Young ou aux *Tombeaux* d'Harvey. Après cela, le plaisir qu'on donne, on ne l'a plus, et c'est sans doute ce qui rend les poëtes comiques si moroses.

Le moment venu, Musard se courba sur son pupitre, allongea le bras, et un ouragan de sonorité éclata soudainement dans le brouillard de bruit qui planait au-dessus des têtes; des notes fulgurantes sillonnaient le vacarme de leurs éclairs stridents, et l'on aurait dit que les clairons du jugement dernier s'étaient engagés pour jouer des quadrilles et des valses. Nous reconnûmes à ce sabbat triomphant la famille monstrueuse des instruments de notre ami Adolphe Sax. Les morts danseraient à une pareille musique. Figurez-vous qu'on a imaginé une contredanse intitulée *le Chemin de fer;* elle commence par l'imitation de ces horribles coups de sifflet qui annoncent les départs des convois; le râle des machines, le choc des tampons, le remue-ménage des ferrailles y sont parfaitement imités. Vient ensuite un de ces galops pressés et haletants près desquels la ronde du sabbat est une danse tranquille!

Un torrent de pierrots et de débardeuses tourne autour d'un îlot de masques stagnants au milieu de la salle, ébranlant le plancher comme une charge de cavalerie. Gare à ceux qui tombent!

Ce n'est donc qu'à ce prix qu'on s'amuse aujourd'hui; il faut, à force de gambades, de cabrioles, de dislocations extravagantes, de hochements de tête à se démonter le cou, se procurer une espèce de congestion cérébrale; cette ivresse de mouvement, ou délire gymnastique, a quelque chose d'étrange et de surnaturel. On croirait voir des malades attaqués de la chorée ou de la danse de Saint-Guy.

Nous avons assisté, à Blidah et dans l'aouch de Ben-Kaddour, aux soubresauts épileptiques des *aïssaouas*, ces terribles convulsionnaires; nous avons vu, à Constantine, la danse pour la conjuration des djinns; mais tout cela est modéré en comparaison de la *cachucha* parisienne!

De quels ennuis de pareils amusements font-ils le contre-poids?

Comme nous rentrions chez nous, nous vîmes descendre d'un estaminet une bande de quarante pierrots, tous costumés de même, qui se rendaient au bal de l'Opéra, précédés d'une bannière où étaient écrits ces mots : *Que la vie est amère!*

XI

JANVIER 1846. — Vaudeville : *V'là c'qui vient d'paraître!* revue de MM. Dennery et Clairville. — Le plaisir dans l'uniformité. — Une scène de bonne comédie. — L'avenir comme l'entend mademoiselle Ozy. — Gymnase : *la Loi salique*, par M. Scribe. — Un sujet scabreux. — Mademoiselle Rose Chéri. — Théâtre-Français : reprise de *la Ciguë* de M. Émile Augier. — Mademoiselle Solié, Maillard. — Odéon : *Diogène*, comédie de M. Félix Pyat. — La pièce. — Sa portée philosophique. — Bocage, mademoiselle Fitzjames. — Chiens et singes savants. — La vie humaine parodiée par les animaux. — Théâtre-Français : représentation pour l'anniversaire de la naissance de Molière. — Les pièces tombées dans le domaine public. — Droits des auteurs morts. — Caisse d'encouragement pour la littérature.

5 janvier 1846.

VAUDEVILLE. *V'là c'qui vient d'paraître!* — Voilà huit ou neuf ans que nous avons l'honneur de servir d'essayeur et de tâteur de pièces en cette bonne ville de Paris, et c'est vraiment par pure conscience que nous recommençons cette analyse, toujours la même, des revues de fin d'année.

Le compte rendu très-exact de *V'là c'qui vient d'paraître* doit se trouver dans la collection de nos feuilletons, à la fin de décembre 1844 ou au commencement de janvier 1845, et ainsi de suite en remontant plus haut pour chaque revue. — Ce que nous disons là n'est pas pour blâmer MM. Dennery et Clairville. Le public veut toujours la même chose, on lui sert toujours la même chose; c'est juste. A quoi bon offrir des potages à la bisque, des cailles en caisse, des quenelles à l'essence, des coulis d'écrevisses, à des gens pour qui le bœuf couronné de persil et relevé de moutarde, l'éclanche de mouton à moitié brûlée, sont un ordinaire suffisant?

On a tort de croire que la variété soit agréable à l'homme. La plupart des plaisirs ne sont que des habitudes, et la vie elle-même est une longue redite. Tout ce qui est neuf cause une sensation pénible, une sorte d'effroi, une répulsion instinctive; car nous sommes foncièrement paresseux. Une nouveauté nécessite un surcroît d'attention, un peu d'étude, et, par cela même, nous déplaît. On n'aime pas, en France, à être pris à l'improviste par une idée ou par une forme.

En réalité, Gavarni, Daumier et les petits journaux sont les seuls auteurs des revues, qui ne sont guère composées que de leurs caricatures et de leurs coups d'épingle mis en action; plus d'un bon mot mort-né excite là des rires posthumes, car le théâtre est en retard d'un an ou deux sur toutes choses : on s'y moque de ridicules défunts, de travers corrigés depuis longtemps.

MM. Dennery et Clairville ont symbolisé le passé, le présent et l'avenir. Amant représente le passé; mademoiselle Juliette, le présent; mademoiselle Alice Ozy, l'avenir; total : l'éternité! — Comme on voit, le cadre est vaste et pouvait se prêter à toutes les fantaisies possibles. Ces trois abstractions se contentent d'évoquer des almanachs : l'Almanach royal, l'Almanach du mois, l'Almanach diabolique, l'Almanach comique, l'Almanach des coulisses, l'Almanach des mystères, l'Almanach prophétique, l'Almanach des campagnes, l'Almanach d'Hetzel, etc., etc.

Il y a pourtant, parmi toutes ces entrées et ces sorties, une scène de bonne comédie, une scène à la façon d'Aristophane, et qui vaut, à elle seule, une pièce entière; c'est le dialogue de deux avocats plaidant pour une séparation de corps; Bardou et Leclère y sont d'une vérité complète, d'un comique achevé; on n'est pas plus Crapusot et plus Frémouillot que cela! Ils commencent par injurier leurs clients, puis ils s'injurient l'un l'autre, et, au moment où l'on croit qu'ils vont s'arracher les cheveux, ils se prennent la main en se disant : « Comme vous avez été beau, aujourd'hui!... Allons manger une douzaine d'huîtres et une côtelette ensemble. » Les plaidoiries doivent avoir été sténographiées : de pareilles choses ne s'inventent pas!

Mademoiselle Alice Ozy a costumé l'avenir comme elle se le figure, c'est-à-dire avec une couronne de diamants, des boucles d'oreille de diamants, une rivière de diamants, une châtelaine de diamants et des épis de diamants, — le tout véritable. Cette personnification de l'avenir, en vaut bien une autre, surtout lorsqu'on est assez jolie pour pouvoir la réaliser. Peut-être est-ce une fine allusion à la dépréciation future du diamant que doivent amener les nouvelles mines. Ce trait d'esprit n'est pas à la portée de tout le monde : il vaut deux cent mille francs !

GYMNASE. *La Loi salique.* — Pour le coup, M. Scribe a trop présumé de son adresse ou de la crédulité du public. Nous savons bien que le théâtre vit de conventions et que le vaudeville, en particulier, n'est pas rigoureusement soumis aux lois de la raison et de la logique ; cependant il ne doit jamais aller jusqu'à l'absurde. Quand on possède le talent ingénieux et les merveilleuses ressources de l'auteur du *Mariage de raison,* l'on peut se jouer avec bonheur de bien des difficultés ; mais il n'est pas permis de pousser l'invraisemblance aussi loin qu'il l'a fait dans *la Loi salique.*

Cela se passe en Danemark, à une époque nécessairement fabuleuse. Le jeune Christian, fils unique du dernier roi, vient d'atteindre sa majorité, et le conseil de régence s'apprête à lui remettre le pouvoir. Mais il y a, comme d'habitude, des mécontents et des jaloux qui conspirent contre l'héritier du trône. A leur tête est le duc ou plutôt la duchesse d'Oldenbourg, propre tante de Christian. Cette bonne parente, ne pouvant ambitionner la couronne pour elle-même ni pour sa fille Mathilde, à cause de la loi fondamentale du pays, qui ne veut pas que le sceptre tombe en quenouille, s'est rabattue sur un de ses frères, jadis exilé par le feu roi, et qu'elle se flatte de substituer à son neveu. Il ne s'agit que de trouver un Danois de bonne volonté qui se charge de tuer ou de faire disparaître le jeune prince dans les vingt-quatre heures. Justement, le hasard veut que cet homme se présente, et voici comment.

Christian a des goûts assez frivoles pour un futur roi de Danemark ; par exemple, il adore les fleurs, et, en se promenant dans les rues de Copenhague, il a remarqué une gentille bouquetière nommée Marguerite, qu'il a prise à son service, et qui est devenue sa confidente. Or, Marguerite est la fiancée d'un imbécile de marin, auquel la duchesse d'Oldenbourg n'a pas de peine à inspirer de la jalousie contre le roi ; elle le fait entrer dans ses projets, sous prétexte de lui fournir l'occasion de se venger. Il ne reste à Christian d'autre défenseur que le jeune Éric de Holstein, capitaine de ses gardes et son compagnon d'enfance. C'est un gentilhomme plein de bravoure, très-enclin à la galanterie, et même, sous ce rapport, un peu mauvais sujet, qui regrette de voir son prince montrer autant de répugnance pour la guerre que pour l'amour, mais qui ne lui en est pas moins dévoué corps et âme.

Le matin même du jour où il doit être proclamé roi de Danemark, Christian reçoit des mains du comte d'Oldenbourg une lettre que son père lui écrivait en mourant, pour ne lui être remise qu'à l'époque de sa majorité. — Nous nous demanderons ici pourquoi le comte d'Oldenbourg, qui conspire avec madame son épouse, ne songe pas à pénétrer le mystère de cette lettre confidentielle. Une telle réserve nous paraît assurément fort louable en soi ; mais, eu égard aux circonstances, elle est aussi peu naturelle qu'elle est impolitique. En effet, savez-vous ce que la lettre contient, ce qu'elle apprend au malheureux prince ? Une chose vraiment incroyable ! Elle lui apprend... qu'il n'est qu'une femme ! — *Qu'une femme*, l'expression n'est pas très-galante ; mais la loi salique l'est bien moins encore, et nous pardonnerons au roi défunt, puisqu'il a voulu la frauder.

Ainsi voilà une jeune fille, — une princesse ! — orpheline depuis longtemps, qui, par cela seul qu'elle a toujours porté des habits masculins, passe aux yeux de tous pour un garçon ! Une jeune fille qui est arrivée jusqu'à seize ans, ignorant elle-même son sexe ! — O vous, son ami d'enfance, comte Éric de Holstein, l'avez-vous donc si mal instruite par vos conversations, qui nous semblaient, à nous, plus que légères ? O statues des jardins de Copenhague ! ô tableaux des musées danois, étiez-vous donc si couverts de feuilles de vigne et si pudiquement voilés, que vous n'ayez pu dissiper sa naïve erreur ?

La chose a paru forte au public du Gymnase, et il s'est vivement récrié, malgré tout son respect pour M. Scribe.

A la lecture de la lettre de son père, Christian, c'est-à-dire Christine, se trouve mal et la laisse tomber à ses pieds ; Marguerite, qui survient en ce moment, découvre le fatal secret ; mais elle jure, bien entendu, de ne le révéler à personne, et Christine, revenue de sa première frayeur, prie la bouquetière de lui prêter pour un instant ses habits ; elle désire se voir sous le costume féminin, c'est bien naturel. « Venez, lui dit Marguerite, je vous servirai de femme de chambre. Mais, ajoute-t-elle par réflexion, vous êtes bien sûre, au moins, qu'il n'y a pas d'erreur? — Dame, je le crois, » répond Christine. Sur ce, les deux amies s'embrassent en riant comme des folles, et le marin, qui apparaît pour être témoin de cet épanchement, s'écrie d'un air mélodramatique : « Je le tuerai! » — Tel est le premier acte.

Au second, nous voyons Christine en femme; elle se mire, s'admire, et, sous les traits de mademoiselle Rose Chéri, elle a raison de se trouver jolie. Le hasard amène dans l'orangerie, où elle s'est habillée, le comte Éric de Holstein. Craignant de divulguer son secret, et curieuse en même temps de voir l'effet que produira la métamorphose, Christine fait accroire au jeune capitaine de ses gardes qu'elle est la sœur naturelle de Christian, et que son frère refuse de l'admettre à la cour. Éric, dont le cœur est, comme nous l'avons dit, très-inflammable, s'échauffe tellement au récit des malheurs de la prétendue délaissée, qu'il finit par tomber à ses genoux et par lui déclarer qu'il l'adore. — Le retour de la bouquetière vient heureusement sauver la dignité royale en forçant le galant gentilhomme à la retraite. Marguerite a vu son fiancé, le marin, et, grâce à l'explication qu'ils ont eue ensemble, elle a découvert le complot tramé contre la personne de Christian ou, si vous aimez mieux, de Christine. Celle-ci, dûment avertie, a donc tout le temps de se mettre en garde. Elle pourrait faire arrêter ses chers parents, le duc et la duchesse d'Oldenbourg; mais elle dédaigne d'en venir à cette extrémité, et feint de ne rien savoir pour se ménager une autre vengeance.

Cependant, les états de Danemark ont décidé que la cérémonie du couronnement serait célébrée le jour même. Une dernière formalité reste à remplir. Pour que la loi salique ne puisse être éludée, il faut qu'avant d'être déclaré apte à régner, l'héritier du trône... — Diable! comment vous dire cela honnêtement?... — Il faut que l'héritier du trône passe devant un conseil de révision... voilà ! — Mais alors, qu'espérait donc ce bonhomme de roi en déguisant sa fille? où la ruse devait-elle aboutir? — Répondez-nous, monsieur Scribe, sans trop d'indécence.

Christine sort de ce mauvais pas d'une façon assez adroite : elle abdique la couronne, puis conseille à la duchesse d'Oldenbourg, qui possède un parti puissant dans le sénat, de faire rapporter la loi salique, afin de pouvoir revendiquer le trône pour sa fille Mathilde. La duchesse trouve l'idée magnifique, et se hâte de la mettre à exécution.

Au bout de quelques minutes, c'est une affaire bâclée; le Danemark proclame la réhabilitation de la femme. Mais alors, comme vous le devinez bien, Christine fait valoir ses droits à la royauté, car c'est Christian et non pas elle qui a résigné le pouvoir. — Inutile d'ajouter qu'Éric devient le mari de la reine, et le matelot celui de la bouquetière.

Mademoiselle Rose Chéri a joué le rôle de Christian avec ce naturel, cette intelligence et cette grâce qui lui assignent le premier rang parmi les actrices de vaudeville. Elle nous a paru pourtant un peu embarrassée au premier acte, soit que le fâcheux effet produit par le costume qu'elle porte dans cette partie de la pièce, lui ait fait perdre de son assurance, soit qu'elle ait compris toute la fausseté du personnage qu'elle représentait.

Théâtre-Français. Reprise de *la Ciguë*. — La charmante comédie qui a révélé le nom de M. Émile Augier a quitté l'Odéon pour le Théâtre-Français. Elle n'est pas venue chercher les spectateurs : ceux-ci allaient très-bien la trouver au delà des ponts ; car, ainsi que l'a dit un poëte qui nous est cher,

> La distance à tous paraissait exiguë
> Quand, au bout de la course, on trouvait *la Ciguë*.

Mais c'est un procédé gracieux de MM. les sociétaires, qui veulent, avec raison, s'attacher un homme de talent par toutes sortes de bons procédés.

La Ciguë a eu autant de succès de ce côté-ci de la Seine que de l'autre, et l'avis de la rive droite a été celui de la rive gauche. On a revu avec plaisir cette œuvre d'une gaieté si douce, d'un style si délicat et d'un sentiment si poétique. M. Émile Augier, qualité bien rare, a la grâce dans le rire. Une fleur de jeunesse veloute le contour de ses figures. Hippolyte et Clinias font la plus aimable antithèse aux masques grimaçants des deux parasites, et semblent détachés d'un bas-relief athénien ou des peintures d'un beau vase grec.

Les rôles de Clinias et d'Hippolyte, confiés à Maillard et à la charmante mademoiselle Solié, ont été parfaitement tenus. Nous reprocherons, toutefois, à Maillard de détruire complétement la mesure du vers par la façon dont il prononce, ou plutôt dont il ne prononce pas les *e* muets. Rien n'est plus désagréable à l'oreille, et mieux vaut encore, ainsi que le fait Ligier, donner dans le défaut contraire : ce n'est pas harmonieux, mais, au moins, c'est juste.

12 janvier.

Odéon. *Diogène.* — Quand la toile se replie, une lueur matinale effleure les colonnades des Propylées; l'Acropole, portant à son front de marbre le Parthénon comme une couronne d'argent, se dessine dans la transparence azurée du beau ciel de l'Attique. Voici, près de l'autel de la Liberté, les statues d'Harmodius et d'Aristogiton; voilà le temple d'Hermès, dieu de l'éloquence et du vol; celui de Zeus au noir sourcil; là-bas, au fond, une fontaine effrange de sa vasque de marbre un cristal qui vient peut-être de l'Ilyssus.

Nous sommes sur l'Agora, dans la bonne ville d'Athènes. Personne n'est levé encore; de toute antiquité, les villes se sont levées tard.

Cependant, un homme débouche par l'angle d'une rue; ce n'est pas un Athénien assurément. Son air étonné et ravi trahit l'étranger, le provincial; il foule d'un pas respectueux les larges dalles du pavé; et promène partout des regards pleins d'éblouissement; cela suffirait pour faire voir qu'il n'est pas de la ville, si la poussière qui blanchit ses sandales, le bâton recourbé qu'il tient à la main, sa chlamyde succincte, et le pétase, en paille tressée, suspendu à son dos, n'indiquaient clairement un voyageur.

Ce voyageur, c'est Diogène à vingt ans, beau, souriant, candide, arrivant de Sinope, où l'histoire, cette médisante, prétend qu'il s'occupait à faire de la monnaie au-dessous du titre; Diogène, avec ses espérances, ses illusions et ses rêves. Il a encore ce beau privilége de la jeunesse : l'admiration! Il trouve tout beau, tout splendide, tout merveilleux ! Que de marbre, que d'or, que de palais, que de statues ! Comme la vie doit être aisée et bienheureuse dans une telle ville ! Il semble qu'il n'y ait qu'à se baisser pour puiser au pactole de l'opulence générale.

Comme vous avez pu le deviner, au peu d'embonpoint de la bourse qui pend à sa ceinture, plus ridée qu'une outre dont on a bu le vin, Diogène n'est pas un grand capitaliste; cinq ou six oboles composent tout son pécule; avec cela, on ne va pas loin, Diogène l'a compris; il faut qu'il prenne un état, mais lequel? Il est hardi, robuste, accoutumé à la fatigue, plein de courage, il se fera soldat. Défendre sa patrie, être un héros, quoi de plus sublime? Au moment où il prend cette résolution, il se sent tiré par le coin de son manteau : un vieillard écloppé, manchot, un tronçon humain lui demande l'aumône en tendant son moignon. C'est Cynégire, le même qui, à Salamine, mordait les galères perses avec les dents, après avoir eu la main coupée. — Périclès, moins grand que Louis XIV, n'avait pas eu l'idée des Invalides. Diogène donne à Cynégire une de ses oboles pour prix du conseil, et se dit : « Je ne me ferai pas soldat... Si je me faisais ouvrier? » se demande-t-il après une pause. Un brancard qui passe le dissuade promptement. C'est un pauvre maçon qui est tombé, en travaillant, du haut d'un palais et s'est cassé les reins. Ses camarades l'emportent; s'il n'est pas mort, il n'en vaut guère mieux. Cette leçon muette coûte encore une obole à Diogène, au profit de la veuve du malheureux.

Il a un instant l'envie d'être poëte, car il n'y a pas de sot métier, mais la vue de Sophocle octogénaire, que d'indignes fils traînent au tribunal pour le faire interdire, malgré les chefs-d'œuvre de sa verte vieillesse, l'*Œdipe roi* et l'*Œdipe à Colonne*, le dégoûte de cette fantaisie lugubre.

La sculpture le séduit; c'est un milieu entre l'inspiration du poëte et le labeur de l'artisan. — Il avise un être hétéroclite qu'à sa tenue négligée, à son aspect inculte et difforme, il soupçonne d'être un adorateur du beau, et lui demande où demeure Phidias, dont il veut devenir l'élève. « En prison, répond Sysippe, sous la prévention d'avoir détourné l'or employé dans sa magnifique statue de Pallas Athéné. Aussi, pourquoi fait-il des chefs-d'œuvre? — Mais en ne faisant pas de chef-d'œuvre?... — On ne serait pas encore en sûreté ; le public est si mauvais juge ! »

Le choix d'une profession devient de plus en plus difficile. « La philosophie est une belle chose, » continue Diogène dans son soliloque. Aussitôt, évoqué par ce mot de philosophie, défile un cortége éploré accompagnant un homme voilé de noir : c'est Socrate, qui va boire la ciguë comme coupable d'athéisme, d'après l'accusation de l'infâme Anytus. Platon quête pour acheter le coq que le condamné doit sacrifier aux dieux souterrains.

Diogène donne une obole pour le coq : il ne lui en reste plus qu'une. Il est temps de se décider ; mais, à coup sûr, Diogène ne sera pas philosophe.

Cependant, le crépuscule est venu, la nuit tombe. « Si je me faisais voleur ? » se dit le jeune citoyen de Sinope, déjà beaucoup moins naïf. Il n'a pas plus tôt formulé cette pensée, que deux gaillards s'élancent du temple d'Hermès, le poignard à la main, et lui demandent la bourse ou la vie. « Je ne possède qu'une obole, la voilà, » répond mélancoliquement Diogène en tendant le petit sac tout à fait dégonflé. Une obole pour deux voleurs, c'est bien peu ; aussi les larrons se gourment-ils entre eux pour savoir qui la possédera. Pendant le débat, la garde arrive, empoigne les deux coquins et garde l'obole comme pièce de conviction. « Si je me mariais ? Mais ce n'est pas un état... Quelle étrange ville que cette Athènes, où tous les métiers, le meilleur comme le pire, ont leur inconvénient ! Il y a vraiment là de quoi pleurer comme Héraclite, ou plutôt de quoi rire comme Démocrite : rire vaut mieux, car c'est plus triste. »

Notre Diogène en est là de sa rêverie, lorsqu'il voit un honnête chien, après s'être régalé de quelque rogaton trouvé dans les ordures, se désaltérer à l'eau de la fontaine sans avoir besoin de tasse, et se coucher en rond, la tête sous la queue, au bas d'un mur abrité du vent.

« Par Jupiter ! s'écrie Diogène, voilà un état tout trouvé. Je serai chien : c'est plus honorable et plus facile. J'aurai pour chambre la place publique, pour plafond le ciel, pour lit ce vieux tonneau, et, s'il arrive quelque accident à la voûte de mon palais, c'est Zeus qui se chargera des réparations ! »

Tel est, autant qu'on peut le rendre en quelques lignes, le sens général de ce prologue net et ferme, tracé de main de maître ; il n'y a là ni ficelles, ni planches, ni recherche de petites surprises, et, pourtant, l'effet produit a été très-grand. La simplicité de moyens, quand elle est soutenue de pensées et de style, est bien au-dessus de ces adresses vulgaires, de ces combinaisons mécaniques qui ont fait de l'art théâtral un jeu qui ressemble beaucoup trop aux échecs. Le public, déshabitué d'applaudir par l'insignifiance des pièces représentées, battait des mains à chaque trait étincelant, à chaque phrase incisive, c'est-à-dire presque à toutes les lignes.

La pièce ainsi posée, l'action s'engage, et le poëte nous transporte chez Aspasie, veuve de Périclès : elle donne une fête où l'élite d'Athènes figure, personnifiée par des types ou des noms célèbres. Comme les prétendants de Pénélope dans le palais d'Ithaque, les amants d'Aspasie, installés chez elle, veulent la forcer à nommer un successeur à Périclès : quelle qu'elle soit, la préférence de la belle hétaïre sera respectée. « Tu peux choisir parmi nous les yeux fermés, dit l'un des convives ; l'un est la puissance, l'autre la richesse ; celui-ci représente l'éloquence, celui-là représente l'art. Veux-tu de la jeunesse et de la beauté? préfères-tu de la force? Tu ne saurais faire de souhaits que nous ne réalisions. — Je t'éterniserai en marbre ou en airain, tu seras déesse de par mon ciseau, crie l'affreux Lysippe. — Avec moi, tu gouverneras la République, dit Gorgias le banquier; car l'argent, c'est le pouvoir. — Je suis beau, fait Alcibiade dans tout l'éclat de sa beauté. — Moi, beugle Milon de Crotone en faisant saillir les muscles de ses bras noueux, je tue un bœuf d'un coup de poing, et je le mange. »

Aspasie n'est pas émue par toutes ces déclarations, et c'est à tort que la petite Laïs, amoureuse d'Alcibiade, tremble que le choix ne tombe sur l'élégant débauché. La belle Aspasie est en proie à cet ennui des courtisanes qui ont abusé de tout, à cette satiété de l'or et du plaisir, plus amère que la pauvreté, car à la pauvreté il reste le désir! Dans ces beaux seigneurs si vains de leur mérite, vrai ou faux, rien ne la réveille, rien ne pique sa curiosité, rien ne trouble son esprit ou son cœur, elle les sait sur le bout du doigt; aussi s'accoude-t-elle sur ses coussins de l'air le plus excédé du monde. Le nom de Diogène, amené par un hasard de conversation dont profite Laïs, jette dans la tête d'Aspasie un de ces caprices de femme blasée qui doivent être satisfaits sur-le-champ, sous peine de pamoison et d'attaques de nerfs. — Vite on envoie chercher Diogène, qui ne vient pas. Le cynique diffère des tondeurs de chiens en cela qu'il ne va pas en ville. Jugez de l'étonnement inquiet d'Aspasie : elle a eu une fantaisie, et cette fantaisie n'est pas exécutée sur-le-champ ! Aspasie a dit à quelqu'un : « Venez ! » et ce quelqu'un n'est pas venu ! A dater de ce moment, elle se sent déchue de son pouvoir ; le charme est brisé ; ces grandes victorieuses ne se relèvent pas d'une défaite. Elle s'enveloppe de ses voiles et se dirige, accompagnée de ses courtisans, sur la place où Diogène reçoit ses visiteurs. « Il va vous mordre, lui dit-on. — S'il était enragé, quel bonheur ! » répond-elle.

Le cynique ne laisse pas échapper une si belle occasion d'aboyer et de mordre. Quelqu'un a l'imprudence de lui demander ce que signifie cette lanterne allumée en plein jour : « Je cherche un homme, » répond Diogène, heureux de pouvoir placer son mot historique. — Qu'on nous permette d'ouvrir ici une parenthèse purement archéologique. La lanterne de Diogène avait-elle un verre ? Question grave ! Une feuille de tôle nous paraîtrait plus vraisemblable ; car il est douteux que, quatre cent vingt-neuf ans avant Jésus-Christ, le verre à vitre fût inventé. — Chacun a son coup de croc, et plutôt deux qu'un. Quand vient le tour d'Aspasie, la colère du cynique n'a plus de bornes. « Comment as-tu l'audace de sortir ainsi, couverte d'un luxe fait de la misère publique ! Tes perles sont les larmes du peuple cristallisées ; tes rubis, des gouttes de sang figé. » La pauvre courtisane, éperdue de douleur et de honte, détache ses bracelets, ôte son voile chargé d'or et en fait don à la patrie et aux indigents. Malheureusement, ou heureusement, Aspasie est une de ces femmes qui s'enrichissent en s'appauvrissant, et qui se parent en ôtant leurs bijoux. Diogène, frappé de tant de beauté, s'arrête au milieu de sa diatribe ; et il fait bien, car on ne sait pas à quelle légèreté de toilette le repentir pourrait amener cette Madeleine anticipée. — Brave Diogène, tu cherchais un homme, tu as trouvé une femme ; c'est mieux ! A travers les douves de ton tonneau, Eros t'a percé le cœur d'une de ses flèches à pointes d'or.

Le chien, redevenu homme, comprend maintenant le but de la vie, l'amour. Toutes les nobles ambitions s'emparent de son âme ; il veut être illustre et puissant ; il veut faire le bien et le beau. Il brigue le titre d'archonte. Son élection semble devoir ne souffrir aucune difficulté ; patriciens, bourgeois, militaires, gens du peuple sont disposés à donner leur suffrage au cynique, mais chacun met à son vote une petite condition infâme, si bien que Diogène, indigné, retourne à son tonneau, plus grondeur et plus rogue que jamais. Cette déconvenue ne diminue en rien la tendresse d'Aspasie, qui le consolerait et au delà. Cette douceur lui est ôtée : Alcibiade, outré d'avoir été supplanté par ce qu'il appelle un animal immonde, a suborné Hyperbolès, le voleur du premier acte, qui s'est fait homme de loi, — on empire toujours en vieillissant. — Hyperbolès accuse Aspasie de sacrilége pour avoir violé avec lui un vœu de chasteté fait à Diane, vœu qu'il ignorait alors, et demande contre elle la peine de mort. Aspasie, voilée, accuse le sycophante de lui avoir pris un bracelet. « Je n'ai jamais pris de bracelet, » répond naïvement Hyperbolès. Aspasie relève son voile. « Comment t'aurais-je volée ? Je ne t'ai jamais vue. — Vous l'entendez ! cet homme, qui se prétend mon complice, ne m'a jamais vue ; je suis Aspasie. » L'innocence de l'hétaïre est reconnue, et Diogène en fait dans sa tonne une cabriole de joie. Hyperbolès aura la langue coupée. Une langue de rhéteur et de faux témoin, il n'y a pas grande perte.

La pièce a été écoutée d'un bout à l'autre avec ce respect que commande toute œuvre honnête, exécutée sérieusement et où respire le plus pur amour de l'art. Les faiseurs lui reprocheront, sans doute, de n'être pas assez charpentée ; mais, comme dans le *Diogène* de M. Félix Pyat, l'intérêt roule sur l'idée, nous en trouvons l'action très-suffisante. Plus de complication nuirait aux développements philosophiques qui ressortent invinciblement du fond même de l'ouvrage.

Maintenant, quel est le sens de cette comédie où M. Félix Pyat, à travers la bouche de bronze du masque antique, qui lui est déjà familier, fait la critique des hommes et des choses de son temps, ou plutôt de tous les temps ?

Diogène, qui vient de la campagne à la ville, et s'appauvrit d'une obole à chaque rencontre, ne symboliserait-il pas l'humanité passant de la sauvagerie ou rusticité à la fausse civilisation, et ne trouvant rien qui la dédommage de la perte de ses droits naturels? Diogène, n'est-ce pas la jeunesse payant d'une de ses illusions chaque nouvelle expérience? Ne vaut-il pas mieux vivre comme les animaux dans les bois, que comme les hommes dans les villes? Jean-Jacques aurait-il raison? Le seul honnête homme de la pièce est un chien; la seule honnête femme, une courtisane. Pour être pur, faut-il donc habiter un tonneau? pour être dévouée, faut-il donc s'appeler Aspasie ou Madeleine? C'est un paradoxe qu'on est bien tenté de soutenir lorsqu'on a soulevé le masque des diverses hypocrisies qu'on baptise du nom de vertus, et qu'on a vu, sous les visages de carton peint, fourmiller hideusement les vers de la corruption.

Hélas! si M. Pyat avait fait huit actes au lieu de six, nous aurions vu peut-être Diogène banquier et prêtant à la petite semaine, Aspasie disputant Alcibiade à Laïs; car rien n'est vrai dans ce monde, pas même le désintéressement du cynique, pas même le repentir de la fille de joie.

La pièce est montée avec tout le soin possible. — Bocage, chargé du rôle principal, l'a composé avec cette intelligence de l'idée générale et ce soin des détails qui font de lui un de nos meilleurs acteurs philosophiques. Peut-être le désir d'être incisif lui donne-t-il quelquefois un débit trop âpre, trop saccadé, un jeu fébrile et nerveux. Qu'il se calme, et il produira plus d'effet encore.

Mademoiselle Fitzjames, qui jouait Aspasie, a su être belle et noble, surtout dans la scène où elle se défait de ses bijoux.

19 janvier.

Chiens et singes savants. — Il y a en ce moment, dans le pavillon où se donnaient autrefois les concerts du Jardin-Turc, un spectacle, qui, pour ne pas être du domaine ordinaire de la critique, n'en offre pas moins d'intérêt. L'examen des acteurs bimanes employant presque toutes ses colonnes, il est rare que le feuilleton descende à parler des honnêtes caniches et des braves macaques qui, par l'emploi bien gradué du fouet et du morceau de sucre, en sont arrivés à posséder des talents dont bien des hommes sont privés.

Est-il beaucoup de poëtes qui sachent se présenter, saluer la compagnie et faire la révérence à la maîtresse de la maison comme ce barbet qui semble rire dans ses moustaches, et dont l'œil presque humain épouvante d'intelligence? Ce cercopithèque, dont la queue proprement roulée et ficelée est contenue par une culotte de velours épinglé, n'a-t-il pas toutes les manières d'un vrai marquis? ne dirait-on pas qu'il vient du petit lever de la Dubarry? Comme il fourre, avec un air de grand seigneur, sa patte velue dans l'interstice de son gilet élégamment débraillé! comme il tire de sa poche la petite bonbonnière remplie de pastilles, en offre aux dames, et résiste vertueusement à la tentation de fourrer le tout dans ses bajoues, comme ferait un singe qui n'aurait pas suivi les académies!

Cette parodie de la vie humaine par des animaux est profondément comique. Decamps en a tiré un merveilleux parti : ses singes cuisiniers, virtuoses, peintres, amateurs de tableaux, sont d'excellentes caricatures pleines d'humour et de philosophie.—Les acteurs du Jardin-Turc se moquent terriblement de nous, avec ou sans intention.

Le théâtre où ont lieu ces exercices est aussi grand qu'une salle de vaudeville ; il y a un orchestre, des décorations, une installation dramatique complète.

Quand la toile se lève, le théâtre représente un paysage d'Afrique, ciel couleur potiron, palmiers comme à la devanture des pharmaciens, aloès du plus pur vert-de-gris.

MM. les singes sont à table; leur cornac se tient par derrière comme le médecin de Sancho Pança dans l'île de Barataria, sans doute pour les empêcher de compromettre leur santé par quelque excès de gourmandise.

Arrive un jeune sapajou habillé en pâtissier; il apporte dans un panier des gimblettes et autres friandises, au grand contentement des convives, dont les yeux petillent de joie, et qui brochent des babines avec la plus grande activité. Les voyages multipliés du pauvre sapajou ne peuvent suffire à leur consommation, et, si le maître n'intervenait, il se donnerait assurément une indigestion.

Rien n'est plus risible que la mélancolie avec laquelle le singe de service détache, quand on ne le regarde pas, les bavures de la bougie et les avale piteusement.

Un des singes, le plus gros et le plus méchant, est habillé en capitaine ; il montre son passe-port, tire son sabre et le remet dans le fourreau, tout cela de fort mauvaise grâce, car son état le plus habituel semble être l'exaspération.

Le repas desservi, on passe à un autre tableau. Le théâtre représente l'Afrique plus que jamais, et nous assistons aux exercices de trois Auriols de l'espèce canine qui travaillent, la tête en bas, sur les pattes de devant. Le chien-tigre est celui des trois clowns qui a obtenu le plus de succès, bien qu'il soit, au dire du maître, d'une espèce très-difficile à dresser.

Le théâtre ne cesse pas de représenter l'Afrique, et nous voyons défiler l'infanterie comique. Le général est un singe monté sur un chien ; les soldats sont des chiens ayant le fourniment, le sac sur le dos, qui se suivent comme des capucins de cartes, celui qui est derrière appuyant sa patte sur l'épaule de celui qui est devant. Au moindre faux pas du chef de file, toute la rangée tombe de la façon la plus grotesque et essaye de se replacer avec des contorsions à faire pouffer de rire.

Le voyage de madame Patafia succède à cette revue. Madame Patafia est une jeune levrette pleine de coquetterie et d'élégance, aux manières aristocratiques, qui demande sa voiture d'un air de duchesse, et se promène en affectant un dédain nonchalant, un ennui de bon goût qu'envieraient plus d'une petite-maîtresse. Pendant le trajet, une roue se casse, la voiture verse, madame Patafia s'évanouit ; son groom et son cocher, singes pleins d'égards et d'humanité, l'emportent respectueusement hors de la scène.

Le théâtre, sans doute pour flatter notre amour-propre national par une allusion à la conquête d'Alger, ne se lasse pas de représenter le site d'Afrique que nous avons décrit avec le soin qu'il mérite.

Le sapajou pâtissier du commencement s'est élevé à la dignité d'acrobate. On lui met du blanc d'Espagne aux mains de derrière, un balancier aux mains de devant, et il exécute tous les tours de force d'un danseur de corde accompli, et cela parfaitement en mesure.

Le gros singe acariâtre et grognon, dont nous avons déjà parlé, fait, tout en rechignant et en montrant les dents à son maître, des merveilles sur une balançoire lancée à tout essor. Il estramaçonne, tire des coups de fusil, remet son sabre au fourreau, opération fort difficile au milieu des oscillations de l'escarpolette.

Le spectacle se termine par l'attaque et la prise du fort de Mazagran. — Nous avons négligé des intermèdes où l'on voit un bouledogue dont la physionomie rappelle les traits gracieux de feu Milord, en son vivant, chien de Jadin, et collaborateur des *Impressions de voyage* d'Alexandre Dumas. — Ce bouledogue, à l'instar du célèbre Marocain, connu pour la force de sa mâchoire, s'enlève dans une roue d'artifice.

Faisons ici cette remarque que tous les intermèdes, entremêlés de pétards et de feu de Bengale, sont confiés exclusivement à des chiens. — Les singes ont un goût médiocre pour la fusillade, ce qui prouve leur esprit.

En somme, ce spectacle exclusif des singes et des chiens n'est pas sans quelque monotonie ; pourquoi se restreindre à ces deux sortes d'animaux? Comme Grétry, qui, dans cette fameuse ouverture où dominaient les cordes graves, aurait donné un louis pour entendre une chanterelle, on donnerait quelque chose pour voir un perroquet, un poisson, un être un peu moins homme que le chien ou le singe... Après tout, les animaux ne sont-ils pas beaucoup plus intéressants avec leurs manières et leurs allures naturelles? Pourquoi forcer un brave singe à être aussi peu comique qu'un homme, aussi maladroit qu'un baladin?

26 janvier.

Théâtre-Français. *Représentation pour l'anniversaire de la naissance de Molière.* — Si nos lecteurs veulent bien nous le permettre, nous leur communiquerons quelques idées qui nous sont venues l'autre jour, à propos de la représentation donnée par le Théâtre-Français pour célébrer l'anniversaire de la naissance de notre grand poëte comique.

Cette représentation se composait du *Tartufe* et du *Malade imaginaire*, pièces tombées, comme on dit, dans le *domaine public*, ce qui dispense de payer des droits d'auteur, la salle fût-elle comble comme elle l'était l'autre soir. Ce n'est pas là, croyez-le bien, un des moindres charmes de Racine, de Corneille, de Molière et de Voltaire... aux yeux des comédiens et des éditeurs. — Nous nous sommes demandé souvent si ce motif n'avait pas contribué pour beaucoup à multiplier les représentations et les éditions d'ouvrages dont nous goûtons, d'ailleurs, les beautés plus que personne. Cette question nous a conduit à une autre. Pourquoi les pièces des grands poëtes défunts ne seraient-elles pas rémunérées, chaque fois qu'on les joue, d'une somme proportionnelle à la recette, comme celles des écrivains de notre époque?

Mais, nous objectera-t-on, à qui reviendrait cet argent? La propriété littéraire est, de toutes, la plus difficile à régler, car elle a un côté général et public. Aux descendants? Ils n'existent plus, sont dispersés ou introuvables. — La filiation de ces glorieux ancêtres fût-elle facile à suivre, ce ne serait pas là notre idée.

Les vrais fils des grands maîtres ne sont pas les enfants de leur chair, ce sont ceux de leur esprit. Chaque maître, poëte ou sculpteur, a sa famille intellectuelle, ses petits-neveux, nés souvent à de longs intervalles, de la lecture d'une tragédie, de la vue d'un tableau ou d'une statue; glorieuse fraternité qui traverse les siècles et rapproche les âges! — Aux enfants selon la chair, les gains immédiats, le profit tiré de l'œuvre paternelle, l'héritage direct des biens amassés. — Aux enfants selon l'esprit, à la postérité intellectuelle, le revenu de la gloire posthume.

Expliquons-nous.

Nous trouverions juste que les sommes provenant des droits d'auteurs, payés aux ombres de Corneille, de Molière, de Racine, de Voltaire, de Marivaux, de tous ceux, enfin, dont l'héritage n'est réclamé par personne, fussent recueillies et consignées dans une caisse destinée à former un budget particulier d'encouragement et de secours pour la littérature, les beaux-arts ne s'occupant guère que de peinture et de sculpture.

Sur ce fond, qui ne créerait aucune nouvelle charge, on pourrait donner aux poëtes de talent d'honorables subventions qui les mettraient à même de se livrer tout entiers à leur art et d'en atteindre la perfection; on fonderait une espèce de Prytanée, que l'on ouvrirait aux littérateurs illustrés par quelque chef-d'œuvre; on prendrait des primes ou des récompenses à distribuer aux plus méritants ; on ferait des essais hasardeux ; on dirait à un poëte : « Voici quarante ou cinquante mille francs, faites-nous trois ou quatre comédies, nous choisirons la meilleure. »

Qui rougirait d'accepter un argent venant d'une source si pure? qui ne tendrait pas avec une reconnaissante humilité, la main à l'aumône de Molière ou de Corneille? D'ailleurs, le service reçu, on le rendrait soi-même plus tard à d'autres. L'œuvre achevée avec ce secours aiderait dans la suite les œuvres futures. Quoi de plus noble et de plus digne?... Puisque le temps des Mécènes est passé, et que le peu de fonctions littéraires que notre époque comporte, est dévolu ordinairement à des hommes politiques, ne serait-ce pas là une belle et sainte institution? Le génie patronnant le talent, le passé relié au présent et le présent à l'avenir ; les morts rendus utiles aux vivants, et ne faisant plus périr les jeunes fleurs dans l'ombre de leur tombe ; la dignité de l'homme de lettres assurée, tels sont les résultats qu'on obtiendrait par cette mesure bien simple et dont l'exécution aurait pour premier avantage de faire jouer les chefs-d'œuvre des maîtres avec tout le soin et tout le luxe possible.

Chose singulière! on donne aux théâtres d'énormes subventions pour encourager l'art, et l'on n'a pas fait la réflexion toute naturelle, qu'il vaudrait mieux subventionner les auteurs, car ce sont les pièces qui font les théâtres. Un gouvernement, qui donnerait par an au Théâtre-Français quatre tragédies et quatre comédies remarquables, lui ferait un plus beau cadeau qu'en lui accordant deux cent mille francs de subvention.

Ce fonds formé des droits payés aux auteurs morts serait employé à cela. Les jeunes gens qui ont des dispositions dramatiques et ne sont pas nés avec vingt-cinq mille livres de rente, pourraient alors résister aux séductions lucratives de la littérature facile. Le Minotaure de la périodicité ne dévorerait pas, chaque année, cinquante jeunes muses envoyées d'Athènes.

On a beau dire, personne ne se nourrit d'air, pas même le caméléon, malgré le dicton espagnol, et la main qui écrit, pour vivre, cinquante mille lignes de prose dans ses douze mois, est fatiguée lorsqu'il faut prendre le stylet du poëte et buriner des vers. On ne peut pas crier toute la journée la marée par les rues, et, le soir, aller soupirer au théâtre la *serenata* de *Don Pasquale*. Traîner des charrettes dans la boue et savoir qu'on peut voler dans le ciel est un supplice que Dante n'a pas mis dans son *Enfer*, et dont Schiller a fait son admirable ballade de *Pégase à la charrue*. Le moyen que nous proposons épargnerait cette torture à bien des jeunes âmes qui se découragent et s'en retournent n'ayant pas dit leur mot.

Si l'on avait pensé plus tôt à cette détermination, quelle somme énorme eût été déjà recueillie! — et ce que nous disons du théâtre peut être étendu jusqu'à la librairie : plusieurs millions gagnés par des gens qui n'y avaient aucun droit, auraient pu être employés au profit de la littérature et de la gloire nationales.

Voilà ce que nous pensions l'autre soir en nous promenant dans le foyer de la Comédie-Française, et il nous semblait que les yeux vides des bustes nous regardaient d'un air amical, et que ces braves demi-dieux nous faisaient des sourires blancs comme on peut les faire avec des lèvres en marbre de Paros ou de Carrare.

XII

FÉVRIER 1846. — Opéra-Comique : *les Mousquetaires de la Reine*, paroles de M. de Saint-Georges, musique de M. Halévy. — Cirque-Olympique, *le Cheval du Diable*, féerie de M. Villain de Saint-Hilaire.—*La Peau de chagrin* de M. de Balzac. — Abus de la tirade. — Zisko. — Décorations. — Vaudeville : *Carlo Beati*. — Arnal dépaysé. — Odéon : *l'Alcade de Zalamea*, imité de Calderon par MM. Samson et Jules de Wailly. — Le vers de huit syllabes au point de vue scénique. — Gymnase : *le Mardi gras*, par MM. Laurencin et Clairville. — La vérité sur l'hôtel des Haricots. — Opéra : *Lucie de Lammermoor*, paroles de MM. Alphonse Royer et Gustave Vaëz, musique de M. Donizetti. — Résurrection de Duprez. — Donizetti. — Gymnase : *Georges et Marie*, par MM. Bayard et Laya. — Début de Bressan. — Théâtre-Français : *la Chasse aux Fripons*, comédie en vers, de M. Camille Doucet. — La comédie de mœurs contemporaines. — Vaudeville : *les Dieux de l'Olympe à Paris*, par MM. Jules Cordier et Clairville. — Irrévérence des auteurs. — Théâtre-Historique : le privilége. — Du monopole théâtral. — Le grand public et le petit public.

9 février.

OPÉRA-COMIQUE. *Les Mousquetaires de la Reine.* — Nous avons beaucoup entendu parler de mousquetaires gris, de mousquetaires noirs et de mousquetaires à pied ; mais y a-t-il jamais eu des mousquetaires *de la reine?* — Grave question, sur laquelle nous prierons Alexandre Dumas de nous éclairer, à la première occasion.

Quoi qu'il en soit, le libretto de M. de Saint-Georges est fécond en situations musicales, sinon très-vraisemblables au fond, et juste assez intéressant pour ne pas absorber l'attention du public aux dépens de la partition. — Décidément, ce titre des *Mousquetaires* porte bonheur : il a fait que le librettiste était en veine, la troupe des acteurs en voix, et le compositeur en verve, — triple et rare coïncidence qui a produit un grand succès.

L'ouverture est très-remarquable. M. Halévy est, depuis longtemps, passé maître en fait de combinaisons harmoniques ; nul ne connaît mieux que lui toutes les ressources de l'instrumentation, et ici la science se marie heureusement à l'abondance de motifs et à la fraîcheur d'invention. L'habile compositeur a résolu le problème si difficile de contenter les artistes et les gens du monde : les uns pourront admirer de beaux travaux d'orchestre, et les autres, rentrer chez eux en fredonnant un motif.

Cirque-Olympique. *Le Cheval du Diable.* — Quel que fût notre désir de nous amuser au *Cheval du Diable,* la chose nous a été réellement impossible. Ce n'est pas que l'administration ait rien épargné en fait de décorations, de mise en scène, de costumes, de danse et de magnificences de toutes sortes ; mais le poëme, le livret, si vous l'aimez mieux, ne valait absolument rien, et la peau la plus satinée ne peut rendre gracieuse une ostéologie difforme. — Il faut, même dans une féerie, du bon sens, de la logique, une idée suivie d'un bout à l'autre, et c'est malheureusement ce qui manque au *Cheval du Diable.*

Il est singulier qu'avant de monter une de ces immenses machines théâtrales qui coûtent six mois de travaux et une centaine de mille francs de dépenses, on ne fasse pas cette réflexion bien simple : « Commandons un canevas, dussions-nous le payer mille louis, à Victor Hugo, à Lamartine, à Dumas, à de Musset, aux plus grands poëtes de ce temps-ci. Qu'ils y déploient à toute envergure les ailes de leur fantaisie, et nous nous chargeons ensuite de rendre leurs rêves réels ; comme le directeur du prologue de *Faust,* nous mettons à leur disposition le connu et l'inconnu, la terre et le ciel, l'enfer et le paradis. »

Ce ne serait pas trop, en effet, de l'un de ces talents illustres pour composer un livret féerique comme nous l'entendons. Au lieu de cela, M. Gallois a été choisir M. Villain de Saint-Hilaire, littérateur fort recommandable, sans doute, mais qui manque absolument d'imagination pittoresque.

La donnée du *Cheval du Diable* est empruntée à *la Peau de chagrin,* de M. de Balzac, qui a déjà fourni tant de thèmes de pièces aux faiseurs, sans pouvoir être lui-même accepté franchement au théâtre.

Le dialogue prend, dans cet ouvrage, une part beaucoup trop longue. Le Cirque oublie qu'il est, avant tout, un spectacle oculaire. La parole ne doit être pour lui qu'une pantomime plus claire et plus brève ; il faut que les décorations, les marches triomphales se succèdent avec la rapidité du rêve. Coupez impitoyablement toute phrase qui tient la place d'un cheval, toute scène qui empêche ou retarde un combat à la hache ou au sabre ; que les changements à vue se multiplient, que les montagnes se lèvent, que les nuages s'abîment, que l'Océan écume sur la rampe, que l'on passe des sables du désert aux glaces du pôle, de l'enfer au ciel, sans trêve, sans arrêt. C'est là ce qui fait l'originalité du Cirque, cet opéra de l'œil ; mais, pour Dieu ! ne venez pas dévider péniblement devant nous de longs écheveaux de phrases filandreuses. Nous avons bien assez des tragédies, des drames et des mélodrames pour suffire à notre consommation de tirades. — L'attrait du Cirque consiste précisément dans l'absence, ou, tout au moins, dans l'insignifiance de la parole ; le hennissement vaut mieux.

Malgré ces observations, fondées sur le vif intérêt que nous portons à la prospérité du Cirque, *le Cheval du Diable* renferme trop d'éléments de curiosité pour ne pas attirer longtemps la foule. Zisko, dans la hiérarchie chevaline, est un acteur de premier ordre, un Talma à quatre pieds, un Frédérick Lemaître à tous crins ; l'animal élevé à cette hauteur devient presque humain. Ce qu'il a fallu de soins, de patience, de génie, pour arriver à faire jouer, dans une pièce, par un cheval souvent abandonné à lui-même, un rôle que bien des figurants baptisés seraient embarrassés de remplir, est vraiment prodigieux : Zisko emporte une princesse à fond de train, des frises jusque sur la rampe ; Zisko découvre un chevalier félon, le traîne par les dents au tribunal du comte de Flandre et le tue à coups de sabot ; il met en déroute un troupeau de morses et d'ours blancs en soufflant contre eux des artifices par les naseaux ; il va chercher l'enfant de l'empereur dans le repaire du brigand Han d'Islande, où l'on ne peut parvenir qu'en franchissant un pont de chaînes de fer suspendu sur l'abîme ; il danse la tarbouka devant les populations émerveillées de Damas, et se précipite dans l'enfer en exécutant un galop vraiment infernal.

Le tour le plus étonnant est celui où Zisko passe sur le pont de chaînes, surtout si l'on se représente l'horreur qu'ont les chevaux pour les planchers qui, par leur résonnance, peuvent inspirer des doutes sur leur solidité; c'est même là, dit-on, ce qui a causé les retards apportés à la première représentation. Zisko se refusait à passer sur les chaînes, et ce n'est qu'au bout de plusieurs jours de raisonnements et d'observations qu'il s'est déterminé. L'entêtement de l'âne est proverbial, celui du cheval n'est pas moindre, et, d'ordinaire, il est mieux fondé. Si Zisko n'avait été logiquement convaincu qu'il pouvait franchir le pont sans péril, on l'aurait tué plutôt que de le faire avancer d'un pas, et il eût fallu renoncer au *Cheval du Diable.*

Zisko, sans être d'une beauté de formes accomplie, a de l'élégance et de la distinction. Son œil, où semble luire une âme, scintille à travers l'éparpillement farouche de sa crinière et donne à sa tête une intelligence sympathique. Sa robe, d'un blanc bizarre, est ocellée de taches brunes et sabrée de raies noires, comme un pelage de panthère qui se serait mêlé à celui d'un tigre. Ces bizarreries sont-elles naturelles ou produites par une *grime* adroitement faite? C'est ce que nous ne pouvons définir. Le résultat est que Zisko, ainsi chamarré, a l'air passablement satanique.

Parmi les décorations, nous citerons la forêt du premier acte; la vue de la cathédrale de Cologne, le site d'Hislande couvert de neige et tout plein de glaçons, l'intérieur du palais de Damas, et l'enfer final, où fourmillent toutes les créations grotesques, effrayantes ou monstrueuses des tentations de Callot et de Teniers. — On a nommé, pour les décorations, MM. Thierry, Martin, Wagner et Guerchy. M. Thierry, frère du charmant et judicieux critique de ce nom, est, en outre, un peintre de chevalet remarquable, et nous avons eu souvent occasion de nous occuper de lui dans nos revues du Salon. Son début dans la décoration est des plus brillants.

VAUDEVILLE. *Carlo Beati.* — La toile se lève... la scène est vide, et un monsieur tout de noir habillé, comme le page de Malbrouck, s'avance d'un air consterné jusqu'à la rampe. — O ciel! que va-t-il nous dire? Quelle désastreuse nouvelle allons-nous apprendre? Arnal, voulant faire peau neuve par excès de coquetterie, s'est-il dérechef brûlé la figure avec une lampe à gaz portatif? Madame Doche a-t-elle été prise de quelque indisposition subite?

Le malheur n'est pas si grave. — Le monsieur annonce qu'Arnal, *légèrement enroué*, réclame l'indulgence du public. O Arnal! nous ne vous aurions pas cru si ténor que cela. Vous n'en serez que plus comique; la pureté de l'organe ne vous est pas nécessaire pour faire rire.

Au reste, Carlo Beati ne nous paraît pas un rôle dans les moyens d'Arnal; ce petit-collet galantin, ce prestolet demi-jésuite, arrière petit-neveu de Tartufe, exigerait une taille mince, une figure poupine, de la finesse masquée d'étourderie, le sourire de Chérubin sur les lèvres, et, dans l'œil, le regard profond de Basile. Le propre du talent d'Arnal est de patauger à travers l'action, emportant les toiles d'araignée de l'intrigue, dérangeant tout, renversant tout, faisant pousser les hauts cris à l'assistance avec l'air étonné et naïf d'un chien qui folâtre à travers un jeu de quilles; mais il n'a rien de ce qu'il faut pour ourdir des machinations et faire des nœuds au fil d'un imbroglio. Sa fatuité est trop comiquement expansive pour garder un secret, à moins que ce ne soit celui de quelque vengeance burlesque.

Est-il vraisemblable qu'Arnal en culotte courte, bas de soie, frac noir à petit collet, perruque poudrée, et portant une rose à la boutonnière, ait conseillé à une jeune fille, amoureuse d'un officier français, de sortir par la petite porte du parc et de se rendre à la chapelle du bord de la mer, où se trouve un ermite prêt à les marier, et, à la faveur de la nuit et d'un manteau, se fasse passer pour cet officier et épouse lui-même la trop confiante jeune personne? N'est-ce pas là un trait mélodramatique tout à fait hors des mœurs d'Arnal, et qui ne peut être commis que par un traître en bottes à cœur et en pantalon gris?

Cet hymen à l'aveuglette se bâcle en moins de cinq minutes; — au théâtre, on va vite. — La jeune personne rentre dans le parc et trouve l'officier, Léonard, très-étonné de s'être marié à son insu. Terrible perplexité! Qui peut avoir ainsi épousé Juliette frauduleusement? comment éclaircir ce mystère? Une vieille tante, qui a conçu quelques doutes sur la candeur de Carlo Beati malgré ses airs papelards et ses mines confites, le soupçonne du tour, et, par un stratagème adroit, parvient à savoir la vérité. Elle raconte à Carlo Beati que, poussée par une passion romanesque, elle s'est, par une nuit obscure et sous un voile épais, unie à celui qu'elle aime. A cette révélation foudroyante, Carlo Beati, malgré toute sa dissimulation, ne peut s'empêcher de tomber à la renverse. Se trouver possesseur légitime d'une chauve-souris au lieu de la jeune fauvette qu'on avait cru encager, le coup est rude ; aussi maître Carlo se donne-t-il un mouvement du diable pour faire casser le mariage ; alors l'officier reparaît triomphant, et peut épouser Juliette, qui, cette fois, va à l'autel en plein midi, de peur de se tromper encore. — La moralité de cette pièce nous a paru être celle-ci : à savoir qu'une vieille tante, si ridicule qu'elle soit, peut encore servir à quelque chose.

La seule scène qui ait fait rire, c'est celle où le malheureux Carlo Beati croit être uni indissolublement à sa trop tendre quadragénaire ; on ne saurait imaginer un plus profond désappointement, un plus tragique désespoir. Il y a de quoi ! au lieu de madame Doche, épouser madame Guillemin !

16 février.

Odéon. *L'Alcade de Zalamea*. — *L'Alcade de Zalamea*, de MM. Samson et Jules de Wailly, n'est pas une pièce nouvelle, il s'en faut de beaucoup. Ce sujet, si dramatiquement traité par Calderon, devait séduire les faiseurs ; aussi, à diverses époques, et sur différents théâtres, a-t-on représenté des alcades plus ou moins de Zalamea, avec un succès variable selon le talent des auteurs.

On ne saurait contester aux arrangeurs de *l'Alcade de Zalamea* l'habitude du théâtre et l'adresse scénique ; cependant, ils nous semblent avoir complétement méconnu le sens et le caractère de la pièce de Calderon, qui n'est, en quelque sorte, que la dramatisation d'un fait réel, *historia verdadera*, comme le dit Crespo dans l'espèce de couplet au public qui termine toutes les comédies espagnoles.

Un capitaine enlève et déshonore la fille d'un alcade de village ; il est pris, jugé, condamné à mort par le père outragé, après avoir refusé de réparer sa faute ; le roi survient, approuve la sentence que Crespo a pris sur lui de faire exécuter, et le nomme alcade perpétuel de Zalamea.

Voilà le drame espagnol dans toute sa simplicité grandiose. MM. Samson et Jules de Wailly, nous ne savons pourquoi, ont substitué un dénoûment heureux à ce dénoûment terrible; alors où est la moralité et le but de la pièce? Que devient ce spectacle effrayant du capitaine étranglé assis sur une chaise, en *dado garrote*, comme le dit la note de prose insérée dans le texte avec sa concision sinistre? On y perd la sublime réponse de Crespo au roi, qui lui demande, l'exécution admise, pourquoi il n'a pas fait décapiter don Alvar de Ataïde, à qui sa qualité de capitaine et de gentilhomme donnait ce droit : « Sire, les nobles se conduisent si bien ici, que notre bourreau n'a pas appris à décoller. »

Nous regrettons que MM. Samson et Jules de Wailly n'aient pas adopté le parti de la fidélité, le seul qui puisse donner de la valeur à une œuvre de ce genre. M. de Wailly doit pourtant être de cet avis, lui qui a fait une traduction si scrupuleusement exacte des poésies de Robert Burns. Ces messieurs, dont l'un est un versificateur habile, auraient dû aussi ne pas mettre en prose la poésie de Calderon.

Nous serions heureux, à propos de cela, de voir jouer une comédie espagnole rendue, non pas en alexandrins, mais en vers de huit syllabes, rhythme employé par Lope de Vega, Calderon, Rojas, Alarcon, etc., etc. Ce vers, bref, souple, dégagé de césure, nous paraît admirablement propre aux familiarités, aux brusqueries et aux ellipses forcées du dialogue dramatique.

L'hexamètre, bien qu'admirablement assoupli par les grands maîtres modernes, a une espèce de solennité symétrique qu'il est bien difficile de toujours dissimuler. De plus, comme c'est le mètre le plus fréquemment en usage, tous les effets qu'il peut offrir sont à peu près épuisés. Il a été retourné de tant de manières, qu'il est presque impossible de ne pas retomber, en s'en servant, dans les hémistiches tout faits, dans les bouts-rimés inévitables. Le vers octosyllabique, que les poëtes n'ont pas travaillé à ce point de vue, — du moins depuis la renaissance des lettres, car beaucoup de *moralités* et de *sotties* sont écrites sur ce rhythme, — doit se prêter à toutes sortes de combinaisons nouvelles, de coupes, d'enjambements, d'enlacements de rimes inusités, admettre une infinité d'expressions, de tournures de phrase, d'idiotismes rejetés par le vers alexandrin, divisé en deux compartiments qui hachent la pensée et amènent les circonlocutions et les chevilles.

GYMNASE. *Le Mardi gras.* — Ce vaudeville, en sa qualité de *vaudeville gras*, a aussi peu le sens commun que possible. Nous ne lui en ferons pas un reproche, il est dans son droit ; il en use et fait bien. A quoi bon chercher une intrigue, des mots, des couplets, lorsque tout cela peut être remplacé avec avantage par le cancan et l'air de *Larifla fla fla?*

Seulement, comme ce vaudeville pourrait induire « la majorité des Français » en erreur, relativement à l'hôtel Bazancourt, vulgairement appelé hôtel des Haricots, nous le discuterons avec le sérieux qu'il mérite et l'autorité d'un homme compétent dans la matière.

MM. Laurencin et Clairville sont probablement des gardes nationaux zélés et modèles ; car, d'après leur œuvre, on doit croire qu'ils n'ont jamais vu le lieu où ils font passer leur action, ou, pour parler plus correctement, leur manque d'action.

Dans l'hôtel des Haricots de MM. Laurencin et Clairville, on voit des réfractaires, empoignés à la sortie du bal, se livrer à toutes sortes d'excentricités carnavalesques, absolument comme s'ils étaient au pied de l'orchestre Musard. On leur apporte des malles pleines de déguisements, de bouteilles de vin de Champagne et de chaloupeuses cachées ; des bandes de pierrots et de pierrettes viennent leur rendre visite ; on rit, on chante, on boit, on mange, on polke, on exécute mille variations sur le thème éternel du cancan : c'est une vraie bacchanale, un charivari d'enfer, une ronde de sabbat, où ne manque pas même le Diable avec ses cornes.

Honnêtes citoyens qui, séduits par ce tableau menteur, seriez tentés de ne pas monter votre garde pour être admis à jouir des délices d'une si joyeuse prison, écoutez la vérité :

Discite justiciam moniti et non temnere divos!

Les malheureux confinés à la maison d'arrêt de la garde nationale, loin d'avoir la liberté que MM. Laurencin et Clairville leur supposent, sont tenus au secret absolu vingt heures sur vingt-quatre ; on leur applique dans toute sa rigueur le système cellulaire, qui semble trop dur aux philanthropes pour MM. les parricides et les chourineurs. Ils n'ont pas de feu, même en hiver, et doivent se contenter de la chaleur très-problématique d'un calorifère à qui nous avons trouvé les qualités d'un énergique ventilateur. Les lumières sont impitoyablement soufflées à huit heures et demie ou neuf heures, et si, à l'aide d'un briquet phosphorique, vous rallumez votre bougie, la clarté vous trahit au dehors, car les fenêtres grillées n'ont ni rideaux ni volets, et le gardien de ronde monte immédiatement l'éteindre. La seule récréation accordée est de descendre, de midi à quatre heures, au préau ou dans le parloir, où les visiteurs ne sont admis qu'en présence d'un surveillant et sur des permissions difficilement accordées par l'état-major.

Quant aux orgies, voici à quoi elles se réduisent : Les détenus sont obligés de manger seuls, et il ne leur est délivré qu'une seule bouteille de vin par jour, à leurs frais, bien entendu ; on ne permet à la cantine que le café et la bière. Ce régime n'est pas incendiaire, comme vous le voyez. Si vous avez été pris sans argent, vous avez toutes les facilités pour mourir de faim, car on ne délivre pas de ration aux prisonniers. Pour peu que vous soyez récalcitrant et tapageur, on vous met au *carcere duro*, c'est-à-dire dans une cellule obscure, et l'on vous prive de descendre à l'heure de la récréation.

On a ensuite inventé, à l'usage des scélérats qui n'ont pas monté leur garde, un supplice qu'on épargne aux plus grands criminels : l'incertitude... Qu'un bandit, après avoir coupé son frère ou sa sœur en petits morceaux, soit condamné à vingt ans de travaux forcés, à cause des *circonstances atténuantes* que le jury a bien voulu admettre, on lui dit : « C'est quatre lustres de Rochefort ou de Toulon qui vous reviennent... » Mais le forçat de l'hôtel Bazancourt ne sait jamais combien de temps il doit passer sous les verrous ; au moment où il croit qu'il va sortir, on lui déclare une nouvelle condamnation de quarante-huit heures, puis une autre de soixante et douze heures, et ainsi de suite. Cette incessante occupation du captif, compter les jours, les heures, les minutes qui le séparent de l'instant de la délivrance, est interdite au garde national prisonnier. Nous ne comprenons pas le but de cette barbarie sournoise. — C'est ainsi que nous avons été retenu onze jours de suite et réintégré trois fois dans notre cellule pour des condamnations qu'on démasquait au fur et à mesure.

Ce tableau n'est pas aussi agréable que celui que nous ont présenté MM. Clairville et Laurencin, mais nous en garantissons la vérité. Nous ne parlons pas de la dureté des lits, de la grossièreté des chaises, de l'horrible peinture chocolat et potiron des cachots, qui contrariait tant notre ami Alphonse Karr et à laquelle le numéro 14, dont Hetzel a fait graver les illustrations, fait une exception unique; ce sont de menues tortures qui ne valent pas la peine qu'on les détaille. En voilà assez pour convaincre les gens les plus naïfs que pourrait allécher l'hôtel des Haricots fantastique du Gymnase, de la nécessité d'obéir aux injonctions de leur sergent-major avec la même exactitude que les Turcs aux firmans du padischah.

Si, par cette peinture lugubre, nous détournons quelque âme honnête du piége tendu par MM. Laurencin et Clairville, nous croirons avoir bien mérité de nos concitoyens.

Cela posé, nous pouvons dire que Rébard et Achard sont, dans cette bluette sans conséquence, d'une folie étourdissante.

23 février.

OPÉRA. *Lucie de Lammermoor.* — *Duprez.* — S'il est au monde une chose triste, c'est le spectacle de la décadence du talent. Pour notre part, rien ne nous afflige comme de voir un artiste se survivre à lui-même, et se promener par la ville, âme absente, flacon vide, parfum évaporé. La mort réelle n'est rien à côté de cela; on peut jeter des couronnes sur un tombeau. Mais rentrer dans la foule après avoir été un nom, une gloire; sentir s'éteindre l'inspiration dans le cerveau, la voix dans le gosier, l'auréole autour de la tête, exciter le rire ou la pitié après avoir soulevé les applaudissements et l'envie, quel supplice peut être comparé à celui-là !

Quelquefois le public est injuste, et, s'éprenant d'un caprice passager pour quelque nouveau venu, il dédaigne une célébrité acquise par vingt ans de travaux. Le cœur de l'artiste saigne de cette ingratitude; mais il se révolte et proteste contre elle; il sait que l'affront est immérité, et que le jour de la réparation n'est pas loin. La vraie, l'incurable mélancolie, c'est de comprendre qu'on a perdu le don, c'est de ne pouvoir plus se faire à soi-même l'effet qu'on produit encore aux autres. Il y a des étoiles fixes dont la lumière met quatre ou cinq mille ans à nous parvenir et dont l'obscurcissement ne serait appréciable à nos yeux qu'au bout de plusieurs centaines de siècles. Tel de ces clous d'or dont nous admirons le scintillement dans la sérénité des nuits, a peut-être été arraché du dais céleste par la main mystérieuse, le jour de la création de notre globe terraqué ; vos regards sont encore éblouis ; mais le pauvre astre déchu sait bien qu'il a été dépouillé de sa couronne de rayons, et roule, opaque et désespéré, dans les profondeurs sombres de l'immensité.

Voilà, toute proportion gardée d'un soleil à un cerveau, l'histoire de plus d'un génie ; et qu'on ne vienne pas nous dire que l'amour-propre est là avec ses illusions. Les grands artistes sont modestes jusqu'à l'humilité : non de cette modestie hypocrite et bête qui n'est qu'une manière de forcer l'éloge ; mais la comparaison de leur œuvre à leur désir, du résultat à l'idéal, les met au-dessus des mesquineries de la vanité. Personne ne sait mieux qu'eux ce qui leur manque et n'en souffre davantage.

Si une telle situation est horrible, c'est surtout pour un acteur obligé de paraître chaque soir devant la rampe et que le prestige de ses triomphes passés peut protéger à peine contre l'injure et le sifflet. Un rhume, un enrouement, les cordes du larynx trop tendues ou trop relâchées, et voilà ce chanteur, plus payé que quatre maréchaux de France, qui tenait le monde suspendu à ses lèvres et dont le timbre d'or faisait vibrer les plus délicates fibres féminines, qui n'est plus qu'un homme ordinaire, le premier ou le dernier venu, moins qu'un poëte, s'il est possible. On fait de lui des déplorations, les croque-notes parlent de son *la* ou de son *ut* défunt, les Bossuets des gazettes musicales prononcent son oraison funèbre, et la foule des ténors de province retient des places aux diligences.

Nous-même, nous nous étions rendu à l'Opéra le soir de la première représentation de *Lucie de Lammermoor*, avec cette curiosité triste qui s'attache aux luttes des athlètes vieillis, chez qui l'adresse et le courage suppléent la force : Milon affaibli, tentant de fendre un chêne et se tordant les mains prises entre les deux portions rejointes, sous les morsures des bêtes féroces, est un spectacle douloureux mais noble ; mieux vaut finir dans un suprême effort que de traîner une vieillesse impuissante et déshonorée ; cette fois, le Milon du chant a réussi dans sa périlleuse épreuve ; il a déchiré le tronc du haut en bas, et a pu échapper aux loups de la critique, tout prêts à le dépecer s'il fût resté les poignets pris.

Lucie de Lammermoor a été pour Duprez une résurrection ; au troisième acte, la salle enthousiasmée l'a redemandé à grands cris, pendant plus de dix minutes, et, à la fin de la pièce, on lui a fait une ovation véritable. Jamais public ne fut plus agréablement surpris. Il s'attendait à une de ces agonies musicales auxquelles l'illustre ténor l'a fait trop souvent assister. — Les plus modérés s'étaient dit, en souvenir d'autrefois : « Nous ne sifflerons pas, » et voilà que l'artiste dont on désespérait s'est relevé tout d'un coup à la hauteur de ses débuts, et a obtenu un triomphe des plus éclatants et des plus mérités !

Le rôle d'Edgard a été joué d'origine en Italie par Duprez, comme chacun le sait, et il y produisit un effet dont le retentissement arriva jusqu'en France, à une époque où l'on était encore bien moins renseigné qu'aujourd'hui sur ce qui passait au delà des monts, dans les théâtres lyriques, et où le nom du ténor, célèbre depuis, était, pour ainsi dire, inconnu. C'est, à coup sûr, une de ses plus belles créations. Il s'y est montré tendre, passionné, plein de force, d'énergie, et surtout sympathique. Et pourtant il avait à lutter contre Rubini et Mario, si accomplis tous deux et si merveilleusement doués. — Bien que créateur du rôle, il venait pour nous le dernier, et avait à effacer dans les esprits deux impressions récentes et profondes. Sublime chose que l'art ! L'Edgard de Duprez ne ressemble ni à celui de Rubini, ni à celui de Mario. C'est le même personnage, mais c'est une autre âme : les trois grands artistes ont su être diversement admirables !

Quelle stupéfaction profonde a régné dans la salle lorsque des notes pures, vibrantes et pleines se sont élancées en frémissant de ce gosier qu'on croyait tari ! car ce n'est pas par un escamotage habile, par un de ces prodiges de science, qui valent peut-être la voix qu'ils remplacent, que Duprez est parvenu à cet immense effet. Il a chanté réellement. Le mauvais génie, qui depuis si longtemps lui étreint le cou de ses doigts de fer, a ouvert la main ; il est désensorcelé.

Pendant cette représentation d'un succès si inattendu, une idée nous traversait la tête. Nous nous disions : Il faut croire que toute la faute n'en est pas à Duprez, puisque, à la première musique italienne qu'il chante, la voix lui revient; le vacarme algébrique des opéras modernes n'est pas fait pour des poitrines humaines. Le cuivre, le bois et la corde à boyau peuvent seuls y résister. C'étaient ces opéras qui n'avaient pas de voix et non Duprez. — Toutes les fois qu'on lui a donné une mélodie, il a chanté. *Guillaume Tell* ne l'a jamais vu médiocre.

La scène de la malédiction, la scène du désespoir, qui est à elle seule tout le quatrième acte, ont été rendues par Duprez avec un feu, une âme et un pathétique au delà de tout éloge. Il est impossible de trouver des accents à la fois plus déchirants et plus harmonieux.

C'est avec une joie véritable que nous constatons cette glorieuse renaissance. Rien n'est plus pénible pour nous, esprit essentiellement admiratif, que d'avoir à blâmer un virtuose émérite. Nous savons par expérience quelle morsure corrosive fait la critique sur la blessure toujours à vif que tout artiste porte à son flanc. Que de fois, au risque de paraître négligent ou mal au courant des choses, avons-nous gardé le silence, faute d'avoir du bien à dire. Il est bien entendu que nous n'avons cette déférence respectueuse que pour le génie ou le talent ; la médiocrité prétentieuse nous trouvera toujours impitoyable.

A propos de *Lucie*, puissions-nous bientôt aussi annoncer une autre résurrection. L'âme harmonieuse qui trouva ces beaux chants sommeille, obscurcie et fatiguée, traversée de rêves étranges, qui vont se dissiper sans doute ; la fraîche rosée d'une nouvelle aurore la réveillera de son assoupissement, et la mélodie reviendra babiller sur ces lèvres d'où ne sortent plus que des mots sans suite. Voilà le secret de ces facilités prodigieuses : une fatigue immense et pour résultat la folie !

GYMNASE. *Georges et Marie.* — *Débuts de Bressan.* — La salle du Gymnase était pleine hier, des baignoires au paradis, ce qui ne lui arrive pas souvent, même les jours de première représentation. La curiosité était excitée d'une manière assez vive, non par la pièce, mais par l'acteur. — Il y a une huitaine d'années de cela, Bressan, qui était un très-joli jeune premier, fit une pointe vers la Russie, où il devint l'objet d'une vogue extraordinaire, traduite en appointements de quarante-cinq mille francs, — des appointements de ténor! Le voici de retour, les uns disent par raison de santé, l'âpre climat de Saint-Pétersbourg ne lui étant pas favorable; les autres pour des raisons mystérieuses et romanesques qu'il ne nous appartient pas d'approfondir.

Ce laps, comme on dirait en style d'Arnal, n'a pas laissé de traces sensibles sur le fugitif ; il a évité l'obésité, cet écueil des amoureux de théâtre, et, s'il a moins de jeunesse, il a plus de mélancolie, plus de pensée dans le regard. C'est le jeune premier le plus convenable qu'on puisse voir : il se met bien, sans recherche ridicule, et a tout à fait l'air d'un homme du monde; sa tenue est parfaite, sa diction juste et chaleureuse quand il le faut, et il est vraiment dommage qu'il ait eu à lutter contre une pièce aussi ennuyeuse que celle qu'on lui a faite pour ses débuts. — Avec un rôle seulement passable, il eût produit un très-grand effet, puisqu'il a réussi à sauver les deux actes de MM. Bayard et Laya.

Ce vaudeville, du genre impatientant, car il repose sur une phrase qu'on ne dit qu'au bout de deux actes et qu'on devrait dire dès la première scène, ne nous paraît pas destiné à fournir une bien longue carrière. — On peut bien galvaniser les morts et les faire tenir debout un instant, mais ce sont toujours de mauvais marcheurs.

Théâtre-Français. *La Chasse aux Fripons.* — Faire de la comédie de mœurs est une entreprise hasardeuse, surtout aujourd'hui; le thème des péchés capitaux a été retourné sur toutes ses faces et ne peut plus rien fournir. Les types qui suffisaient à l'ancien théâtre doivent être rejetés désormais. Ces espèces de masques derrière lesquels le poëte se cachait pour parler au public, ne satisferaient pas notre besoin de réalité. — Au lieu de ces abstractions qui s'appelaient Orgon, Éraste, Isabelle, Mascarille, et qui représentaient symboliquement les personnages du drame éternel, il nous faut des individus ayant des noms propres, une position constatée, des habits vrais ; et, si l'auteur pouvait indiquer le numéro de la maison qu'ils habitent, et le chiffre des impositions qu'ils payent, la pièce gagnerait infiniment dans l'esprit de beaucoup de spectateurs positifs.

L'art ne peut s'accommoder de cette fidélité de daguerréotype ; il a besoin de synthèse, d'ellipses, d'exagérations. Il lui faut la perspective, les raccourcis, les partis pris de clair et d'ombre : un tableau n'est pas un miroir ; sans cela, l'on tombe dans le travers de ces écrivains qui imitent si scrupuleusement la phraséologie des portiers, qu'il vaudrait autant entendre de véritables portiers.

Une autre question se présente aussi : comment doit être écrite la comédie de mœurs contemporaines ? En prose ou en vers ? Pour notre part, nous ne croyons pas que les habitudes actuelles se prêtent à la poésie, ou même à la versification. Sans doute, on peut toujours clouer une rime au bout d'une ligne, et, comme Rameau qui mettait en musique la *Gazette de Hollande*, verser toute sorte de prose dans le gaufrier alexandrin ; mais à quoi bon donner la forme métrique à des idées qui n'ont ni lyrisme, ni caprice, ni fantaisie, et s'évertuer à renfermer dans un certain nombre de syllabes des banalités courantes, que cette gêne rend encore plus ridicules ?

Le patois que nous parlons tend de plus en plus à s'éloigner du français ; la correction semble de la pédanterie, et bientôt le style littéraire aura besoin de commentateurs, et ne sera compris que des savants ; c'est ce qui fait que la comédie de mœurs, obligée de reproduire les locutions et les formes du dialogue bourgeois, ne peut se plier aux exigences de l'art et de la poésie. — Les vaudevillistes, avec leur style de rencontre, leurs idiotismes, leur charabia, sont beaucoup plus près qu'on ne pense de la vérité. On se demande où est la comédie de notre époque ; elle n'est ni au Théâtre-Français, ni à l'Odéon ; elle est aux Variétés, au Palais-Royal, au Gymnase, au Vaudeville, éparpillée en petits actes, griffonnée par le dernier venu, dans l'insouciance parfaite de toute théorie et de toute pratique. C'est dans cet immense répertoire, qui rappelle le débordement dramatique espagnol, que la postérité retrouvera nos habitudes et nos mœurs, esquissées d'un crayon vif et capricieux, plutôt que dans les grandes comédies en cinq actes en vers, d'autant plus que la

censure ne permet pas d'aborder les sujets réellement actuels. —
L'interdiction de *Robert Macaire* prouve à quel point la comédie
aristophanique est impossible dans notre ère de liberté.

M. Doucet, esprit modeste, poëte timide et sage, a fait, à son insu,
nous n'en doutons pas, une pâle contre-épreuve de la formidable
comédie sortie tout armée des guenilles de Frédérick Lemaître. —
Sa *Chasse aux Fripons* n'est qu'un reflet lointain de cette œuvre
de génie, qui n'a pas d'auteur connu, comme tous les chefs-d'œuvre.
L'ouvrage a été accueilli avec la bienveillance due à l'auteur du
Baron de Lafleur et d'*un Jeune Homme*, bien qu'il ne réalisât pas
complétement les espérances qu'avaient fait concevoir les débuts de
M. Doucet à l'Odéon.

VAUDEVILLE. *Les Dieux de l'Olympe à Paris.* — Ce vaudeville
nous a profondément attristé, car nous respectons également tous
les dieux, et nous n'aimons pas à les voir ridiculiser au théâtre. Il y
a, ce nous semble, une sorte de sacrilége à décocher des plaisanteries
même contre une religion tombée.— Si encore MM. Cordier et Clairville se montraient sceptiques à l'égard des divinités païennes, nous
nous contenterions de les plaindre; mais non, ils y croient, ou du
moins ils cherchent à en prouver l'existence au public, dans un
prologue en vers fort bien tournés, dont ils ont fait précéder leur
pièce. Nier la mythologie antique, n'y voir qu'une fable risible, c'est,
suivant eux, déclarer implicitement qu'Homère et Virgile n'étaient
que des *crétins*. Et cependant, après une telle profession de foi, ces
messieurs ne craignent pas de nous transporter au milieu de
l'Olympe et de faire parler à Jupiter, à sa cour, l'argot des *Mystères
de Paris!* — Rabelais nous a montré quelque part un enfer grotesque, où des fonctions ridicules et dégoûtantes, sont dévolues aux
personnages les plus illustres. Ce genre de comique a souvent été
exploité depuis, et ne nous a jamais beaucoup plu ; le rire, excité par
ce moyen, nous donne une espèce de remords et nous semble une
profanation.

Ah! messieurs Cordier et Clairville, comment avez-vous osé vous
permettre de telles familiarités à l'endroit des Olympiens! Allez faire
un tour au musée des antiques et regardez les formes radieuses, les
blancheurs étincelantes de ces marbres divins, polis par les baisers

amoureux de vingt siècles, et repentez-vous de votre impiété! Immolez des colombes à la blonde Aphrodite, que vous avez faite brune, un taureau à Zeus aux cheveux ambroisiens, un bouc à Lycæus, le doux père de la joie, afin de vous réconcilier avec ces divinités indulgentes, et d'être plus tranquilles à l'heure où l'Hermès, conducteur des ombres, viendra vous prendre!

Nous ne sommes pas trop rassuré en rendant compte de ce vaudeville, et, avant d'en hasarder l'analyse, nous ferons remarquer, comme les auteurs italiens dans les avertissements de leurs pièces de théâtre, que nous ne partageons en aucune manière, les sentiments peu orthodoxes que pourraient exprimer les personnages. Que les dieux ne nous sachent donc aucun mauvais gré de ce que nous allons écrire.

Les hôtes de l'Olympe s'ennuient et ne savent comment distraire leur immortalité; ils récriminent contre Jupiter, qui leur a fait cette existence monotone, lorsque arrive Mercure, venant tout droit de Paris, d'où il rapporte une foule d'histoires merveilleuses, d'objets d'agrément et de charmantes inventions. « Vous parlez d'ambroisie, dit le messager céleste; goûtez-moi de ce vin qu'on appelle du champagne, et vous n'en voudrez plus d'autre! » Tous les dieux se mettent à boire à qui mieux mieux, Bacchus le premier, bien entendu; Minerve elle-même, la sage Minerve se laisse aller au nectar champenois, et jette bientôt son casque par-dessus les nuages : « A Paris! crie-t-elle, à Paris! » En vain Jupiter brandit ses carreaux et veut empêcher la fuite des dieux et des déesses avinés, ils se rient de sa foudre et partent pour la terre, le laissant seul au milieu des nuages.

A Paris, chacun des immortels choisit une profession convenable à ses goûts, Bacchus se fait marchand de vin, Neptune porteur d'eau, l'Amour apprenti coiffeur, Apollon écrivain public, Mercure voleur, Mars *pioupiou*, Cérès boulangère, Vénus belle limonadière, etc., etc. Or, voici en quoi consiste le comique de la situation et ce qui forme l'intrigue de la pièce : c'est qu'en revêtant la forme de l'homme, les dieux en ont pris aussi tous les vices, et qu'ils font beau jeu au maître de l'Olympe, descendu incognito sur la terre pour les punir de leur escapade. Sous les traits d'un commissaire, d'un huissier, d'un sergent de ville et d'un garde municipal, Jupiter envoie successivement en prison, chacun des transfuges célestes : Bacchus pour avoir fabriqué du vin de Campêche, Apollon pour s'être permis des écritures illicites, Cérès pour avoir vendu du pain à faux poids, Mercure comme escroc, l'Amour comme adultère, Mars comme déserteur, et ainsi de suite. Puis, satisfait d'avoir amené le repentir dans le cœur des Olympiens, Jupiter leur pardonne et remonte avec eux au séjour du tonnerre.

THÉÂTRE-HISTORIQUE. *Le privilége.* — Le privilége de ce nouveau théâtre est définitivement signé en faveur d'Alexandre Dumas, qui, sans doute, ne tardera pas à l'exploiter au profit de l'art et des plaisirs du public. — Cette concession, faite à un écrivain aussi éminent que l'auteur de *Henri III*, n'a guère trouvé dans la presse que des approbateurs. Elle a soulevé une question sur laquelle nous nous étions expliqué des premiers : à savoir, s'il ne conviendrait pas d'abolir complétement le monopole théâtral, et de laisser à chacun, sauf certaines garanties nécessaires, le droit d'ouvrir des salles de spectacle, comme il est permis à quiconque possède cent mille francs de fonder un journal, c'est-à-dire d'élever une tribune et de parler à la foule. Cette liberté réclamée pour le théâtre nous paraît si juste et si conforme aux premiers besoins de l'époque, que, certainement, le jour n'est pas loin où nos législateurs, en la proclamant, satisferont aux vœux des artistes et du public.

On sait qu'Alexandre Dumas a le projet d'établir son théâtre dans l'ancien hôtel Foulon, situé sur le boulevard du Temple. Le choix de cet emplacement a soulevé quelques critiques, suivant nous, très-mal fondées. En effet, le Théâtre-Historique doit être exclusivement consacré au drame, genre de pièce populaire par excellence ; il est donc raisonnable et logique de le placer au centre des quartiers populeux. Partout ailleurs, nous n'hésitons pas à le dire, les succès y seraient moins certains et surtout moins durables ; car jamais *le grand public*, pour nous servir des termes de coulisses, ne forcera *le petit public*, qui est le plus nombreux, et qui seul peut mener une pièce jusqu'à deux cents représentations, à venir voir un drame représenté en deçà de la Porte-Saint-Martin. Les habitués du boulevard du Temple ont toujours, au contraire, commandé l'attention du public curieux des autres quartiers; ce que l'on appelle le grand monde, le beau monde, obéit tout simplement aux *titis*, et, chose bien digne de remarque, une pièce à laquelle ils ont fait cinquante ou soixante représentations est sûre d'attirer tout Paris. Quant au voisinage des théâtres du même genre, loin d'être nuisible à la nouvelle entreprise, nous croyons qu'elle lui sera favorable ; et il établira, entre les différentes scènes affectées au drame, une concurrence dont, à coup sûr, le public n'aura qu'à se féliciter.

XIII

MARS 1846. — Théâtre-Français : *Jeanne d'Arc*, tragédie de M. Alexandre Soumet. — Le vrai romantisme. — Un poëte entre deux écoles. — La *Jeanne d'Arc* de Schiller et celle de M. Soumet. — La figure de la Pucelle dans Shakspeare. — Étude historique de M. Michelet. — Mademoiselle Rachel. — Porte-Saint-Martin : *Michel Brémont*, drame en vers, de M. Viennet. — La pièce et la versification. — Frédérick Lemaître. — Opéra : *Moïse au mont Sinaï*, oratorio de M. Félicien David. — Réaction contre le succès du *Désert*. — Les Athéniens de Paris. — La nouvelle œuvre de M. David. — Variétés : *Gentil Bernard, ou l'Art d'aimer*, par MM. Dumanoir et Clairville. — Mademoiselle Déjazet, André Hoffmann. — Palais-Royal : *le Nouveau Juif errant*, par M. Varner. — Un élément dramatique au goût du jour.

9 mars.

THÉATRE-FRANÇAIS. *Jeanne d'Arc.* — Alexandre Soumet fut au nombre des romantiques les plus ensorcelés de son temps. Il publia un ouvrage sur les scrupules littéraires de madame de Staël, dans lequel il reprochait aux Français de marcher avec trop de crainte dans les champs de l'imagination. « Quelles inspirations, ajoutait-il, pourrait-on chercher dans les pièces germaniques, si leurs auteurs n'avaient fait que se soumettre à notre système théâtral? Que nous importent les défauts des tragiques allemands, s'il est vrai que les beautés dont leurs ouvrages étincellent aient agrandi pour nous le domaine des beaux-arts? »

Ceci date de 1819. A ces déclarations hardies succédèrent *Clytemnestre* et *Saül*. *Saül* surtout parut une énormité à la critique de l'époque. Lorsque Soumet, plus tard, fut reçu de l'Académie, M. Auger, qui lui répondait, lui donna vertement sur les doigts... Voilà de ces choses qu'on a peine à comprendre aujourd'hui; mais Soumet, comme Baour-Lormian, comme Guiraud, représentait le *romantisme* dans la véritable acception du mot. Le romantisme, c'était bien cette poésie vague et brumeuse, cette inspiration indécise entre la mythologie et la Bible, ce *troubadourisme* élégant, venu à la suite de la Restauration, cette affectation élégiaque qui célébrait *la Pauvre Fille* ou *le Petit Savoyard*. M. d'Arlincourt poussa les doctrines de cette école jusqu'à leurs dernières limites ; cela tomba depuis dans la lithographie et dans les modèles de pendule.

On ne sait trop pourquoi les hommes littéraires de 1829 eurent à se débattre longtemps contre ce mot de *romantique*. Ni Hugo, ni Dumas, ni de Musset, ni ceux qui les ont suivis ne méritent ce nom, à proprement parler. C'est une littérature franche et nette, qui n'est rien moins que *romane*, éprise avant tout du simple et du vrai. On peut dire tout au plus que Soumet et les poëtes de son époque ont marqué la transition. Mais il faut reconnaître que l'auteur de *Jeanne d'Arc*, dans les derniers temps, a donné des pièces avancées.

Norma est une œuvre d'inspiration originale, et peut-être la dernière des tragédies possibles de notre temps. *Une Fête de Néron* et *le Gladiateur* ont indiqué une route alors toute neuve vers l'étude sentie de l'antiquité, et les jeunes poëtes qui ont fait depuis de la réaction tragique et de la couleur romaine, doivent rapporter quelque chose de leur gloire à ce vieux maître en poésie, qu'aucun d'eux n'a encore vaincu ni pour le style, ni pour l'idée.

Nous voilà maintenant à notre aise pour parler de *Jeanne d'Arc*, que l'auteur lui-même regardait comme son plus faible ouvrage, et qui, surtout, appartenait à un système littéraire déplorable. Ce que *le bon* Ducis avait fait pour Shakspeare, plusieurs écrivains de la Restauration avaient imaginé de le faire pour Schiller. Tout son répertoire a passé, en peu d'années, par l'étamine de ce qu'on est convenu d'appeler le goût français. *Jeanne d'Arc* est, de toutes ces pièces, celle qui devait le moins se prêter à l'imitation.

La tragédie veut un sujet qui se noue et se dénoue dans l'espace de quelques heures ; or, l'histoire de Jeanne d'Arc se refuse tout à fait à cette combinaison. Il a donc fallu se borner à montrer l'héroïne dans sa prison pendant quatre actes, et se permettre seulement, au cinquième, un bûcher dans le goût de celui de *la Veuve du Malabar*. Mais, dans cette dernière pièce, au moins, si célèbre par l'indignation de La Harpe, on voyait s'élancer, au dénoûment, un général français qui délivrait la belle veuve et l'emportait dans ses bras, péripétie saisissante dont La Harpe attribue l'effet scénique à la beauté et à la force de l'acteur enlevant aux flammes une victime éplorée. Rien n'est monotone, au contraire, comme la situation d'une femme condamnée dès le premier vers, et dont le sort n'offre ni doute, ni chance sérieuse de salut.

Nous n'avons donc pas à établir un parallèle entre la trilogie de Schiller et la tragédie de Soumet. Ce dernier ne s'est inspiré que de la simplicité des récits, de la physionomie à la fois naïve et héroïque de la Pucelle, de l'intervention de son père et de la belle scène où elle ramène dans le parti de France le duc de Bourgogne, qui, l'interrogeant comme une sorcière, est forcé enfin de la reconnaître inspirée.

Cette scène est aussi dans Shakspeare, et il est curieux que deux auteurs étrangers se soient rencontrés à traiter ce sujet, chacun d'un point de vue opposé. Pour Shakspeare, comme pour tout bon Anglais, Jeanne d'Arc est une sorcière digne du fagot, et cependant l'empire de la situation le conduit souvent à la faire parler et agir noblement. Son récit lorsqu'elle se présente au roi, ses paroles à la cour, dans les batailles, et enfin cette scène avec le duc de Bourgogne, qui est capitale, ont peut-être primitivement inspiré Schiller ; mais, si Shakspeare est trop Anglais dans sa pièce de *Henri VI*, on peut dire que Schiller, dans sa *Jungfrau von Orléans*, a montré le cœur d'un Français. L'Assemblée nationale le jugea ainsi en lui envoyant à cette occasion le titre de citoyen français.

M. Michelet a raconté la vie de Jeanne d'Arc dans le cinquième volume de son *Histoire de France;* il a uni le charme de la légende aux splendides aperçus de la science moderne, et son livre a un tel caractère d'observation puissante et de poétique réalité, que mademoiselle Rachel, assez peu satisfaite de son rôle tragique, n'a cru pouvoir mieux faire que de lire attentivement M. Michelet, et de s'inspirer de la physionomie qu'il a donnée à la bergère de Domrémy.

On conçoit que mademoiselle Rachel se soit prise d'enthousiasme pour cette noble et suave figure de Jeanne d'Arc, où se fondent si heureusement la naïveté de la paysanne, l'exaltation de l'illuminée et la grâce fière de l'amazone. Sainte Geneviève sous l'armure de Bradamante! n'est-ce pas là une de ces imaginations que les poëtes oseraient à peine rêver, et que l'histoire réalise dans son dédain de la vraisemblance? Un type si pur devait tenter mademoiselle Rachel, même à travers la comédie de Soumet. Seulement, il est à regretter que la jeune actrice, puisqu'elle avait la fantaisie de jouer une Jeanne d'Arc, n'ait pas commandé à quelque poëte sans ouvrage (il n'en manque pas aujourd'hui) une imitation fidèle du drame de Schiller, qui aurait mis à sa disposition un bien plus grand nombre de manières d'être admirable. Le sujet de *Jeanne d'Arc* ne peut être traité que sous forme de légende dramatique; l'intérêt vient de l'héroïne, et non d'une intrigue quelconque; on voudrait suivre la vierge inspirée depuis ce premier frisson que lui causa le souffle de l'esprit sous le chêne druidique, jusqu'au mouvement convulsif que lui arrache l'arrivée de la flamme dans la cage de plâtre, raffinement de la cruauté anglaise. Un peu d'archaïsme et de barbarie gothique ne messiérait pas comme date, et le poëte pourrait profiter d'un trait naïf les têtes de ses personnages sur des fonds d'or à gaufrures, et colorier, chemin faisant, quelque blason historiquement bizarre. Il est vrai qu'une Jeanne d'Arc, ainsi conçue, exigerait de nombreuses décorations et les ressources matérielles du Cirque-Olympique, que le Théâtre-Français ne possède malheureusement pas; ce qui le prive de jouer de grands drames cycliques et tirés de notre histoire.

Mademoiselle Rachel a donc pris, faute de mieux, la tragédie qu'elle avait sous la main, et cela, au fond, est peu important; une actrice de son talent n'a besoin que d'une toile pour y peindre sa création; les contours indécis tracés par Soumet lui ont suffi. Le compositeur de génie, sur quelques paroles insignifiantes et vagues, pose une mélodie céleste, qu'auraient gênée peut-être des vers pensés et fermes. C'est le propre de Talma, de Frédérick, de tous les grands acteurs, d'être admirables dans des pièces médiocres, de tirer des mondes du néant, de mettre l'étincelle de la vie à la poitrine des mannequins inanimés, de suppléer par la diction le style absent, par le costume la couleur historique négligée, par l'éclair de l'œil l'éclair du génie, par l'émotion de la voix la sensibilité qui manque, par la chaleur du jeu la passion restée dans l'encrier de l'écrivain. Jamais leur triomphe n'est plus complet que lorsqu'ils ne le doivent qu'à eux seuls. C'est une de ces victoires-là qu'a remportée mademoiselle Rachel; son succès a été immense, et il doit la flatter d'autant plus, que le poëte, mieux inspiré d'autres fois, n'a rien à y revendiquer.

Il est impossible d'être plus noble et plus simple, plus fière et plus soumise, d'unir plus heureusement la sublimité de l'héroïsme à l'innocence de la vierge des champs; une divine mélancolie alanguissait ces yeux habitués aux noirs regards tragiques, et la résignation chrétienne ployait ce front de marbre, que la fatalité antique n'a jamais pu courber; la transformation était complète. Que ceux qui croient mademoiselle Rachel vouée exclusivement au péplum et au manteau de pourpre, aillent la voir dans Jeanne d'Arc porter son armure d'acier niellé d'or avec l'aisance d'une Clorinde ou d'une Marphise, et ils reconnaîtront que la jeune tragédienne peut quitter, quand elle voudra, le vestibule grec à colonnes vertes et promener à travers tous les âges sa beauté svelte et pure, sans rien perdre de son style. — Le geste avec lequel, dans le tableau final, elle serre son étendard sur son cœur est d'un effet sublime et d'une poésie incomparable.

Cette représentation nous a confirmé dans l'idée que nous avons déjà émise : à savoir, que l'effet produit par mademoiselle Rachel, outre le mérite de son débit si savant, si bien articulé, tient à des causes purement plastiques, puisqu'il est le même, que la tragédienne dise des vers très-beaux ou très-médiocres. — Le public, à son insu, trouve un grand plaisir à voir le corps souple et nerveux se mouvoir harmonieusement dans les rhythmes connus des sculpteurs et des poëtes antiques, et oubliés par la civilisation moderne. Un secret instinct les fait retrouver à mademoiselle Rachel, que son origine juive rattache à l'Orient et au monde primitif. Elle sait ces développements de bras, ces inclinations de tête, ces frémissements d'épaules, ces poses du pied et de la jambe, qui font du premier morceau venu d'étoffe blanche un pli de marbre dans un bas-relief d'Égine. Son jeu est une espèce de danse grave comme celles des théories religieuses, et il est à regretter qu'il ne soit pas réglé par deux flûtes, ainsi que cela se pratiquait sur le théâtre grec. Un rôle est pour elle une statue qu'elle sculpte dans le bloc épais des alexandrins, une succession d'aspects à faire éclairer par le jour de la rampe et qui explique pourquoi elle est autant admirée par les artistes que par les poëtes ; aussi, l'autre soir, personne ne pensait en l'écoutant, et surtout en la regardant, aux tirades d'Alexandre Soumet, venu trop tard pour être classique, trop tôt pour être romantique, qui semble avancé aux premiers, arriéré aux seconds.

PORTE-SAINT-MARTIN. *Michel Brémont.*—*Michel Brémont* rappelle beaucoup trop *l'Honnête Criminel,* de Fenouillot de Falbaire, et tous les drames naïfs bâtis sur cette donnée, pour qu'il soit à propos d'en faire une longue analyse.

Condamné dans sa jeunesse à quelques années de travaux forcés pour avoir aidé un fils de famille à dévaliser son oncle, Michel Brémont, en rentrant dans le monde, a pris le nom de Norris et s'est imposé la tâche de réparer sa faute à force de bonnes œuvres. Tout en semant les bienfaits autour de lui, il est devenu millionnaire,

> Et peut à sa patrie
> Montrer le résultat d'une heureuse industrie.

Certes, personne ne voudrait reconnaître un forçat libéré dans cet industriel si probe, dans cet ami si sûr, dans ce père si dévoué ; Norris est l'honneur de la finance, l'orgueil de sa famille et le modèle des braves gens.

> La vertu dans son âme est si bien ficelée,
> Qu'elle renverserait, sans en être ébranlée,
> Un...

Un nous ne savons pas trop quoi ; car l'auteur s'est malheureusement interrompu sur cette syllabe ; mais ce doit être quelque chose de prodigieux.

Cependant Norris, ou plutôt Michel Brémont, n'est pas sans inquiétude. Il craint vaguement que son passé ne vienne à être révélé, que ses amis, que ses enfants, ne soient un jour amenés à rougir de lui. Ces funestes pressentiments ne le trompent pas. — Au moment où va se conclure le mariage de sa fille avec le jeune Adolphe de Verseuil, un certain Dorneval, qu'il a refusé pour gendre, vient lui jeter publiquement à la face son véritable nom.

Tout s'arrange néanmoins, grâce au coquin de neveu dont Michel a favorisé autrefois l'inconséquent emprunt ; il réhabilite à peu près l'ex-forçat aux yeux de ses enfants et de ses employés ; et, comme Brémont semble craindre encore l'opinion publique : « Bah ! moquez-vous-en, lui dit l'autre, — un ancien *pourri* du Directoire ;

Le monde est un vaurien qui fait le délicat !

En définitive, Michel Brémont a suffisamment expié une erreur de jeunesse, et personne n'a le droit de lui jeter la pierre.

La pièce de M. Viennet est un singulier mélange de banalités et de traits d'esprit ; une tirade commune se relève par un vers bien frappé, par une pensée ingénieuse et fine : c'est à la fois très-mauvais et assez remarquable.

Frédérick, qui avait, contre ses habitudes théâtrales, accepté un rôle d'homme vertueux, et passé de Robert Macaire à ce bon M. Germeuil, a eu de ces soudainetés éblouissantes comme il en sait faire luire partout. — Moëssard ni Marty n'eurent jamais une physionomie plus vénérable, des façons plus patriarcales, un repentir plus sincère pour une faute qui n'était pas la sienne après tout. Il s'est fait plusieurs fois applaudir à outrance.

OPÉRA. *Moïse au Sinaï.* — Ce que nous avions prévu est arrivé : M. Félicien David a expié son succès de l'année dernière. Nul ne réussit deux fois de suite. L'envie, qui pardonne un premier triomphe, ne saurait en souffrir un second, et le *Moïse au Sinaï* a payé la dette du *Désert.*

Avant l'exécution, les bruits les plus défavorables à l'ouvrage circulaient dans le public, et, il faut l'avouer, ils trouvaient une certaine créance, même parmi les admirateurs de David ; car, ainsi que l'a dit un célèbre écrivain qui connaissait les côtés tristes du cœur de l'homme, « il y a, dans l'infortune de nos meilleurs amis, quelque chose qui ne nous déplaît pas. »

Cette réputation, si subitement élevée, semblait importuner tout le monde, et le besoin de la renverser se faisait généralement sentir. Chose étrange et pourtant commune, ce Félicien David, si vanté, si prôné, si exalté naguère, dont on ne pouvait parler sans remuer les noms de Mozart, de Haydn et de Beethoven, se trouvait, par un retour soudain, n'avoir jamais été qu'un compositeur de troisième ordre, n'ayant, pour toute richesse musicale, que quelques airs arabes ou syriens, rapportés dans sa mince valise de voyage. Il avait vidé son trésor en une fois, et la symphonie du *Désert* le contenait tout entier. Quant au *Moïse*, une absence complète de mélodie, une monotonie désespérante, un ennui intolérable même pour un oratorio, prouvaient qu'il ne fallait plus compter sur ce jeune compositeur, salué comme un génie à son aurore. Tout cela se disait d'un air de componction hypocrite, mais avec une joie réelle au fond, tant la malignité humaine est grande ! Pourtant, quel spectacle plus douloureux que celui d'une décadence prématurée et que n'explique ni la maladie ni la fatigue !

Pour nous qui ne pensons pas que, d'une année à l'autre, un homme de talent devienne un imbécile, nous ne pouvions avoir d'inquiétude que pour le succès immédiat, pour la vogue instantanée, et nous étions sûr que le *Moïse au Sinaï* était une œuvre sérieuse, magistrale et digne en tout point de la réputation de son auteur. — Bien que le nouvel oratorio ait été accueilli avec une grande froideur, nous n'hésitons pas à le mettre au-dessus de la symphonie du *Désert*, pour laquelle, cependant, notre admiration n'est pas suspecte. Le *Moïse au Sinaï* peut prendre place à côté des œuvres les plus vantées de Haydn, de Hændel, de Sébastien Bach, de Mendelssohn et des maîtres qui ont cultivé le genre sévère de l'oratorio. Il règne dans cette composition, d'une simplicité grandiose, une largeur de style, une ampleur de formes tout à fait bibliques, et nous sommes vraiment étonné que le public ait pu rester insensible devant de telles beautés, ou ne leur accorder que de tièdes applaudissements.

Voici quelle est la disposition générale de cette composition :

Moïse, pâle de cette terreur sublime qui s'empare des plus fiers esprits à l'approche mystérieuse de l'inspiration divine, a gravi au haut de la sainte montagne. Des chœurs d'Hébreux révoltés grondent dans les profondeurs de la vallée; ils doutent de la mission du prophète et trouvent qu'il est bien long à redescendre; ils regrettent le grossier bien-être de la servitude et pleurent les oignons d'Égypte. Une jeune fille soupire une mélodie plaintive, et Moïse, maudit par son peuple, voyant que Dieu se fait attendre, tombe dans cet amer découragement, dans cette horrible agonie du prophète qui en vient à douter de sa mission et qui se dit : « Si je n'étais qu'un fou ! » Il lance au ciel une prière si désespérée, qu'elle arrache de son trône, composé d'yeux et d'ailes, Jéhovah, distrait apparemment par le rêve de quelque univers nouveau. Des nuages, pleins de sourds murmures et de tonnerres étouffés, s'abaissent sur la cime de la montagne, et enveloppent dans leur obscurité formidable le Dieu et le prophète. Les grondements lointains de l'orchestre expriment la respectueuse terreur et l'attente inquiète du peuple prosterné. — Les nuées se dissipent, et Moïse reparaît, ivre d'inspiration, la pensée jaillissant de son front en deux effluves lumineuses. L'avenir se dévoile à ses yeux, il prophétise la grandeur du peuple juif; les Hébreux chantent un hymne d'espérance et se mettent en marche, précédés par la colonne de feu. — Ce morceau est d'une puissance de rhythme incroyable : les pas de la multitude semblent tomber pesamment avec la mesure sur le sable de la plaine. — L'oratorio se termine par une explosion radieuse, étincelante, un déluge d'or, d'azur et de lumière; la terre promise apparaît dans toute sa splendeur au peuple, qui tombe à genoux. Une note de tristesse sublime se mêle à toute cette joie. Moïse n'entrera pas dans cet Eden : il a douté du Seigneur, et, pour punition, il mourra sur le seuil de son rêve réalisé.

L'oratorio de Félicien David, on ne tardera pas à le reconnaître, est une grande et admirable chose. Depuis la première jusqu'à la dernière note, l'œuvre se soutient et plane dans les plus hautes régions de l'art; point de formule vulgaire, de banalité convenue : tout est neuf, simple et grand; rien de brusque ou de choquant ne dérange la sereine beauté de l'ordonnance. Un orchestre vigoureux mais non bruyant, de la sonorité sans tapage, de la force sans violence, le calme dans l'inspiration, la retenue dans l'élan, c'est-à-dire les qualités des artistes souverains et des talents suprêmes ; — voilà ce que tout esprit non prévenu trouvera dans cette œuvre, qui plus tard, deviendra classique.

Ceux qui, tout en accordant à Félicien David un talent remarquable comme symphoniste, semblaient douter de son habileté à écrire pour les voix, seront convaincus du contraire en entendant son oratorio; les masses chorales y sont manœuvrées d'une façon toute magistrale. Le récitatif, la symphonie, pendant laquelle Dieu apparaît, et le chant qui suit, ouvrent heureusement cette noble composition. L'air de Moïse, dit par Portheaut, a une grandeur et une majesté admirables; le géant prophète, à qui Michel-Ange fait ruisseler un fleuve de barbe sur la poitrine, applaudirait à ces mâles accents, s'il pouvait les entendre.

La marche des Hébreux, qui rappelle celle du *Désert*, est traitée avec beaucoup d'habileté. Le chœur final, où le peuple salue la terre promise, s'épanouit radieux, étincelant, immense, comme un feu d'artifice sonore dont les fusées éclatent en pluie de diamants dans un ciel d'or.

Ce drame sublime, qui se passe entre Dieu, un prophète et un peuple, et que Félicien David a rendu avec la solennité la plus grandiose, semble n'avoir pas seulement été soupçonnée du public. Il n'y avait là ni danses d'almées, ni marche de caravane, ni mélodies arabes, ni accompagnement de tarabouch, ni harmonies imitatives, ni couleur orientale, ni papillotage pittoresque, ni vers déclamés, ni singularités d'instrumentation ; il y avait un dessin à la Michel-Ange, des mélodies solennelles, des accords d'une mâle vigueur. — *Le Désert*, c'était la grâce; *Moïse*, c'est la force; — la force, la plus rare qualité de l'art. Les spectateurs n'en ont aucunement tenu compte. Ne sommes-nous donc sensibles, malgré toute notre affectation de dilettantisme, qu'aux valses à deux temps, aux polkas et aux quadrilles? Si le jeune maître avait eu la précaution d'introduire dans son oratorio une ronde des Israélites autour du veau d'or, le succès eût été tout différent. Mais on ne peut pas penser à tout, et servir à la fois Jéhovah et Musard.

En attendant que l'admiration arrive jusqu'à son œuvre, que Félicien David ne se décourage pas; qu'il travaille selon son cœur et son inspiration. La foule l'a suivi, tant que la route était douce et serpentait au flanc des collines; maintenant, le cortége a diminué. De tout temps, les hauts lieux furent solitaires. Il ne se pose sur ces sommets inaccessibles que les aigles, les poëtes et les nuages où Dieu se cache.

Variétés. *Gentil Bernard, ou l'Art d'aimer.* — Le voici venu, le vaudeville en cinq actes annoncé par les prophètes! On devait s'y attendre. Le drame ayant pris des proportions gigantesques et devant déborder d'une soirée sur l'autre, il faut bien que le vaudeville, sous peine de paraître microscopique, agrandisse son format. Des esprits chagrins pourraient, à ce propos, pousser des lamentations dans le goût de Jérémie; mais nul ne lutte contre l'esprit de son temps. — Nous dirons seulement que notre tâche devient presque impossible avec des vaudevilles de cette dimension.

En effet, ce qui permet à l'analyse de s'y retrouver à travers les cinq actes d'un drame, c'est qu'en général la trame de cette sorte de pièces est assez forte pour rester toujours visible à l'œil nu; mais, dans les cinq actes d'un vaudeville, dont la légèreté doit faire le principal mérite, point de fil conducteur qui traverse l'intrigue d'un bout à l'autre, point de repère qui ne s'efface et ne vous trompe. La critique, comme don César de Bazan, patauge à travers des toiles d'araignée.

Gentil Bernard a conçu l'idée de son poëme de *l'Art d'aimer* : il veut parler de l'amour avec connaissance de cause. Toute la pièce est là. Mettez un acte pour chaque amour ou chaque expérience : premier acte, la bourgeoise; second acte, la grisette; troisième acte, la grande dame; quatrième acte, la paysanne; cinquième acte, l'actrice. — Cet ordre est-il fortuit ou les auteurs l'ont-ils adopté avec intention? Ont-ils voulu dire que la pruderie hypocrite de la bourgeoise faisait désirer le franc dévergondage de la grisette, que le libertinage à froid de la grande dame inspirait, par réaction, des amours pastorales et bucoliques, et que la grossièreté de la paysanne appelait à son tour la grâce maniérée de la femme de théâtre? — Cela importe peu. La pièce est charmante ; mademoiselle Déjazet y pétille, d'un bout à l'autre, d'esprit et de grâce. Quelle étonnante actrice! que de souplesse, que de légèreté! quelle voix nette, ferme, incisive! comme elle jette le mot, comme elle décoche le coup d'œil! que de choses elle met dans un sourire! comme elle sait s'arrêter à temps dans ses plus vives pétulances et conserver de la distinction dans les gaudrioles les plus décolletées; et avec quel joli petit filet de voix elle chante tous ces airs charmants que son fils lui arrange! Et ce brave Hoffmann, est-il superbe dans son habit de dragon Louis XV, avec son justaucorps de buffle et son casque sans visière! a-t-il un aplomb magnifique sous les tonnelles des Porcherons, au milieu de cet essaim de grisettes, si gentiment représentées par mesdemoiselles Pitron, Mayer, Chavigny et Gabrielle!

30 mars.

Palais-Royal. *Le Nouveau Juif errant.* — Il ne s'agit ici ni de l'*Ahasvérus* d'Edgar Quinet, ce merveilleux poëme en prose, ni de l'Isaac Laquedem, dont le portrait authentique, imprimé à Épinal, cette patrie de l'art primitif, orne tous les manteaux de cheminée dans les chaumières, — encore moins du *Juif éternel* de Schubert. Le Juif du Palais-Royal se rapprocherait plutôt de celui de M. Eugène Sue, non qu'on y retrouve aucun des personnages du roman, mais parce que l'action est fondée sur un testament à clauses bizarres.

Le Nouveau Juif errant a paru étonner un peu le public. Cette surprise a nui à la réussite. Il n'y a cependant pas eu chute, mais le succès aurait pu être plus complet. La conduite et la déduction des scènes, qui ne s'expliquent qu'à la fin, paraissaient manquer de logique, et tout semblait écrit avec un parti pris de contre-pied et d'extravagance froide.

Un certain Durand de Concarneau a fait fortune à Madagascar. — O monsieur Varner, quelle hardiesse! Un oncle de Madagascar! et qu'en diront les oncles d'Amérique? Un oncle malgache! c'est plus audacieux encore qu'un oncle normand. Il nous passe des frissons dans le dos, et nos cheveux se hérissent sur notre tête en pensant à cette infraction aux rites sacrés du vaudeville. Où courons-nous, grands dieux! et qu'allons-nous devenir si l'on sape ainsi l'édifice des traditions?

Cette fortune se monte à trois millions ; — une bagatelle, surtout aujourd'hui qu'il se fait un roulement de fonds prodigieux dans les productions littéraires ; — mais, enfin, le nabab malgache n'est pas forcé, vu son peu d'habitude, aux magnificences inépuisables de Monte-Cristo.

Ce Durand a une foule de parents et de collatéraux à tous les degrés possibles, qu'il eut le bonheur de ne jamais voir, et pour lesquels il n'a ni affection ni préférence. Diviser son héritage en plusieurs legs serait n'enrichir personne et créer des médiocrités pires que la misère. Il veut donc le donner tout entier à un seul. — Mais auquel? A celui qui, à la lecture du testament, où tous les prétendants à la succession se trouveront réunis, ne possédera pas un sou vaillant, ou cinq centimes pour se conformer au nouveau style.

Cette clause, comme vous le pensez bien, est ignorée de la tribu des Durand, gaillards plus ou moins rapaces qui s'évertuent comme de beaux diables pour n'être pas dans les conditions exigées par le testateur.

Un seul, Oscar Durand, bon jeune homme, insouciant et prodigue, dont les poches à claire-voie laissent couler le peu d'argent qui s'y engouffre par hasard, prend, sans le savoir, le bon chemin pour hériter ; en outre, le notaire Bertrand, qui s'intéresse à son sort, lui procure toutes sortes de contrariétés et de désastres, le chasse de toutes les positions, lui fait manquer un mariage avantageux, déchaîne sur lui des meutes de créanciers, et le force à mener une vie errante et sans repos, une vie de juif anathématisé, moins les cinq sous traditionnels. — Ce pauvre Oscar Durand, qui est excellent nageur, n'a d'autre ressource, pour obtenir un peu de répit, que de se noyer tous les quinze jours. Ce n'est pas un sort, même quand on a la facilité de se repêcher soi-même.

De tous les coins de la France, les Durand affluent chez le notaire à l'heure fixée ; celui-ci, pour les allécher, parle d'une affaire qui doit donner d'énormes bénéfices, et chacun de vouloir y participer pour quarante, cinquante, soixante, cent mille francs. Ces gaillards-là n'auront pas les trois millions assurément. Aussi, il faut voir leur mine consternée à la lecture de la clause fatale. Oscar seul réunit le dénûment nécessaire. « Il doit avoir cinquante napoléons qu'on lui a prêtés hier ! » s'écrie un des collatéraux frustrés. — Je ne les ai plus : je les ai donnés hier à un pauvre diable de comédien. — C'est vrai, dit le desservant de Thalie en paraissant soudain, coiffé d'un tromblon dans le goût Pipelet, vêtu d'un habit noir à basques extravagantes et orné de breloques mirifiques, comme un homme qui vient de se remonter à la friperie ; grâce à Oscar, je vais fonder un nouveau théâtre : dans ce brillant costume, je puis me présenter partout et chercher des actionnaires. » La gueuserie d'Oscar dûment avérée, on lui délivre la succession ; il épouse mademoiselle de la Durandière, qui l'a aimé pauvre, et remercie le brave Bertrand des désagréments qu'il lui a procurés en faveur de l'intention et du résultat.

A propos de ce vaudeville, faisons une remarque philosophique. — Autrefois, dans les romans et dans les pièces, l'héroïne était une jeune fille douée de tous les agréments imaginables, physiques et moraux ; arriver à l'amour et à la possession de cet objet charmant, tel était le but de toute action et de toute intrigue. Maintenant l'héroïne est un trésor, un héritage, une terre. Qui trouvera le trésor, qui héritera, qui deviendra propriétaire ? Telle est la question. Et le public la trouve plus intéressante que celle que se posait le prince de Danemark. — Les échéances sont devenues des moyens de péripéties. « Le héros payera-t-il ou non ses billets à bureau ouvert ? » se demande le spectateur avec inquiétude.

Les amours de M. Alfred et de mademoiselle Henriette ont perdu le pouvoir d'exciter la sympathie de la génération présente. Pauvre Alfred ! pauvre Henriette ! l'un si tendre, si délicat, si romanesque, l'autre si naïve, si chaste et si désintéressée ! Une page de chiffres contenant le total d'une somme et la capitalisation des intérêts, fait plus rêver les jeunes imaginations de ce siècle que les descriptions de regards d'azur, de joues de rose et de seins de neige. Chacun vérifie le calcul, et, le trouvant juste, s'écrie : « O grand auteur ! »

Si l'on veut aujourd'hui rendre un personnage intéressant, on ne le fait plus fatal, mystérieux, byronien, ravagé par les passions, on lui constitue un ou deux millions de rentes, on décrit son hôtel et son écurie, et aussitôt don Juan, Lovelace, Oswald, Grandisson, Des Grieux sont effacés.

Les plus jeunes filles sont incapables de se prendre d'amourette pour un Roméo sans inscriptions de rentes, fût-il frais comme l'aurore et beau comme le jour. On serait mal reçu à enjamber la balustrade des balcons, si l'on n'avait pas ses poches bourrées d'actions du Nord.

Ce qu'il y a de plus triste dans tout cela, c'est que les pauvres ont perdu leur fierté et se méprisent eux-mêmes de n'être pas millionnaires. Des gens du meilleur monde supportent de la part des Lugarto et des Monte-Cristo du jour des grossièretés et des inconvenances inimaginables.

XIV

AVRIL 1846. — Opéra : *Paquita*, ballet de MM. Paul Fouché et Mazillier, musique de M. Deldevez. — Mademoiselle Carlotta Grisi. — Théâtre-Français : *une Fille du Régent*, drame de M. Alexandre Dumas. — Le public et l'auteur. — La pièce et ses interprètes. — Gymnase : *Geneviève, ou la Jalousie paternelle*, par M. Scribe. — Mademoiselle Rose Chéri, Numa, Julien Deschamps. — Odéon : *les Touristes*, comédie en vers de M. Ernest Serret. — Le parterre de l'Odéon et les nouveaux venus. — *Le Triomphe du Sentiment* de Gœthe. — Vaudeville : *le Roman comique*, par MM. Dennery, Cormon et Romain. — Scarron. — Salle Ventadour : concert d'adieu de madame Damoreau. — Palais-Royal : *le Lait d'ânesse*, par MM. Dupeuty et Gabriel. — Levassor. — Porte-Saint-Martin : reprise des *Petites Danaïdes*, de Désaugiers et Gentil. — Souvenir de Potier. — L'enfer de M. Cicéri. — Mesdemoiselles Grave et Esther.

6 avril.

OPÉRA. *Paquita*. — Ce nom de *Paquita* vous dit tout de suite que l'action se passe en Espagne ; aussi la toile se lève-t-elle sur une décoration pittoresque, — la vallée des Taureaux, aux environs de Saragosse ; cette vallée est appelée ainsi des grands taureaux de pierre, grossièrement sculptés, qui jalonnent les collines. D'immenses rochers à pic, où serpentent les zigzags d'un escalier creusé dans le roc, dressent vers le ciel leurs parois presque verticales; à leur pied est installé un camp de gitanos. L'endroit est merveilleusement sauvage et propre aux tragédies de grand chemin. C'est un de ces passages bordés de croix avec les inscriptions sacramentelles : *Aqui mataron a un hombre; aqui murio de mano aïrada,* si fréquents dans la Péninsule, et que le voyageur le plus intrépide ne franchit pas sans un certain sentiment de malaise.

Le lieu justifie son apparence sinistre, car c'est là que furent assassinés, le 5 mai 1795, le comte d'Hervilly, sa femme et sa fille. — Un sculpteur est occupé à graver, sur une tablette de marbre, une inscription commémorative de ce lugubre événement, d'après les ordres du général d'Hervilly, frère du mort, et commandant d'une division française.

Le général d'Hervilly veut — et les victoires de notre armée lui en donnent le droit — que la tablette funèbre soit incrustée à la place même où son frère tomba sous les coups des bandits, et il vient s'assurer que tout se fait comme il l'a dit, accompagné de don Luis de Mendoza, gouverneur espagnol de la province, de dona Serafina, sœur de don Luis, de Lucien d'Hervilly, son fils, et de la grand'-mère du jeune homme.

Pour les distraire de ces sinistres pensées, le gouverneur convie ses hôtes à une grande fête villageoise qui doit avoir lieu, le jour même, *à cette place*, dit le livret.

Nous savons, pour en avoir fait, qu'on ne doit pas exiger d'un ballet un bon sens bien rigoureux, une logique bien serrée. — Mais il nous semble un peu étrange, même dans le monde chorégraphique, de faire exécuter des cachuchas sur une terre teinte de sang, et cela, en présence du frère, de la grand'mère et du neveu de la victime; circonstance rendue plus choquante encore par le détail de la tablette. Que le gouverneur espagnol, mû d'une secrète haine contre les Français, propose au général cette fête impie, cela se conçoit; mais que le général accepte, voilà qui n'est guère probable. — Qu'importe, après tout! — Voici les tambours de basque, les panderos traditionnels qui font frissonner leurs plaques de cuivre et ronflent sous le pouce des gitanos; les castagnettes claquent et babillent, la fête commence... Arrière tout fâcheux souvenir! Mais quelle est cette jolie créature au teint délicat, aux yeux d'azur, à la chevelure dorée, —rose blanche dans ce bouquet de roses rouges? — Le sang more ne doit pas couler dans ces petites veines bleues. Il doit y avoir là-dessous quelque histoire d'enfant perdu ou cru mort. Ce n'est pas là une fille de cette race au teint de cuivre, au profil busqué, aux yeux obliques; et vous savez que les bohémiens sont grands voleurs d'enfants, surtout au théâtre. — Il ne faut pas être bien fin, ma belle petite, pour deviner que tu as dans le creux de ton corset une miniature, une croix destinée à te faire reconnaître de tes parents.

Les danses espagnoles sont charmantes, surtout exécutées par des danseuses d'opéra. Lucien d'Hervilly regarde Paquita — c'est le nom de la jeune fille — d'un œil bien ardent pour un fiancé de dona Serafina. Il est vrai que jamais plus petit pied ne porta un corps plus souple, et que jamais castagnettes ne caquetèrent plus vivement au bout de doigts plus agiles. Comme elle bondit légèrement et se dérobe avec prestesse aux agaceries des deux gitanos ses partenaires, les pauvres diables, qui croyaient pouvoir lui pincer la taille ou lui baiser la main! Elle leur échappe comme une couleuvre, en leur jetant un malicieux sourire, et la poursuite de recommencer de plus belle! Sa danse achevée, tout émue et toute palpitante, elle va tendre son tambour de basque à la pluie de monnaie qui tombe de toutes les mains.

La recette est belle, et cependant Inigo, le maître et le cornac de la pauvre petite, n'est pas content; il veut l'obliger à faire une autre tournée; Paquita, dont le cœur noble répugne à ce métier de mendiante, s'y refuse; alors le brutal veut la frapper; Lucien est trop Français et trop officier de hussards, pour permettre qu'on malmène une jolie fille en sa présence. Il s'interpose et menace Inigo de sa colère, s'il ne traite pas désormais Paquita avec plus de douceur.

Si Paquita voulait, elle ne serait pas battue. Ce grand drôle basané a pour elle une espèce d'amour farouche et jaloux, que la résistance tourne en haine; mais une certaine fierté secrète, une hauteur native lui fait mépriser Inigo. Elle aime mieux être l'esclave de cet homme que sa femme. A la vue de Lucien, son aversion pour lui redouble.

Le jeune officier interroge Paquita ; il ne peut croire qu'elle soit née dans cette horde de vagabonds. La jeune fille veut lui montrer le médaillon qu'elle conserve avec tant de soin, mais elle ne l'a plus. Inigo, voyant que la conversation prenait une tournure dangereuse, a escamoté la miniature avec une adresse qui fait peu d'honneur à sa moralité.

Lucien, de plus en plus charmé de Paquita, lui offre un portefeuille bien garni et lui propose de l'enlever. La pauvre fille serait toute disposée à le suivre ; mais son bon sens lui dit qu'une gitana, ramassée sur le grand chemin, ne peut être la femme d'un officier français. « Donnez-moi au moins ce bouquet comme souvenir, » dit Lucien. Paquita, qui sait la signification du bouquet donné, dans la langue hiéroglyphique du ballet, refuse cette faveur innocente en apparence, et Lucien s'éloigne, vivement contrarié.

Il faut vous dire qu'à travers tout cela le gouverneur espagnol, peu content de marier dona Serafina à un Français, a vu avec plaisir l'amour naissant de Lucien et la jalousie d'Inigo. Il bâtit là-dessus un stratagème pour se défaire du jeune officier. Paquita sera l'appeau qui attirera Lucien dans le piége, et le gitano ne demandera pas mieux que de servir les projets du gouverneur et de se débarrasser d'un rival.

Inigo, qui a entendu, ou, pour parler plus exactement, *vu* la fin de la conversation, car c'est la seule manière d'écouter des gestes, trouve un moyen d'escamoter le bouquet de Paquita, et l'envoie par une bohémienne à Lucien, que ce don perfide transporte de joie. La bohémienne indique à l'amoureux officier la cabane où loge Paquita. Celui-ci croit l'heure du berger arrivée, presse les fleurs sur ses lèvres, et laisse partir le reste de la caravane sous un prétexte quelconque, après avoir toutefois promis de se trouver le lendemain à Saragosse, où doit se donner un grand bal en l'honneur de son prochain mariage.

Au second acte, nous sommes sous le toit du gitano, un bouge suspect, moitié taudis, moitié caverne, meublé de quatre murs, et quels murs ! le plus grand luxe de l'endroit est une cheminée à fond tournant, qualifiée par le livret de machinisme infernal, et qui communique avec le dehors.

Le gouverneur, masqué, arrive à pas de loup et remet au gitano un narcotique qui livrera sans défense Lucien aux poignards des assassins. Paquita, inquiète, soupçonnant quelque perfidie, s'est blottie derrière un coffre et a tout entendu ; elle se promet de sauver Lucien ou de périr avec lui.

Le galant officier ne tarde pas à paraître. Inigo l'entoure de prévenances obséquieuses. Il le débarrasse de son manteau, de son sabre, et l'engage à se mettre à table. Lucien papillonne autour de Paquita et ne s'aperçoit pas d'abord des signes d'intelligence qu'elle lui fait. Inigo, d'ailleurs, les surveille de près et donne, coup sur coup, plusieurs ordres à la gitana pour l'éloigner de Lucien. Heureusement, Paquita va, vient, se multiplie avec la légèreté d'un oiseau et la prestesse d'un écureuil ; elle met le couvert, se défend des baisers de Lucien, désarme Inigo, laisse tomber des piles d'assiettes, et, pendant qu'Inigo se baisse pour les ramasser, change les verres de place, en sorte que le bandit boit le vin empoisonné, et le jeune homme le vin sans préparation. — Lucien, mis sur ses gardes, a tout compris, et, pendant le pas que danse Paquita, sur l'ordre d'Inigo, il s'accoude à la table et feint de s'endormir. Le bandit se lève croyant l'instant venu ; mais le narcotique appesantit déjà ses paupières et relâche ses muscles ; il retombe affaissé sur son siége en faisant un vain effort pour secouer ce sommeil de plomb, il ne peut y réussir. — Le gouverneur, à ce qu'il paraît, avait bien fait les choses. — Inigo entr'ouvre sa veste pour respirer, car il étouffe, et, dans ce mouvement, le médaillon ravi à Paquita roule sur la table ; la jeune fille le reprend, et, profitant du passage secret de la cheminée dont elle a surpris le mystère, elle se place contre le mur avec Lucien, et, à minuit, heure fixée pour l'assassinat, le mécanisme, en tournant sur lui-même, amène deux bandits dans la chambre, et met les deux amants dans la rue.

La scène change. Du repaire d'Inigo, nous sautons au palais du gouverneur français à Saragosse. La fête est commencée. Aux feux de mille bougies étincellent les splendides uniformes de l'Empire, les costumes français des dames de la cour, les costumes pittoresques et nationaux des dames espagnoles; la contredanse et la gavotte sont exécutées avec une vigueur et une précision classiques. Cependant, une certaine inquiétude règne dans le bal. Lucien d'Hervilly n'est pas encore arrivé; tout à coup, il entre, les habits en désordre, suivi de Paquita; il raconte son aventure et déclare qu'il doit la vie au dévouement de la jeune gitana.

Pendant cette scène, les yeux de Paquita ont rencontré un portrait suspendu au mur, — le portrait du comte d'Hervilly. Grand Dieu! ce sont les mêmes traits que ceux du médaillon! Paquita est la nièce du général et la cousine de Lucien!

Pour célébrer cette heureuse reconnaissance, Paquita va mettre une robe de tarlatane blanche et danse un pas ravissant.

Ce ballet, dont l'action est peut-être un peu trop mélodramatique, a parfaitement réussi. La richesse et la singularité des costumes de l'Empire, la beauté des décorations, et surtout la perfection de la danse de Carlotta, ont enlevé le succès. Son dernier pas est d'une hardiesse, d'une difficulté inimaginables : ce sont des espèces de sauts à cloche-pied sur la pointe de l'orteil, avec un revirement d'une vivacité éblouissante, qui causent un plaisir mêlé d'effroi; car leur exécution paraît impossible, bien qu'elle se répète huit ou dix fois. Des tonnerres d'applaudissements ont salué la danseuse, rappelée à deux reprises après la chute du rideau.

THÉÂTRE-FRANÇAIS. *Une Fille du Régent.* — Le public du Théâtre-Français se montre, à l'égard de M. Alexandre Dumas, d'une exigence ou plutôt d'une injustice révoltante. Il ne peut lui pardonner ses succès dans le feuilleton, et surtout ses succès au boulevard. Un si constant bonheur, une si grande popularité lui semble quelque chose de monstrueux, d'intolérable, et, dans l'aveugle esprit de réaction qui le tourmente, il porte aux étoiles *une Femme de quarante ans*, après avoir fait fi d'*un Mariage sous Louis XV!* Il applaudit *Jean de Bourgogne* et s'en vient ensuite siffler *une Fille du Régent!* — Nous ne pouvons accepter tranquillement de pareils faits : on n'a pas le droit de repousser, de parti pris, un homme de la valeur d'Alexandre Dumas, lorsqu'on accueille si complaisamment M. Galoppe d'Onquaire. La pire des œuvres de l'auteur d'*Henri III* et de *Mademoiselle de Belle-Isle* est infiniment plus méritoire, en somme, que toutes les rapsodies de l'ex-journaliste picard ; et la mauvaise humeur du public ne saurait empêcher que le *Mariage sous Louis XV* ne soit une très-spirituelle comédie, ni que la *Fille du Régent* ne soit un drame plein d'intérêt, de mouvement et de situations neuves. — Quoique l'analyse d'une pièce n'en montre jamais que le squelette, le lecteur va juger si nous avançons là un paradoxe.

Le premier acte, ou prologue, se passe sur le bord d'une petite rivière qui baigne les murs du couvent des Ursulines de Clisson. Il fait nuit ; la campagne est couverte de neige. Un homme arrive,

> Le feutre sur les yeux, le manteau sur l'épaule.

Il franchit un pont de bois qui traverse un des bras de la rivière ; deux autres personnages à manteaux se dressent devant lui, et l'arrêtent au passage. Ce ne sont point des voleurs, on le voit tout de suite ; ce sont des conspirateurs, — le baron de Montlouis et le marquis de Pontcalec. Ils se font reconnaître du survenant, qu'ils nomment le chevalier Gaston de Chanlay, et le somment de leur expliquer sa conduite. — Les principaux gentilshommes de la Bretagne se sont conjurés contre le régent de France. Désigné par le sort comme l'exécuteur de la volonté de tous, Gaston, au sortir de Nantes, aurait dû se diriger tout droit sur Paris ; comment se fait-il qu'il se soit détourné de son chemin, et qu'il se trouve sous les murs de Clisson, où réside le gouverneur de la province ? « Seriez-vous donc un traître ? » lui demandent Pontcalec et Montlouis. Le jeune homme s'indigne de ce qu'on ose le soupçonner ; mais il refuse de dire où il va : c'est un secret qui n'appartient pas à lui seul. « Il faut cependant parler ou mourir, » reprend Pontcalec en armant un pistolet. Gaston ne craint pas la mort, mais il craint le déshonneur, et, pour confondre ceux qui l'accusent, il se décide à rompre le silence. Avant de quitter la Bretagne, peut-être pour toujours, il a voulu faire ses adieux à une jeune fille qu'il aime, et qui habite le couvent voisin. Que les deux gentilshommes se cachent, et ils vont en avoir la preuve.

Pontcalec et Montlouis se dissimulent derrière les arbres, et le chevalier s'avance sur la surface glacée de la rivière jusqu'au pied des murs du couvent. Il fait entendre un signal et appelle Hélène; une jeune fille paraît au balcon d'une fenêtre basse. Un rayon de lune qui vient en ce moment éclairer la scène, permet aux deux conspirateurs cachés de voir distinctement ce qui se passe. Gaston apprend à son amante qu'il va s'éloigner du pays pour quelque temps. — Hélas! quand se reverront-ils? — Hélène est elle-même sur le point de quitter le couvent des Ursulines; ses parents, qu'elle ne connaissait pas, qu'elle ne connaît pas encore, veulent enfin se révéler à elle. Une vieille religieuse, mademoiselle Desroches, doit la conduire auprès d'eux, à Paris. « A Paris! s'écrie Gaston; c'est justement là que je vais... — Alors, Dieu soit loué! nous nous y retrouverons! » Mais Hélène croit entendre la voix de mademoiselle Desroches; elle tend sa main au chevalier par-dessus le balcon... un baiser retentit au milieu du silence... et les deux amants se séparent en se répétant : « Au revoir! »

Cette exposition n'est-elle pas en même temps habile et intéressante, simple et poétique? — Louons le Théâtre-Français de lui avoir donné pour cadre une charmante décoration. Quoi qu'en disent certains esprits moroses, il est bon de satisfaire à la fois l'esprit et les yeux. Toute représentation scénique doit avoir ce double but. Un peu de mise en scène ne messiérait pas à la tragédie elle-même. — C'est un luxe matériel qui distrait l'attention, objectent les classiques. — Alors, ne venez pas au spectacle; prenez un livre, et lisez-le, les pieds sur vos chenets.

Le deuxième acte nous transporte dans une salle d'auberge, à Rambouillet. Un homme qui, apparemment, ne veut pas qu'on le voie entrer par la porte, arrive en escaladant une fenêtre, et commence par examiner la disposition des lieux. Il visite les chambres, ouvre les armoires, sonde les murs comme le ferait un familier de l'inquisition ou un affidé du conseil des Dix.

La maîtresse du logis le surprend au milieu de cette opération et va pour se récrier; mais il lui glisse quelques mots à l'oreille, et aussitôt elle s'incline avec respect en le traitant de monseigneur. — Quel est donc ce mystérieux personnage? — Nous allons vous le dire tout de suite : c'est le premier ministre Dubois, ce *drôle* de cardinal Dubois, comme l'appelle M. Michelet. Sa police a éventé la conspiration bretonne; il sait que Gaston est arrivé, le matin, à Rambouillet, et, tandis que le régent court le cerf à Versailles, il est venu, lui, traquer l'émissaire des conjurés. D'abord, Son Éminence interroge l'hôtesse. « N'est-il pas arrivé dans cette ville un certain Gaston de Chanlay? — Oui, monseigneur. — Loge-t-il ici? — Non, mais à l'auberge voisine. — Il est accompagné d'un valet? — Précisément. — Allez me chercher cet homme. »

Vous devinez que le Frontin n'est qu'un espion déguisé. « Écoute, lui dit Dubois, on t'a promis cinquante louis pour prix de tes services... les voici. Maintenant, j'ai plusieurs questions à t'adresser : pour chaque réponse qui me paraîtra satisfaisante, j'ajouterai cinq louis à la somme; mais, pour chaque réponse oiseuse, j'en retrancherai dix; prends bien garde! » Rien n'est plus piquant que cet interrogatoire, au bout duquel le prétendu valet se trouverait redevoir à Dubois, s'il ne lui révélait enfin, sans le savoir, un secret important. Le cardinal apprend que Gaston a été rejoint en route par une jeune fille qui sort du couvent des Ursulines de Clisson, et qu'accompagne une demoiselle Desroches. Il sait quelle est cette jeune fille, et, tandis qu'il réfléchit aux moyens de l'éloigner, une voiture entre dans la cour de l'auberge, et il en voit descendre le régent, qui vient, incognito, au-devant des deux Ursulines. Dubois juge à propos de lui abandonner la place; mais, avant de sortir, il est encore servi par le hasard : Hélène le prend pour un domestique et le charge de porter un billet qu'elle adresse à son amant. — Grâce à mademoiselle Desroches, le régent est introduit auprès d'Hélène dans une chambre sans lumière. Il lui dévoile le mystère de sa naissance, tout en lui cachant le nom de ses parents; mais bientôt il s'attendrit à tel point, que la jeune fille ne doute pas que ce ne soit son père qui lui parle. Le régent, pour ne pas céder à son émotion, s'échappe en promettant de la revoir à Paris et de se faire connaître d'elle. Gaston arrive au moment où la voiture s'éloigne. « Cet homme s'est dit votre père, s'écrie-t-il. Prenez garde, Hélène! il appartient à la cour du régent; sa livrée me l'annonce; c'est la livrée de la débauche et du crime! »

Au troisième acte, nous sommes à Paris, et, naturellement, dans une nouvelle auberge, puisque nous suivons des voyageurs. C'est là que Gaston doit venir se loger. Il est attendu par un certain capitaine la Jonquière, qui doit le conduire auprès du duc d'Olivarez, agent secret de la conspiration. Mais, avant l'arrivée du chevalier, Dubois s'introduit secrètement dans l'auberge, avec quelques gardes-françaises, qui bâillonnent notre la Jonquière, lui enlèvent ses papiers, le dépouillent même de ses habits et le conduisent à la Bastille. — Quand Gaston survient, c'est Dubois qui le reçoit sous l'uniforme du capitaine. « Vous vous nommez la Jonquière? lui demande le jeune Breton. — Oui, parbleu! et je vous attendais. — Le mot d'ordre? » Dubois le lui glisse à l'oreille, et reprend : « Je suis chargé de vous conduire auprès du duc d'Olivarez. Dans un quart d'heure, un homme se présentera muni d'un billet pareil à celui que j'écris sous vos yeux. Vous suivrez cet homme, qui vous mènera rue du Bac, à la demeure du duc... Au revoir. » A peine Dubois est-il parti, qu'Hélène accourt, demandant asile et protection à son amant. La maison où mademoiselle Desroches l'avait déposée a paru suspecte à la jeune fille, et elle s'en est échappée. Le chevalier la rassure de son mieux; il ne peut, dit-il, la laisser dans une auberge ouverte à tout venant; mais elle va l'accompagner chez le duc d'Olivarez, qui ne refusera certainement pas de lui donner asile. — Au même instant, l'envoyé de Dubois se présente; il montre le billet convenu, répète le mot d'ordre, et les deux amants s'éloignent avec lui.

Cet hôtel de la rue du Bac, où Dubois fait conduire Gaston, n'est autre que la petite maison du régent. Le cardinal veut que Son Altesse, qui doute des périls qu'elle court et se montre beaucoup trop confiante pour elle-même, voie enfin de ses yeux un bel et bon conspirateur. Que le duc d'Orléans consente à être seulement pendant quelques minutes le duc d'Olivarez, et il apprendra tout ce qu'il doit craindre. La scène où Dubois le prévient de la ruse qu'il a employée, et dans laquelle il lui rappelle incidemment toutes les circonstances de son voyage à Rambouillet, circonstances que le régent croyait connues de lui seul, est infiniment comique et a été fort applaudie. — Gaston est donc amené devant le prince, et lui déroule le plan des conjurés, s'imaginant qu'il parle au duc d'Olivarez. Il s'agit de tuer le régent, et c'est lui, Gaston, que le sort a désigné pour remplir ce sanglant office! — La situation est belle et dramatique. « Ainsi vous le frapperez? dit le faux Olivarez. — Oui, monseigneur, car je suis lié par un serment! — Et que voulez-vous de moi? — Que vous me mettiez en présence du régent. — Vous serez satisfait... Allez! » Mais, avant de sortir, Gaston réclame de lui un dernier service; il lui raconte ses amours avec Hélène, et l'adjure de prendre cette jeune fille sous sa protection. Le régent, tout ému, lui répond qu'il veillera sur elle, et lui dit d'aller la chercher. Il semble vouloir user de clémence envers ce jeune homme, qui l'intéresse malgré ses torts. Mais Dubois vient apporter à sa signature un ordre d'arrestation. « N'enhardissez pas les mécontents par une indulgence coupable, lui dit-il. Faites un exemple, la politique vous l'ordonne! — Tu le veux? — Oui, monseigneur, je le veux! » reprend Dubois en lui présentant la plume et tombant à genoux. Un instant après, quand Gaston revient avec Hélène, des gardes se jettent sur lui et l'enlèvent, malgré les cris désespérés de son amante.

Le cinquième acte se résume dans quelques scènes qui ne font pas longtemps attendre le dénoûment. — Craignant sans doute que le régent ne lui reproche plus tard la mort de Gaston, Dubois a ménagé à celui-ci les moyens de s'évader de la Bastille. Il pense que l'imprudent conspirateur se hâtera de gagner la frontière; mais c'est compter sans l'entêtement breton. Le jeune chevalier n'est pas plus tôt libre, qu'il court à l'hôtel de la rue du Bac, et somme le duc d'Orléans, qu'il prend toujours pour Olivarez, de placer le régent sous le coup de son poignard. « Eh bien, soit, lui dit le prince; tout à l'heure il sera seul dans ce boudoir, assis devant cette table... Venez, et, si le courage ne vous manque pas, frappez-le! » Au bout d'un moment, après une scène un peu trop pénible, mais vraie, où le régent se fait reconnaître de sa fille, Gaston revient dans le boudoir. Il voit un homme seul, près de la table... Il s'approche de lui, lève le bras... mais l'homme se retourne : l'assassin jette un cri de stupeur et laisse échapper le poignard de ses mains! — Que vous dire encore? Le chevalier tombe à genoux; Hélène reparaît, s'écriant : « Mon père! » Le régent peut-il faire autrement que de pardonner?

Malgré toutes les modifications que la censure lui a fait subir, ce drame renferme encore, on le voit, plus d'un élément de succès, et nous ne doutons pas que la réussite n'en soit entière auprès d'un public non prévenu. — Il est joué, d'ailleurs, avec beaucoup d'ensemble et de talent. Regnier a donné au rôle de Dubois un cachet très-original; il a été tour à tour fin, narquois et profond. Le personnage difficile du régent a trouvé dans Geffroy un habile interprète, et celui de Gaston a été très-poétiquement rendu par Brindeau. — Madame Mélingue, qui n'a pas assez souvent l'occasion d'être elle-même, s'est retrouvée enfin tout entière dans le rôle d'Hélène; elle y a mis un sentiment, une passion, une énergie incroyables.

GYMNASE. *Geneviève, ou la Jalousie paternelle.* — Le *cant* moderne, l'hypocrisie anglaise qui déteint sur nos mœurs, nous rend si prudes en ce qui regarde les choses d'amour, que les auteurs dramatiques, pour faire de la passion quand même, — le théâtre ne vivant que de cela, — se trouvent souvent obligés de pousser au lyrisme et à l'exagération les sentiments les plus honnêtes, comme, par exemple, l'amour filial ou l'amour paternel. Il en résulte une sorte d'inceste moral qui donnerait à nos descendants une fâcheuse idée de nous, s'ils pouvaient croire les dramaturges et les vaudevillistes sur parole. — La nouvelle pièce de M. Scribe est fondée sur la jalousie d'un père, comme le titre vous l'indique. Avouons tout de suite que le sujet nous choque, que nous y trouvons même quelque chose de répugnant, par la raison que nous avons énoncée. — On nous croira plus facilement lorsque nous dirons que M. Scribe a tiré de ce sujet un petit chef-d'œuvre.

M. Clérambourg aime passionnément sa fille; il l'aime tant, qu'il refuse de la marier, pour rester seul maître de ses affections. Cependant Geneviève ne saurait s'arranger de cela; elle est en âge d'être pourvue; M. Clérambourg le comprend, et il se décide enfin à lui choisir un époux. Mais il y met une condition expresse : c'est que ledit époux ne sera pas aimé d'elle et qu'il lui sera même odieux, s'il est possible! — En entendant vaguement parler de mariage, Adrien, le commis de M. de Clérambourg, qui s'est énamouré de sa jeune patronne, demande brusquement à quitter la maison, car il ne veut pas voir le bonheur d'un autre, et il n'est pas assez riche pour se mettre au nombre des prétendants.

Mais M. Clérambourg, qui est attaché à ce jeune homme, se hâte, au contraire, de lui offrir la main de Geneviève ; elle ne l'aime pas : cela fait justement son affaire. — Le papa se trompe ; les deux jeunes gens s'entendent à merveille. Il les surprend au milieu d'un amoureux entretien, et rompt le mariage qui allait se conclure. « Malheureuse enfant ! tu l'aimes donc ? dit-il à sa fille. — Mais non, mon père, pas du tout, je vous jure ! — Cependant... — Ne fallait-il pas le lui laisser croire un peu ?... » Bref, la petite rusée fait si bien, qu'elle sait contenter à la fois tout le monde et son père.

Numa, Deschamps et mademoiselle Rose Chéri ont joué ce petit acte à ravir. — Ils le joueront pour le moins deux cents fois !

20 avril.

Odéon. *Les Touristes.* — L'Odéon n'oublie pas qu'il se doit surtout aux jeunes auteurs, et, de temps en temps, l'on voit apparaître sur son affiche des noms jusqu'alors inconnus. Qu'importe que la plupart de ces noms rentrent bientôt dans l'ombre, si quelques-uns se produisent avec un certain éclat et promettent de briller un jour parmi la pléiade dramatique ! Explorer, chercher, découvrir, telle doit être la tâche du Christophe Colomb littéraire qu'on nomme le directeur de l'Odéon. Du reste, l'intelligent public de ce théâtre a pour les débutants des sympathies toutes particulières, et les nouveaux venus à la scène ont toujours plus de chances de réussir auprès de lui que les auteurs à réputation et les faiseurs en titre. Ainsi, donnée par un habile, la comédie de M. Ernest Serret, malgré son mérite réel, eût, à coup sûr, été trouvée un peu vide, un peu mollement versifiée ; mais l'inexpérience du jeune écrivain a servi, au contraire, à son succès ; le parterre a chaudement applaudi la pièce, et, en cela, il a été, nous ne dirons pas indulgent, mais juste.

Voici la fable des *Touristes* dans toute sa simplicité. — Un certain duc de Planétès, que des illusions détruites et des amitiés trompées ont rendu misanthrope, parcourt le globe comme un autre Juif errant, sans jamais prolonger son séjour dans les villes, de peur de relier aucun commerce avec les hommes. Il arrive à Bade incognito et sous un nom d'emprunt ; mais le mystère dont il s'est entouré n'empêche pas que la société réunie dans l'hôtel des Bains n'ait été instruite de son arrivée. On sait, à n'en pas douter, qu'il se trouve au nombre des baigneurs ; mais à quel signe le reconnaître ? comment le deviner entre tous ? Est-il brun ? est-il blond ? est-il petit ? est-il grand ? Telles sont les graves questions que se posent toutes les femmes, dont la curiosité naturelle est encore excitée par le désir de vaincre la sauvagerie proverbiale du duc. — Celui-ci, mis dans leur confidence et interrogé par chacune d'elles pour savoir quel peut être le mystérieux touriste, désigne tantôt un des baigneurs, tantôt un autre, se divertissant fort des quiproquos qui en résultent et que vous devinez sans peine.

Mais, à ce jeu, notre misanthrope perd sa rudesse et son indépendance ; il devient amoureux d'une charmante jeune fille qui, seule précisément, déteste le duc de Planétès à cause de son humeur vagabonde. Pour comble de malheur, une de ces dames trouve par hasard le portrait lithographié de l'illustre voyageur, et l'apporte triomphante au milieu du salon ! — Le duc va s'éloigner tout confus... Mais quoi ! peut-il partir sans exprimer un regret à la jeune fille dont les grâces l'ont séduit ? peut-il ne pas lui dire que, pour rester auprès d'elle, il renoncerait volontiers à son existence cosmopolite ? Non, certes ; pas plus qu'elle-même ne peut hésiter à lui donner sa main, — car quelle femme refuserait de devenir duchesse, et duchesse de Planétès encore, — un si beau nom !

Ce qui donne de l'animation à cette petite comédie, si légère d'intrigue, c'est la foule de personnages que l'auteur a su maintenir presque constamment en scène. Tout cela jase, babille, va, vient, sort, rentre, avec un désordre charmant, et qu'on pourrait à juste titre appeler *un effet de l'art*, la multiplicité des interlocuteurs étant, comme on sait, chose des plus avantageuses au théâtre.

En assistant à la représentation des *Touristes*, il nous est revenu un vague souvenir d'une petite pièce humoristique de Gœthe, intitulée *le Triomphe du sentiment*. Il y a là un certain prince qui nous semble un peu cousin du duc de Planétès ; tous deux ont la prétention d'être aimés pour eux-mêmes, et dans ce but ont recours à l'incognito. Mais le prince offre une originalité plus tranchée que le duc. Un homme sensible et romanesque est, surtout au delà du Rhin, obligé à de longues rêveries au clair de la lune. Malheureusement, le prince est sujet à une infirmité prosaïque, aux coryzas, plus connus sous le nom de rhumes de cerveau, et revient de ses promenades nocturnes avec des enchifrènements ridicules. Pour parer à cet inconvénient, il porte dans ses voyages un clair de lune complet, préparé par des décorateurs de théâtre. Tous les soirs, dans une salle de l'hôtellerie où il se trouve, on accroche le disque en papier huilé et l'on dispose les verres bleus, de sorte qu'il peut, sans crainte de s'enrhumer, adresser des invocations poétiques à l'astre pâle des nuits, et jouir des délices du « clair de lune allemand. »

Cela nous rappelle une autre fantaisie de Henri Heine, où deux jeunes rêveurs, ayant trop soupé, ouvrent leur armoire, qu'ils prennent pour une fenêtre, et récitent un dithyrambe « à la reine argentée du ciel, » tout en remarquant que la lune a, cette nuit-là, une odeur inaccoutumée de fromage de Hollande. M. Ernest Serret a laissé de côté toutes ces excentricités germaniques, qui paraîtraient ici d'un goût un peu hasardeux, et ne s'est servi que du point de départ, si tant est qu'il ait eu connaissance de la pièce allemande; car cette idée est une de celles qui se présentent naturellement, pour peu que l'on remue des combinaisons dramatiques; et ce que nous en disons ici est plutôt pour rappeler cette bouffonnerie de Gœthe, que pour diminuer en rien le mérite d'invention de l'auteur des *Touristes*.

VAUDEVILLE. *Le Roman comique*. — Sur ce titre affriolant, nous nous étions figuré une mise en scène fidèle, autant que le théâtre actuel le comporte, de la burlesque épopée du brave Scarron, le malade le plus joyeux qui fut jamais. Fâcheuse erreur de notre part. Les auteurs ont fait ce qu'en style de théâtre on appelle une pièce à côté; du *Roman comique*, ils n'ont pris que l'étiquette et quelques noms. Si leur pièce ressemble à quelque chose, c'est aux *Saltimbanques*. Ce n'est pas une critique, c'est un éloge que nous faisons là. L'étude et l'imitation des grands modèles ont toujours été permises, et *les Saltimbanques* sont à la farce ce que l'*Iliade* est au poëme épique.

La pièce racontée perd beaucoup ; le rire ne s'imprime pas et ne peut s'analyser. Telle bouffonnerie, soutenue du geste, de l'accent, paraît la plus plaisante du monde, qui devient froide sous la plume.

Cependant voici à peu près le canevas sur lequel les auteurs ont brodé leurs plaisanteries.

Cette fameuse charrette traînée par des bœufs, que vous connaissez tous et qui cahote le long des chemins du Mans, sur un tas de coffres et de paquets, ce petit monde qu'on appelle une troupe de comédiens, s'est arrêtée à la porte d'une auberge dont l'hôte a l'air de se soucier assez peu de recevoir chez lui cette bohème famélique et peu chargée de monnaie; heureusement, il se trouve là trois officiers de mousquetaires; — qui nous délivrera des mousquetaires! — Les gaillards, voyant les actrices jolies, répondent de la dépense et invitent ces demoiselles à souper. Tous les trois sont mariés à de charmantes femmes qui attendent leur retour avec une vive impatience! Cette impatience les fait aller au-devant de leurs maris, dont elles découvrent les projets de conquête. Pour leur faire pièce, elles prient le directeur de la troupe de les laisser se substituer aux actrices dans le rendez-vous nocturne. Celui-ci, qu'elles payent grassement, et qui trouve à ce marché l'avantage de ménager la vertu de ses ingénuités et de ses jeunes premières, consent à tout et fournit les déguisements nécessaires.

Pendant que tout cela se machine, trois lansquenets envoyés par le gouverneur viennent remplacer les trois mousquetaires placés là en observation, nous ne savons pas trop dans quel but politique. Les mousquetaires, en bons camarades, lèguent leur rendez-vous aux lansquenets. La nuit vient; les grandes dames, déguisées en bergères, arrivent sur la pointe du pied, les mains tendues en avant. Les groupes se forment, et il se passe dans l'ombre des choses fort claires. Les mousquetaires, n'ayant pas trouvé leurs femmes chez eux, reviennent fort alarmés. Ces pauvres créatures, prises au piége, sont obligées, n'ayant pas d'autre porte de sortie, de paraître sur le théâtre improvisé dans la grange, et d'y danser un pas devant la population ébahie. « Comment diable! s'écrient les trois époux, vous faites danser nos femmes? — Valait-il mieux les laisser aller au rendez-vous que vous aviez si obligeamment cédé à MM. les lansquenets? » répond le rusé directeur.

Tout cela n'a pas trop le sens commun, et se complique d'un Sosthène amoureux d'une Zéphirine et poursuivi par un père Ducantal moins enrhumé mais aussi féroce que celui des Variétés. Inutile de dire qu'un mariage s'ensuit, grâce à la dot que la Rancune sait extirper aux mousquetaires en les menaçant de révéler certains petits secrets désagréables. Mais qu'importent les entorses à la vraisemblance, quand il s'agit d'une farce! Pourvu qu'on rie, c'est assez. MM. Dennery, Cormon et Romain ont satisfait à la poétique du genre.

Leclère a représenté avec esprit et gaieté le rôle de la Rancune. C'est le seul rôle d'homme un peu important de la pièce. Mesdemoiselle Mézeray, Sanxay et Alice Ozy ont rendu enviable le sort des lansquenets par leur grâce et leur gentillesse. Mademoiselle Alice Ozy, élégante sous son costume de marquise, avait, en bergère, la fraîcheur veloutée d'une Philis de trumeau. Ses formes sveltes et taillées pour la danse gagnaient aux transparences de la gaze ce que bien d'autres y perdraient.

Malgré tout le succès qu'a obtenu cette pièce, *le Roman comique* est encore à faire. Les types si fins, si variés, si vivants, dessinés par Scarron, ne sont là qu'indiqués. La Rancune, l'Olive, Ragotin, le Destin, mademoiselle de l'Étoile, la Caverne, la grosse Bovillon, attendent encore un metteur en scène. — Cette idée a tenté autrefois la Fontaine, qui n'a pas cru déroger en mettant en vers la prose du pauvre cul-de-jatte. Il est vrai que la vogue du *Roman comique* a été immense en son temps; les infortunes de Ragotin ont formé le sujet de plusieurs suites d'estampes; — on a fait à l'ouvrage, interrompu et trop court au gré du public, des suites comme au *Don Quijote de la Manche;* et, en effet, cette prose nette, ferme, abordant le mot propre, grotesquement pittoresque, cette forte trivialité, ce bon sens imperturbable devaient charmer et surprendre, à cette époque de romans interminables, pleins d'aventures fabuleuses et de bavardages quintessenciés. *Le Roman comique* est resté le plus beau titre de gloire de Scarron, dont *le Typhon*, *l'Énéide travestie* et les poésies diverses ne peuvent plus guère être lus que par curiosité littéraire et désir de se rendre compte d'une renommée évanouie.

SALLE VENTADOUR. *Concert de madame Damoreau.* — Qui aurait résisté, eût-il eu son jardin plein de lilas et de primevères, de roucoulements et de parfums, à cette simple phrase : « Madame Damoreau chantera cinq fois?... » Comment manquer une de ces occasions rares et suprêmes d'entendre encore une fois cette voix si pure, si légère, si perlée et que rien n'a pu faire trembler, pas même l'émotion des adieux? — L'attendrissement peut lustrer votre regard, mais non étreindre votre gosier pendant que les bravos éclatent de toutes parts, et qu'à vos pieds s'épaissit la neige des camellias. — Tous les morceaux ont été applaudis avec furie et particulièrement le dernier, composé par le fils même de la cantatrice.

Madame Cinti-Damoreau, dont on peut regarder aujourd'hui la carrière musicale comme accomplie, mérite de prendre place à côté des Pasta, des Malibran, des Sontag, et de toutes celles dont le front a porté la couronne d'or et que la foule a saluées du nom de diva. — Elle a eu son originalité propre, son style particulier, la justesse, la pureté, l'agilité, l'élégance, le goût, toutes les qualités gracieuses et spirituelles. Jamais talent ne fut plus sympathique au caractère français; aussi la vie de madame Damoreau n'a-t-elle été qu'une longue suite de triomphes, et l'aimable cantatrice a-t-elle été forcée plusieurs fois, malgré ses idées de retraite, de reparaître au théâtre, où la rappelaient les regrets universels.

27 avril.

PALAIS-ROYAL. *Le Lait d'ânesse.* — C'est d'abord un docteur de Montrouge avec un nourrisseur du même endroit. Tous deux s'entendent sur un point : l'un ordonne à ses malades le lait d'ânesse du nourrisseur, et l'autre prend en pension les clients du docteur. A vrai dire, ils s'entendent bien encore sur un autre point, c'est que tous les deux aiment madame veuve Belami, — le premier légitimement et le second sans aucune espèce de bien ni d'honneur ; mais, naturellement, ils ne s'en ouvrent point l'un à l'autre.

Puis vient, à pas lents, un jeune poitrinaire, appuyé sur le bras de la fermière, madame Bouvreuil. Il tousse, il va rendre l'âme; quelle imprudence de le quitter seulement une minute! — Ah bien, oui! voilà la béquille en l'air, les favoris d'emprunt au diable, et les jambes du malade qui s'évertuent à danser la moins chaste des polkas! Cela même vient fort à propos pour décider du succès de la pièce, qu' commence en gaudriole et qui finit en berquinade. La polka est aujourd'hui un effet dramatique immanquable. — Cet intéressant jeune homme est un étudiant séducteur, rival de son médecin et amoureux de la fermière, qui n'est pas sans prêter l'oreille à ses fleurettes et la joue à ses baisers. Madame Bouvreuil, entraînée par la Belami, est décidée à se rendre furtivement au bal du Château-Rouge. L'étudiant, qui, pour arriver à son cœur, a pris la place d'un neveu de l'époux, rustre qu'on faisait venir tout exprès de Champagne pour la surveiller, l'étudiant lui servira de cavalier. Le ciel de lit du nourrisseur se rembrunit terriblement, et lui-même gâte ses affaires par une brutale jalousie.

Cependant le docteur ne tarde pas à être éconduit, — et d'un ; — une erreur de lettre ouvre les yeux de madame Bouvreuil sur la valeur des protestations de son pensionnaire, — et de deux ; voilà l'étudiant, tout empêtré dans sa propre ruse et dans ses habits de campagnard. Il se voit obligé de servir comme domestique les époux réconciliés, et de voir, à la table qu'il avait dressée pour lui-même, le mari prendre la taille de la fermière et sa part du festin. A ce spectacle, l'étudiant se sent défaillir. Pour comble d'avanie, le cordial qu'on lui présente n'est autre qu'une tasse de lait d'ânesse préparée par le docteur, de façon à rendre le breuvage purgatif.

Levassor, bien grimé, se montre fort amusant dans ce vaudeville, où les yeux de mademoiselle Duverger ne gâtent rien. C'est un succès pour lequel le Palais-Royal peut adopter la devise du théâtre Comte :

Et sans danger la mère y conduira sa fille.

PORTE-SAINT-MARTIN. Reprise des *Petites Danaïdes*. — Les *Petites Danaïdes* ont eu autrefois un succès colossal, continué pendant plus de trois cents représentations. Deux directions s'enrichirent avec cette parodie d'un opéra fort oublié maintenant. Potier était merveilleux dans le rôle du père Sournois, et sa lutte aux enfers contre le dindon du remords est un des plus lointains souvenirs de théâtre qui se dessine à travers le brouillard de notre enfance. Cette particularité de cinquante femmes, choisies aussi jolies que possible, et flanquées chacune d'un prétendu à tournure de Jocrisse, la solennité burlesque des chœurs, la variété des décors, l'imitation parfaite d'un chanteur alors à la mode, la bizarrerie drolatique de l'enfer final, et surtout le jeu fin et spirituel de Potier, expliquent suffisamment la vogue des *Petites Danaïdes*, à laquelle contribuaient, d'ailleurs, pour beaucoup les jeux de mots et les quolibets semés à pleines mains par Désaugiers et Gentil, les rois du genre en ce temps-là.

Il y avait donc parmi la jeune génération comme un vague désir de savoir à quoi s'en tenir sur cet ouvrage tant vanté par celle qui l'a précédée de quinze ans dans le siècle; c'est à cette intention que l'habile directeur de la Porte-Saint-Martin a repris *les Petites Danaïdes* avec autant de soin et de luxe qu'il aurait pu le faire pour une pièce nouvelle. — Il est vrai que Potier manquait à la fête. L'habile comédien donne maintenant des représentations dans ce monde aromal où se continuent les occupations de la vie, mais élevées à la vingtième puissance; et Nestor, quelque mal qu'il se soit donné, ne peut remplacer son illustre prédécesseur; — toutefois, pour ceux qui n'ont pas vu le véritable père Sournois, il est suffisamment comique et bien dans l'esprit du rôle; aussi le théâtre de la Porte-Saint-Martin était-il comble hier au soir, des baignoires aux bonnets d'évêque, malgré l'attrait de plusieurs premières représentations simultanées.

La première décoration représente le port Saint-Paul et l'estacade de l'île Louviers. A cette époque reculée, l'île Louviers existait encore, et des externes libres de Charlemagne allaient y faire l'école buissonnière et jouer à Robinson Crusoé sur des piles de bois. La toile de fond est d'un clair léger et d'une grande exactitude; sur l'angle de l'île Saint-Louis, on reconnaît la place de l'École de natation et les combles découpés, le pavillon en forme de tour, de l'hôtel Lambert; de l'autre côté de l'eau, près de la croupe ardoisée de Saint-Paul, se dresse le clocheton que nous regardions si attentivement pendant l'ennui des classes pour saisir le mouvement du marteau qui se levait quand il allait frapper l'heure. Tout ce coin de Paris est maintenant changé, à son avantage sans doute; mais nous l'aimions mieux ainsi.

La cave où se passe la scène du serment et de la distribution des eustaches a un aspect jovialement sinistre. Les tonneaux y affectent des mines de sarcophages tout à fait solennelles ; les voûtes s'arrondissent en arceaux mystérieux pleins d'ombre et de terreur, et, n'étaient quelques inscriptions rassurantes, telles que Beaune, Arbois, Médoc, on pourrait se croire dans une nécropole égyptienne.

L'enfer est tout ce que l'on peut imaginer de plus affreusement grotesque. Figurez-vous les tentations de Callot et de Teniers mises en action. C'est un bruit de chaînes, un vacarme de cris et de sanglots, un fourmillement perpétuel de formes monstrueuses, le tout entremêlé de lycopodium, de térébenthine, de feux de Bengale verts et rouges à rompre la tête, à éblouir les yeux. Dante n'a pas imaginé une plus grande variété de supplices. Les pauvres Danaïdes sont jetées en l'air, accrochées à des roues qui tournent, précipitées du cintre en effigie, il est vrai, dans la personne de mannequins couleur de chair et vêtus de jupons blancs. — Cette curieuse diablerie est due à M. Cicéri, dont l'âge n'a pas éteint l'imagination. Nous préférons peut-être à ce tableau la toile d'attente qui le précède, et qui représente la descente de l'Averne : d'un côté, une voûte vaguement éclairée d'un jour bleuâtre, dernier reflet de la lumière terrestre ; de l'autre, une perspective de fournaise qui va toujours augmentant d'intensité, et dont l'entrée est gardée par un monstre, moitié dragon moitié sphinx, espèce de Cerbère fantastique, et un démon à rire sardonique.

Dans le divertissement des noces, un pas dansé par deux poissardes et un fort de la halle a fait beaucoup rire. Les danseurs qui pensent avoir de l'élévation seraient fort humiliés des essors prodigieux de ce fort aérien, — destiné à parodier Paul de l'Opéra. — Heureusement, un fil de fer, solidement accroché à une ceinture éprouvée, explique ces vols extraordinaires et soulage les amours-propres chorégraphiques.

Mademoiselle Grave s'est heureusement tirée du rôle de l'Amour, bien que ses formes soient un peu trop féminines pour un Cupidon vêtu à la grecque. La couronne de soucis et la robe couleur de safran de l'Hymen étaient portées par mademoiselle Esther avec toute la maussaderie convenable.

XV

MAI 1846. — Hippodrome : réouverture. — Invasion du Nord. — Le carrousel Louis XIII. — Exercices de voltige. — L'acrobate Braduri. — Courses de haies et courses en char. — Laurent Franconi. — Opéra-Comique : *le Trompette de M. le Prince*, paroles de M. Mélesville, musique de M. François Bazin. — La partition. — Ambigu : *l'Étoile du Berger*, féerie de MM. Anicet Bourgeois et Dennery. — Les décorations. — Projet d'affiche qui doublerait le succès. — Palais-Royal : *la Femme électrique*, par MM. Jules Cordier et Clairville. — Gaieté : *Philippe II, roi d'Espagne*, drame de M. Cormon. — Le *Don Carlos* de Schiller revu et corrigé. — Opéra : la statue de Rossini, par M. Étex. — Concert de M. Reber.

4 mai.

Hippodrome. *Réouverture.* — Un spectacle en plein air est, dans ce pays à climature détraquée, sujet à bien des chances de remises, et, lorsque, en Espagne, sous un ciel d'un bleu inaltérable, les affiches de combats de taureaux portent par prudence la phrase sacramentelle : *Si le temps le permet*, de quelle restriction faudra-t-il précautionner la pancarte de l'Hippodrome? Le caprice de la saison en a déjà retardé par deux fois l'ouverture, malgré l'impatience de la troupe et du public.—M. Ferdinand Laloue, le directeur, passe sa vie à interroger la rose des vents et le cours des nuages, et, pour peu que l'Hippodrome dure quelques années, il deviendra, en météorologie, de la force de plusieurs Arago. Enfin, jeudi dernier, le ciel s'est à peu près nettoyé, un fugitif rayon de soleil a lui, et la foule a pris le chemin de la barrière de l'Étoile.

Autrefois, une pareille éclaircie n'aurait pas constitué « une belle journée, » mais aujourd'hui il ne faut pas être difficile en fait de beau temps. — Quand nous étions enfant, il y avait en France un soleil splendide, et il nous reste des souvenirs de fêtes-Dieu rayonnant d'azur et d'or; voyant cet éclat s'amortir d'année en année, nous avions accusé nos yeux, mais nous avons retrouvé dans des contrées plus heureuses cette lumière transparente et sereine qui éclairait les printemps et les étés de notre jeunesse. Évidemment, le Nord nous envahit et les brouillards de Paris deviendront aussi proverbiaux que ceux de Londres. Par bonheur, nous avons l'Algérie, où la vigne et les oliviers grelottants trouveront un refuge, et où l'Hippodrome pourra donner des représentations tous les jours.

L'Hippodrome a été entièrement repeint à l'huile, amélioration qui empêche le spectateur de s'en retourner bariolé comme un zèbre. L'heureuse combinaison des couleurs, les banderoles qui pavoisent les mâts à la vénitienne, l'architecture moresque de la porte d'entrée, les grands arbres, verte couronne du cirque, le profil grandiose de l'Arc de Triomphe gracieusement encadré dans la décoration, les carrés de gazon qui occupent les ailes de l'arène, le fourmillement bariolé de la foule assise sur les gradins, tout cela forme un aspect gai, amusant, varié, nouveau pour nous, habitués que nous sommes aux théâtres étouffés ou fétides, où l'espace est ménagé avec une parcimonie qui fait une torture d'un plaisir.

Sans doute, il y a encore loin de cette enceinte de planches et de toiles aux amphithéâtres antiques, à ces gigantesques entonnoirs de granit et de marbre où quarante mille spectateurs tenaient à l'aise ; mais il y a commencement à tout, et nous ne désespérons pas de voir un cirque d'une dimension plus vaste encore et d'une architecture monumentale s'élever à la place des constructions transitoires de l'Hippodrome.

Pourquoi l'État ne ferait-il pas bâtir à cet endroit, si favorablement situé, un colysée semblable au colysée romain, où, pour une rétribution modique, on donnerait au peuple, empoisonné par la littérature frelatée des théâtres de bas étage, de sains et robustes spectacles, composés de jeux qui nécessitent de l'adresse, de la force et du courage ; où, sans arriver aux cruautés romaines, l'intérêt naîtrait d'un danger couru mais vaillamment éludé ? Dans une telle enceinte, on pourrait montrer les trophées des nations vaincues, étaler les trésors des smalas, exécuter des évolutions militaires difficiles, des courses de chevaux réelles, faire des exhibitions d'animaux rares ou singuliers, employer toutes les ressources pittoresques de la nature presque inconnues aux habitants des grandes villes ; ce serait, à coup sûr, de l'argent bien employé, et, quel que fût le chiffre de la subvention, nous ne la trouverions jamais trop considérable.

Les tonnerres de cuivre inventés par Sax ayant jeté leurs fulgurantes fanfares, les rideaux qui ferment le pavillon par où débouchent les acteurs se sont ouverts, et la cavalcade devant exécuter le carrousel sous Louis XIII est entrée dans la place et a défilé lentement. Il ne lui a pas fallu plus d'un tour pour convaincre l'assistance de l'infériorité de nos hideux habits de fossoyeurs auprès de ce riche costume des raffinés, où l'élégance s'allie à la hardiesse.

Les exercices consistaient à renverser des têtes de More à coups de pistolet, à les enlever de terre au bout de l'épée, à darder des javelines dans une gueule de monstre, et à courir la bague. Chaque fois qu'un coup avait porté, le but s'ouvrait en quatre morceaux et laissait échapper de petits ballons gonflés de gaz qui s'élevaient brusquement à des hauteurs prodigieuses, ou de blanches bouffées de colombes qui s'éparpillaient au hasard et dans toutes les directions, au grand divertissement de l'assemblée. Les femmes ont montré beaucoup d'adresse et de dextérité à ces différents jeux.

Deux grands mâts, solidement amarrés et supportant une corde lâche, annonçaient un spectacle assez rare aujourd'hui à Paris, celui d'exercices de voltige, les acrobates étant relégués dans les foires de province par les progrès du mélodrame et du vaudeville. Hélas! qu'est devenu le temps où, sur les têtes noires du parterre des Funambules, s'avançait une étroite semelle frottée de blanc d'Espagne et papillotait une jupe écaillée de paillettes! C'est un divertissement que nous regrettons et que l'Hippodrome devrait nous rendre dans toute sa splendeur. L'Américain Braduri ne nous a pas paru de première force; ses tours ne se succèdent pas avec l'éblouissante rapidité nécessaire à ces jeux aériens. Les exercices qui se font avec des estafes (espèce de bracelets accrochés à la corde) témoignent de plus de vigueur que de légèreté. Sans doute, M. Branduri est un voltigeur plein de mérite, mais il ne cause pas cette agréable terreur produite par les fanfaronnades de témérité des grands artistes de ce genre. M. Braduri envoie trop de baisers au public; ces grâces américaines ne sont pas de mise à Paris.

Les haies ont été bravement sautées par mesdemoiselles Céleste

(Mogador), corsage orange; Caroline, corsage vert et lilas; Angèle, corsage vert et orange; Coralie, corsage cerise : c'est mademoiselle Angèle qui a obtenu le prix.

A la course des haies a succédé un steeple-chase debout par MM. Henri Franconi, Jacob et César, en costumes d'anciens Perses, dans le goût des soldats de Xercès du tableau de M. Adrien Guignet; le bleu, l'orange et le rouge rayaient leurs tuniques et les différenciaient. César est arrivé premier. Il y a quelque chose d'effrayant à voir ces intrépides écuyers debout sur des chevaux à fond de train, franchissant des obstacles en faisant tout ce que risque un cavalier assis avec l'aide des étriers et des genoux. — Là est la vraie spécialité de l'Hippodrome, — la grâce dans le péril.

Profitons de l'intervalle qui sépare les deux parties de la représentation, pour parler d'un système de toiles tendues par des cordages et destinées à remplacer, pour les places exposées au midi, le vélarium antique. — C'est sans doute une avance flatteuse, un madrigal symbolique que M. Ferdinand Laloue adresse au soleil. Il veut faire croire à cet astre qu'il est brûlant et le piquer d'honneur. — Cela dérange un peu la symétrie générale, mais tous les teints « de lis et de roses » sauront gré au directeur de cet enlaidissement utile. A Madrid, à Séville, à Jérès, où pourtant les rayons solaires ont une force extrême, ces précautions ne sont pas employées; des ombrelles en papier, l'éventail ouvert sur le coin de la joue sont les moyens simples et primitifs que le beau sexe emploie pour garantir son teint des morsures du hâle. Seulement, les places au soleil se payent quelque chose de moins.

La deuxième partie s'ouvre par une course de chars conduits par des femmes. Il en paraît d'abord un bleu, puis un rouge; un troisième de couleur blanche, dont les chevaux se dérobent, arrive quelques instants après : c'est celui que monte mademoiselle Céleste. La lutte commence, et, après des alternatives pleines d'intérêt, le char bleu prend la corde et les devants; la palme de la course est donnée à mademoiselle Louise, qui le conduit. Cette course est un des plus agréables épisodes de la représentation : ces chars dorés, ces chevaux harnachés à l'antique, ces costumes romains ont une espèce de beauté classique qui n'est pas sans charme, même pour un amateur du moyen âge. Mademoiselle Louise aurait fait, au temps de la Révolution, une très-belle déesse de la Raison ou de la Liberté. Mademoiselle Céleste a des bras superbes et une fierté de tournure qui lui donnent l'air d'une de ces Victoires conduisant le quadrige du triomphateur qu'on voit sur les médailles et sur les bas-reliefs.

Un intermède bouffon, composé de quatre poneys montés par deux cynocéphales et deux macaques, a égayé ensuite l'assemblée et fait rire aux larmes tous les petits enfants : c'étaient Robert Macaire et son ami Bertrand — l'Oreste et le Pylade du crime — poursuivis chacun par un gendarme qui n'avait pas moins peur assurément que les assassins de ce bon M. Germeuil à la culotte beurre frais.

Quelle humiliante parodie de l'homme que le singe! Voilà pourtant ce que nous avons été ou ce que nous serons. Le singe est-il l'homme rudimentaire ou l'homme abâtardi, un principe ou une décadence? C'est un problème que la science future résoudra sans doute.

N'oublions pas un curieux duo équestre par Laurent Franconi, ce centaure presque octogénaire, qui n'a pas cinquante ans lorsqu'il est en selle. L'habile écuyer, monté sur un cheval, en a devant lui un autre tenu par deux longues guides, et qui répète exactement tout ce que fait le premier : voltes, changements de pieds, cadences, etc., difficulté d'autant plus grande que, par une restriction faite en faveur du Cirque, tout ce travail doit s'exécuter à grandes allures, c'est-à-dire au trot ou au galop. Des applaudissements unanimes ont accueilli le vétéran de l'équitation française.

Le reste du spectacle a été rempli par des courses d'amazones, des sauts de barrières de quatre pieds de haut, et une course au triple galop par douze chevaux et trois écuyers, dont chacun conduisait quatre bêtes en se tenant un pied sur la croupe des deux dernières; ce brillant et périlleux exercice a terminé la séance à la satisfaction générale.

Il y avait là presque toutes les jolies femmes de première représentation, — sans compter les autres, — et tous les gens de loisir facile et de vie élégante qui aiment la primeur des plaisirs. — Voilà une saison bien inaugurée. Pour peu que le baromètre veuille s'y prêter, M. Ferdinand Laloue deviendra bientôt millionnaire.

18 mai.

Opéra-Comique. *Le Trompette de M. le Prince.* — Le jour de la rampe s'est donc enfin levé, après plusieurs années d'attente, pour M. François Bazin, ce jeune lauréat dont la cantate *Loyse de Montfort* a été exécutée trois fois à l'Opéra, honneur inouï! L'élève a eu, depuis ce jour, le temps de devenir un maître, et il l'est devenu. Depuis *le Chalet* et *la Double Échelle*, aucun opéra-comique en un acte n'avait obtenu autant de succès que *le Trompette de M. le Prince.*

Un public favorablement prévenu par des romances et des airs détachés qui sont sur tous les pianos, garnissait la salle à une heure où les plus sobres n'ont pas encore quitté la table, et l'assemblée était au complet lorsque l'orchestre a attaqué l'ouverture.

M. Bazin, avec un goût et une mesure assez rares chez les jeunes compositeurs, n'a pas voulu mettre la création tout entière dans l'ouverture d'un acte d'opéra-comique. Il l'a faite — et c'est bien assez — gaie, vive, brillante, spirituelle; les principaux motifs de l'ouvrage y figurent heureusement et préparent bien le spectateur à ce qu'il va entendre; la petite marche, avec les instruments en sourdine, la commence d'une façon originale.

Le livret de M. Mélesville, sans être d'une nouveauté entière, est amusant et bien coupé pour la musique; il contient plusieurs situations qui se prêtent au genre bouffe et dont M. Bazin a tiré bon parti.

Maintenant que M. Bazin a montré ce qu'il est capable de faire, nous espérons qu'on ne lui laissera pas longtemps attendre l'occasion de déployer plus à l'aise tout le talent qu'il possède. Un pareil début mérite un poëme en trois actes; ce ne sera pas un fardeau trop lourd pour le jeune maître, qui joint aux plus heureux dons de sérieuses études musicales. Avec du rhythme, de la mélodie, de la clarté, on doit plaire aux gens du monde; avec de la correction, du style et de la science sans pédanterie, on doit plaire aux artistes et aux critiques, et M. Bazin a, du premier coup, atteint ce double résultat.

Ambigu. *L'Étoile du Berger.* — Nous nous sommes demandé

plus d'une fois en assistant à cette féerie infiniment trop surchargée de musique, pourquoi l'on ne supprimait pas, dans ces sortes de pièces, les chœurs et le dialogue, se contentant de montrer les décorations, les costumes, les cortéges, les trucs et les surprises sans aucun mélange de littérature. Une affiche ainsi conçue : « La pièce a été supprimée comme nuisant aux décorations, » attirerait assurément beaucoup de monde.

Il y a, et c'est là l'important, dans *l'Étoile du Berger*, quatre toiles de MM. Séchan, Diéterle et Despléchin.

La première représente le lac des Cygnes, un effet de soleil couchant d'une illusion complète; sur des nuages chauffés de tons pourprés, se détache la silhouette d'une rive dentelée de dômes, de minarets et de palmiers. L'eau est d'une transparence incroyable; les cygnes s'y promènent, traînant leur reflet avec eux ; on dirait cette merveilleuse gravure anglaise intitulée *Virginia Water*, agrandie et transportée sur le théâtre.

Les ruines éclairées par la lune qui changent d'aspect et reconstruisent le palais d'Abd-er-Rahman tel qu'il était au temps de la splendeur des rois maures, rappellent l'alcazar de Séville et l'Alhambra tels qu'ils ont dû être.

Dans l'apothéose, fin obligée des féeries, les habiles décorateurs ont trouvé le moyen d'être neufs et poétiques. Ce tableau seul vaut le voyage à l'Ambigu.

PALAIS-ROYAL. *La Femme électrique.* — Malgré l'opinion contraire de l'Académie des sciences, M. Rondard croit que certains êtres humains possèdent des qualités électriques ou physiquement attractives. Il prétend même avoir trouvé le moyen de communiquer au premier venu les fulgurantes propriétés de la pile de Volta. Un sujet lui manquait sur lequel il pût expérimenter la chose; il en a trouvé un des plus complaisants dans le nommé Coquillot, espèce d'imbécile qui aspire à devenir son gendre. — C'est un sujet féminin que demande l'Académie; mais bah! il y a des chances pour qu'elle s'y méprenne. — Par dévouement amoureux, et dans le but de hâter son mariage avec la jeune Henriette, Coquillot s'est prêté aux désirs de notre savant, qui se flatte de l'élever bientôt à l'état de phénomène. A cet effet, il le bourre depuis un mois de homards, de truffes et de toutes sortes de légumes fortement épicés, de manière à lui mettre le feu dans le corps, et l'oblige à coucher avec un chat destiné à développer chez lui le fluide électrique. Cependant, malgré toute sa bonne volonté, Coquillot ne montre encore aucune vertu attractive, et Rondard se creuse la tête à chercher des combinaisons plus efficaces. Par suite de cette préoccupation, il néglige outrageusement sa femme, qui finit par rêver des amours illégitimes, et, un jour, le malheureux physicien la surprend dans les bras d'un certain Pontoise, séducteur de profession. Il va faire du scandale et jeter le galant par la fenêtre, lorsque celui-ci, qui connaît la manie de Rondard, se justifie en disant qu'il est électrique et a la propriété d'attirer à lui tous les corps.

La colère de Rondard se change aussitôt en joie. Heureux d'avoir enfin rencontré l'homme qu'il cherchait, il supplie Pontoise d'accepter son amitié et le force à s'installer chez lui. Toutefois, sur l'avis de Coquillot, qui craint que le nouveau venu ne lui souffle la main d'Henriette, il ne tarde pas à concevoir des soupçons, et s'enferme avec son hôte pour le soumettre à des épreuves décisives. « Vous voyez ce vase de porcelaine, là-bas, sur la cheminée... Attirez-le à vous, » lui dit-il. Pontoise tremble de tous ses membres. Il prévoit le danger qui le menace, et, dans le seul espoir de gagner du temps, il feint d'essayer sa puissance attractive... Mais, ô prodige ! tout à coup, le vase s'ébranle et vient se briser au milieu de la chambre ! — Les doutes de Rondard commencent à se dissiper. — Il n'y a pourtant là rien de merveilleux ; voici l'explication naturelle du mystère : Coquillot a eu le temps d'apprendre que Pontoise n'est point son rival ; qu'il peut, au contraire, aider à son mariage ; et, en allongeant le bras par une porte entr'ouverte, l'amoureux d'Henriette a fait tomber le vase à terre. « Voyons si vous attirerez maintenant cette table, » reprend le physicien, qui veut être complétement édifié. Même jeu attractif de la part de Pontoise, et même triomphe pour lui. Coquillot s'est glissé sous la table et il la pousse jusqu'aux pieds de Rondard enthousiasmé. « Ah ! s'écrie le savant, une dernière prière, mon ami ! Attirez-moi dans vos bras ! » Aussitôt dit, aussitôt fait. D'un vigoureux coup de pied, Coquillot envoie son futur beau-père s'aplatir sur la poitrine de Pontoise. — N'ayant rien à refuser à un homme si extraordinaire, Rondard satisfait à sa demande en mariant Coquillot avec Henriette.

Tout cela est bête, si vous voulez, mais amusant au possible, et très-comiquement joué par Luguet, Leménil et Grassot.

Gaieté. *Philippe II, roi d'Espagne.* — Un petit écrivain allemand, un brave garçon nommé Schiller, a laissé un poëme dramatique intitulé *Don Carlos*, auquel on se plaît généralement à reconnaître quelque mérite. M. Cormon, l'un des aigles du boulevard, a eu la triomphante idée d'*arranger* cet ouvrage pour la scène française, et à l'usage spécial de la Gaieté. M. Meyer lui a fourni sa traduction des œuvres du poëte germanique, et l'honnête dramaturge a taillé là dedans cinq actes et un prologue. Pour que vous jugiez, d'ailleurs, de la haute intelligence qu'il a déployée dans cette besogne, nous nous contenterons de vous dire qu'il a, d'un trait de plume, biffé le rôle du marquis de Posa, l'héroïque ami de don Carlos. Quel trait de plume! c'est un trait de génie! En effet, ce personnage embarrasse la marche de l'action, à peu près comme Ophélie dans *Hamlet*, ou don César de Bazan dans *Ruy Blas*.

La chose a néanmoins été peu goûtée par le public du boulevard du Temple, qui veut des mets plus grossièrement épicés. M. Cormon, quelque soin qu'il y ait mis, n'a pu faire disparaître entièrement la poésie de l'œuvre originale, et l'on est tout surpris de voir, par instants, luire un éclair sublime au milieu de la phrase terne et vulgaire de l'arrangeur.

L'exécution de la pièce — exécution est bien le mot — n'a pas été des plus satisfaisantes : Deshayes, pour représenter d'une manière intéressante le mélancolique don Carlos, aurait besoin de se soumettre au régime émaciant que les sportmen imposent à leurs jockeys. Mademoiselle Sarah Félix a su tirer bon parti d'un rôle assez mal ajusté dans la pièce ; mais madame Abit fait une Élisabeth bien épileptique, et Delaistre un Philippe II bien commun, bien brutal; c'est ne pas comprendre du tout le caractère de ce roi des inquisiteurs, de ce monarque cauteleux et fanatique, qui avait un couvent pour palais, que de lui donner des airs de portefaix et de Barbe-Bleue.

25 mai.

Opéra. Statue de Rossini. — La représentation qui devait avoir lieu à l'Opéra pour l'inauguration de la statue de Rossini n'a pas été donnée, et semble remise indéfiniment. Le grand homme de marbre attend, sous sa chemise de toile d'emballage, la soirée d'apothéose où il doit reluire derrière le contrôle, dans sa blancheur étincelante de demi-dieu tout neuf. Cette place, sous le vestibule, pourrait paraître peu honorable ; mais nos monuments éphémères sont trop frêles pour supporter le poids d'une gloire de cinq ou six mille kilogrammes, et Rossini, intronisé au foyer public, aurait bientôt traversé le plancher. On a donc sagement fait de le mettre tout d'abord là où il n'eût pas manqué d'arriver, un jour ou l'autre, avec écrasement de spectateurs et cataracte de plâtras. — Cet acte de justice envers le génie, à qui sera-t-il dû ? A un simple artiste de talent et de cœur, qui, sans commande et de son propre mouvement, a senti le besoin d'élever à Rossini vivant une statue, comme déjà il avait élevé à Géricault une tombe.

M. Etex, l'auteur de *la Famille de Caïn*, de l'*Hyacinthe*, de la *Birène* et des grands bas-reliefs de l'arc de triomphe de l'Étoile, a représenté le maestro dans une pose simple et naturelle. Il compose le *Stabat*, et son regard, levé au ciel, semble aller au-devant de l'inspiration. Son pied, suspendu, a l'air de marquer une cadence. L'artiste a ainsi très-ingénieusement exprimé les deux principales qualités du cygne de Pesaro : la mélodie et le rhythme. Il faut louer M. Etex de la familiarité noble, de la pose et de l'abandon de mouvement qu'il a su donner à son personnage. La tête, quoiqu'un peu idéalisée, est d'une ressemblance frappante, et reproduit bien les traits du modèle, où une beauté vraiment sculpturale est animée par l'ironie sereine d'un esprit supérieur. — Si tout l'univers répète les thèmes de l'auteur du *Barbier*, de *Guillaume Tell* et d'*Othello*, on cite de lui des mots et des réparties que ne désavoueraient ni Voltaire, ni Beaumarchais, ni Talleyrand.

Quelques esprits moroses ont objecté, en apprenant la nouvelle de cette inauguration, que Rossini est Italien et n'a pas le droit d'être exposé en marbre dans un monument public à Paris. Ils se trompent : Rossini n'est pas plus Italien que Shakspeare n'est Anglais, Molière Français et Napoléon Corse. Les grands hommes n'ont pas de patrie : ils appartiennent à l'univers entier, et tous les croyants, de quelque pays qu'ils soient, peuvent leur dresser des autels.

D'autres, qui se résigneraient à l'admission d'une gloire étrangère dans notre Panthéon, voudraient qu'au moins on attendît la mort du demi-dieu pour procéder à son apothéose. Nous ne supposons pas qu'une fois enterré, Rossini produise des ouvrages supérieurs à *Semiramide*, à *la Cenerentola* et à tant d'autres chefs-d'œuvre. Il n'y a donc aucun inconvénient à ce que l'on emploie, dès à présent, quelques pieds cubes de marbre de Carrare ou des Pyrénées à nous donner sa ressemblance. Le Rossini vivant passant devant le contrôle et saluant sur son piédestal le Rossini sculpté, est un tableau dont, pour notre part, nous ne serions nullement choqué. Qu'on organise donc au plus vite la représentation qui doit dédommager le statuaire, non de ses veilles et de son labeur, mais des frais matériels de moulage et de praticien. L'Opéra ne doit pas se laisser vaincre en générosité par un artiste qui n'a d'autre fortune que son talent. Que l'hommage qu'il a voulu rendre au génie soit désintéressé, mais non ruineux.

CONCERT DE M. REBER.— Il y a un musicien admiré de tous les artistes, dont parlent tous les gens du monde et qui est cependant presque inconnu. Il n'est guère arrivé de lui, au public, que l'air de danse du *Diable amoureux*, et encore beaucoup de spectateurs, tout en trouvant la mélodie délicieuse et le rhythme entraînant, ne savent pas quel en est l'auteur. — M. Reber, homme de science et de loisir, n'a fait aucun effort pour arriver à la popularité. Il ne semble guère éprouver d'autre besoin que celui de réaliser l'idéal d'art qu'il porte en lui. L'immense succès obtenu par quelques-unes de ses compositions, chez M. Guyet-Desfontaines, un des rares salons de Paris dont la gaieté charmante n'exclut pas les plaisirs délicats de l'intelligence, et où l'attente d'un bal ne fait pas trouver longue l'exécution d'une symphonie, a sans doute décidé M. Reber à donner, dans la salle de M. Herz, un concert qui avait attiré une foule nombreuse et choisie.

La symphonie en quatre parties se fait remarquer par la netteté avec laquelle l'idée mélodique est présentée et se dessine à travers les arabesques de l'instrumentation. On sent que M. Reber a beaucoup étudié Haydn, Bach, Haendel, Gluck, Mozart et tous les maîtres du siècle dernier. Sans imitation puérile, son style est empreint d'une nuance archaïque qui produit un excellent effet. Avec M. Reber, plus de ces désinences rossiniennes, de ces formules à la Donizetti qui vous poursuivent partout ; il se sépare du troupeau des compositeurs à la suite. — Palestrina n'aurait pas désavoué la *Salutation angélique* que nous avons entendue l'autre soir ; c'est un morceau plein d'entrain, de suavité et de fraîcheur. M. Reber y montre qu'il sait écrire pour les voix, qualité bien rare chez les maîtres aussi savants harmonistes qu'il paraît l'être. — Les *Stances* de Malherbe respirent la plus majestueuse mélancolie ; c'est grand, large et triste comme le psaume *Super flumina Babylonis*. Le public, transporté, les a redemandées à grands cris.

L'ouverture du *Ménétrier* prouve à quel point M. Reber réussirait au théâtre. — Trois délicieuses romances de couleurs différentes : *la Bergeronnette*, *la Chanson nouvelle* et *l'Échange*, de Dovalle, Victor Hugo et Alexandre Dumas, ont succédé à l'ouverture et servi comme d'intermède au concert, qui s'est terminé par le chœur des *Fées*, de mademoiselle Bertin, rêve d'azur où la lune brille dans la rosée, et le chœur des *Pirates*, sur l'orientale de Victor Hugo, d'un rhythme si énergique et d'un effet si entraînant, qu'on croit voir les rames s'ouvrir brusquement en éventail et retomber en mesure dans l'eau bleue de la Méditerranée.

M. Pillet a, dit-on, confié à M. Reber un poëme en trois actes ; mais il y a longtemps qu'on dit cela, et l'on ne voit rien paraître. En France, si l'on ne déifie les gens qu'après leur mort, en revanche on attend, pour les employer, qu'ils n'aient plus de talent. Les débuts veulent la jeunesse, la confiance illimitée dans l'avenir, l'inexpérience de la vie, et, jusqu'à un certain point, l'ignorance des hautes difficultés de l'art. Cette crainte des jeunes talents est étrange. Cependant, il y a peu de chefs-d'œuvre signés par des centenaires. A vingt-cinq ans, un homme est tout ce qu'il sera.

XVI

JUIN 1846. — Odéon : *Échec et Mat*, comédie de MM. Paul Bocage et Octave Feuillet. — La pièce. — Bocage, Alexandre Mauzin. — Opéra-Comique : *le Veuf du Malabar*, paroles de MM. Siraudin et Adrien Robert, musique de M. Doche. — Piron et Lemierre. — Vaudeville : *les Frères Dondaine*, par MM. Varin et Bernard Lopez. — Arnal. — Opéra : *David*, paroles de feu Alexandre Soumet et de M. Félicien Mallefille, musique de M. Mermet. — Ce qu'on n'avait pas encore vu à l'Opéra. — Le style du nouveau compositeur.—Vaudeville : *le Gant et l'Éventail*, par MM. Bayard et Sauvage. — La télégraphie amoureuse. — Mesdames Albert et Doche. — Point de ressemblance entre mademoiselle Ozy et mademoiselle Mars.

1er juin.

Odéon. *Échec et mat.* — Ici, disons-le tout d'abord, c'est un succès complet, un succès de pièce et d'acteurs, le plus franc qu'ait obtenu l'Odéon depuis sa réouverture. Les critiques malicieux, qui s'apprêtaient à équivoquer sur le titre, aux dépens de la pièce et des auteurs, seront obligés de renoncer à ces allusions faciles. — Le drame, ou plutôt la comédie de MM. Octave Feuillet et Paul Bocage, rappelle un peu, quant au fond, *Don César de Bazan*, et, quant à la forme, *Mademoiselle de Belle-Isle* et *le Verre d'eau* ; mais il n'y a pas de mal à rappeler des choses amusantes et spirituelles.

Cela se passe en Espagne, au temps de Philippe IV. Nous sommes dans le palais même de l'Escurial, à moins que ce ne soit dans le château d'Aranjuez. Des bruits injurieux circulent à la cour sur le compte de la jeune duchesse de Sidonia-Cœli, que sa position d'orpheline devrait rendre inattaquable. Pour faire cesser les méchants propos, le duc d'Albuquerque, vieux soldat d'humeur chevaleresque, se bat avec un certain capitaine Riubos et le met pour trois mois sur le flanc. Il fait plus, ce brave duc : il épouse sa protégée pour qu'elle ait désormais un porte-respect, un appui légitime. Et jugez si elle en a besoin : le roi, le roi lui-même est amoureux d'elle !

Cette passion, servie par un ministre complaisant, le comte duc d'Olivarez, homme peu délicat sur le choix des moyens, menace de briser tous les obstacles, et aveugle tellement le coupable monarque, qu'il ne voit pas qu'un de ses sujets, le comte de Médiana, conspire avec la reine contre son propre honneur !

Le duc d'Albuquerque devine tout cela, lui, en vieux routier qu'il est. Aussi, le jour même de son mariage, il emmène sa femme dans une de ses terres, loin de Madrid, après avoir conseillé à Médiana, auquel il veut du bien, de ne pas trop se compromettre. Ce départ ne fait pas le compte du roi, qui, en donnant à l'orpheline un mari hors d'âge, avait cru se ménager une victoire facile. Cependant il espère qu'une fois la lune de miel passée, les deux époux reviendront à la cour ; mais, leur absence se prolongeant au delà des quatre quartiers, voici la ruse qu'il emploie pour en venir à ses fins. — Il ordonne au duc d'aller passer la revue de ses gardes à Alcala, et fait, en même temps, appeler la duchesse au palais d'Aranjuez, de la part de la reine. — Heureusement, d'Albuquerque déjoue l'intrigue en arrivant plus tôt qu'il n'était attendu. Sous prétexte de ne pas exposer MM. les gardes à la chaleur du jour, il les a passés en revue dès l'aurore, et a pu ainsi accourir « sauver sa tête. » Par la même occasion, il sauve celle de Médiana, contre lequel on colporte un nœud d'épée cerise, trouvé sous une fenêtre de l'appartement royal. Pour tromper les soupçons du roi, le duc échange son nœud d'épée vert et argent contre celui de l'imprudent amoureux. Mais, par cette substitution qui le fait accuser de sentimentalité ridicule et de passion illégitime, il fournit à Philippe IV, le moyen de vaincre les scrupules de la duchesse. Il s'agirait seulement de l'éloigner d'elle pour quelque temps. « Qu'à cela ne tienne, dit Olivarez; je vais le faire arrêter et conduire en prison ! »

Bientôt, en effet, le capitaine Riubos, guéri de sa blessure, se présente devant le duc d'Albuquerque et lui signifie l'ordre d'arrestation. Mais précisément le vieux gentilhomme est en train de feuilleter des tablettes fort curieuses qu'il a trouvées sur le grand escalier du palais, et qui appartiennent à ce même Riubos. Elles prouvent, clair comme le jour, qu'il est un misérable, qu'il espionne le roi au profit du premier ministre, le premier ministre au profit du roi, et tous les deux au profit de l'inquisition. « J'ai trois chances pour vous faire pendre, lui dit le duc; mais voici le marché que je vous propose : à chaque service que vous me rendrez, je vous restituerai une des pages de vos tablettes... Cela vous va-t-il ? » Vous devinez bien que le drôle accepte avec enthousiasme. « Alors, reprend le duc, avec l'ordre en blanc dont vous êtes porteur, allez de ce pas arrêter le comte de Médiana, et retenez-le prisonnier jusqu'à telle heure. » D'Albuquerque sait qu'on doit épier le jeune homme, — car l'échange du nœud d'épée n'a point trompé Olivarez, — et il veut l'empêcher de venir, comme à l'ordinaire, se poster sous le balcon de la reine.

Cependant le roi accourt, croyant pénétrer sans obstacle jusqu'à la duchesse, et il s'étonne de trouver encore là le mari. Olivarez n'y comprend rien non plus. « A tout prix, il faut l'éloigner ! dit le roi. Cherchons un moyen... — Sire, j'en tiens un, et des plus triomphants ! mais il est peut-être un peu vif... — Qu'importe ! allez ! je vous donne carte blanche. » Au bout d'un instant, des lueurs rougeâtres s'allument sur la ville; on entend des cris sinistres. « Qu'est cela ? demande d'Albuquerque à Riubos, qui survient. — Hélas ! monseigneur, c'est votre palais qui flambe ! — Ah ! bon ! je comprends... Nous sommes assez riches, le roi d'Espagne et moi, pour nous faire de ces plaisanteries-là... Tenez, capitaine, voici deux feuillets de votre album; allez les brûler là-bas, près de cette vieille tapisserie qui ne demande qu'à prendre feu. — Mais, monseigneur... — Obéissez ! Je le veux ! »

Un nouvel incendie éclate bientôt; tout le palais est en rumeur; un jeune homme apporte dans ses bras la reine évanouie, la reine d'Espagne, à laquelle il est défendu de toucher sous peine de mort ! Quel peut être son libérateur, sinon le comte de Médiana ? — Sur l'ordre du roi, on l'arrête, et ce n'est pas une simple formalité : Olivarez l'a dénoncé à Philippe IV, comme le soupirant du balcon, et les maris volages sont quelquefois les plus jaloux ! — Après avoir ordonné la mort du comte, le roi revient à son idée fixe : il est parvenu à se débarrasser de d'Albuquerque, Olivarez lui a remis une clef qui doit lui ouvrir la chambre de la duchesse; cette fois, rien ne l'arrêtera plus, son triomphe est certain... Mais non, ce damné duc est encore là derrière la porte ! Une explication devient inévitable, elle a lieu. Le sujet fait de la morale à son souverain, et il a beau jeu pour cela. Enfin, de guerre lasse, plutôt que par conviction, Philippe IV déclare abandonner la partie et accorde la grâce du comte de Médiana. Il vient de la signer, lorsqu'on entend un bruit d'armes à feu... Mais rassurez-vous, âmes sensibles : c'est le capitaine Riubos qui commandait l'exécution, et les fusils n'étaient chargés qu'à poudre. Le comte est maintenant en route pour la France, où le duc et la duchesse d'Albuquerque iront le retrouver. « Je m'étais contenté de tenir le roi en *échec*, dit en partant le duc à sa femme ; mais il paraît que M. de Médiana l'a fait *mat !* »

Telle est à peu près la comédie de MM. Paul Bocage et Octave Feuillet ; notre analyse est loin d'en avoir rapporté tous les incidents, comme elle ne contient pas non plus les mots charmants qui y fourmillent et qui l'ont fait surtout applaudir. Elle est vivement conduite, spirituellement dialoguée, et témoigne d'une grande entente de la scène. Nous dirons cependant aux auteurs — par cela même qu'ils semblent appelés à travailler pour le théâtre — que leur pièce est trop faite avec de petits moyens et qu'elle manque de véritables situations. Ce sont là des défauts que le mouvement et le style ne parviennent pas toujours à cacher.

Bocage, dans le rôle principal, un peu parent de Buridan et du major Palmer, a su ne pas se copier lui-même et donner une couleur nouvelle à ce genre de personnage, dont il a fait un type. C'est, à coup sûr, une grande preuve de talent. — Mauzin a joué le capitaine Riubos d'une manière très-originale et très-comique. — Les rôles de femmes sont un peu effacés : mesdemoiselles Planat et Fernand les ont néanmoins fort bien tenus. Faisons observer à la première de ces dames qu'il est peu naturel qu'elle conserve la même robe pendant tout le cours de la pièce, avant et après son mariage avec un seigneur aussi magnifique que le duc d'Albuquerque. Cela choque d'autant plus, que l'ouvrage est très-splendidement monté. Il y a même une assez jolie décoration. — Brave Odéon ! laissez-le faire ; il saura bien employer les cent mille francs dont la Chambre vient de le doter !

OPÉRA-COMIQUE. *Le Veuf du Malabar*. — Une bluette de Piron, brochée pour le théâtre de la Foire, et intitulée, si nos souvenirs ne nous trompent pas, *Arlequin, veuf du Malabar*, et qui a dû être faite pour parodier *la Veuve du Malabar* de Lemierre, ce poëte de rocailleuse mémoire, a probablement donné à MM. Siraudin et Adrien Robert, l'idée de l'agréable bouffonnerie qu'ils viennent de faire représenter à l'Opéra-Comique.

M. Laverdurette est un Français qui est venu s'établir au Malabar. Il se trouve fort bien dans cette nouvelle patrie, où il a eu le bonheur, parmi les teints de cuivre et de chocolat du cru, de rencontrer la blonde et blanche madame Potier, transformée en une Indienne du nom de Djina. Quand un Français découvre une blonde charmante au Malabar, ce qu'il peut faire de mieux, c'est de l'épouser. Aussi Djina est-elle devenue madame Laverdurette. — Le ménage vivrait le mieux du monde si Djina n'était tourmentée du désir de voir la France, dont elle a entendu raconter des merveilles; M. Laverdurette, qui n'a pas les mêmes raisons de curiosité, veut rester au Malabar, malgré un certain cousin Mossoul, de qui sa femme voudrait bien le rendre jaloux pour le décider à partir. La jalousie n'ayant pas de prise sur le pacifique Laverdurette, Djina a recours à d'autres méthodes : elle fait répandre le bruit qu'elle s'est jetée à l'eau, nouvelle qui oblige, d'après les lois du pays, M. Laverdurette à se jeter au feu, aucun des deux consorts ne devant survivre au défunt.

M. Laverdurette, qui, malgré la douleur qu'il éprouve d'avoir perdu sa femme, n'a pas la moindre envie de se faire rôtir en signe de désespoir, offre tout ce qu'il possède à l'officier chargé de présider à cette désagréable cérémonie, s'il veut le laisser fuir et monter sur un vaisseau en partance pour l'Europe; l'officier, qui n'est autre que Djina déguisée en homme, n'a pas de peine à consentir à ce marché. — Il est bien entendu que Mossoul sera du voyage. — Quand on est à cinq cents lieues des côtes, Djina reprend les habits de son sexe.

Cette spirituelle bouffonnerie a réussi. — L'ouverture faite sur un joli mouvement de valse, débute par une introduction trop sérieuse et trop solennelle pour un ouvrage franchement bouffe comme *le Veuf du Malabar*.

Les couplets de M. Doche sont jolis, bien que le thème manque un peu de nouveauté. — Le trio, quoique d'un dessin un peu confus, a de la verve et de l'entrain. — La romance chantée en charge par Sainte-Foy a été bien accueillie du public. Le duo bouffe, le meilleur morceau de la pièce, est plein de franchise et d'une bonne facture. Voilà à peu près tout ce que l'on peut dire de la musique. — Un canevas si léger n'eût pas supporté une grande surcharge de broderies.

VAUDEVILLE. *Les Frères Dondaine*. — Quels frères que ces frères Dondaine! Ils sont deux, — pas féroces, mais bêtes comme quatre, bêtes à faire pouffer de rire! Ferdinand, le plus jeune, — il ne compte guère que huit ou neuf lustres, — est marié depuis quelques semaines, à l'insu de son aîné, qu'il redoute comme le feu. Que dira Joachim en apprenant cette union clandestine? Ferdinand n'y pense pas sans frémir! Il a installé son épouse dans la maison en qualité de gouvernante; mais elle ne revient pas du tout au grand frère, qui veut la renvoyer. Joachim ne demande pour cela qu'un prétexte; le hasard vient le lui fournir. — Un certain Nicomède, c'est-à-dire Arnal, rapporte un mouchoir qu'une femme a laissé tomber par la fenêtre. Cette femme, il prétend la connaître, il prétend être aimé d'elle! Joachim se frotte les mains : Sophie a des intrigues, excellent motif pour la renvoyer!

Or, il faut vous dire qu'il y a ici un quiproquo : Sophie cache dans sa chambre une de ses amies, qui a déserté le toit paternel parce qu'on voulait lui faire épouser un homme qu'elle n'aime pas; et c'est Élisa, la fugitive, que Nicomède a aperçue.

Vous devinez si Ferdinand se désole en apprenant qu'il a un rival et un rival aimé! Le jaloux va se porter contre Nicomède à des extrémités déplorables, quand Joachim reçoit une lettre qui lui annonce l'escapade d'Élisa. Le mari dont la jeune fille ne veut pas entendre parler n'est autre que Joachim lui-même. On lui dit que sa future s'est enfuie sous un déguisement masculin. Il n'en faut pas davantage pour qu'il s'imagine que c'est Nicomède...

Rien de plus désopilant que la scène où les deux frères prennent celui-ci pour une femme, et veulent lui faire avouer qu'il se nomme Élisa! Dans ces sortes de situations, Arnal atteint presque au sublime ! — A la fin, tout se débrouille; chacun se fait reconnaître pour ce qu'il est : Élisa et Nicomède pour les plus tendres amants; Ferdinand et Sophie pour les plus parfaits époux, et Joachim pour le plus généreux des frères.

On a beaucoup ri, et nous croyons qu'on rira longtemps. La pièce se termine par une allocution d'Arnal au public, qui aurait à elle seule décidé le succès.

8 juin.

Opéra. *David.* — L'avénement à l'Opéra d'un jeune compositeur qui n'a point passé par la filière du Conservatoire, qui n'arrive ni d'Allemagne, ni d'Italie, est un accident rare et merveilleux dont M. Mermet ne se représente peut-être pas bien toute l'invraisemblance. — Nous en sommes encore tout surpris.

C'est le mercredi de cette semaine, par une chaleur digne de la contrée où se déroule l'action du poëme, qu'a eu lieu cette étonnante bizarrerie musicale.

Dès l'ouverture, à l'emploi modéré des cuivres, à certaines formes anciennes, on sent que l'auteur a principalement étudié Gluck, Méhul et la vieille école française. — Le style large et expressif est celui que cherche M. Mermet, et qu'il rencontre quelquefois.

Seulement, il ne développe pas assez les mélodies qui lui viennent; ses motifs ne font qu'apparaître et sont immédiatement remplacés par d'autres, interrompus à leur tour. Nous ne demandons pas ici ces interminables ritournelles italiennes, mais l'idée musicale a besoin de plus d'espace. — La forme des morceaux n'est pas assez nettement arrêtée, le dessin en est quelquefois vague, et l'on aurait peine à les indiquer, tant ils se mêlent au récitatif. — La sobriété de l'orchestre dégénère souvent en maigreur; les oreilles, habituées au tintamarre moderne, ne peuvent plus se contenter de l'harmonie discrète des vieux maîtres; à côté des vacarmes rossiniens, leur orchestre causant à demi-voix paraît garder le silence. — Somme toute, M. Mermet, autant qu'on en peut juger sur ce début, nous paraît avoir des idées mélodiques et un style large.

Vaudeville. *Le Gant et l'Éventail.* — Quand le thermomètre marque trente degrés de chaleur à l'air libre, il faut, certes, qu'une pièce offre bien des attractions combinées pour obtenir un grand succès ! Le public n'est jamais plus froid que lorsqu'il cuit dans les loges ; et des scènes d'un effet immanquable en toute autre occasion ne lui arrachent alors que de moites applaudissements. C'est donc une difficile et glorieuse victoire pour MM. Bayard et Sauvage que d'avoir fait monter l'enthousiasme de leurs auditeurs au niveau de la température. A la vérité, madame Albert, qui *rentrait* au Vaudeville après une trop longue absence, a bien un peu contribué à ce résultat ; mais la part des auteurs n'en est pas moins belle ni moins méritoire.

La chose se passe dans une de ces petites principautés allemandes, si propices aux combinaisons de MM. les vaudevillistes. — La princesse Amélie (non de Saxe) vient d'être appelée au trône par la mort du duc son oncle. Elle a subitement passé des austérités du cloître aux enivrements de la cour, et, comme elle est jeune encore, elle a pris goût tout de suite à sa nouvelle condition. Ses ministres, n'ayant sans doute rien de mieux en tête, lui conseillent de se marier, et c'est, bien entendu, dans l'Almanach de Gotha qu'ils l'engagent à choisir un époux ; mais Son Altesse, qui a la prétention d'être aimée pour elle-même, répugne à contracter une alliance politique. Nous vous dirons même tout bas que son cœur nourrit une passion secrète et mal placée, contre laquelle ses ministres paraissent devoir lutter en vain. L'objet de cet amour est un petit gentillâtre, un certain Edgard de Rinberg, qui remplit auprès d'Amélie les fonctions de secrétaire particulier.

Cet Edgard aurait, comme vous voyez, un brillant avenir devant lui, s'il n'était, par malheur, amoureux de la comtesse Mathilde, une jeune chanoinesse que la nouvelle souveraine a ramenée avec elle du couvent. Personne à la cour ne se doute de cette intrigue, car les deux amants cachent leur jeu sous les ruses les plus ingénieuses. Ainsi, quoiqu'ils ne se voient guère qu'en présence de Son Altesse et de ses courtisans, ils ont trouvé le moyen de s'entendre et de se parler à toute heure sans éveiller les soupçons. Voici comment ils s'y prennent. Quand Edgard se présente devant Amélie, les paroles qu'il prononce en agitant son gant s'adressent à Mathilde seule ; et tous les mots que dit celle-ci en ouvrant son éventail sont pour le jeune secrétaire. Nous ne saurions vous dire toutes les scènes plaisantes qu'amène cette singulière façon de correspondre. Les ennemis d'Edgard — et la faveur dont il est l'objet lui en suscite beaucoup — cherchent à le ruiner dans l'esprit d'Amélie, en divulgant tout ce qu'ils peuvent découvrir au sujet de ses amours; mais, grâce à l'éventail, le secrétaire parvient toujours à confondre ses accusateurs, et à tromper la jalousie de la princesse.

Ainsi l'on prétend qu'une dame de la cour lui a donné rendez-vous dans tel lieu, à telle heure; vite, lorsqu'il paraît, Mathilde change l'heure et le lieu, en ayant l'air de causer indifféremment avec Amélie, — et celle-ci ne trouve personne à l'endroit indiqué pour le rendez-vous. — On vient dire plus tard à Son Altesse qu'on a vu un portrait de femme entre les mains de son secrétaire; elle fait appeler Edgard et l'invite à lui montrer ce portrait. Le jeune homme refuse, de peur de compromettre Mathilde; mais la rusée chanoinesse, feignant de lui arracher le médaillon, en remet un autre à la princesse, qui se reconnaît elle-même dans le mystérieux portrait. — Ne doutant plus alors qu'elle ne soit aimée d'Edgard, Amélie, pour lui faire comprendre qu'il peut se déclarer, lui dicte une lettre dont elle ne nomme pas le destinataire, mais où elle le désigne par des allusions assez transparentes, et qui révèlent au secrétaire sa royale bonne fortune.

Placé entre son amour et son ambition, Edgard se demande ce qu'il doit faire. « Régnez, lui dit Mathilde, et oubliez-moi! » Mais, ne voulant pas être en reste de générosité avec elle, Edgard prend la lettre d'Amélie et va la porter au prince de Hombourg, un des prétendants à la main de Son Altesse. Il espère qu'en engageant ainsi, malgré elle, sa souveraine, il la forcera à épouser le prince, comme ses intérêts le lui ordonnent. Cependant, les choses ne s'arrangent pas aussi bien qu'il l'avait pensé. Amélie, en apprenant l'usage qu'Edgard a fait de sa lettre, est indignée et furieuse. Elle mande le coupable auprès d'elle afin qu'il lui explique son incroyable conduite. Mathilde est là, comme toujours, et, dès que son amant se présente, elle lui fait comprendre, par le jeu de son éventail, que tout est perdu s'il ne parvient à gagner du temps, à conjurer l'orage jusqu'au moment où ils ont résolu de fuir ensemble. Mais la princesse, avertie par quelques indiscrétions, pénètre le mystère de leur correspondance et suit des yeux leur manége, qui lui dévoile bientôt toute la vérité! — Elle veut d'abord renvoyer Mathilde au couvent et faire arrêter Edgard; mais celui-ci, en feignant de croire que la lettre était réellement destinée au prince de Hombourg, prouve si clairement à sa souveraine qu'elle aurait eu tort de l'adresser à un autre; qu'elle doit étouffer dans son cœur tout amour indigne d'elle; que son rang, son titre de princesse, ne lui permettent pas de se mésallier; il lui prouve cela, disons-nous, d'une manière si triomphante, qu'elle finit par être convaincue et par faire le bonheur des deux amants aux dépens du sien propre.

Quelques parties de cette pièce rappellent un peu *le Verre d'Eau*, de M. Scribe; mais nous le disons plutôt comme éloge qu'à titre de blâme; le dialogue est souvent spirituel, toujours vif et élégant. M. Bayard a rarement mieux réussi. — En somme, nous le répétons, le succès a été des plus complets. — La mise en scène de l'ouvrage est fort bien entendue et fort brillante. Les costumes, ceux des femmes surtout, sont magnifiques, et mesdames Albert, Ozy et Doche savent encore les relever par la grâce de leur personne. Mademoiselle Ozy disparaissait dans un feu d'artifice de diamants. Nous lui conseillons de prendre garde aux voleurs! Elle va passer à l'état de mademoiselle Mars, qu'on cherchait à dévaliser régulièrement une ou deux fois chaque année.

XVII

JUILLET 1846. — Théâtre de Liége : représentations de mademoiselle Rachel. — Toujours et partout l'Odéon. — *Marie Stuart.* — Opéra : *l'Ame en peine*, paroles de M. de Saint-Georges, musique de M. de Flottow. — Le livret et la partition. — *Betty*, ballet de M. Mazillier, musique de M. Ambroise Thomas. — Début de mademoiselle Fuoco. — Vaudeville : *Oui ou Non*, par MM. Amédée de Beauplan et Jacques Arago. — Bardou, mademoiselle Durand. — *Les Fleurs animées*, par MM. Labie et Commerson. — Les dessins de Grandville. — Palais-Royal : *la Garde-Malade*, par MM. Paul de Kock et Boyer. — Vaudeville : *Charlotte*, drame de MM. Souvestre et Eugène Bourgeois. — Le *Werther* de Gœthe. — La suite du roman. — Hippodrome : festival militaire.

20 juillet.

Théâtre de Liége. Mademoiselle Rachel dans *Marie Stuart*. — Il y a quinze jours, le convoi d'inauguration du chemin de fer du Nord nous ayant conduit, nous pauvre diable de feuilletoniste, en compagnie d'une foule de hauts personnages, dans cette jolie ville de Bruxelles que nous aimons tant, nous ne pûmes résister au désir d'aller voir, à Anvers, *la Descente de Croix* de Rubens, un des mirages de notre jeunesse, — et nous laissâmes les waggons remporter vers Paris cette cohue illustre qui lui manquait déjà depuis un jour.

A Anvers, on nous dit que mademoiselle Rachel jouait *Marie Stuart* à Liége. Le moyen de ne pas aller voir mademoiselle Rachel..., surtout lorsqu'il n'y a qu'une vingtaine de lieues à faire pour cela ? Une vingtaine de lieues en chemin de fer, c'est moins long que de se rendre, en fiacre, du boulevard de Gand à la barrière de l'Étoile.

Le théâtre de Liége, comme celui de Bruxelles, ressemble fort, il faut l'avouer, à l'Odéon de Paris, à l'extérieur du moins. C'est un grand bâtiment carré entouré d'arcades avec une espèce de portique sur une de ses faces. Il paraît que telle est la forme nécessaire et fatale où le génie des architectes modernes coule toutes les conceptions ; églises, bourses, théâtres, palais, musées, c'est toujours l'Odéon. Hélas ! par combien d'Odéons avons-nous été poursuivi en voyage, là même où nous espérions trouver du pur gothique ou de la renaissance fleurie !

A l'intérieur, le théâtre de Liége rappelle la salle Ventadour pour la coupe des galeries et la disposition des loges, et le Théâtre-Français pour les colonnes blanches sur fond rouge qui forment l'entablement.

Le public n'avait rien de liégeois quant à l'aspect ; aucune particularité de toilette, rien d'original. On pouvait se croire en France.

Il faisait une chaleur telle, que nous ne nous souvenons pas d'en avoir éprouvé de plus forte, si ce n'est sous notre tente, en Kabylie, au pied du Jurjura. Ces honnêtes habitants du Nord avaient cependant bravé cette température insolite, tant est grande l'attraction du nom de mademoiselle Rachel. Marie Stuart est assez connue à Paris pour qu'il soit inutile d'en faire l'analyse ; ce qui est plus curieux à décrire, c'est l'effet produit par la grande actrice. La scène où Marie Stuart, jouissant d'une liberté éphémère, se promène dans les jardins de Fotheringay, a été dite avec une explosion de bonheur, une puissance d'épanchement extraordinaires. — La nature extérieure est généralement supprimée des tragédies comme manquant de noblesse ; jamais il n'est question, dans ces sortes d'ouvrages, du ciel, des arbres, des eaux, de l'air, des couleurs. Tout se passe au milieu d'une atmosphère grisâtre où jamais ne brille un rayon de soleil ; les peintures en camaïeu ou monochromes peuvent seules donner une idée exacte de ce procédé. Corneille n'a fait qu'une fois allusion aux phénomènes du monde visible, et l'on ne saurait trop féliciter M. Lebrun d'avoir osé parler si prématurément des nuages qui traversent l'azur, du vent qui frémit dans les feuillages, de la poitrine qui se dilate à l'air de la liberté. Il faut voir comme mademoiselle Rachel, toutes les fois qu'elle trouve une de ces rares échappées, s'y précipite avec une impétuosité sublime, toute heureuse d'avoir un sentiment vrai à exprimer. Ce n'est pas seulement le plaisir de respirer un air plus pur que celui de son cachot, qui gonfle ses poumons et fait éclater sa voix en joyeuses fanfares, c'est l'art vivace et jeune, c'est le grand souffle moderne qui enfle ses accents et leur prête cette puissance !

Dans la querelle avec Élisabeth, mademoiselle Rachel a montré une âpreté incisive, une dérision implacable ; — jamais l'amour-propre blessé, la vengeance féminine n'ont trouvé de notes plus mordantes, d'inflexions plus cruelles. Après une telle scène, vraiment Élisabeth a été clémente de faire seulement couper la tête à sa rivale ; elle avait le droit de lui couler du plomb fondu dans les narines, de lui déchirer les flancs avec des araignées de fer, de la brûler à petit feu ; car il est impossible de retourner un poignard dans la plaie avec une adresse plus barbare que ne le fait mademoiselle Rachel. — Aussi toute la salle a-t-elle éclaté en bravos furieux.

Ce que nous admirions surtout, c'est l'énergie incroyable qui anime ce corps frêle. — La chaleur était réellement intolérable, et cependant, le jeu de l'actrice ne se ressentait en rien de l'accablement général. — Être sublime dans une étuve, étinceler par une température de fournaise, faire verser des larmes à travers un flot de sueur, c'est le triomphe de l'art et du génie.

De Liége, nous sommes arrivé, presque sans nous en apercevoir, à Aix-la-Chapelle, où l'on nous a fait voir, pour trois francs quinze sous, le crâne de Charlemagne. — Le même soir, nous cherchions à deviner au bord du ciel la silhouette colossale de la cathédrale de Cologne, et, accoudé sur le pont de bateaux qui traverse le Rhin, nous regardions trembler sur l'eau les lumières de la ville. — Deux jours après, nous étions à Amsterdam, que nous trouvâmes occupé à fêter la venue du hareng.

Quoique nous eussions déserté notre poste, aucun remords ne troublait notre âme. « Qui s'apercevra de l'absence de nos articles de théâtre ?... nous disions-nous. Personne ! »

Nous avons cependant fini par revenir, et voici ce que nous avons retiré de ce réservoir dramatique, qui ne tarit jamais complétement, même par les étés les plus violents :

OPÉRA. *L'Ame en peine.* — *Betty.* — *Mademoiselle Fuoco.* — L'Opéra, comprenant que le moyen de faire oublier aux spectateurs le chiffre du thermomètre, c'est de redoubler d'efforts et d'activité, a donné coup sur coup un opéra, un ballet, et produit une nouvelle danseuse ; aussi la foule ne lui a-t-elle pas manqué.

Les théâtres devraient imiter cette conduite. Pourquoi réserver pour une saison où trop de causes déjà éloignent le public des spectacles, les pièces mal venues et sur lesquelles l'administration ne compte pas ? Nous n'avons jamais bien compris, pour notre part, cette tactique qui consiste à donner les bonnes pièces en hiver, temps de recette forcée. Le contraire nous semble plus raisonnable.

Mais trêve de considérations ; occupons-nous de *l'Ame en peine*.

M. de Saint-Georges a mis en action une de ces légendes mélancoliques dont la brumeuse Allemagne semble avoir le privilége. L'idée de son libretto ne manque pas de charme : on admet cependant avec peine qu'une *âme* ait un corps et une figure, qu'elle marche, qu'elle parle, etc. Si encore M. de Saint-Georges s'était contenté de faire agir un spectre, un fantôme ; mais non : c'est une âme pure et simple qu'il nous a montrée. Voyez plutôt le livret : « *L'Ame* fait un geste de douleur. — *L'Ame* lève les yeux au ciel. — *L'Ame* reprend le refrain de la romance. — *L'Ame* tend les bras à Frantz. » Il nous semble aussi que le machiniste, dans l'état actuel de son art, aurait pu faire apparaître l'Ame autrement que par des trappes qui s'ouvrent et se ferment avec fracas, et sans avoir besoin de recourir à ces affreux rideaux de nuages qui remontent à l'enfance du théâtre.

M. de Flottow, bien qu'il soit nouveau venu à la rue Lepelletier, est un compositeur éprouvé depuis longtemps déjà : il a donné, au théâtre de la Renaissance, *le Naufrage de la Méduse;* à l'Opéra-Comique, *l'Esclave de Camoëns*, et sur quelques scènes étrangères, à Hambourg, à Vienne, à Berlin, d'autres œuvres qui ont été remarquées et applaudies. La partition de *l'Ame en peine* ne dément point ces honorables antécédents. C'est une musique vive, facile, légère, trop légère peut-être. Les experts lui reprocheront de n'avoir pas le *calibre* voulu pour l'Opéra ; mais ils seront forcés de reconnaître qu'elle abonde en motifs gracieux, pleins de mélodie et d'expression. — Le chœur qui ouvre le premier acte est habilement traité ; les voix y sont groupées avec beaucoup d'art. Parmi les morceaux qui viennent ensuite, on a remarqué une cavatine admirablement chantée par mademoiselle Nau ; le cantabile de Baroilhet, une chanson à boire d'une couleur originale, fort bien dite par le même et qui a eu les honneurs du *bis*. — Le finale de cet acte, dans lequel revient très-heureusement le motif d'une marche guerrière, mérite aussi d'être distingué; il est seulement un peu court. En général, M. de Flottow se montre assez avare des morceaux d'ensemble.

Au second acte, on a surtout applaudi une ballade, avec chœur d'hommes et de femmes, qui est sans contredit l'une des meilleures inspirations du compositeur. — La cavatine de Gardoni, *Amour d'enfance;* le petit duo entre lui et mademoiselle Dobré; enfin, le trio entre Frantz, Léopold et l'*Ame*, où il y a du mouvement et de la chaleur.

La Jeunesse d'Henri V, d'Alexandre Duval, pièce qui a obtenu dans son temps un succès dû surtout au jeu des acteurs, a servi de point de départ à l'auteur du ballet de *Betty*. — Nous avons déjà blâmé cette habitude, qui paraît s'enraciner à l'Opéra, de rhabiller des opéras-comiques en ballets. Le ballet est un genre spécial, qui exige des sujets d'une nature toute particulière, où la danse arrive forcément, impérieusement, et serve à l'expression même de la fable. Une pièce traduite en signes mimiques et accompagnée d'un divertissement, n'est pas un ballet. C'est une vérité qu'on oublie trop souvent. Les habiles en charpente dramatique se trompent en appliquant à la chorégraphie leurs procédés ordinaires. Un poëte dictant ses idées à un peintre qui les écrirait en croquis, voilà la meilleure combinaison pour obtenir un beau scenario de ballet, chose plus rare qu'on ne pense, car il est difficile de rendre une action perpétuellement visible, avec des formes gracieuses.

Ces réserves faites, disons que *Betty* n'est ni meilleure ni pire que ce qu'on est convenu d'appeler un ballet d'action, c'est-à-dire une pantomime où sont intercalés des pas plus ou moins brillants.

Voici, sous la forme la plus brève possible, l'analyse du scénario de M. Mazillier :

Charles, conseillé par Rochester, courtise, sous un costume de matelot, Betty, la fille d'un tavernier de Greenwich ou de Gravesend, laquelle est aimée d'un jeune page qu'elle prend pour un maître à danser. Charles se conduit en tapageur, embrasse les femmes de tous les maris, les filles de tous les pères, allume des seaux de punch, et, en se démenant, a la maladresse de laisser tomber sa bourse, que le jeune page ramasse. Quand vient le quart d'heure de Rabelais, Charles a beau fouiller les coins de ses poches, il n'y trouve autre chose que sa montre, qu'il offre pour payement. Mais cette montre porte, sur un fond d'émail, le chiffre royal tracé en diamants. Comment un matelot peut-il avoir en sa possession un bijou si précieux ? Cela paraît suspect : on vous empoigne le faux matelot, et on l'enferme dans une chambre de la taverne, d'où le page et Betty le font évader, après qu'il a promis d'être plus sage à l'avenir. — A l'acte suivant, le tavernier, suivi de sa fille, rapporte au palais la montre laissée en gage par le matelot. Grande surprise du digne homme en reconnaissant Charles, Rochester et le page. Le dénoûment n'est pas difficile à prévoir ; Charles est bon prince et consent au mariage du page et de la jeune fille.

Mademoiselle Fuoco, qui débutait dans ce ballet, porte un nom d'heureux augure — *feu!* On le dirait fait exprès pour elle. C'est de Milan, qui nous a déjà donné Carlotta Grisi, que nous arrive cette jolie danseuse.

Dès sa première apparition, mademoiselle Sophie Fuoco s'est fait une place distincte. Elle a ce mérite de l'originalité, si rare dans la danse, art borné s'il en fut ; elle ne rappelle ni Taglioni, ni Elssler, ni Carlotta, ni Cerito.

Ses pointes surtout sont surprenantes ; elle exécute tout un *écho* sans poser le talon une fois par terre. Ses pieds sont comme deux flèches d'acier rebondissant sur un pavé de marbre ; pas un instant de mollesse, pas une oscillation, pas un tremblement ; cet orteil inflexible ne trahit jamais le corps léger qu'il supporte.

On a dit des autres danseuses qu'elles avaient des ailes, qu'elles traversaient les airs dans des nuages de gaz ; mademoiselle Fuoco vole aussi, mais en rasant le sol du bout de l'ongle, vive, preste, éblouissante de rapidité.

La danse ne se compose pas, dira-t-on, exclusivement de pointes et de taquetés. C'est vrai ; mais, comme, dans tout ce qu'a exécuté mademoiselle Fuoco, nous avons reconnu cette netteté, ce fini, cette précision, qui sont à la danse ce que le style est à la poésie, nous croyons qu'elle possède aussi les autres qualités à un degré moindre sans doute, mais suffisant. Mademoiselle Fuoco est, d'ailleurs, toute jeune ; elle a dix-sept ans au plus, comme en témoignent certaines gracilités juvéniles des bras et des épaules. Sa figure, sans être précisément jolie, a du piquant et de l'animation ; elle a l'air heureux en dansant, et un sourire naturel s'épanouit sur ses lèvres. Dans quelques mois d'ici, mademoiselle Fuoco saura mieux se coiffer, s'habillera avec plus de goût ; elle aura pris ce qu'il faut de la coquetterie française, et son mérite en paraîtra double. Chaque soir, le public l'applaudit et la rappelle, et avec justice ; car c'est un des plus brillants débuts de danse que nous ayons eus à constater depuis longtemps.

La musique de *Betty*, bien qu'écrite au vol de la plume, fait honneur à M. Ambroise Thomas, l'auteur de *Mina* et de *la Double échelle*.

VAUDEVILLE. *Oui ou Non.* — *Les Fleurs animées.* — Oui ou non? épouserez-vous ou n'épouserez-vous pas? — Telle est la double et pressante question posée à Bardou par madame Artémise Simonin. Bardou doit se marier avec la fille de cette dame, on le dit du moins ; car, pour lui, jamais il n'a été bien fixé là-dessus. C'est l'être le plus irrésolu qui soit au monde. Si, d'un côté, il désire prendre femme, de l'autre, il craint de se donner une belle-mère. — Comment sortir de là? — Par un moyen très-simple : Bardou écrit deux lettres à la fois ; dans la première, il répond *oui* ; dans la seconde, il répond *non*. Cela fait, il appelle son domestique, lui ordonne de tirer au hasard une des deux lettres, et de la porter sur-le-champ à madame Simonin. Que décide le hasard? Bardou ne s'en inquiète pas, il veut l'ignorer jusqu'au bout, et, pour ne pas être tenté d'ouvrir la seconde lettre, il la confie à la sœur d'un de ses amis. Cependant il apprend bientôt que le sort s'est prononcé en faveur du mariage. Alors il s'arrache les cheveux, se désespère, se lamente ; car il sent que jamais il n'a aimé, que jamais il n'aimera mademoiselle Simonin! « S'il en est ainsi, consolez-vous, lui dit la sœur de son ami, j'ai pris sur moi d'envoyer la seconde lettre, et votre mariage est rompu. — Vous avez fait cela? Oh ! merci, mademoiselle... Mais pourquoi, dans quel but?... » Il n'est pas difficile de le deviner : la jeune fille a voulu éloigner une rivale et se faire épouser elle-même.

Bardou est on ne peut plus comique dans ce petit acte. — Mademoiselle Durand, avec son gentil minois, est bien faite, à coup sûr, pour fixer les idées de l'homme le plus irrésolu.

Autre histoire. Cela s'appelle *les Fleurs animées*. — Un jeune poëte, nommé Stéphen, a, par suite de chagrins d'amour, perdu le peu de raison que l'on veut bien accorder aux poëtes. Sa folie consiste à croire que les fleurs ont une âme, ou plutôt que ce sont des jeunes filles mortes qui renaissent un instant sous cette forme, avant de passer dans le monde aromal. Ses rêves de chaque nuit les lui montrent s'élançant de leurs tiges pour danser des sarabandes au milieu des parterres. La famille de Stéphen, espérant le guérir de cette manie par la distraction, le fait voyager sous la garde d'un vieux domestique. Un jour, à force d'avoir roulé sur les grandes routes, la chaise de poste du jeune visionnaire se brise devant un château d'*assez belle apparence*, comme doit le faire toute chaise de poste bien apprise.

Les deux voyageurs sont recueillis par la dame du château, cela va de soi; mais le vieux domestique de Stéphen ne tarde pas à vouloir se remettre en route, car il a reconnu dans Hermance la femme dont la perfidie a troublé l'esprit de son maître. Hermance est pourtant bien innocente, hélas! Elle a épousé, il est vrai, malgré les serments qui la liaient à Stéphen, un vieillard que ses millions ne rendaient pas moins cacochyme; mais c'était pour sauver l'honneur de son père! Aujourd'hui, elle est veuve, et ne demanderait pas mieux que de revenir à ses premières amours. Aussi, lorsqu'elle apprend le nom de son hôte et découvre la cause de sa folie, elle imagine de la guérir par les procédés homœopathiques; c'est-à-dire qu'au milieu de la nuit elle apparaît au pauvre Stéphen, qui la croit morte, sous les attributs de la *pensée*, tandis que plusieurs de ses amies figurent la *rose*, le *lilas*, le *coquelicot*, etc. Ce moyen curatif opère un prompt effet. Stéphen, en apprenant qu'Hermance n'a jamais été coupable, est saisi d'une crise violente et finit par tomber en syncope; mais, quand il reprend ses sens, il a recouvré la raison.

Les auteurs de cette pièce en ont emprunté l'idée à un ouvrage que publie en ce moment Grandville, et ils n'ont point eu à s'en repentir. Nous dirons cependant que cette idée, qu'on a trouvée spi-

rituelle, de donner aux fleurs une apparence humaine, nous semble,
à nous, assez malheureuse. Pour en arriver là, le dessinateur est
obligé de contrefaire également et la fleur et la femme, ce qui produit
quelque chose de monstrueux. En un mot, c'est de la caricature, et
ce genre de dessin ne saurait servir des pensées gracieuses; il n'en
peut rendre que de comiques ou de grotesques. Nous préférons, et
de beaucoup, le Grandville des *Animaux peints par eux-mêmes*.

                                             27 juillet.

Palais-Royal. *La Garde-Malade.* — La garde-malade, c'est Grassot; voilà le comique de la chose. — Il ou elle veille un pauvre jeune homme qui paraît atteint de catalepsie, et que le docteur Frisson désespère de sauver. Mais ne vous alarmez pas trop : Sandomir se porte à merveille. Il veut seulement empêcher que M. Verluisant, son oncle, ne lui fasse quitter Paris, la patrie de Chicard, de Mabille et surtout de mademoiselle Crinoline; — car M. Verluisant, instruit par un certain Parapet de la conduite plus que légère de son neveu, est accouru du fond de sa province pour l'arracher au tourbillon du monde polkant. Ce Parapet n'a pas agi sans raison, comme vous pensez; il est le rival de Sandomir auprès de mademoiselle Crinoline, et voudrait bien n'avoir plus à lui disputer le cœur de la grisette.

Depuis trois jours donc, Sandomir feint un engourdissement complet; il a été mis à la diète, et commence à souffrir véritablement de la fringale, lorsque mademoiselle Crinoline, inquiète de sa santé, vient pour en avoir des nouvelles, sous prétexte d'inviter madame Jamaïque, la garde-malade, à manger une dinde chez une de ses amies. Madame Jamaïque, qui adore la bonne chère en général, et la dinde en particulier, se lamente d'être retenue au chevet de Sandomir, et de ne pouvoir se rendre à l'invitation. « Eh bien, mais, lui dit la grisette, l'affaire peut s'arranger : allez à ce repas ; je veillerai le malade pendant votre absence. » Madame Jamaïque n'a garde de refuser l'offre, et donne rendez-vous à Crinoline afin de l'installer à sa place. Parapet, informé de la substitution qui doit avoir lieu, profite d'un moment où Sandomir, qu'il sait très-bien portant, est resté seul, pour lui faire accroire que Crinoline, désespérée, veut se suicider.

« Ciel! comment l'en empêcher? s'écrie Sandomir. — Courez chez elle, répond Parapet. Je vais endosser votre robe de chambre, m'étendre sur ce divan, et l'on me prendra pour vous... » Aussitôt dit, aussitôt fait. Mais à peine Sandomir est-il parti, qu'arrive le docteur Frisson, qui fait avaler toutes sortes d'affreuses tisanes au prétendu cataleptique, et annonce qu'il va tenter de le guérir au moyen du galvanisme. Un médecin homœopathe est appelé à cet effet : Sandomir, déguisé, se présente sous son nom, et commence l'opération électrique; mais il y va de telle façon, que Parapet se met à pousser des cris de paon et à sauter au plafond, en demandant grâce à son rival. Sandomir est justifié aux yeux de Verluisant, et, comme de raison, celui-ci consent au mariage de son neveu avec la grisette Crinoline.

Tout cela est inepte au fond et brutal dans la forme; mais on a ri pourtant, beaucoup ri, et nous avons fait comme les autres. — Que cet aveu soit notre punition ! — Grassot est ébouriffant sous le bonnet de madame Jamaïque. C'est mieux que la garde-malade de M. Paul de Kock, c'est celle dont Henry Monnier a fait un portrait si vrai, si vivant, dans ses spirituelles *Scènes populaires.*

Vaudeville. *Charlotte.* — Cette Charlotte, vous l'avez déjà deviné, c'est la Charlotte de Gœthe; ce nom, rendu immortel par le génie, ne peut plus éveiller l'idée d'une autre femme. Dès qu'on le prononce, on voit involontairement la belle Lolotte en déshabillé blanc, un bout de ruban dans les cheveux, coupant et distribuant les fameuses tartines avec cette grâce naïve et cette douce intimité allemande qui ont fait palpiter tant de cœurs sensibles; la porte du fond s'ouvre, et, dans un cadre de houblon et de folle vigne, sous un gai rayon de soleil, apparaît le jeune Werther en costume du temps, frac bleu, culotte de daim jaune, bottes à cœur et plissées sur le coude-pied.

Ce croquis familier, esquissé du bout du crayon par le grand poëte, est vivement dessiné sur l'album de toutes les mémoires. Il semble que Lolotte et Werther soient des personnages que l'on a connus dans son enfance, on ne saurait dire où précisément, mais qui vous ont laissé des souvenirs d'une réalité singulière ; pour notre part, nous croyons à leur existence aussi fermement qu'à celle de la figure historique la mieux constatée. Nous n'avons jamais douté de l'authenticité de Desdemona, de Marguerite, de Clarisse, de Julie ; — Othello, Faust, Lovelace, Saint-Preux, sont à nos yeux des êtres qui ont vécu, et d'une vie bien plus forte que les fils de la chair puisqu'ils ne mourront jamais. — Aussi le drame de MM. Émile Souvestre et Eugène Bourgeois nous a-t-il trouvé disposé à l'écouter comme la mise en action d'une tragédie domestique dont, par hasard, nous aurions été le témoin autrefois.

Le prologue, c'est le roman de Gœthe exactement traduit. Werther aime Charlotte et n'ose le lui dire, empêché par sa timidité de rêveur, et peut-être par cette terreur secrète que les hommes d'imagination éprouvent au moment de la réalisation de leurs rêves, et qui n'est que la crainte confuse du désenchantement. — Gœthe lui-même se trouve mêlé à cette histoire. Il écrit d'après nature cette étude du cœur humain, et fait un roman des amours de son ami. Celui-ci trouve le brouillon, et, dans le dénoûment imaginé par le poëte, il voit l'arrêt du destin et la conduite qu'il doit suivre. Qu'a-t-il à faire en ce monde ? Sa vie est terminée ; Lolotte n'épouse-t-elle pas Albert, l'homme prosaïque et positif auquel elle est promise ! Après avoir épanché son âme dans une tirade véhémente et chaleureuse, Werther monte à grands pas cette rampe que, depuis Chatterton, escaladent tous les désespoirs. Une détonation se fait entendre. Charlotte tombe à genoux, brisée, anéantie, folle de douleur. Albert entre, et, à la violence de ce désespoir, il comprend tout l'amour de sa fiancée pour un autre ; il court à la chambre de Werther, qui n'est pas mort, mais seulement blessé très-grièvement. Le généreux Albert, qui est en même temps un médecin plein de science, répond des jours de Werther. Guéri par les soins de l'héroïque docteur, qui a renoncé à ses droits, Werther épouse Lolotte.

Nous avons entendu blâmer les auteurs d'avoir changé de la sorte un dénoûment connu de tout le monde, et commis une espèce d'impiété en altérant le sens et la conclusion d'une œuvre de génie. « Pourquoi, disait-on, aller emprunter à un grand poëte des noms et des types pour les faire agir autrement qu'il ne l'a fait ? Werther,

survivant à son suicide et mari de Charlotte, n'est plus Werther. »
Ces critiques ont quelque chose de spécieux ; mais pourtant nous
trouvons que MM. Émile Souvestre et Eugène Bourgeois ont eu raison de choisir, pour développer leur idée, des personnages acceptés,
des figures gravées dans la mémoire de tous.

Si l'idéal d'un amour romanesque, pur, tendre, passionné, est
réalisé par quelque type, c'est bien assurément par celui de Werther.
Que de malédictions a soulevées ce pauvre Albert! que d'invectives
lui ont été adressées par les lecteurs et surtout par les lectrices ! Ce
crime d'avoir été un obstacle au mariage de deux amants ne lui a pas
encore été pardonné et ne le lui sera jamais. Pauvre Lolotte ! la voir
unie à ce monsieur sec, froid, exact : c'est un malheur dont le
monde n'a pu se consoler, même après un demi-siècle. — Par contre-coup, pouvez-vous imaginer un bonheur plus grand, une félicité
plus bleue et plus dorée que Werther se réveillant de la mort dans
les bras de Charlotte, et passant de sa couche sanglante à la couche
nuptiale? — Non, l'âme humaine ne peut rêver un paradis supérieur
à celui-là.

Eh bien, les auteurs du drame joué samedi au Vaudeville avaient
besoin de ces prolégomènes bien établis, car leur pièce contenait une
chose éminemment dangereuse au théâtre, c'est-à-dire une idée.

Quand la toile se lève, nous voyons Werther dans son ménage, et,
s'il faut le dire tout de suite, il a l'air tout aussi rêveur, tout aussi
mélancolique que pendant le prologue. Que lui manque-t-il donc?
N'est-il pas débarrassé d'Albert, ne peut-il pas s'accouder tous les
soirs à la fenêtre avec Charlotte et dire : « O Klopstock ! » en regardant au loin scintiller la neige des montagnes sous les rayons bleus de
la lune? Hélas! Werther est une de ces âmes ardentes qui ont besoin de souffrir pour se sentir vivre, et que le bonheur ennuie; la
possession d'une femme adorée n'a pu éteindre chez lui cette inquiétude, cette aspiration à l'inconnu, qu'aucune réalité ne satisfait.
Charlotte l'importune, il fait tout ce qu'il peut pour être doux et bon,
mais on sent, à des mouvements nerveux aussitôt réprimés, à des
intonations brusques qu'il tâche d'adoucir, que la présence de sa
femme le gêne. Cette réalité contrarie son rêve; en un mot, Werther
n'aime plus Lolotte.

Et, ici, il faut louer les auteurs de n'être pas tombés dans le lieu commun de donner pour cela Werther comme un homme sans cœur, comme un misérable ou un monstre. — Il n'est plus amoureux ; que faire ? L'amour est un sentiment involontaire qui vient sans qu'on sache pourquoi, et qui s'en va de même. Nul n'est coupable de ne plus éprouver un attrait.

Werther sort très-souvent et se livre à de longues promenades ; il part le matin et ne rentre que le soir. Est-ce bien le plaisir seul d'admirer la nature, de voir danser l'arc-en-ciel sur le cristal de la cascade, et d'entendre les clochettes tinter au cou des génisses répandues sur les croupes vertes des collines, qui le tient si longtemps hors du logis ? — Bien qu'il ait le goût du paysage, un autre motif entraîne Werther ; il a rencontré une jeune fille d'une exquise beauté, mademoiselle Hélène de Vergen, fille du major de ce nom, et s'est fait aimer d'elle.

La douce enfant, croyant Werther garçon, n'a su rien lui refuser. Dans sa chaste confiance, un amant est un époux : son père voulait bien la marier à un certain Hermann, mais elle saura résister et se garder au mari de son choix.

Les choses en sont là, lorsque arrive Albert, suivi du major de Vergen. Albert, qui aime toujours Charlotte, se croit pourtant assez guéri par trois ans d'absence et de travaux obstinés pour n'avoir plus rien à craindre de la présence de son ancienne fiancée ; il veut se donner cette pure jouissance de contempler les heureux que son abnégation a dû faire. Werther, tout préoccupé de son nouvel amour, le reçoit d'une manière vague, distraite, et quitte bientôt la chambre, tandis que Charlotte, avec cette coquetterie sublime et ce charmant sourire des femmes qui ont le cœur percé par les sept glaives d'angoisses, s'empresse joyeusement autour d'Albert pour ne pas lui causer la douleur d'avoir fait un sacrifice inutile. — Le major, fort contrarié de voir sa fille refuser Hermann, voudrait savoir le nom de l'homme qu'elle préfère ; mais, se défiant de sa brusquerie de soldat, il charge Albert de cette question délicate. La jeune fille, amenée là par un hasard fatal, achève sa confidence en disant à Charlotte, dont elle ignore les droits : « Celui que j'aime est Werther. » Tout se découvre. Indignation de Charlotte, désespoir de la jeune fille, qui voit son avenir brisé d'un mot. — Cette scène est d'un grand effet.

Werther ne tarde pas à rentrer, et comprend que son secret n'en est plus un. Dans une explication fort vive avec Charlotte, il prononce le mot « Séparons-nous ! » d'un ton qui ne laisse plus d'espérance de retour. — Ne vaut-il pas mieux, en effet, se quitter que d'habiter ensemble un enfer de soupçons, de querelles et de reproches ? Charlotte n'essaye pas de lutter. Elle se sent condamnée à mort. Désormais, elle n'est plus qu'un obstacle au bonheur de Werther.

Égaré par la passion, Werther propose à Hélène de s'enfuir avec lui, et d'aller chercher, dans quelque retraite ignorée, une félicité obscure et furtive : Hélène, qui aime Werther de toutes les forces de son âme, se laisse persuader ; mais un retour sur elle-même et l'idée du désespoir de Charlotte, si indignement trompée, lui font changer sa résolution. Elle se jette aux pieds de l'épouse trahie, et lui dit : « Je sens que je ne puis rester dans ce monde ; cette fiole de poison que je vais boire m'absoudra de tout reproche. — Ce que vous allez faire, je l'ai fait, moi ! » répond Charlotte en tombant sur un fauteuil, pâle, les dents serrées, les lèvres déjà violettes. — Tout le monde accourt, éperdu, éploré ; Charlotte tend une main défaillante à Werther, et lui dit : « Je meurs, sois heureux, ne pense jamais à moi ! »

Le major, à cette vue, ne pense plus à poursuivre ses projets de duel avec Werther, anéanti ; — Albert, l'homme du dévouement, propose de rendre l'honneur à Hélène en l'épousant. — Et Werther, que lui restera-t-il ? — Le souvenir.

Cette fin était la seule, assurément, que le public pût admettre. Cependant, l'ombre de Charlotte sera-t-elle contente ? N'a-t-elle pas bu le poison pour que Werther pût être encore heureux avec l'objet de son nouvel amour ? Dans un monde mieux organisé que le nôtre, la chose se fût arrangée sans dénoûment funèbre, et cette pauvre Hélène n'eût pas eu besoin d'épouser Albert.

Madame Albert a joué le rôle de Charlotte avec ces effets nerveux et ces crispations qui font beaucoup d'effet sur un certain public et provoquent à coup sûr les applaudissements. — Madame Doche prête à Hélène de Vergen des yeux d'un bleu si limpide, des cheveux d'un blond si doux, une tête si élégamment attachée, que l'on excuse bien facilement Werther.

Munié a bien saisi le type du romanesque Allemand ; on dirait que, pour l'ajustement, les poses et la manière de porter la tête, il s'est inspiré des délicieuses illustrations de Tony Johannot, dans la belle édition de *Werther* publiée par Hetzel.

Le drame de *Charlotte*, bien qu'un peu sombre pour une scène habituée à entendre tinter les grelots du vaudeville, nous semble, par la singularité de la donnée et le soin de son exécution, destiné à un succès productif.

HIPPODROME. *Festival militaire.* — Ce festival avait attiré une prodigieuse affluence de monde, non-seulement à l'Hippodrome, où il se donnait, mais encore sur l'immense place où s'élève l'Arc de Triomphe. Dix ou douze mille personnes avaient pu prendre place sur les gradins, dans les couloirs du pourtour, sur le terrain où courent les chevaux ; un nombre au moins égal, resté en dehors des clôtures, jouissait du concert sans avoir rien payé.

Pour empêcher le son des dix-huit cents instruments de se répandre au dehors, il eût fallu d'autres murailles que les cloisons de planches et de toile de l'Hippodrome.

Les exécutants, formant une masse compacte, occupaient le centre de l'arène, où M. Tilmann, perché sur une haute estrade, agitait le bâton blanc du chef d'orchestre. A coup sûr, jamais maestro n'a commandé à une plus nombreuse armée musicale. Il y avait là les musiques de tous les régiments de cavalerie et d'infanterie en garnison à Paris ou aux environs, dont les uniformes variés produisaient un charmant coup d'œil.

Chacun s'attendait à un ouragan de bruit, à des déchaînements de tonnerres, à des éclats pareils à ceux des trompettes qui firent tomber les murs de Jéricho ; les timides se demandaient avec inquiétude si l'on était bien sûr de la solidité de l'Arc de Triomphe ; d'autres s'étaient tamponné les oreilles de coton, de peur de revenir sourds chez eux.

La surprise a été grande, quand, au lieu du vacarme colossal sur lequel on comptait, on a entendu des morceaux pleins, nourris, d'une force et d'une ampleur majestueuses, un ensemble parfait, mais rien d'étourdissant, rien qui sentît le tintamarre. Il faut convenir que le public a paru un peu désappointé. La confiance dans le tapage, que devait nécessairement produire dix-huit cents instrumentistes, était si grande, que tous les spectateurs parlaient à haute voix pendant l'exécution des différents morceaux. La conversation de douze mille personnes peut couvrir le bruit d'un orchestre, même de dix-huit cents musiciens.

La prière de *Moïse*, — l'*Apothéose* de la symphonie de Berlioz, — une valse très-bien arrangée, — l'air de *Fra Diavolo*, sont les morceaux qui ont produit le plus d'effet.

Nous aimons ces grandes réunions et ces fêtes musicales où l'on rassemble un nombre prodigieux d'exécutants. Nous voyons là le germe des spectacles de l'avenir, donnés dans des cirques immenses, où un peuple de spectateurs regardera un peuple d'acteurs. Les chemins de fer apporteront toute une ville dans une autre pour quelque représentation extraordinaire, et toute la ville sera placée.

Tant de monde participe maintenant à ce qui était naguère le privilége d'un petit nombre, que les vieux moules vont éclater. D'ici à cinquante ans, les formes de la vie publique seront complétement changées. Les théâtres deviendront aussi grands que les journaux, et, grâce à l'Orphéon, l'Opéra, s'il est besoin, pourra faire monter sur ses planches une armée de dix mille choristes.

XVIII

AOUT 1846. — Porte-Saint-Martin : *le Docteur noir*, drame de MM. Anicet Bourgeois et Dumanoir. — De la longueur dans les pièces de théâtre et dans les romans. — Rajeunissement de la folie. — Frédérick Lemaître. — Incendie de l'Hippodrome. — Les armures de M. Granger. — Douleur des écuyères. — Théâtre-Français : *Madame de Tencin*, drame de MM. Marc Fournier et Eugène de Mirecourt. — L'Antony du xviiie siècle. — Beauvallet, madame Mélingue. — Gymnase : *Clarisse Harlowe*, drame de MM. Dumanoir, Léon Guillard et Clairville. — Les évocations littéraires. — La *Clarisse* de Richardson et celle de Jules Janin. — La pièce. — Les caractères de Lovelace et de Clarisse. — Bressan, mademoiselle Rose Chéri. — Variétés : *Colombe et Perdreau*, par MM. Jules Cordier et Clairville. — Hyacinthe, madame Bressan. — Hippodrome : réouverture. — Théâtre des Funambules : *la Gageure*. — M. Paul, successeur de Debureau. — Le type de Pierrot modernisé. — Théorie du coup de pied. — Les études classiques de Debureau. — Qualités qu'exige l'emploi de Pierrot. — Hérésies introduites dans la pantomime funambulesque. — Vaudeville : *les Chansons populaires de la France*, par M. Clairville.

3 août.

Porte-Saint-Martin. *Le Docteur noir.* — *Le Docteur noir* a sept actes, ni plus ni moins, — sept actes francs, sans subterfuge de prologue, d'épilogue, de tableaux et de parties. Pourquoi pas ? Quelle est la raison d'adopter plutôt un chiffre qu'un autre ? La seule subdivision naturelle d'une pièce de théâtre, ce sont les trois journées espagnoles, c'est-à-dire l'exposition, le nœud et le dénoûment ; hors de là, toute coupe est arbitraire et n'a point de motif logique. Rien n'empêche un drame de se prolonger jusqu'à vingt et un actes, comme la tragi-comédie de *la Célestina*. Le moment d'en faire la tentative est arrivé.

Le peuple français, que les autres nations appellent encore un peuple léger et frivole, nous paraît justifier de moins en moins cette dénomination, employée dans le sens flatteur par les Russes, les Allemands et les Anglais; il lui faut, à ce peuple papillon, des pièces qui durent huit heures d'horloge, des journaux grands comme le Champ de Mars, et des romans en quatre-vingts volumes. L'idéal du poëte Lemierre, qui rêvait une tragédie en six actes, paraîtrait bien mesquin aujourd'hui : l'*Arthémise*, le *Grand Cyrus*, la *Cléopâtre*, la *Clélie*, et autres chefs-d'œuvre de mademoiselle de Scudéri et de la Calprenède, qui faisaient les délices de l'époque grave et compassée de Louis XIV, et à qui l'on a tant reproché leurs dix tomes, pécheraient maintenant par la brièveté. — Si l'immortel roman de Richardson n'est plus lu, ce n'est pas parce qu'il est trop long, c'est, au contraire, parce qu'il est trop court, et l'homme d'esprit et de style qui a passé à le réduire deux ans de sa vie, n'a pas compris son époque.

Le vaudeville lui-même arrive insensiblement aux cinq actes; les exemples sont déjà fréquents, et bientôt la vogue ne sera plus possible hors de cette mesure.

D'où vient ce goût de la longueur dans les pièces et les romans, chez un peuple qui naguère trouvait à faire des coupures dans les quatrains et les distiques?

Est-ce avarice de consommateur qui veut avoir le plus de denrée possible pour son argent? est-ce besoin d'échapper à la vie réelle pendant un plus grand nombre d'heures? « La France s'ennuie, » a dit M. de Lamartine; cette raison nous paraît la bonne. Un chef-d'œuvre de quelques pages n'aurait aucun succès maintenant. On lit moins pour admirer que pour passer le temps. Mais, sans philosopher davantage, arrivons au *Docteur noir*.

C'est à l'île Bourbon que la pièce commence. — La ville de Saint-Denis ou de Sainte-Marie, nous ne savons plus au juste, est désolée par une de ces épidémies malheureusement si fréquentes sous la zone tropicale. Les médecins de la colonie tentent vainement de lutter contre le fléau : leur science et leur courage sont impuissants à le conjurer. Seul entre tous, un esclave affranchi, Fabien le mulâtre, connu dans l'île sous le nom du *docteur noir*, a su trouver un remède au mal et l'ose braver en face. La réputation que lui ont faite ses cures merveilleuses, inspire à mademoiselle Pauline de la

Reynerie et à l'une de ses parentes le désir de le connaître. Pour satisfaire cette curiosité bien naturelle, Pauline invite secrètement le mulâtre à une fête qui doit avoir lieu en l'honneur de son prochain mariage avec le chevalier de Sainte-Luce, son cousin. Mais, lorsque la mère de Pauline apprend que sa fille a dérogé à ce point d'adresser une invitation à un homme de couleur, à un ancien esclave, sa fierté de créole se révolte, et elle ordonne à ses valets de chasser Fabien quand il se présentera chez elle. Heureusement, Pauline entend madame de la Reynerie donner cet ordre barbare, et, ne voulant pas que le docteur noir reçoive par sa faute une insulte publique, elle épie son arrivée et l'éloigne de l'habitation sous un prétexte adroit. Fabien devine tout néanmoins, et sort en remerciant la jeune fille de sa bienveillante attention. Aussitôt après, la fête commence, et le chevalier de Sainte-Luce prend sa cousine par la main pour ouvrir le bal avec elle... Mais, tout à coup, Pauline jette un cri perçant et tombe inanimée dans les bras de son danseur. C'est l'épidémie qui vient de l'atteindre à son tour. Tout le monde s'enfuit épouvanté, et la pauvre enfant se débat seule contre la mort, quand Fabien, prévenu, accourt à son aide. Madame de la Reynerie veut encore le repousser et lui défend de toucher à sa fille; mais, cette fois, le docteur n'écoute que son devoir. « Laissez-moi la sauver aujourd'hui, s'écrie-t-il; vous me chasserez demain. »

Il la sauve, en effet; mais il n'est point chassé ensuite, et voici pourquoi : madame de la Reynerie, appelée en France par un procès d'où dépendent sa fortune et l'honneur de sa famille, a été obligée de quitter précipitamment l'île Bourbon. Le navire sur lequel elle s'était embarquée a fait naufrage; aucun des passagers n'a, dit-on, survécu, et Pauline est maintenant seule au monde. En reconnaissance du dévouement que Fabien lui a témoigné, elle a voulu le retenir auprès d'elle. Cependant le mulâtre a refusé la généreuse hospitalité qu'elle lui offrait; il est revenu habiter sa case au milieu des bois, s'ensevelir dans la solitude, car il aime Pauline, et s'efforce de combattre cet amour sans espoir. La jeune fille ne s'est point méprise sur le motif qui éloigne Fabien de l'habitation de la Reynerie, et, sans se rendre bien compte de ses propres sentiments, elle vient un jour visiter le docteur noir. — Celui-ci manifeste devant elle un si profond découragement, que, pour tâcher de le distraire de sa mélancolie, et lui prouver qu'elle ne partage point le préjugé des créoles contre les hommes de couleur, elle l'invite à l'accompagner le soir dans une promenade au bord de la mer. Fabien promet de se trouver au rendez-vous. — Pauline s'est à peine éloignée, qu'il entend appeler au secours. Il regarde au loin sous les arbres et aperçoit un homme qui fuit devant un serpent. Saisir une hache, s'élancer au dehors et frapper le reptile, c'est pour le mulâtre l'affaire d'une minute. Celui qu'il a sauvé d'une mort certaine n'est autre que le chevalier de Sainte-Luce, qui s'était imprudemment endormi à l'ombre d'un bananier. Sainte-Luce remercie son libérateur, et, tout en causant, lui apprend qu'il est sur le point d'épouser sa cousine, mademoiselle de la Reynerie. Fabien, ivre de jalousie, se demande d'abord s'il ne doit pas le tuer; mais il se ravise, et, entendant sonner l'heure de son rendez-vous avec Pauline, il jure que, de gré ou de force, la jeune créole lui appartiendra.

Pour en venir plus sûrement à son but, il la conduit, en suivant le bord de la mer, dans une anse formée par des falaises à pic. Là s'ouvre une grotte à laquelle se rattache une légende qu'il lui raconte et qui est sa propre histoire. Pendant ce temps, la mer monte peu à peu et menace de leur fermer toute retraite. Pauline s'effraye; elle supplie Fabien de partir; mais il la saisit dans ses bras, et, tandis que le flot continue à monter, il lui avoue qu'il l'aime, et que, pour l'empêcher d'être à un autre, il a résolu de mourir avec elle. Bientôt, la mer atteint le pied des falaises. « Fabien! s'écrie Pauline, n'y a-t-il plus aucun moyen de salut pour nous? — Aucun! répond le mulâtre. — Eh bien, je puis te le dire maintenant, moi aussi, je t'aime!... » En ce moment, le flot les enveloppe de toutes parts, et un miracle de la Providence semble seul pouvoir les sauver.

Ce miracle s'opère le plus naturellement du monde; c'est-à-dire que les deux amants échappent à la mort grâce à des contrebandiers qui les recueillent dans leur barque. — Pauline, de retour à la Reynerie, appelle son intendant et lui ordonne de vendre tous ses biens. Elle veut quitter l'île Bourbon dès le lendemain; mais, auparavant, elle deviendra l'épouse du mulâtre; un vieux prêtre, qu'elle connaît, bénira secrètement leur union. Fabien n'ose croire à son bonheur;

il s'en effraye même, et rappelle à Pauline qu'un préjugé, devenu presque une loi, les empêche d'être l'un à l'autre. Mais la jeune fille est décidée à tout braver, et le mariage ne tarde pas à se conclure. — Au sortir de la chapelle, on apporte une lettre à Pauline... O ciel ! cette lettre est écrite par madame de la Reynerie, qui n'a point péri comme on l'avait supposé, et qui mande sa fille auprès d'elle à Paris !

Un an s'écoule. Fabien a suivi sa femme en France; mais il n'est, aux yeux de madame de la Reynerie, qu'un simple valet de chambre, et Sainte-Luce continue à prétendre à la main de sa cousine. Cependant la froideur de Pauline a éveillé les soupçons du chevalier, qui finit par découvrir que le mulâtre pourrait bien être son rival. Aussi, un jour, au milieu du salon, où madame de la Reynerie montre Fabien comme une curiosité, Sainte-Luce accable l'ancien esclave de mépris et d'insultes. Contenu par le regard de Pauline, Fabien dévore silencieusement ces injures; mais, enfin, elles vont si loin, que la jeune femme se lève indignée, et, après avoir fait congédier tout le monde, avoue à sa mère que Fabien est son mari. — Cette scène est très-belle et a produit un grand effet.

Résigné comme toujours, et ne voulant pas que celle qu'il aime soit maudite à cause de lui, le mulâtre se condamne à retourner à l'île Bourbon. Mais ce n'est pas assez pour madame de la Reynerie : elle le fait arrêter au sortir de l'hôtel, et enfermer à la Bastille sous lettre de cachet. — Le docteur noir est donc prisonnier depuis plusieurs années lorsque nous le retrouvons. On l'a jeté dans une des basses-fosses de la vieille forteresse, qui pèse sur lui de tout son poids. Il n'a de communication qu'avec le gardien chargé de renouveler son pain et son eau, ou plutôt de prolonger son martyre. Pourtant, un jeune ouvrier, dont il a sauvé la mère malade, parvient à lui faire passer une lettre. A la lueur de la lampe qui est censée éclairer son cachot, Fabien essaye de déchiffrer cette lettre, et il apprend que l'on a vu la porte de l'hôtel de la Reynerie tendue de noir... Tremblant d'effroi, il va poursuivre sa lecture, lorsque arrive un gardien qui lui enlève sa lampe, sous prétexte qu'il en a fait un mauvais usage. Fabien, ne doutant pas que sa femme ne soit morte, tombe anéanti sur les dalles du cachot. — Mais voici qu'on entend sonner le tocsin, battre la générale et retentir le canon de la Bastille : c'est le 14 juillet 1789. Le peuple entre vainqueur, et délivre les prisonniers. « Citoyen, tu es libre! dit un garde-française à Fabien. — Libre! fait-il; que m'importe, si Pauline n'existe plus! — Elle vit, répond un jeune homme qui se trouve là : c'est sa mère qui est morte. — Je suis libre et Pauline est vivante! » s'écrie le mulâtre; — et il s'affaisse sur lui-même en poussant un éclat de rire strident. Le malheureux ne profitera pas de sa liberté : la joie l'a rendu fou!

Le dernier acte nous transporte en Bretagne, au plus fort de la Terreur. Fabien a été recueilli par André, le jeune ouvrier dont il a autrefois guéri la mère, et qui, depuis quelque temps, s'est fait pêcheur. Le chevalier de Sainte-Luce vient, sous un déguisement, prier André de sauver la vie à une de ses parentes, en consentant à la conduire dans sa barque jusqu'à la croisière anglaise. Le jeune Breton promet de faire ce qu'on lui demande; mais, quand le chevalier amène cette femme, qui n'est autre que Pauline, André refuse de prêter la main à sa fuite. Il a vu, sur les registres d'écrou de la Bastille, que Fabien avait été incarcéré à la requête de madame de la Reynerie, et il ne veut pas que Pauline échappe à la punition qu'elle a, dit-il, méritée comme complice d'un crime odieux. Pauline affirme qu'elle est innocente. « Oseras-tu le soutenir devant ta victime? » dit André. Et il lui montre Fabien assis sous le manteau de la cheminée.

A la vue de ce fantôme, la jeune femme pousse un cri de stupeur. Elle va pour se jeter dans les bras de son mari; mais le mulâtre la regarde d'un œil indifférent et semble ne pas la reconnaître... Cependant le peuple, qui poursuit la fugitive, a découvert sa retraite, et envahit la maison. Fabien pourrait d'un mot sauver Pauline; mais il est fou, et ce mot, elle essaye en vain de le lui arracher. Un des hommes du peuple, impatienté, s'écrie : « Il faut en finir! mort à l'aristocrate! » Et, en voulant tirer un coup de fusil sur Pauline, c'est Fabien qu'il frappe au cœur!

Ce dénoûment n'est pas de nature à satisfaire les âmes sensibles; mais le succès de la pièce n'en a pas moins été complet.

Le reproche que l'on pourrait faire à ce drame serait de manquer d'unité, de se renouer deux ou trois fois; par exemple, au troisième acte, où madame de la Reynerie ressuscite, et au cinquième, où Fabien est conduit à la Bastille; mais, puisqu'il en résulte plusieurs belles situations pour Frédérick Lemaître, nous ne chicanerons pas davantage les auteurs, qui, d'ailleurs, sont gens habiles, et ont su ce qu'ils faisaient.

S'il y a quelque chose d'usé au théâtre, c'est, à coup sûr, la folie. Que de fous, que de folles n'avons-nous pas vus, grand Dieu! Les folies qui sont au répertoire peupleraient Bedlam, Charenton et Bicêtre; mais est-ce que rien est usé pour le génie? et Frédérick Lemaître, à qui l'on peut reprocher tous les défauts imaginables au point de vue du Théâtre-Français, est un acteur de génie. Il ne possède pas les belles traditions; il n'est pas académique, — c'est dommage. Et pourtant, d'où vient qu'il sait vous faire courir dans le dos, par un mot, par un geste, par un jeu de physionomie, par un silence, ce frisson qui indique le passage du sublime? D'où vient qu'il vous attendrit avec un effet comique, et vous fait pleurer où d'autres exciteraient le rire?

En suivant, l'autre soir, toutes ces attitudes si vraies, si bien étudiées, ces affaissements mêlés de brusques réveils; cette incohérence de mouvements, ces gestes désordonnés, cette déroute des membres qui ne reçoivent plus le commandement du cerveau et agissent au hasard, n'étant plus même conseillés par l'instinct des brutes, nous songions involontairement au magnifique tableau d'Eugène Delacroix, *le Tasse dans la maison des fous*, qui fait partie de la galerie d'Alexandre Dumas; le grand acteur et le grand peintre se rencontraient à chaque instant : l'un dessinait avec son corps ce que l'autre avait tracé avec son pinceau.

Quelle puissance de pantomime dans la scène où l'hallucination lui retrace et lui rend présentes les scènes d'autrefois! comme on suit sur sa figure toutes les phases de la vision! Jamais langage articulé ne fut plus clair et plus saisissant, jamais acteur n'ouvrit plus grande sur son âme cette fenêtre que Momus désirait au flanc de l'homme pour lire sa pensée. Qu'il y a loin de là à ces folies de ballets et d'opéras-comiques! toute la différence d'une vignette de romance au magnifique tableau dont nous parlions tout à l'heure.

Cette scène, si merveilleusement rendue, nous avait fait venir à l'idée la fantaisie de voir Frédérick Lemaître jouer une pantomime complète. Il y serait admirable, assurément; et, sans vouloir déprécier la prose de MM. tels et tels, ce serait tout bénéfice; il réaliserait les prodiges que l'antiquité raconte de certains mimes célèbres.

Incendie de l'Hippodrome. — Un grand malheur est arrivé cette semaine à l'Hippodrome. L'incendie a dévoré les magasins, et fait une large morsure à son enceinte. Un tiers à peu près a été brûlé. Les malheurs sont intelligents et choisissent toujours le moment où ils peuvent être le plus désastreux. Ainsi, c'est par un temps splendide, inouï dans nos fastes météorologiques, à la veille des fêtes de Juillet, devant une perspective de recettes monstrueuses, que l'événement a eu lieu. Survenu à la fin de l'automne, c'étaient quelques planches à remettre; tout se réduisait à la perte matérielle; — aujourd'hui, c'est une perte immense.

Un tournoi, dans le goût de celui d'Eglington, d'une richesse et d'une fidélité étonnantes, était tout étudié, tout prêt; les armures étaient forgées, les hommes maniaient la lance et la masse d'armes comme Richard Cœur-de-Lion, Amadis et Esplandiau.— Ce tournoi était la vogue de la saison, la fortune de l'Hippodrome. Eh bien, tout est bossué, aplati, fondu, hors de service; et ce n'était pas du carton et du fer-blanc, comme on pourrait le croire; c'étaient de véritables armures qu'auraient pu revêtir les chevaliers et les preux du moyen âge : elles avaient été faites par M. Granger avec ce soin, cette science et cette exactitude qui le caractérisent.

Corselets cannelés de Milan, morions d'Allemagne à têtes d'animaux, à becs d'éperviers, brigandines à mailles de tricot, cuissards et brassards imbriqués, targes, rondelles, heaumes, gorgerins, chanfreins, caparaçons, tout cela ne forme plus qu'un tas de ferrures bonnes à jeter. Un baron chrétien, partant pour la croisade, aurait eu de quoi équiper sa compagnie avec cet arsenal. Ce que M. Granger regrette le plus, ce sont trois armures antiques, dorées, ciselées et niellées. Le musée d'artillerie de la Tour de Londres n'en possédait pas de plus riches et de plus curieuses.

Quant à la cause de l'incendie, elle reste inconnue comme la cause de tout. Selon l'habitude, on a dit « que la malveillance n'était pas étrangère à ce sinistre. » Nous n'en croyons rien. Quelque étincelle égarée, quelque bout de cigare jeté dans un coin, quelque mouchure de lampe mal éteinte suffisent pour tout expliquer ; — car le feu prend si facilement, pourvu que ce ne soit ni dans un poêle, ni dans une cheminée, ni dans un fourneau ! Là, par exemple, rien ne peut l'allumer : braise, pommes de pin, journaux, manuscrits, chiffons, paille, copeaux, soufflets, sont impuissants. Il faut travailler une heure avant d'obtenir la moindre flamme.

Le matin même de l'accident, lorsque les charbons étaient rouges encore, et que des jets de fumée s'élançaient de temps à autre des charpentes écrasées, nous courûmes à l'Hippodrome, et le premier objet qui frappa nos yeux fut le cadavre de la seule victime animée qu'on ait à regretter dans ce malheur ; c'était une jument grise, habituellement montée par mademoiselle Angèle ; elle avait été blessée à quelque représentation précédente, et renfermée dans une petite cour dont elle ne voulut jamais sortir : son corps ne formait plus qu'un vaste charbon, les jambes étaient calcinées entièrement. L'agonie de la pauvre bête avait été affreuse. Pendant plus d'une demi-heure, ses gémissements désespérés s'étaient fait entendre à travers le crépitement de la flamme, et il fallut, tant la pitié qu'elle inspirait était grande, employer la force pour empêcher les palefreniers qui se trouvaient là de se jeter dans le foyer de l'incendie pour la sauver.

Les écuyers et les écuyères arrivaient à mesure que la nouvelle se répandait dans la ville et s'informaient, la voix tremblante et l'œil humide, de ce qu'étaient devenus leurs chevaux. Mademoiselle Céleste Mogador, ayant retrouvé saine et sauve sa belle jument, qu'elle croyait morte, la prit par la tête, lui baisa les naseaux et se mit à pleurer silencieusement, tant sa douleur avait été vive et sa joie inespérée ; car une brave et bonne bête, qui vous fait applaudir par douze mille spectateurs, qui risque de se casser les jambes et de se rompre les poumons, pour vous gagner ce bouquet tant désiré, on l'aime comme un être intelligent, comme un ami ; — on lui prête tous les sentiments. Allez dire à mademoiselle Céleste que sa jument n'a pas d'âme, vous serez bien reçu.

Au commencement du feu, on avait coupé les longes des chevaux, dont l'écurie se trouvait, par bonheur, de l'autre côté de la cour, et, à coups de chambrière, on les avait forcés de déguerpir. Alors commença dans le bois de Boulogne et l'allée de Neuilly, une course de *barberi* improvisée; quarante-cinq chevaux de *Lénore* s'élancèrent dans toutes les directions; la peur leur mettait des ailes aux pieds et en faisait des hippogriffes; *York*, le sauteur qu'on admire tant au *Pont de la Croix de Berny*, franchit la voiture d'un maraîcher, qui fut on ne peut plus surpris, vous le pensez bien, de voir l'ombre d'un cheval lui passer sur la tête. Quand elles avaient fourni un temps de galop, les pauvres bêtes revenaient à l'Hippodrome; mais la vue des flammes les faisaient repartir plus rapides et plus épouvantées que jamais. A dix heures tout était rentré.

Le coup n'est pas mortel; MM. Ferdinand Laloue et Franconi en reviendront; mais la blessure est grave. Sans se laisser abattre par ce malheur, les habiles directeurs de l'Hippodrome avaient, le soir même, mis les charpentiers à l'œuvre. La scie grince, les marteaux cognent, et la partie détruite se relève comme par enchantement. Dimanche prochain, ou de dimanche en huit au plus tard, on espère pouvoir reprendre les représentations, si malheureusement interrompues.

Ce malheur ne fera, du reste, que raviver la sympathie du public pour ce mâle et charmant spectacle, où l'on n'est pas étouffé par les miasmes délétères du gaz, et dont l'intérêt est basé sur un principe héroïque, c'est-à-dire sur le danger bravé avec adresse, élégance et témérité. Privé pendant quelque temps de ces émouvantes représentations, il retournera à l'Hippodrome avec d'autant plus d'empressement.

9 août.

THÉATRE-FRANÇAIS. *Madame de Tencin*. — L'aventure qui se rattache à la naissance de d'Alembert offre, certes, toutes les conditions voulues pour l'intérêt dramatique; l'*ithos* et le *pathos* s'y mélangent de manière à satisfaire les admirateurs d'Aristote; — pourtant, il ne faudrait pas y chercher ces terribles *unités*... dont le prince de la critique n'a jamais recommandé l'observation, quoi qu'en aient pu dire les scolastiques modernes. — En effet, on ne pouvait guère tirer bon parti d'un tel sujet sans contrevenir au précepte sévère qui ne veut pas qu'on montre le héros, « enfant au premier acte. » Il fallait que l'on fît un peu connaissance avec cette madame de Tencin, si spirituelle, si intrigante et si belle ; avec son frère, ce fier cardinal, dont elle sut faire la fortune politique et qu'elle aida à soutenir la bulle *Unigenitus ;* avec ce brave chevalier Destouches, surnommé *Canon*, pour le distinguer du poëte, qui, selon l'histoire, fut le vrai père, et, selon les auteurs, le père putatif seulement de Jean le Rond d'Alembert. — Il y a bien dans tout cela quelque peu de scandale ; mais, comme dit Béranger :

> C'était la régence alors,
> Et, sans hyperbole,
> Grâce aux plus drôles de corps,
> La France était folle !

Quant à d'Alembert lui-même, il a peut-être un peu abusé de sa position d'Antony du XVIIIe siècle ; il aurait gagné sans doute à cultiver la connaissance de sa véritable mère, qui ne valait peut-être pas la vitrière, mais qui pourtant avait du bon, car elle donnait tous les ans deux aunes de velours à chacun des littérateurs de sa société pour qu'ils s'en fissent des culottes. D'Alembert, auquel son père avait constitué une rente de douze cents francs, n'était pas non plus fort en droit de se plaindre d'avoir été mis au monde sous le voile de l'anonyme. On rapporte effectivement que madame de Tencin voulut le reconnaître, lorsque ses talents lui eurent acquis de la réputation, et qu'il repoussa cette marque tardive d'amour maternel en disant : « Je ne connais qu'une mère : c'est la vitrière. »

Du reste, l'histoire de madame de Tencin est grosse de drame de tous côtés. Outre que cette aimable chanoinesse écrivit les pathétiques aventures du comte de Comminges, elle fut elle-même la cause d'un désespoir non moins tragique. Le conseiller la Fresnaye, un beau jour, se tua chez elle d'un coup de pistolet. On crut à un assassinat et elle fut conduite à la Bastille, où elle ne resta pas longtemps. L'opinion ne respecta pas plus son caractère que sa vie. — L'abbé Trublet, à qui l'on vantait sa douceur, répondit : « Oui, si elle avait intérêt à vous empoisonner, elle choisirait le poison le plus doux. » Sa liaison avec le pape philosophe Lambertini, qui lui envoya son portrait le lendemain de son intronisation, n'est pas le moins curieux épisode de cette existence romanesque.

On comprend que les auteurs n'ont pu utiliser que la partie de ces aventures qui se rapporte à d'Alembert. — Leur pièce a réussi ; mais le succès eût été plus complet, si quelques situations avaient été mieux ménagées. Ainsi, au second acte, il y a deux reconnaissances qui se suivent coup sur coup et qui eussent évidemment gagné à être moins rapprochées. Ce sont là de ces fautes que des charpentiers habiles se seraient bien gardés de commettre.

Beauvallet a joué très-gaillardement et très-spirituellement le rôle du chevalier Destouches, cet autre major Palmer ; il en a fait une de ses meilleures créations, quoiqu'il s'éloigne beaucoup du genre qui lui est habituel.—Madame Mélingue a eu des mouvements fort beaux dans sa scène de maternité, au cinquième acte. — Brindeau et mademoiselle Denain ont lutté avec plus de courage que de bonheur contre des rôles ingrats.

GYMNASE. *Clarisse Harlowe.* — Il paraît que toute la bibliothèque des romans va y passer, et, à vrai dire, le mal n'est pas grand ; pour notre part, nous aimons autant les héros de Gœthe et de Richardson que ceux qui sortiraient tout armés du front de ces messieurs. Le public est sans doute de notre avis, car *Charlotte* et *Clarisse* ont obtenu, l'une au Vaudeville, l'autre au Gymnase, un de ces succès qui bravent le thermomètre ; réponse victorieuse aux directeurs dont l'habitude est d'attendre l'été pour démuseler leurs ours.

Sans doute, les deux pièces que nous venons de citer sont habilement faites et très-bien jouées ; mais leur réussite tient encore à une autre cause, à la fraîcheur des souvenirs d'enfance qu'elles ravivent. Qui de nous, la nuit, à la lueur d'une lampe furtive, ou, le jour, couché au fond des bois sur l'herbe mêlée de feuilles sèches, n'a dévoré ces pages délicieuses que le soleil, tamisant ses rayons au travers des branchages, semblait semer de nimbes d'or ? qui n'a vécu de longues heures dans cette société idéale ? qui n'a été en pensée le rival de Werther ou de Lovelace ? Jamais êtres réels ont-ils inspiré plus de haine que cet affreux Solmes, cet odieux oncle Antony, et cette misérable miss Arabella ? aucune femme a-t-elle fait pousser autant de soupirs que Charlotte et Clarisse ?

Aussi, quand on entend prononcer ces noms magiques, l'œil se sent tout d'abord pris d'un vague attendrissement, comme si l'on vous remettait en présence d'amis d'autrefois toujours chers, mais un peu oubliés au courant de la vie : votre jeunesse se réveille, évoquée par ces fées charmantes sur lesquelles sont entassées toutes les perfections que l'on rêve à quinze ans...; car ce n'est qu'à cet âge qu'on a le cœur assez pur pour lire et goûter les chefs-d'œuvre.
— Ces représentations ont tout le charme du *Lila burello*, de l'air entendu dans un temps plus heureux et dont la mélodie exécutée tout à coup vous remplit les yeux de larmes et amène en vous un monde d'émotions.

L'idée de mettre *Clarisse Harlowe* en scène a très-vraisemblablement été suggérée par l'essai bizarre de Jules Janin sur l'épopée bourgeoise de Richardson. On a beaucoup crié à la profanation à propos de ce caprice littéraire. Nous admirons, non pas autant que le faisait Diderot, mais d'une manière très-suffisante, l'œuvre de l'honnête imprimeur anglais, et nous ne voyons pas le tort que peut lui faire cette nouvelle édition considérablement diminuée. La *Clarisse* primitive n'en subsiste pas moins, et chacun est libre de choisir entre les seize volumes et l'abrégé, qui est encore raisonnablement long.—C'est, d'ailleurs, un spectacle rare que celui d'un critique assez épris des beautés de l'œuvre qu'il étudie pour tâcher d'en faire disparaître les défauts à ses risques et périls. Nous venons de lire la nouvelle *Clarisse* : nous eussions mieux aimé quelque œuvre originale, comme *l'Ane mort et la Femme guillotinée;* mais il y a dans cette refonte beaucoup de feu, d'éclat, d'entraînement, d'éloquence et de style, — tout ce qu'il faut pour faire la fortune d'un roman qui porterait un autre titre.

L'analyse de la pièce est si simple, qu'on peut la faire en quatre mots. — Ces odieux Harlowe veulent faire épouser cet imbécile de Solmes à cette charmante Clarisse, qui, toute soumise qu'elle est, n'en est pas moins inflexible, quand elle a pris une résolution honnête et juste. A force de grossièretés, de sottises et de mauvais traitements, ils l'obligent à fuir la maison paternelle, Lovelace emmène Clarisse dans ce fameux carrosse à six chevaux où devaient se trouver lady Lawrence et sa cousine Montaigu. Au lieu de l'asile honorable et décent qu'elle implore, il lui donne pour logement l'infâme maison de l'entremetteuse Saint-Clair, avec Poll, Sally et Dorcas, trois filles de joie, pour suivantes. Là commence ce grand drame qui tint si longtemps l'Angleterre attentive : l'attaque de Lovelace, la défense de Clarisse, lutte terrible où le séducteur ne recule devant aucun moyen, pas même l'incendie et le poison. Un philtre exécrable livre Clarisse endormie aux féroces désirs de Lovelace.

Le drame, comme on dit aujourd'hui, finit là. Clarisse souillée, Clarisse est morte : l'hermine ne peut vivre avec une tache. La douce et mélancolique agonie de l'infortunée, les soins qu'elle prend elle-même de ses funérailles, dont personne ne s'occuperait; le billet qu'elle envoie *à monsieur l'ouvrier en bières* pour lui commander un cercueil d'ébène à plaques d'argent qui se ferme avec une clef, — car c'est une femme soigneuse que miss Harlowe; — la punition des différents coupables, la mort dégoûtante de la Saint-Clair, le suicide de Patrick, qui ne se pardonne pas d'avoir contribué à la perte de cet ange; Lovelace tué par ce pâle et brave colonel Morden, à qui miss Clarisse eût bien dû écrire à Florence, elle si prodigue de ses lettres, car il l'eût sauvée et de sa famille et de Lovelace; tout cela occupe encore bien des volumes dont s'irriterait peut-être l'impatience française, mais nécessaires pour donner le temps à l'indignation de se calmer.

La morale de cet interminable roman se résume en ceci, que toute fille, fût-elle un ange de perfection, est perdue dès qu'elle met le pied hors de la maison paternelle, quand même cette maison serait une caverne remplie de furieux et de crétins comme celle des Harlowe. En effet, du moment où Clarisse a tiré le verrou de la porte du bûcher, sa perte est consommée. Fallait-il donc épouser cet infâme et hideux Solmes? Le crime dégoûte moins certaines âmes que la bassesse. Clarisse, qui rouvre son testament pour y mettre quelques mots de pitié à l'adresse de Lovelace, n'eût pas fait cela s'il se fût agi de Solmes. Elle pardonnera à Lovelace de l'avoir violée ; elle n'eût pas pardonné à Solmes de l'avoir épousée.

Pendant la représentation, cette idée nous préoccupait la cervelle, de savoir si Clarisse et Lovelace avaient éprouvé un seul instant de l'amour, lui, l'orgueil du vice, elle, l'orgueil de la vertu, tous deux, aussi obstinés, aussi indomptables, aussi fiers l'un que l'autre. Lovelace à tort, Clarisse avec raison.

Comme on sent qu'ils se détestent et s'abhorrent, Clarisse dès qu'elle est au pouvoir de Lovelace, Lovelace dès qu'il est deviné ! comme ils ont une haine passionnée, inextinguible, implacable ! Quelle astuce d'une part, mais aussi quelle prudence de l'autre ! on n'est pas plus menteur; mais aussi l'on n'est pas plus défiante. A l'audace entreprenante, s'oppose une insensibilité de marbre ; les protestations les plus chaudes s'éteignent sous une douche de mépris glacial. Certes, Lovelace est un coquin ; mais, qu'il ait eu assez de modération pour ne point passer, à certaines réponses, son épée au travers du corps de la belle puritaine, cela milite en sa faveur. Jamais vertu ne fut plus sublime... et plus impatientante. Ce qui est charmant et très-féminin, c'est, au milieu de cette défense désespérée de sa vertu, la préoccupation des robes et du linge qu'elle a laissés chez ses parents, qui n'abandonne pas un instant la jeune miss. Il y a surtout une certaine jupe de damas à fleurs d'argent, qui lui revient aux endroits les plus pathétiques avec une nature parfaite.

Si Lovelace avait laissé rentrer Clarisse par la porte du bûcher, peut-être eût-il été aimé passionnément par elle. Si Clarisse eût reconnu, ne fût-ce que par un mot, le triomphe de Lovelace, sans doute il eût été pour elle l'amant le plus dévoué et le plus tendre ; la jeune miss tenait avant toute chose à l'intégrité de son libre arbitre, le jeune lord à l'exécution de sa volonté. Entraîner miss Harlowe même par les plus délicates séductions, c'était lui déplaire. Elle vous eût accompagné très-loin peut-être, mais il n'eût pas fallu la tenir par le bras, ni par la main, ni par le bout du doigt; deviner Lovelace, lutter avec lui, c'était l'irriter jusqu'à la folie, jusqu'à la rage, et, pis que cela, le faire douter de lui-même. — Concevez-vous ce monstre d'orgueil inquiet sur ses perfections irrésistibles, et comme il doit faire payer cher cette âcre torture à celle qui la lui cause ! Rien ne saurait plus le toucher désormais, ni la jeunesse, ni la beauté, ni l'innocence, ni les prières, ni les larmes, ni toutes ces grâces divines d'une honnête fille qui supplie pour son honneur : de l'amour, il n'en est plus question. Il s'est donné ce but, il faut qu'il y arrive, coûte que coûte ; car Lovelace, vaincu, n'a plus qu'à mourir.

La seule divinité qu'il reconnaisse, c'est-à-dire lui-même, s'écroule du piédestal à la première défaite.

Maintenant, rendons justice aux acteurs qui ont accepté cette tâche périlleuse, de donner un corps aux rêves de l'imagination. Bressan a été vif, hautain, élégant, impétueux, soumis, plein de caresses et de menaces, d'une fatuité superbe, d'une arrogance folle dans la première partie; dans la seconde, il a montré tantôt un désespoir sombre, tantôt une gaieté effrayante : le mouvement avec lequel il se relève, lorsque, à genoux près de Clarisse morte, il aperçoit derrière le fauteuil le fantôme du vengeur, sa furie froide en tirant son épée, sont d'un acteur de premier ordre. — Et que dire de Rose Chéri? Cette jeune actrice, quoique nous ayons toujours tenu compte de ses belles qualités, nous déplaisait au fond comme une petite merveille de serre chaude; nous redoutions en elle une Mars in-32. Elle a, cette fois, dissipé toutes nos préventions, au dernier acte surtout; nous avons admiré ces prunelles à demi cachées sous la paupière supérieure, ce sourire entr'ouvert, bridé par les coins, que le froid de la tombe voisine semble fixer sur les lèvres bleuâtres des mourants. Mademoiselle Rose Chéri a rendu ces funèbres détails sans exagération, sans laideur, mais avec une vérité parfaite; c'était un cadavre charmant. — Tisserant a fait preuve de rondeur et de sensibilité dans le rôle de Patrick Tolimson ; Montdidier, qui ne paraît qu'un instant sous les traits de Morden, a trouvé le temps de faire de l'effet : il n'est pas de petit rôle pour un acteur intelligent et zélé.

17 août.

VARIÉTÉS. *Colombe et Perdreau.* — Le théâtre des Variétés était fermé depuis quelques jours pour cause de réparations et d'embellissements. En plein mois d'août, le moment ne pouvait être mieux choisi! Il s'est pourtant hâté de faire sa toilette et de rouvrir ses portes. — Ce n'est pas nous, on le pense bien, qui nous plaindrons de voir le luxe ou, tout au moins, le confortable s'introduire dans les salles de spectacle. Et peut-être croyez-vous qu'il n'y a qu'un avis là-dessus. Pas du tout, un de nos amis, homme fort expert en matière théâtrale, et devant lequel nous félicitions le directeur des Variétés sur la nouvelle décoration de sa salle, nous expliquait comme quoi celui-ci avait, au contraire, commis une grave imprudence. « Il faut se garder, disait-il, de changer quelque chose à un théâtre qui va bien. Le public se plaisait dans cette salle enfumée et malpropre ; ces dorures rougies, ces tentures fanées, ces corniches poussiéreuses étaient peut-être empreintes d'un magnétisme amical. Les éclats de rire, les émotions tendres ou joyeuses, les applaudissements qui ont vibré dans cette enceinte doivent avoir pénétré les murailles, et peut-être, en les nettoyant, a-t-on gratté la bienveillance générale condensée dans cette crasse obscure. Le succès aime les taudis ; plus une salle est noire, fumeuse, sordide, incommode, plus la foule y vient ; les cafés étincelants de cristaux et de peintures sont presque toujours déserts. Les passants s'entassent aux tables boiteuses d'un estaminet borgne ; du jour où le marchand de galette quitte son échoppe rouge pour une boutique, il se ruine. Les salles ternies ont, en outre, cet avantage de ne pas distraire le spectateur de la scène, et de laisser toute leur valeur aux comédiens et aux décorations. Les femmes y sont plus jolies ; leur beauté et leurs toilettes ressortent davantage dans un cadre délabré et sur un fond de teintes neutres. »

M. Nestor Roqueplan paraît avoir raisonné un peu comme notre ami, car il ne s'est point laissé aller au luxe excessif d'ornementations à la mode aujourd'hui ; c'est une affaire de simple propreté. La salle des Variétés n'est pas tellement changée, que le succès ne puisse encore facilement la reconnaître. *Colombe et Perdreau* en ont fourni la première preuve.

La représentation de cette pièce, donnée hier samedi, par une température de four à plâtre, offrait, à peu de chose près, au spectateur, le supplice de Tantale. En effet, le premier acte se passe sur une terrasse où l'on voit un marchand linger qui pousse le sybaritisme jusqu'à se faire éventer par son cordon bleu, ainsi transformé en esclave géorgienne. Le plumeau de la ménagère remplace l'éventail en paille de riz. — Le second acte se joue sous l'ombre peinte d'un bois et sur l'escarpolette ; et, au troisième, le dénoûment obligé s'accomplit dans une gouttière. Le père, du haut du toit, bénit l'union des amants. Tous ces tableaux en plein air et en plein vent semblent bien doux à l'imagination d'un public qui cuit !

Dans ce vaudeville, Hyacinthe est Perdreau, et madame Bressan Colombe. Des goûts champêtres leur donnent de la sympathie l'un pour l'autre. Ils vont ensemble effeuiller la marguerite et *danser sous la coudrette*, suivant le rêve du pastoral Florian. Mais le garde champêtre veut les arrêter ; — car il y a un garde champêtre ; il y a même un mari fort jaloux de sa femme. Ce mari se croit trompé, et il se trompe : contre l'ordinaire, sa femme lui est fidèle. Il est vrai qu'elle écoute avec assez de complaisance son teneur de livres ; mais ce brave jeune homme ne lui parle si chaleureusement que pour obtenir la main de sa fille. M. Perdreau, qui est un lovelace auquel il faut des maîtresses pour chaque saison, se trouve mêlé à cette intrigue conjugale ; il a même grand'peine à s'en tirer. Pourtant tout s'arrange, et mademoiselle Colombe trouve le moyen d'être à l'avenir et tout à la fois l'amante d'été et l'amante d'hiver du séduisant Perdreau.

Il y a de l'esprit dans cette bluette, des mots, des pointes, des calembours ; il y a de grosses bêtises, il y a du grotesque, il y a beaucoup de choses ; mais un peu plus de fraîcheur dans la salle n'aurait rien gâté à l'affaire.

Hyacinthe est l'homme des rôles excentriques, et celui de Perdreau lui a permis de déployer sous le plus beau jour ce talent cocasse, baroque et fabuleux qui le distingue. — Madame Bressan, dans le personnage de Colombe, avait une petite grâce rengorgée et rondelette qui lui seyait à ravir.

HIPPODROME. *Réouverture.* — Dimanche dernier, l'Hippodrome a rouvert ses portes. Quinze jours à peine ont suffi au phénix pour renaître de ses cendres. Les travaux ont été exécutés, sous la direction de M. Pouillet, avec une rapidité qui tient de l'enchantement. Ce miracle s'est opéré, comme tous les miracles, au moyen de beaucoup d'ouvriers, de beaucoup de planches et de beaucoup d'argent. Personne n'y voulait croire, et beaucoup de gens encore en sont à se demander s'il est prudent de faire le voyage de la barrière de l'Étoile. Ils craignent de marcher sur les tisons mal éteints. Tout cependant est remis en place, et les parties reconstruites ne peuvent se distinguer des anciennes. Le gazon lui-même a profité de l'irrigation des pompes pour reverdir.

James, John et Buckingham exécutent le saut du pont, dans la *Croix de Berny*, avec la même hardiesse que par le passé. Seulement, comme le public commençait à se blaser sur le danger qu'ils courent, à chaque représentation on éloigne les arches de plus en plus. Les chevaux franchissent maintenant un abîme de douze pieds de large. C'est six pieds de plus que dans le principe. Les nerfs des jolies femmes se sont progressivement endurcis, et ce périlleux exercice, qui oppressait les poitrines, n'alarme plus personne. Aussi MM. Victor Franconi et Ferdinand Laloue ne pouvant espérer de monter, cette année, le tournoi sur lequel ils fondaient tant d'espérances, — car le marteau de l'armurier va moins vite sur le fer que les ciseaux du costumier dans le velours et la soie, — préparent, pour finir glorieusement la saison, la prise de la smala d'Abd-el-Kader, où seront reproduits les principaux épisodes du tableau d'Horace Vernet, et dans laquelle figureront deux chameaux authentiques.

Espérons que cette intéressante exhibition arabe, jointe à la sérénité constante du ciel, aura bientôt compensé les pertes éprouvées par les habiles directeurs de l'Hippodrome.

31 août.

Théatre des Funambules. *La Gageure.* — *M. Paul, successeur de Debureau.* — Remplacer Debureau, est-ce là une chose possible? Quand elle eut produit celui que nous regrettons, la nature a pu s'arrêter et dire, en parodiant l'expression de Shakspeare : « J'ai fait un Pierrot!... » Mais le moule en est brisé. Des tragédiens, des chanteurs et des danseuses, on en trouvera toujours tant qu'on voudra pour cent mille francs par an, tandis que les étoiles

Danseront des milliers de valses et de rondes,

avant que la conjonction qui a présidé à la naissance de Debureau ait lieu sous le soleil.

Nous attendions avec impatience, juché sur notre étroite banquette, la fin d'un vaudeville, composé tout bonnement des *Fâcheux*, de Molière, et de *la Famille improvisée*, d'Henry Monnier, pour voir ce Paul, — héritier d'Alexandre.

La toile se leva. — Un bailli d'assez bonne mine était assis sous un arbre, passant en revue les jeunes filles du village avec cet air paternellement égrillard que nécessite l'emploi. Jusque-là, tout allait bien : le bailli avait la perruque sacramentelle ; les fillettes faisaient la révérence classique ; la ritournelle était suffisamment chevrotante et surannée, quand, tout à coup, le pierrot, venant à paraître, détruisit cet ensemble harmonieux.

Figurez-vous — la plume nous tombe des mains rien qu'à retracer cette énormité — figurez-vous que Pierrot était habillé moitié en Colin d'opéra-comique, moitié en chasseur tyrolien ! Où allons-nous? Vers un gouffre où l'ancienne pantomime doit s'engloutir sans retour.

Eh quoi ! monsieur Paul, vous qui avez la noble ambition d'être un Pierrot, vous commencez votre carrière par dépouiller le type que vous voulez représenter de ses vêtements traditionnels ! Un Pierrot sans casaque blanche à gros boutons, sans pantalon flottant, sans serre-tête noir faisant ressortir les oreilles comme deux anses ! cela se conçoit-il? Pensez-vous qu'il suffise de s'enfariner la figure et les mains pour mériter ce grand titre? — O Callot, ô Watteau, ô Lancret, et vous tous peintres des fêtes galantes, reproducteurs assidus des scènes de la comédie italienne, que diriez-vous d'une profanation pareille !

Le grand Deburau ne fit que deux infractions à cette règle, nécessaire pour un type, du costume invariable, l'une dans *le Billet de mille francs*, l'autre dans *Pierrot en Afrique*. Mais aussi il avait pour excuse la fortune et la gloire ! Comment aller en soirée, comment devenir maréchal de France en costume de toile blanche? La première fois, il mit un frac vert-pomme, des favoris roux, un lorgnon et prit une chique neuve ; la seconde, il recouvrit ses maigres jambes de la garance nationale.

Trente ans de succès légitimaient ces hardiesses, insensées pour tout autre.

En voyant ce Pierrot-Colin, une tristesse amère s'est emparée de nous. « Peut-être va-t-il chanter des couplets tout à l'heure! » nous disions-nous tout bas ; et nous pensions à ce pauvre Deburau, qui nous avait tant amusé autrefois et qui est maintenant couché entre quatre planches, au coin de quelque cimetière. — Quelle horrible et singulière chose que la mort d'un bouffon ! quel effet sinistrement grotesque doivent produire les pâleurs et les contractions de l'agonie sur cette face plâtrée et grimacière, toute convulsée de tics comiques! Dans les plis de ces rides creusées par la souffrance, ne reste-t-il pas toujours un peu de la farine du tréteau ? à l'heure solennelle, le Pierrot peut-il essuyer tout à fait son blanc et l'Arlequin déposer son mufle noir avant d'entrer dans la tombe? C'est possible : un caractère sérieux s'accorde très-bien avec une profession burlesque. Carlin, qui faisait rire tout le monde, se consumait de mélancolie, n'ayant pas la ressource de s'aller voir jouer lui-même, comme le lui conseillait un médecin qui ne le connaissait pas à la ville.

Ne désespérons personne. — Debureau était dans son genre un acteur comme Frédérick, Talma, mademoiselle Mars et mademoiselle Rachel ; un accident heureux et rare ! On peut être à une distance incommensurable de lui et avoir encore du talent.

Chez M. Paul, le masque n'est pas mauvais; il offre, d'ailleurs, plusieurs traits de ressemblance avec celui de son illustre devancier ; l'œil est vif, le nez se profile bien, la bouche se découpe nettement sur le fond blafard ; seulement, M. Paul cherche à reproduire les jeux de physionomie et les grimaces de Debureau, c'est un tort. Il éveille ainsi des souvenirs dangereux et s'ôte des chances de réussite. Pour succéder au grand Pierrot, il ne faut pas l'imiter. On demande une figure nouvelle, et non une contre-épreuve.

Nous dirons aussi à M. Paul qu'il ignore entièrement l'art difficile, il est vrai, de lancer et de recevoir le coup de pied ; — le coup de pied, c'est la moitié du Pierrot, le soufflet fait le reste. — Nous lui conseillons de prendre les leçons de M. Charles Lecourt, qui lui assouplira les jarrets en moins de trois mois. Les coups de pied doivent être vifs, bien détachés, avec un mouvement de fouet ou de détente, et montés à toute hauteur, la jambe droite, et sans jamais faire perdre l'équilibre. Il faut qu'un Pierrot puisse fourrer par mégarde le bout de sa pantoufle dans l'œil du beau Léandre, et faire sauter la perruque de Cassandre, les mains derrière le dos. Que M. Paul s'exerce une heure chaque jour, dans le silence du cabinet, contre un tabouret fourré de crin et tenu par deux hommes à des élévations progressives ; qu'il étudie les maîtres et consulte les auteurs, — les bons, bien entendu, et non ceux qui pourraient lui corrompre le goût, — et il pourra parvenir à des résultats satisfaisants. Pourtant, nous craignons qu'il n'ait pas cet excédant de longueur dans les muscles des jambes et des bras, naturel chez les uns, obtenu chez les autres à force de travail, et qui a permis à Mazurier et à Ravel d'exécuter leurs étonnantes cabrioles.

Debureau avait eu ce bonheur de faire des études classiques sur le tapis, au milieu des places et des carrefours. Il marchait sur la tête, portait des échelles au bout du nez, se tambourinait sur la nuque avec les talons, pratiquait la danse des échasses, le grand écart, le saut périlleux ; il était ce qu'on appelle, en termes de l'art, *rompu, ouvert et désossé*. — Salutaires exercices, glorieuses préparations dont la jeunesse est trop souvent privée par la négligence des parents ! Kean a été saltimbanque ; Frédérick a fait de la voltige à cheval et dansé sur la corde ; Perrot a rempli sept ans l'emploi de polichinelle. L'aisance de la démarche, l'aplomb du repos, l'équilibre des mouvements, la facilité du geste, la rapidité des parcours, l'élégance et la grâce de la tenue ne leur viennent-ils pas de là ? L'éducation du corps est vraiment trop négligée aujourd'hui. Ce n'est pas au coup de pied seulement que se bornent les talents physiques exigés par l'acteur qui aspire à l'emploi de Pierrot. Il doit être bâtonniste de la force d'un maître de Caen, pouvoir absorber, si un effet comique l'exige, une quantité indéfinie de boisson et de nourriture, être plus insensible au grésillement des feux d'artifice que le bouledogue Marocain, et savoir tomber comme un capucin de carte ou un héros de Paul de Kock à travers toutes sortes de vaisselles sans se faire mal. Si nous passions aux qualités intellectuelles nécessaires à un Pierrot tel que le rêvaient Gozzi et Nodier, et qui a été réalisé une fois par Debureau, nous craindrions de détourner les jeunes ambitieux qui se destinent à cette carrière, par une nomenclature trop effrayante : le sang-froid imperturbable, la niaiserie fine et la finesse niaise, la gourmandise effrontée et naïve, la poltronnerie fanfaronne, la crédulité sceptique, la servilité dédaigneuse, l'insouciance occupée, l'activité fainéante, et tous ces étonnants contrastes qu'il faut exprimer par un clignement d'œil, par un pli de la bouche, par un froncement de sourcil, par un geste fugitif.

Revenons à la pantomime qui s'appelle *la Gageure*, et à M. Paul. — Il s'agit d'une rosière à couronner. Celle-ci est trop petite, celle-là est trop bossue, cette autre est trop jeune, une quatrième est trop vieille. Aucune ne remplit les conditions voulues : Pierrot seul a la blancheur virginale exigée par le programme ; et, sous des habits de femme, il reçoit la couronne et la dot, ce qui lui permet d'épouser son amante.

Cette pièce pèche par l'orthodoxie, et les auteurs ont complétement méconnu le caractère de Pierrot. Tout cela est plein d'hérésies énormes. Pierrot amoureux, Pierrot ayant une maîtresse et se mariant au dénoûment, ni plus ni moins qu'Arthur ou Léandre, n'a pas l'ombre du sens commun. Pierrot est profondément égoïste ; il n'aime pas les femmes, à peine se permet-il quelque gaillardise, prétexte à soufflets ; pâle, efflanqué, famélique comme il est, il n'a l'âme qu'à la cuisine. Il circule à travers l'action sans s'y mêler, l'embarrassant à chaque pas par des balourdises calculées ; il n'est attaché réellement à personne. Que son maître tombe, touché par la batte d'Arlequin ou dans quelque mêlée générale, il en profite pour lui appliquer sournoisement de vigoureuses taloches. Il joue aussi toutes sortes de mauvais tours au beau Léandre.

Vœ victis ! telle est la devise de Pierrot ; il frappe toujours ceux qui sont à terre, et s'acharne sur les morts, à la condition de fuir à toutes jambes s'ils ressuscitent. Sa blancheur de spectre indique qu'il n'a rien de commun avec la vie régulière et bourgeoise, et qu'il doit mourir sous le bâton en escortant son maître dans quelque folle incartade. Ensuite, qui voudrait de lui ?... Isabelle préfère Léandre, ce serin palmé ; Colombine préfère Arlequin, ce serpent à écailles changeantes, terminé par un noir museau de singe ; c'est-à-dire le bellâtre et l'intrigant. La mise simple, le bon sens populaire, l'esprit naïf de Pierrot ne peuvent faire aucun effet sur ces frivoles femmelettes. Pierrot mourra garçon et sans postérité ! Ne faites point la faute énorme de terminer des pantomimes par le mariage de Pierrot !

VAUDEVILLE. *Les Chansons populaires de la France.* — Le Vaudeville vient enfin d'attraper un succès. — La pièce qui le lui a valu n'est pourtant pas de celles que nous aimerions à lui voir cultiver. Mais, que voulez-vous ! puisque le Français, né malin, adore le Clairville, on est bien forcé de lui en servir. M. Hippolyte Cogniard, qui est un homme de goût et d'esprit, a tenté dernièrement une espèce de rénovation en faisant jouer *Charlotte*, une œuvre originale, bien pensée, bien écrite ; — le public a dit à M. Cogniard et aux auteurs : « Vous avez mon estime ; mais vous n'aurez pas mon argent. Parlez-moi des *Chansons populaires de la France*, à la bonne heure ! Un centon, un pot-pourri, des refrains de nourrice, voilà ce qu'il me faut, à moi, public de 1846 ! »

Nous pourrions chicaner M. Clairville sur le choix même de ses chansons ; il aurait pu rencontrer mieux que cela dans ce riche écrin ; il a pris des grains de verre au lieu de perles ; les refrains grotesques dont il s'est servi ne constituent nullement à nos yeux les chansons *populaires;* ils ont, il est vrai, traîné dans les ruisseaux des grandes villes, mais c'est tout. La chanson populaire est celle que le laboureur commence en marchant d'un pas cadencé derrière sa charrue et qu'achève le petit oiseau posé sur les cornes de ses grands bœufs ; c'est le couplet improvisé du compagnon en voyage et dont il prend les rimes aux buissons du chemin ; la complainte du berger qui laisse pendre ses pieds au fil du ruisseau, et, de la vague inquiétude de son cœur et du murmure monotone de l'eau qui se plisse aux joncs, compose ces chants naïfs que jamais musiciens ni poëtes n'ont pu imiter. Cela n'a souvent ni rime ni raison ; pourtant l'impression causée est profonde, et le motif, une fois entendu, s'empare invinciblement de vous. — Mais la poésie ne serait sans doute pas bien venue au Vaudeville, — l'endroit est trop spirituel pour cela, — et M. Clairville a bien fait.

XIX

SEPTEMBRE et OCTOBRE 1846. — Gaieté : *le Temple de Salomon*, par MM. Anicet Bourgeois et Dennery. — La poésie biblique. — Les combats réglés. — Vaudeville : *Place Ventadour*, par M. Paul de Kock. — Théâtre de Saint-Germain en Laye : *Hamlet*, drame en vers, de M. Paul Meurice. — Les pièces de Shakspeare en Angleterre. — Un dénoûment de M. Alexandre Dumas. — Rouvière, Barré, madame Person. — Théâtre-Français : *Don Guzman, ou la Journée d'un Séducteur*, comédie en vers de M. Decourcelles. — La comédie de cape et d'épée. — Mademoiselle Augustine Brohan, Regnier. — Vaudeville : *la Nouvelle Héloïse*, par M. Michel Delaporte. — De la contagion des idées. — L'*Héloïse* de Rousseau et celle de M. Delaporte. — Munié, madame Albert. — Porte-Saint-Martin : *les Tableaux vivants*. — Théâtre des Funambules : *Pierrot, valet de la Mort*, pantomime de M. Champfleury. — La danse macabre.

14 septembre.

Gaieté. *Le Temple de Salomon*. — *Le Temple de Salomon* aurait pu tout aussi bien s'appeler *le Jugement de Salomon*. Ce titre était même le véritable, mais il n'offrait pas une majestueuse perspective à l'imagination. Le temple de Salomon ! que d'escaliers, que de colonnes torses et autres, que de parvis de marbre, que de lambris d'or et de cèdre un tel mot fait rêver, et quelle bonne amorce pour un drame à décorations ou à *décors*, bien que le mot n'ait pas encore ses lettres de naturalisation entérinées au Dictionnaire de l'Académie !

Nous aimons les pièces à spectacle ; seulement, nous voudrions que, dans les ouvrages de ce genre, le dialogue fût supprimé et remplacé par la pantomime. A quoi bon toutes ces ampoules et toutes ces filandres ? Pourquoi faire mâcher à ces pauvres acteurs tant de prose inutile ? Ne vaudrait-il pas mieux faire filer rapidement les cortéges, les costumes, les danses, les jardins, les palais, les apothéoses, commentés par quelques gestes « animés et de bon goût, » que de vous tenir comme des harengs empilés en caque pendant six heures d'horloge, par une température pareille à celle de l'été qui causa autrefois la conflagration des principales forêts du globe, et que les mythologues expliquèrent par la fable de Phaéton?

La poésie de la Bible, avec ses images grandioses, son obscurité fulgurante, ses ellipses mystérieuses, ses allitérations imitatives, ses versets périodiques et ses formules orientales, est assurément la plus difficile à transporter dans notre langue. M. l'abbé de Lamennais n'y a lui-même réussi qu'à moitié; et, sans vouloir ici déprécier en rien le talent de MM. Anicet Bourgeois et Dennery, ils ne sont pas de force à lutter contre un pareil style, surtout à la Gaieté. A peine si toute la pompe de la versification la plus lyrique, soutenue des ressources d'une puissante harmonie, pourrait approcher de cette magnificence dont plus de trente siècles n'ont pas affaibli le rayonnement.

Quelle splendide figure que Salomon, ce Sardanapale hébreu, ce lord Byron de l'Orient, plus désenchanté que celui de Londres, et qui s'écriait déjà : « Il n'y a plus rien de nouveau sous le soleil! » grand cri mélancolique qui a traversé les âges. Quel immense amour et quel immense ennui! C'est le poëte du *Cantique des cantiques*, le roi aux sept cents concubines, qui a laissé tomber cette parole froide et morne le lendemain peut-être de la visite de la reine de Saba!

Rien ne peut rassasier ce cœur ardent et cette âme profonde : tous les pouvoirs de la terre, toutes les sciences humaines, Salomon les possède et les dédaigne; dût l'Éternel s'en irriter, il plonge dans l'ombre effrayante de la magie, et il ressort des gouffres ténébreux avec des talismans, des conjurations et des cabales qui lui soumettent les forces inconnues de la nature et le monde des esprits élémentaires! il acquiert un pouvoir sans borne sur les dives, les djinns, les afrites, et il jette à la mer, dans des vases fermés de ce sceau magique qu'aucun esprit ne peut rompre, ces génies que les pêcheurs des *Mille et une Nuits* laissent échapper de l'urne ouverte en tourbillons de fumée noire.

Voilà donc le personnage que MM. Anicet Bourgeois et Dennery avaient à nous montrer; le plus grand roi, le plus grand amoureux, le plus grand poëte, le plus grand artiste, le plus grand philosophe et le plus grand magicien de l'Orient; une de ces organisations colossales comme la terre en produisait dans sa jeunesse, et qui absorbaient en elles des masses d'existences. Leur demander la réalisation d'un tel rêve serait de l'injustice; mais, sans être féroce, on pouvait exiger moins de pathos et moins de longueurs.

Une chose nous a fait plaisir dans cette représentation : ce sont les combats à la hache et au briquet à deux, à quatre, à six, entre amazones et guerriers qui figurent dans les divertissements. Ce retour aux saines traditions nous a charmé. Honneur à MM. Anicet Bourgeois et Dennery! ils ont bien mérité du mélodrame.

Seulement, nous avons regretté les étincelles que les habiles faisaient jaillir autrefois du choc des lames, et qui jetaient une si respectueuse terreur dans les âmes naïves de l'assistance. Hélas! *l'art s'en va!* on ne sait plus « battre le briquet; » les forts sont descendus dans la tombe!

Quels beaux combats nous avons vus dans notre enfance, sur ce même boulevard! On eût dit une forge, tant les coups étaient bien cadencés. Le héros se démenait dans un tourbillon de paillettes, et, après la victoire, il s'appuyait comme le héros espagnol sur une épée changée en scie!

Tel qu'il est, le *combat réglé* vaut la peine de faire le voyage de la Gaieté.

VAUDEVILLE. *Place Ventadour.* — Boursicot, Maronard et Ballon ont mis leurs trois cœurs au service de trois sémillantes grisettes du quartier latin, mesdemoiselles Atalante, Cornaline et Junon Passe-Lacet; mais les procédés amoureux de Maronard et de Ballon sont bien différents de ceux de Boursicot. Ces galantins ne se permettraient point d'aborder leurs déesses sans apporter, comme supplément à leurs personnes, quelques charmants cadeaux pour entretenir le feu sacré de l'amitié. — Boursicot, lui, poëte et journaliste, n'a jamais guère, dans ses bons jours, qu'un madrigal à offrir à son Atalante; maigre pitance, convenons-en, même pour une grisette sentimentale.

Aussi, faut-il entendre les malicieuses épigrammes qui pleuvent sur la générosité si sombre du desservant des Muses! et pourtant, de prime abord, Boursicot, sous les traits de Félix que vous savez, pourrait passer pour le plus gras et le mieux nourri des hommes sensibles. Apparence trompeuse! Poëte incompris, journaliste disgracié, Boursicot, dont le nom n'est qu'une très-ironique antiphrase, ne trouvant le débouché de sa littérature qu'auprès de mademoiselle Atalante, se voit à la fin dépourvu de ce qu'a si abondamment la boulangère. La cuisine du journal ne veut même plus de ses canards, et l'on vient de lui rendre son dernier manuscrit; — ce qui le met tout à fait au bout de son rouleau.

Pourtant une appétissante partie de campagne le sollicite à se mettre en frais. Déjà Maronard et Ballon sont au rendez-vous, chargés de melons et de crevettes! Quant à Boursicot, il est comme nous l'avons dit, totalement incapable d'offrir à sa belle aucun de ces friands hors-d'œuvre, et il sent si vivement ce que sa position a d'humiliant, qu'il se tient à peu près ce langage : « Ma réputation ne perce guère, et mes coudes percent beaucoup trop ; je ne possède plus rien qui puisse être agréable à *ma tante;* il me reste bien juste de quoi passer le pont Neuf. Mourons donc ! »

Il part, en effet, nourrissant la sinistre idée de s'asphyxier avec du coke, car le charbon est encore pour lui un genre de mort tout à fait hors de prix. Mais bientôt il reparaît dans un costume printanier le plus folichon du monde, et porteur d'une avalanche d'élégants mantelets, de vaporeuses écharpes à l'usage de son Atalante. Qu'est-ce à dire? C'est que Boursicot, en rentrant chez lui, la tête basse, — à quelque chose malheur est bon ! — a trouvé par terre un portefeuille orné à l'intérieur de douze billets de mille francs! Alors il n'a plus songé qu'à humilier ses rivaux par un luxe oriental. Mais sa prospérité subite fait autant jaser que sa disette, et nous le retrouvons lui-même triste et inquiet au sein des plaisirs. Au dîner, il a laissé sa salade (*immemor herbæ*); à la danse, il rapporte sa jambe de l'air le plus mélancolique qui se puisse voir. Tout cela prouve, à n'en pas douter, que Boursicot a des remords.

Tout à coup, voici paraître le vénérable Acacia, qui, arrivant de province pour voir sa filleule Atalante, est venu la chercher au centre des-voluptés chorégraphiques. Acacia, qui se suppose encore assez vert pour avoir des prétentions amoureuses, au milieu de nos jolies grisettes, gémit tout bas d'une perte qu'il vient de faire, et qui met fort en péril tous ses avantages. D'un autre côté, ce même Acacia semble porter ombrage à Boursicot. Celui-ci a pâli à sa vue. — C'est qu'il se souvient d'avoir aperçu, rue Ventadour, le respectable chapeau tromblon du vieillard, au moment où il a ramassé le trésor en question, et il craint de se trouver en face du légitime propriétaire.

Cependant, comme un cœur d'honnête homme bat sous sa veste neuve, touché des lamentations d'Acacia, il se résout à des aveux. — Ici, M. Paul de Kock refait à sa manière la scène des *beaux yeux de la cassette*, de *l'Avare*, cette scène comique que l'on refera jusqu'à la consommation des siècles, toujours avec un égal succès. — Après mille péripéties du plus plaisant quiproquo, prolongé par les réticences coquettes d'Acacia, qui n'ose avouer devant ces dames ce qu'il a perdu, on finit par s'apercevoir que ce n'est point sur les douze mille francs qu'il gémit. Au même endroit où a été trouvé le portefeuille, il a tout bonnement perdu sa perruque!

Au moment où le malentendu vient de s'éclaircir, un troupier accourt, la larme à l'œil et d'un air égaré, cherchant Boursicot avec anxiété. Cet estimable pantalon garance n'est autre qu'un *pays* de notre infortuné journaliste, et il vient lui annoncer tout tremblant qu'il a perdu, en se rendant chez lui, place Ventadour, douze mille francs qu'il lui apportait de la part d'un vieil oncle. Ce bon parent voulait ainsi récompenser son neveu, dont le dernier roman l'a guéri d'une insomnie des plus rebelles. Il en résulte que Boursicot n'a fait que prendre son bien où il le trouvait. Il est heureux de pouvoir le consacrer à son Atalante. — Acacia, dans ce moment solennel, révèle à Boursicot que celle qu'il nomme sa filleule aurait dû être sa fille, si sa femme lui eût été plus fidèle ; à quoi Boursicot répond philosophiquement qu'il aime beaucoup les enfants de l'amour, et, pour terminer par un dernier madrigal, il ajoute, en regardant tendrement Atalante, qu'il espère n'en avoir jamais d'autres.

De tout cela se dégage, comme vous voyez, une suave odeur de Paul de Kock. Aussi n'est-il besoin de parler de l'auteur que pour dire que son nom a été encore une fois salué par les applaudissements les plus vifs, et, nous devons l'avouer, les plus mérités. Le dialogue a beaucoup d'entrain et une vivacité spirituelle qui rappelle les meilleurs temps de l'heureux peintre des grisettes.

Félix joue le rôle de Boursicot avec une rondeur qui va fort bien à sa rotondité, pourtant intempestive. — Tétard, Amant et mademoiselle Juliette ne lui laissent pas le monopole de la gaieté.

21 septembre.

THÉATRE DE SAINT-GERMAIN EN LAYE. *Hamlet.* — Puisque Paris n'a plus un seul théâtre au service de l'art sérieux, il faut bien que le feuilletoniste sorte de la ville et aille par monts et par vaux au *pourchas* de la muse, honteusement renvoyée de partout.

Nous avons donc suivi le prince de Danemark à Saint-Germain en Laye, où Alexandre Dumas lui avait donné l'hospitalité. Hamlet, venu par le chemin de fer, a traversé le Pecq, gravi les escaliers babyloniens de la terrasse, et récité son monologue devant un public enthousiaste.

Vous pensez bien que, s'il se fût agi de l'*Hamlet* de Ducis, ni Jules Janin, ni Édouard Thierry, ni Auguste Vacquerie ne se seraient donné la peine de faire le voyage et de monter la colline. Le temps est passé de ces fades imitations, que le Théâtre-Français s'obstine encore à jouer de loin en loin, comme pour témoigner de sa haine contre tout progrès.

Pauvre grand Shakspeare! notre civilisation hébétée par les vaudevilles, les tragédies et la musique, ne peut plus supporter tes œuvres d'une si forte saveur, d'un génie si libre, si original, d'une variété si inépuisable! — Tu n'as plus même un théâtre en Angleterre; toutes les scènes élégantes te repoussent; on te dédaigne pour de stupides opéras, pour des traductions de MM. Dennery et Clairville; ce n'est plus qu'à l'extrémité des faubourgs, dans d'ignobles baraques qu'on peut te retrouver, joué par des acteurs forains couverts de guenilles trouées et de paillon rougi, mais peut-être plus près de ta sublimité, malgré leur ignorance naïve, que bien des célébrités théâtrales dont on s'émerveille et qu'on écrase d'or.

La *dukery*, les belles ladys aux grands noms aristocratiques, les fashionables mis au carcan par leurs cravates, se détournent de toi d'un air de suprême dédain, tandis que le matelot à la cotte goudronnée, le portefaix aux épaules énormes, la fillette au frais minois et à la toilette chiffonnée, l'artisan noirci par le travail du jour boivent à longs traits le nectar de la céleste poésie, et jouissent, dans leur grossièreté, des plus hauts plaisirs de l'esprit humain. Honnête et sainte canaille ! qui daignes encore écouter Shakspeare en buvant ton verre de gin et en fumant ta pipe noire ! ton repas intellectuel est supérieur à celui des lords ; ils sablent les vins de la France ; mais ils en écoutent les vaudevilles et les opéras-comiques.

L'*Hamlet* que nous avons vu à Saint-Germain a été traduit littéralement en vers par M. Paul Meurice, jeune poëte déjà connu par sa collaboration à cette *Antigone* que Sophocle n'eût pas reniée, et qui fit ce miracle d'amener pendant trois mois la foule à l'Odéon.

Cependant M. Paul Meurice n'est pas le seul auteur d'*Hamlet* : M. Alexandre Dumas, de quelques traits de sa plume puissante, a bouleversé quelques situations, allongé ou raccourci certains passages, ajouté un dénoûment nouveau. Certes, si quelque poëte a le droit de porter la main sur Shakspeare, c'est bien Alexandre Dumas. On est sûr qu'il le fait avec un respect filial, une précaution pieuse, et seulement aux endroits où la perspective théâtrale, telle qu'on l'entend de nos jours, l'exige impérieusement ; car, il faut le dire à la honte de l'esprit humain et de ses prétendus progrès, ce que la cour et le peuple, au temps d'Élisabeth, comprenaient sans peine et admettaient avec enthousiasme, eut besoin d'être expliqué et préparé aux époques postérieures ; le décousu apparent des scènes, reliées cependant entre elles par le fil de la plus rigoureuse logique, choqua les esprits méticuleux ; les comédiens motivèrent des entrées et des sorties, changèrent des dénoûments et se permirent toutes sortes d'interpolations dont quelques-unes ont maintenant force de loi. On sait que le dénoûment de *Roméo et Juliette*, tel qu'il se joue, est de Garrick.

Cela n'a rien qui doive nous étonner. — La plupart de nos chefs-d'œuvre dramatiques ont subi de pareils remaniements. On a supprimé sans façon le rôle de l'infante dans *le Cid* de Corneille. Marmontel, Andrieux, Planat, et d'autres littérateurs de troisième ordre, refirent des vers, remplacèrent des rimes, des expressions *incorrectes* et *barbares*, et substituèrent, au grand contentement du public, la platitude de leur style sirupeux à l'âpre saveur du style primitif.

Ce n'est pas dans cet esprit que sont faits les changements de

M. Alexandre Dumas; ils ne portent pas sur les endroits significatifs et caractéristiques; tout au contraire. S'il a modifié quelque chose, c'est pour augmenter l'effet, et non pour l'atténuer. Profondément imbu de Shakspeare, il a continué çà et là le trait commencé par le maître, de façon à ne pas laisser apercevoir la suture.

Dans le dénoûment, tel que l'a conçu M. Alexandre Dumas, et qui a produit un très-grand effet, Hamlet ne meurt pas; l'ombre du vieux roi, que le vengeur avait seul pu apercevoir jusque-là, devient visible pour les coupables. Les taies de leurs yeux tombent au moment suprême. Mais laissons parler nos poëtes :

HAMLET.

L'ombre! l'ombre !
Viens voir tes meurtriers mourir, fantôme sombre !
LE ROI, *sous la main d'Hamlet.*
A l'aide!

HAMLET, *aux courtisans, sur un signe de l'ombre.*
Laissez-nous.
(*Hésitation des courtisans.*)
Qu'un de vous fasse un pas,
Il n'en ferait pas deux ! Je suis roi, n'est-ce pas ?
Roi de votre existence et de votre agonie ?
Il sied qu'entre nous cinq la pièce soit finie,
Sortez tous !
(*Tous, intimidés, sortent lentement.*)
A présent, vous trois, le voyez-vous ?

LAERTE.

Dieu puissant! le roi mort !

LE ROI.

Mon frère !

GERTRUDE.

Mon époux !

LAERTE.

Grâce !

L'OMBRE.

Oui, ton sang trop prompt t'entraîna vers l'abîme,
Laërte, et le Seigneur t'a puni pour ton crime ;

Mais tu le trouveras, car il sonde les cœurs,
Moins sévère là-haut. — Laërte, prie et meurs!
(Laërte meurt.)

GERTRUDE.

Pitié! pitié!

L'OMBRE.

Ta faute était ton amour même,
Pauvre femme! et Jésus vous aime quand on aime.
Va, ton cœur a lavé ta honte avec tes pleurs;
Femme ici, reine au ciel, Gertrude, espère et meurs!
(Gertrude meurt.)

LE ROI.

Pardon!

L'OMBRE.

Pas de pardon! va, meurtrier infâme,
Va; pour ton crime affreux, dans leurs cercles de flamme,
Satan et les enfers n'ont pas trop de douleurs;
Va, traître, incestueux, va, désespère et meurs!
(Le roi meurt.)

HAMLET.

Et moi, vais-je rester, triste orphelin sur terre,
A respirer cet air imprégné de misère?
Tragédien choisi par le courroux de Dieu,
Si j'ai mal pris mon rôle et mal saisi mon jeu;
Si, tremblant de mon œuvre, et lassé sans combattre,
Pour un que tu voulais, j'en ai fait mourir quatre,
Oh! parle, est-ce que Dieu ne pardonnera pas,
Père, et quel châtiment m'attend donc?...

L'OMBRE.

Tu vivras!

Certainement, l'idée de ramener à la fin de la pièce l'ombre du vieux roi est grande et poétique : l'action commence et se conclut logiquement; le sort de chaque personnage est fixé, le châtiment se proportionne au crime avec une justice sublime. Mais peut-être la leçon contenue dans le dénoûment de Shakspeare, pour être plus difficilement intelligible, n'en est-elle pas moins haute et moins philosophique; dans ce drame, où la vengeance se couvre du masque de la folie, on respire un air vertigineux et malsain. Le hasard prend la place de la volonté, les événements dévient à droite et à gauche; cet échange de fleurets empoisonnés, de coups mortifères, ces trépas précipités, cette fatalité en délire produisent un effet vague, sombre, immense et terrible; l'arrangement le plus savant ne vaut pas cette incohérence effrayante où l'esprit de l'auteur, comme épouvanté de son œuvre, semble partager l'égarement de ses personnages.

Et puis ce jeune prince norwégien, cet impétueux et brillant Fortinbras, qui arrive à la dernière scène, enseignes déployées, clairons sonnant, tambours battant, et qui s'empare sans coup férir de l'héritage du mort et du royaume de Danemark, n'est-ce pas le soleil après la nuit, la raison après le rêve, l'action après la pensée? — Pendant qu'Hamlet, vêtu de noir, le front penché, les bras croisés sur la poitrine, se promène sous les arceaux ténébreux du palais d'Elseneur, agitant d'insolubles questions, le prince norwégien, couvert de son armure étincelante, va, vient, se remue, enrôle des soldats, et se prépare à reprendre, l'épée à la main, l'héritage qu'on lui conteste. Il n'a pas même besoin de faire usage de ses armes; le rêve a tué le rêveur, la vengeance a dévoré le vengeur! Il ne lui reste plus, en ennemi généreux, qu'à faire emporter le corps de son rival avec les honneurs funèbres et au son d'une musique guerrière.

D'ailleurs, Hamlet ne peut pas vivre. Au premier pas qu'il fait en scène, à sa pâleur maladive, à son embonpoint un peu bouffi, on voit qu'il est mort; le sang bleuâtre qui coule paresseusement dans ses veines engorgées, n'a pas la pourpre généreuse de la vie. Un tel jeune homme est fait pour se promener à l'ombre glaciale des longues galeries où soufflent les vents du nord, pour s'asseoir au revers des tombes creusées et causer avec les fossoyeurs. S'il cueille des fleurs, ce sont des violettes et des asphodèles, et il les effeuille sur le corps d'albâtre d'une jeune fille noyée. — Vivre serait, pour l'Oreste danois, un supplice trop rigoureux.

Tout cela n'empêche pas l'*Hamlet* de M. Paul Meurice d'être une œuvre d'art sérieuse et vraie. A part ces quelques modifications dont le succès a prouvé l'opportunité, vous trouverez partout la fidélité à la pensée et à l'expression; l'intelligence profonde du sens et du texte; une versification toujours ferme, nette et correcte; enfin, ce qui est malheureusement trop rare, un poëte traduit par un poëte.

La pièce a été jouée avec beaucoup d'ensemble. Trois des principaux acteurs appartiennent au futur Théâtre-Historique : ce sont MM. Rouvière, Barré et madame Béatrice Person.

Rouvière représentait Hamlet. Cet acteur, qui a été peintre, comprend admirablement l'extérieur des personnages. Nul ne se grime mieux que lui ; il avait copié à s'y tromper, sur ses vêtements et sa figure, les admirables dessins d'Eugène Delacroix. Plus d'une fois il nous a rappelé les grands acteurs anglais. Ses moyens peuvent le trahir, mais il ne pèche jamais par manque d'intelligence.

Mademoiselle Person a parfaitement rendu la scène si difficile de la folie ; elle a déployé dans ce rôle, un des plus difficiles qui soient au théâtre, et que nous n'avions encore vu bien jouer que par miss Helen Faucit, infiniment de grâce, de sensibilité et de poésie.

Barré a donné beaucoup de rondeur et de bonhomie servile à Polonius, l'ignoble père de la charmante Ophélie.

Voilà la part des éloges ; faisons celle du blâme : plusieurs de ces messieurs se sont livrés à des gestes furieux, à des cris forcenés, d'autres ont été compassés et roides... Mais pourquoi nous amuser à dire ici en prose ce que Shakspeare a si admirablement dit par la bouche d'Hamlet, dans les conseils aux comédiens !

> Tu m'entends, camarade ?
> D'un accent naturel prononce ta tirade,
> Et, comme tel et tel, ne grossis pas ta voix
> A mettre les crieurs et les bœufs aux abois.
> Il ne faut pas non plus de ton geste rapace,
> Fendu comme un compas, accaparer l'espace.
> Reste maître de toi. Jamais d'effet criard.
> Laisse aux troubles du cœur la dignité de l'art ;
> Et, quand la passion entraîne, gronde et tonne,
> Tâche que l'on admire avant que l'on s'étonne.
> Quel supplice de voir des lourdauds impudents,
> Qui grincent leurs douleurs et font grincer nos dents,
> Écorcher à la fois la pièce et nos oreilles,
> Tandis que le parterre, à ces grosses merveilles
> Stupéfait, applaudit les grands cris, les grands bras,
> Et siffle un noble acteur qui ne l'assourdit pas !...

Cette espèce de répétition, demi-publique, d'une pièce qui doit être jouée à Paris, se rattache à une idée que nous ne saurions trop louer. Tous les ans, M. Alexandre Dumas se propose de donner au Théâtre-Historique, un grand drame de Shakspeare en vers, aussi fidèlement traduit que possible. Les matériaux de cette galerie des chefs-d'œuvre du plus grand poëte que la générosité de Dieu ait accordé aux hommes, existent, la plupart, en portefeuille; sans compter *Othello* et *le Marchand de Venise*, de M. Alfred de Vigny, nous connaissons un *Roméo et Juliette*, d'Émile Deschamps, un *Macbeth*, de Jules Lacroix, que le poëte de *Christine à Fontainebleau*, d'*Antony* et de *la Tour de Nesle* rendrait possibles à la scène en quelques heures de ce travail rapide et foudroyant dont lui seul a le secret. On ne saurait choisir un meilleur moyen de faire l'éducation littéraire du boulevard.

28 septembre.

THÉATRE-FRANÇAIS. *Don Guzman, ou la Journée d'un Séducteur.* — Il ne faut pas se dissimuler que la comédie en cinq actes est devenue aujourd'hui la chose la plus difficile du monde. Le public n'admet plus le genre léger de Destouches et de Collin d'Harleville; il a été habitué, par le drame et par le roman, à des inventions *corsées*; il écoute à peine les développements de caractères; la tirade l'ennuie; l'observation possible au théâtre pâlit devant celle que se permettent nos romanciers socialistes. Après tout, la vérité *vraie* ne se compose aujourd'hui que d'éléments antipoétiques. Georges Dandin, M. Jourdain, Turcaret, étaient risibles ou bouffons; les types analogues d'aujourd'hui sont ignobles. L'uniformité des ridicules a suivi celle des costumes; les caractères n'existent plus. Gagner de l'argent, s'élever aux dépens des autres, là se résument tous les vices du siècle; le comique s'est réfugié dans les plus infimes détails de la vie; la caricature et le vaudeville suffisent de reste à en faire justice.

Dans ces circonstances, la comédie à la manière des Espagnols nous paraît la seule possible encore; il en était ainsi déjà du temps de Beaumarchais. — Aussi, qu'a-t-on produit depuis ce temps? *L'École des Vieillards*, sujet triste, *Bertrand et Raton*, *la Cama-*

raderie, ouvrages d'un genre mixte, où domine, du reste, un scepticisme décourageant. Soyons donc indulgent pour l'effort d'un jeune homme qui tente de ressusciter les pièces *de cape et d'épée*, et de tailler à nos acteurs des manteaux et des pourpoints dans ce vieux damas d'autrefois, qui vaut encore mieux que du neuf.

Don Guzman est ce qu'on appelle une comédie d'intrigue, de celles qui perdent ordinairement le moins à être racontées. Cependant, l'inexpérience scénique de l'auteur, inexpérience bien naturelle, et qui nous plaît même chez un jeune écrivain, fait que l'action ne se lie pas toujours parfaitement, et que les fils en sont parfois égarés à travers des détails, agréables sans doute, mais dont l'analyse ne saurait tenir compte.

Le public a écouté jusqu'au bout l'ouvrage avec beaucoup de faveur. C'est que les caractères ne sont point mal tracés, et que les scènes se déduisent les unes des autres avec assez d'habileté. La pièce est faible sans doute, mais elle est d'un débutant qui pourrait bien réussir dans le genre peu encombré de la comédie ; son coup d'essai rappelle beaucoup, comme manière et comme valeur poétique, *le Ménestrel*, de Camille Bernay. Les vers de M. Decourcelles sont francs d'allure, lestement tournés, pleins de traits piquants. Nous leur voudrions quelquefois des rimes moins négligées ; mais à quoi sert-il, nous dira-t-on, de tant soigner la rime au théâtre, puisque les acteurs s'ingénient à la dissimuler, et ne sont contents d'eux-mêmes que lorsqu'ils ont pu donner aux vers l'apparence de la prose ? — Mademoiselle Brohan a joué le rôle de Paquita de la plus charmante façon ; elle y a mis de l'esprit et de la verve, de la grâce et de la vérité. Si elle travaillait un peu plus qu'elle ne le fait, peut-être le Théâtre-Français, qui a déjà une tragédienne éminente, aurait aussi une remarquable comédienne. — Regnier a prêté au personnage de Spadillo une honnête et joyeuse physionomie.

VAUDEVILLE. *La Nouvelle Héloïse.* — Rien, en France, n'est contagieux comme une idée, bonne ou mauvaise. Que l'imaginative d'un cerveau quelconque en déterre une, et tout aussitôt vient une foule d'imitateurs à la suite. Dans la région dramatique, le vent de ces jours passés a soufflé sur les feuillets des grands romans par lettres du XVIIIe siècle. Un premier vaudevilliste a mis le doigt sur

Clarisse Harlowe et s'est avisé de découper l'ouvrage de Richardson ou plutôt celui de Jules Janin en scènes ornées de couplets sur des airs nouveaux ; — un second vaudevilliste s'est aussitôt trouvé pour faire subir à *la Nouvelle Héloïse* cette transformation. Un troisième songe déjà, sans nul doute, à l'œuvre de madame de Staël, et, demain peut-être, nous saluerons ainsi *Corinne* ou *Delphine*.

Après tout, autant valent ces sujets-là que beaucoup d'autres plus neufs ou moins connus. Ce sont de bonnes connaissances que Clarisse et Julie, et ce n'est pas sans plaisir que nous les retrouvons, quel que soit l'endroit où l'on nous les rappelle, quelle que soit la manière dont on le fasse. C'est un ressouvenir de ces nuits où, penchés sur le livre, le coude sur le traversin et l'œil perdu dans le vague, vous rêviez, pauvre jeune cœur isolé, à quelque Julie.

Quant à vouloir comparer ou critiquer *la Nouvelle Héloïse* de M. Delaporte, en ayant le chef-d'œuvre de Rousseau sous les yeux, ce serait là un métier de pédant. Il est clair que l'auteur du vaudeville n'a point prétendu effacer son modèle ni lui être supérieur. Il a voulu traduire en drame le roman consacré, et nécessairement il a dû le tailler, en l'écrasant un peu, le plier, en le rapetissant parfois, aux exigences des combinaisons théâtrales. Mais, telle qu'elle est, son œuvre peut être encore un hommage rendu au génie, et (n'aurait-elle que ce résultat, ce serait beaucoup) elle nous force à relire l'original. Ce que la *Clarisse* du Gymnase a valu de lecteurs à la *Clarisse* de Richardson et surtout à celle de Janin, composerait déjà un public formidable.

Le tout est de savoir si la pièce est intéressante, si le théâtre lui devra un succès, et le spectateur une bonne soirée. *La Nouvelle Héloïse* du Vaudeville nous a tout l'air de vouloir remplir ces conditions essentielles. — L'analyse nous en semble superflue. Au premier acte, cependant, voici Julie, puis Claire, sa joyeuse cousine, et la première lettre de Saint-Preux ; puis Saint-Preux lui-même, que la cousine rappelle à son devoir d'honnête homme, et qu'elle laisse seul avec Julie. C'est alors une très-belle scène où l'amour triomphe de la pudeur de la jeune fille, et ne peut tenir contre le désespoir de l'amant, qui veut se tuer. Lord Edward découvre tout ; le père est instruit ; il chasse l'audacieux coureur de cachet ; mais ce dernier rentre bientôt à la faveur de l'orage, et la toile tombe au moment où il met la main sur la clef de la chambre à coucher de Julie.

Le second acte nous montre la générosité de lord Edward, quelques phrases de ces admirables lettres sur le duel, le refus du père de Julie de consentir jamais à l'union de sa fille avec un roturier, le mariage de M. de Volmar avec Julie, et le désespoir de son amant, que lord Edward jure de guérir.

Jusqu'ici, l'action suit assez littéralement le roman. Mais *la Nouvelle Héloïse* de Rousseau, ce livre tout d'analyse, écrit avec le cœur, ne présentait pas assez d'événements pour fournir au mouvement de la scène. Il a fallu fermer le livre et improviser un dénoûment; — ce que l'auteur a su faire avec assez d'adresse. Sur un rêve, un triste pressentiment, lord Edward a consenti à suivre Saint-Preux au pays où, pour cet amant désolé, mademoiselle d'Étange, avant d'être madame de Volmar, fut sa Julie. Or, ce n'est plus madame de Volmar qui se jette dans le lac pour sauver son enfant : c'est Saint-Preux qui va le lui ramener; ce n'est plus cette mort si belle et si calme, si grande de simplicité, qui va toucher, pour ainsi dire, d'un doigt respectueux le cœur si tendre de Julie : c'est la folie aux mains crispées qui lui fait exhaler son âme dans un effrayant éclat de rire. — Cette fin, toute dramatique qu'elle est, aurait pu sembler une sorte de profanation si elle n'avait occupé tant de mouchoirs dans la salle. — Le public avait pleuré, il était désarmé.

Munié a été un Saint-Preux tendre et touchant, et madame Albert s'est montrée pour Julie ce que mademoiselle Rose Chéri s'était montrée pour Clarisse; — c'est faire à la fois l'éloge de ces deux actrices.

12 octobre.

PORTE-SAINT-MARTIN. *Les Tableaux vivants.* — On peut lire un très-beau chapitre des *Affinités électives* de Gœthe pour se convaincre que les *tableaux vivants* ne sont point une idée nouvelle; c'est encore une des grandes récréations de société en Allemagne : on y joue aux tableaux vivants comme ici aux charades en action. Si ce divertissement n'a jamais été essayé chez nous par les gens du monde, c'est que, peut-être, l'immobilité requise pour de telles représentations n'est possible qu'à des tempéraments du Nord. C'est du Nord aussi que nous viennent ces formes robustes, ces carnations bien nourries qui font le charme du spectacle que donne en ce moment le théâtre de la Porte-Saint-Martin; — car le maillot qu'exige la pudeur municipale n'est nullement rembourré.

Par exemple, nous ne savons trop en vertu de quelle censure on a imposé ici aux femmes de petites jupes de gaze qu'elles ne portaient ni à Londres ni à Bruxelles. Ce scrupule produit un effet beaucoup moins décent que l'honnête nudité, qui rappellerait seulement l'aspect d'un groupe ou d'un tableau.

Hâtons-nous de dire que, grâce à la disposition scénique et au gracieux encadrement imaginé par la direction de la Porte-Saint-Martin, l'effet est beaucoup plus grand à Paris qu'il n'était à Bruxelles et à Londres. On avait d'avance préparé un vaudeville pour cette exhibition; mais, quand les artistes anglais sont arrivés, on s'est aperçu que la pièce à l'étude ne cadrait nullement avec leurs exercices, et l'on a dû improviser en douze heures un divertissement, pour laisser aux tableaux tout leur effet. Ce tour de force fait surtout honneur à M. Pilati, qui a composé la musique de ce petit ballet. Le succès a été immense, et soutiendra longtemps encore celui du *Docteur noir*.

THÉÂTRE DES FUNAMBULES. *Pierrot, valet de la Mort.* — L'élite de la société parisienne s'était portée vendredi dernier au théâtre illustré par feu Deburau. Il y avait dans cet empressement un hommage à ce grand souvenir, et, de plus, une double espérance. Pierrot renaîtra-t-il de ses cendres? la pantomime est-elle morte après lui, comme la tragédie après Talma? Telle était *la question*.

Aussi, ne vous étonnez pas s'il y a quelque chose de funèbre dans le titre cité plus haut. Un premier sourire à travers un voile de dentelle d'Angleterre, ou, si vous voulez, à travers un haillon de gaze noire déteinte, c'est tout ce qu'on pouvait attendre de cette belle veuve éplorée, — la pantomime! La tragédie a pleuré beaucoup plus longtemps, mais c'était son rôle. — Elle a enfin retrouvé de nouveaux interprètes, inspiré de nouveaux génies! La pantomime n'a pas été moins heureuse vendredi soir.

On ne se cachait pas que c'était là un grand événement; la littérature était à son poste, la critique avait préparé des trognons de pomme ; une opposition aveugle a crié tout d'abord : « A bas les lorgnettes ! » Nous avons protesté énergiquement. Quoi ! le peuple n'admettra-t-il pas qu'on ait la vue basse ? En supprimant les lorgnettes, espère-t-il y voir plus clair ?

Non, ce cri n'était que l'œuvre d'une malveillance isolée, et, s'il est au monde un public intelligent, c'est certainement celui des Funambules ; — nous n'en voulons pour preuve que la brochure (encore inédite) qui lui a été dédiée par l'auteur de la pantomime nouvelle, M. Champfleury.

Il commence par établir l'esthétique du genre et poser clairement l'idée sociale qui préside à l'invention de son œuvre : « *L'homme spirituel*, dit-il, se débarrassera définitivement de la Mort ; il tuera, il écrasera la Mort pour arriver à des destinées supérieures : alors il sera délivré des conditions matérielles et relatives qui arrêtent ses progrès ; les facultés psychologiques ou physiques, seules connues et étudiées jusqu'ici, se transformeront en facultés hyperphysiques, et l'esprit jouira de toute sa spontanéité créatrice. »

Cette explication est pleine de clarté ; mais quel est *l'homme spirituel* ? C'est assurément l'auteur.

Voici maintenant l'analyse de la pantomime nouvelle :

Colombine a trois amoureux : Pierrot, Arlequin et Polichinelle. Cassandre est peu touché des avantages matrimoniaux de ces drôles, dont l'un, Pierrot, ne possède que la gourmandise ; le second, Arlequin, que sa batte, et le dernier, Polichinelle, que ses bosses. A défaut d'argent, il faut, au moins, quelque talent à apporter en ménage. Cassandre donnera sa fille au nageur le plus habile. Arlequin saute dans la rivière sans hésiter ; Pierrot, après une longue discussion, jette à l'eau Polichinelle ; pour lui, il n'aime pas l'eau douce, il boit à même la bouteille, pendant que ses concurrents reviennent tout mouillés. On se lance force coups de pied. Après une danse dans laquelle les trois concurrents rivalisent de souplesse et d'agilité, on apporte une cible. Polichinelle tire le premier ; Pierrot, trop curieux, va voir si son rival a mis près du noir ; mais Arlequin, soit par maladresse, soit par méchanceté, lâche son coup ; Pierrot tombe : il est blessé à mort.

Au second tableau, ce pauvre Pierrot est dans son lit, encore plus pâle que de coutume. Colombine, sous prétexte de le soigner, donne dans la chambre du malade un rendez-vous à Arlequin, le préféré. Pauvre Pierrot! à son lit de mort, il voit celle qu'il aime faire des signes d'amour à son rival bariolé. Cassandre et Polichinelle surviennent; mais ils sont tellement bavards et fatigants, que Pierrot est obligé de les chasser de son domicile.

Le docteur arrive, tout de noir habillé. Il inspecte son malade et juge prudent de lui donner ce qu'une Anglaise n'oserait dire : un *remède*. Mais quel remède abondant, si l'on en croit l'instrument! Le naïf Pierrot boit le remède, au lieu de le consommer comme le prescrit l'usage; le médecin jette les hauts cris : il faut paralyser ce remède pris à rebours. On apporte des sangsues dans un verre; Pierrot prend le verre et avale les sangsues. Pour le coup, il est perdu. Le médecin s'enfuit, emportant en guise de payement quelques objets à sa convenance. Pierrot, s'en apercevant, lui jette à la tête ses oreillers, ses matelas; puis, épuisé par ce dernier combat, il expire.

Au troisième tableau, nous sommes dans le cabinet de la Mort. La vieille camarde est entourée de son peuple d'ombres. Un cercueil descend des frises. « Mauvaise recette! » s'écrie la Mort, qui ne trouve que trois défunts : un enfant, un médecin, un pierrot. Cependant ce dernier possède un violon. C'est quelque chose. La Mort, qui, ce jour-là, a l'*humeur grise*, ressuscite Pierrot l'enfariné, à seule fin de se réjouir un peu. Pierrot a très-peur de tout ce qu'il voit et voudrait bien s'en aller ; mais la Mort ne le lâche qu'à la condition qu'il lui enverra Arlequin et Polichinelle.

La fée Vitalia, prévient Arlequin et Colombine de se défier de Pierrot, passé à l'état de vampire. En effet, ce dernier arrive, et la première personne qu'il rencontre, c'est son ex-beau-père, Cassandre, qui jette des cris de terreur, en croyant avoir affaire à un spectre. Pierrot, pour prouver qu'il n'est pas une ombre, demande à manger. On se met à table. Arlequin et Polichinelle, jaloux de n'avoir pas été invités, se glissent derrière la table et enlèvent les mets chaque fois que Pierrot veut manger.

Pierrot finit par découvrir la ruse, et il arrête Polichinelle par le collet, bien décidé à lui faire expier sa rivalité ; mais il se souvient des paroles de la Mort : « Si tu peux faire chanter trois fois à Polichinelle le même air, il est perdu. » Pierrot fait toutes sortes de câlineries au double bossu qui chante deux fois un petit air gai, et qui s'arrête par un pressentiment. Sur ces entrefaites, Arlequin ayant appris la résurrection de Pierrot, vient lui chercher querelle : c'est un duel à outrance. Polichinelle juge prudent de juger le combat. L'infortuné Cassandre, qui arrive par mégarde, reçoit les coups des deux combattants, suivant l'usage antique et solennel de la pantomime.

Au cinquième tableau, Colombine et Arlequin se sont enfuis, peu jaloux de rester plus longtemps auprès d'un père barbare. Colombine s'est déguisée et tient un petit commerce de pâtisseries, — dont l'odeur attire nécessairement le gourmand Pierrot. Il court raconter la nouvelle à Cassandre et à Polichinelle, qui veulent prendre d'assaut la boutique. En présence de ce danger, la fée Vitalia apparaît sur son char et enlève les deux amants.

Le décor change. — Un palais d'un goût indien équivoque sert de retraite à Colombine et à son amant. On ignore quels moyens emploient Cassandre, Pierrot et Polichinelle pour pénétrer dans cet asile. La Mort elle-même vient y faire un tour et accable Pierrot de reproches sur sa maladresse. S'il n'envoie pas tout à l'heure sous terre Arlequin et Polichinelle, il retournera dans son cercueil encore chaud. Une voix se fait entendre ; « Pierrot, cesse de te liguer avec l'ennemi du genre humain, et ton cœur sera ivre de joie ! » Pierrot n'hésite pas ; il rompt son pacte avec la Mort. Celle-ci se fâche à bon droit de ce manque de parole ; mais Polichinelle, qui s'inquiète peu de tous ces détails, s'empare de la faux de la Mort et la fauche sans pitié.

Apothéose. Pierrot, revenu à la vertu, bénit le mariage d'Arlequin et de Colombine.

Nous avons donné quelque étendue à cette analyse, qui vaut bien après tout celle d'un vaudeville ; maintenant, nous n'épargnerons pas à l'auteur les critiques de détail. — La pièce est bien charpentée, mais les derniers tableaux portent l'empreinte d'une certaine précipitation. Les péripéties sont brusques, l'intérêt n'est point ménagé.

Pierrot s'inquiète à peine de remplir les conditions qui lui ont été imposées par la Mort. Son retour à la vertu est trop brusque et n'est nullement motivé. A part ces légers défauts, nous rendrons toute justice au mérite du style (mimique), et nous regretterons surtout que la *danse macabre* du troisième tableau n'ait pas rendu au théâtre tout l'effet que comportait la pensée du poëte.

Pierrot faisant danser les morts au son d'une viole enrouée, c'était une idée romanesque sans doute, mais d'une valeur *objective* incontestable. Là se réalisait, *à priori*, l'argument qui, selon l'auteur, devait amener, *à posteriori*, cette audacieuse conclusion intitulée par lui « Mort de la Mort. » Du moment que la Mort s'amuse à écouter les violons, elle est vaincue : témoin la fable d'Orphée. Il y aurait toute une palingénésie à écrire là-dessus.

Au reste, la philosophie moderne n'a rien formulé de plus clair que cette pantomime en sept tableaux.

XX

NOVEMBRE 1846. — Odéon : *l'Univers et la Maison*, comédie en vers de M. Méry. — Histoire et analyse de la pièce. — Bocage, Delaunay. — Théâtre-Français : *le Nœud gordien*, drame de madame Casa-Maïor. — De la prose rhythmée. — Rentrée de mademoiselle Rachel. — Vaudeville : *le Bonhomme Job*, par M. Émile Souvestre. — Bardou. — *Le Capitaine de voleurs*, par MM. Duvert et Lauzanne. — Arnal. — Porte-Saint-Martin : *la Juive de Constantine*, drame de MM. Théophile Gautier et Noël Parfait. — La théorie du mélodrame. — Légende. — Un loup sur le théâtre. — Décorations et mise en scène. — Scepticisme des Français à l'endroit de l'Algérie. — Opéra-Comique : *Gibby la Cornemuse*, paroles de MM. de Leuven et Brunswick, musique de M. Clapisson. — La pièce et la partition. — Cirque-Olympique : poses plastiques. — Gœthe et son ami Frédéric. — Le maillot au point de vue de l'art et de la morale. — Madame Keller, mademoiselle Denneker. — La plastique et la poésie. — Variétés : *Pierre Février*, par M. Davenne. — La genèse des noms humains. — Étymologie d'Arthur. — Mademoiselle Flore, Bouffé. — Des accessoires vrais. — Gymnase : *l'Article 213*, par MM. Dennery et Gustave Lemoine. — Numa, Landrol, mademoiselle Meley. — Les vieux d'aujourd'hui.

9 novembre.

Odéon. *L'Univers et la Maison*. — Tout Paris était l'autre soir à l'Odéon. Ce phénomène singulier s'expliquait tout naturellement : on donnait une comédie de Méry. Il n'y avait donc rien d'étonnant à ce que la foule inondât les portiques (style racinien) de ce beau théâtre, peu habitué malheureusement à semblable fête. Ce qui était plus surprenant, c'est que Méry, l'homme du caprice et du loisir occupé, l'étincelant improvisateur de charmantes fantaisies, se fût attelé à cette lourde et pesante machine qu'on appelle une comédie en cinq actes en vers. — Voici l'origine de *l'Univers et la Maison* :

Méry descendait la rue Montmartre, frissonnant sous un soleil torride pour nous autres Groenlandais de Paris, et rendu nerveux par cette appréhension des voitures qui ne l'abandonne jamais. Tout à coup, il se sent heurté violemment à l'épaule : « C'est le brancard d'un cabriolet qui va me passer sur le corps! » s'écrie *in petto* le poëte effaré. Cependant, au bout de quelques secondes, comme l'orbe d'aucune roue ne lui broyait les reins, qu'il ne sentait sur sa nuque les fers d'aucun cheval, il se rassura et se hasarda à se retourner.

Au lieu du profil busqué de quelque rosse de place, il aperçut la figure amicale de Bocage. « Oh! mon Dieu, vous m'avez fait peur, dit le poëte marseillais au directeur normand ; je vous avais pris pour un cabriolet. — Il faut absolument, répondit Bocage poursuivant son rêve habituel, que vous me fassiez quelque chose en cinq actes en vers... tout de suite. — Volontiers, répliqua Méry tout heureux de n'être pas écrasé comme il l'avait craint; si c'est une tragédie, vous l'aurez demain. — Non, c'est une comédie ; je manque de comédies pour le quart d'heure. — Alors, c'est différent ; je demande trois jours. » Ce dialogue achevé, le directeur et le poëte se séparèrent.

Quelque temps après, Bocage, à qui l'on doit la justice de dire qu'il provoque à tenter le théâtre les littérateurs de talent toutes les fois que l'occasion s'en présente, avait oublié cette conversation et cette promesse, sachant combien les plus braves reculent devant ce jour formidable de la rampe.

Un matin, il entend frapper à sa porte : — on ouvre, — et Méry paraît armé d'un rouleau plus gros que le bâton de marbre du commandeur, ou les deux *Anti-Catons* dont parle Juvénal. Il posa le rouleau sur la table, et dit d'un ton antique et solennel : « Voilà! » Ce rouleau, c'était le manuscrit de *l'Univers et la Maison*.

L'Univers et la Maison! quel titre à faire travailler l'imagination la plus paresseuse! Il est difficile, quand, une fois le titre d'une pièce s'est étalé sur une affiche en lettres égyptiennes trapues ou en majuscules romaines bien nourries d'encre, de ne pas échafauder dans sa tête un drame quelconque à côté de la donnée encore inconnue de l'auteur.

Aussi chacun se disait : « Qu'allons-nous voir? Quelqu'un de ces Anglais impossibles et fous, forcenés de sang-froid, mathématiciens de l'extravagance, duellistes de l'esprit, héros de la fashion, qui, dans les plus affreux périls, ne songent qu'à la fraîcheur de leurs gants et sortent des gouffres une carte de visite à la main ; — un de ces nababs aux yeux de nacre, au teint couleur de cigare, accroupis en idole de Brahma, sagaces comme des éléphants et caressant avec une nonchalance mystérieuse les colliers de grosses perles qui leur descendent sur la poitrine ; — une autre Héva peut-être, si ce rêve pétri de soleil et de parfums, si cette forme vaporeuse, illuminée du reflet des pierreries et nageant dans un brouillard de mousseline étoilé d'or, n'était pas irréalisable au théâtre. »

Telles étaient à peu près les pensées du public ; car tout le monde a lu ces merveilleux poëmes en feuilletons, *Héva*, *la Floride*, *la Guerre du Nizam !* Mais ce qui formait le fond de la préoccupation générale, c'était de savoir comment on s'y était pris pour faire les tigres. Une œuvre de Méry sans tigres ne se conçoit pas. Le tigre est l'acteur obligé de tous ses drames. « Il aura pris, sans doute, pour collaborateurs Carter et Van Amburg, disait l'un. — Et qui nommera-t-on ? — Pardieu ! le belluaire et le poëte ; le poëte en dernier, car Méry est modeste. »

Quelques habitués refluant de la scène dans la salle prétendirent cependant qu'ils n'avaient vu dans les coulisses aucune cage de fer, ni entendu aucun rugissement, si ce n'est ceux de Bocage se remettant en mémoire les passages véhéments de son rôle. « Nous comprenons. Le jeune premier n'aura pas voulu ajouter cette émotion au trouble inséparable d'un premier début. Les tigres seront représentés par des figurants à quatre pattes habillés de redingotes abricot sur lesquelles on aura cousu transversalement des bandes de velours noir. Il y a au magasin assez de tuniques de troubadour et de costumes de Richard Cœur-de-Lion pour vêtir convenablement toute une ménagerie. »

Les plus modérés se demandaient : « Quelle est la vérité claire comme le jour dont Méry va prendre le contre-pied ? de quel paradoxe s'est-il fait l'avocat ? va-t-il nous prouver qu'il est naturel de marcher sur la tête ? »

La toile, en se levant, fit voir que Méry avait trompé tout le monde : pour paradoxe suprême, il a fait une pièce simple, parfaitement raisonnable, pathétique, vertueuse et morale ; pas le moindre Édouard

Klerbs, pas le moindre Nizam, pas la moindre pagode aux monstrueux bas-reliefs cosmogoniques, pas la moindre forêt de baobabs avec des serpents boas pour lianes; mais une décoration tout unie, un cabinet de travail meublé de bureaux, de cartons, de chaises et d'acteurs en habit noir.

Dans ce cabinet, qui est celui d'un riche industriel, paraît d'abord, un bougeoir à la main, le caissier de M. Doria, l'honnête Duplan, qui pose ainsi son caractère dans un monologue à demi-somnambulique :

> Un commis quelquefois manque à sa destinée ;
> J'étais né pour dormir la grasse matinée,
> Pour avoir à mon ordre un valet dégourdi
> Qui vint me réveiller sur le coup de midi,
> Et le reste du jour, dans ma modeste sphère,
> Trouver quelque travail où l'on n'ait rien à faire.

Le pauvre Duplan a bien mal choisi son patron. M. Doria est la plus parfaite antithèse de son commis; sans cesse dévoré d'une activité fiévreuse, il prend sur son sommeil, sur ses repas, pour travailler; il écrit ou dicte, tous les matins, à chacun cent lettres qui sont emportées aux quatre coins du globe par des courriers convulsifs, courbés sur des chevaux haletants; il en reçoit le double. C'est pour les besoins de cette vaste correspondance que le péon indien jette son sac de cuir au péon qui le relaye, que les steamers brassent avec leurs palettes les vagues savonneuses des océans, que les locomotives éructent et glapissent sur leurs tringles de fer, que les estafettes labourent les flancs de leurs bidets qui fument dans le brouillard; que d'enveloppes et de cire use cet homme infatigable! oh! que les jours ne durent-ils six mois comme les jours polaires!

A peine si l'aurore fait pâlir les bougies et déjà pleuvent les dépêches de Birmingham, de Liverpool, de Taganrog, d'Arkhangel, d'Odessa; comme le dit Duplan : « Tous les matins,

> C'est une promenade autour de l'univers ! »

Doria, l'esprit occupé de régions étrangères et d'expéditions lointaines, perd le sentiment de ce qui l'entoure. Pareil à ces presbytes qui ne peuvent voir les objets qui sont placés près de leurs yeux, Doria ne distingue les choses qu'à deux mille lieues de distance. Il en remontre à la police du Bengale et lui envoie de Paris les indications nécessaires pour arrêter un forban, mais il ne soupçonne pas le fripon qui s'insinue dans sa maison et ses affaires; il ignore que son fils a dissipé avec une cantatrice milanaise, Gesualda Braschi, les riz du Piémont qu'il était chargé d'accaparer; il ne s'aperçoit pas que sa femme languit dans l'isolement d'une maison de campagne, implorant en vain un regard d'amour, une parole tendre, un serrement de main sympathique; que sa fille connaît à peine le visage paternel et reste embarrassée devant lui comme devant un étranger. S'il arrive, c'est pour dire : « Je m'en vais; » s'il demeure un instant, aussitôt le maudit portefeuille s'ouvre, la plume crie, les papiers s'amoncellent, les spéculations s'ébauchent et des conversations en partie double s'engagent avec les cinq parties du monde, la Polynésie comprise. Oh! que cet ardélion eût été malheureux dans l'antiquité, où la moitié de la terre restait encore dans le vague de l'inconnu, et que la géographie de Strabon et celle de Ptolémée lui eussent paru incomplètes! — Si Christophe Colomb ne l'eût devancé, il eût été capable de découvrir l'Amérique, pour y fonder un comptoir!

Sans doute, le désir de gagner honorablement une grande fortune n'a rien en soi de blâmable; l'activité est bonne; mais n'est-ce pas se tromper sur le but de la vie que d'oublier, en vue d'une opulence future, les saintes joies de l'amour et de la famille, de se retrancher tout ce qui fait le charme de l'existence, de passer en aveugle à travers les merveilles de la création et des arts, sans autre verdure que « le vert du rideau, » comme dit Sainte-Beuve, sans autre symphonie que le son des écus bruissant avec un grincement métallique? Mille francs de rente de plus dans vingt ans valent ils une journée de jeunesse passée au fond des bois, perdu dans l'herbe, au milieu des douces émanations de la séve et du feuillage, à côté d'une femme qu'on aime; une soirée à écouter, dans une loge obscure, les vers d'un grand poëte tomber goutte à goutte sur votre âme comme une rosée céleste? Faut-il tant de millions pour jouir du ciel bleu, des tableaux de Raphaël, des marbres de Phidias, des opéras de Rossini? — Pauvre Doria! il a l'univers, mais la nature lui échappe. Pour lui, hors du travail, rien n'existe. S'il admet la brise, c'est à la condition qu'au lieu de caresser les cordes de la harpe éolienne, elle fera tourner les ailes d'un moulin. Aussi répond-il sérieusement qu'il y songera à Duplan, qui lui donne, dans les plus jolis vers du monde, le conseil d'utiliser la Seine, sa voisine :

> En la saignant, on peut établir une usine
> Sur ce rivage oisif dont vous ne faites rien ;
> Il faut sur tous les points utiliser son bien.
> Comment donc ! vous souffrez qu'une rivière joue
> Avec vos fleurs, ici, sans tourner une roue ?
> Indolente chez vous comme un fleuve espagnol,
> Elle chante, elle dort, entend le rossignol,
> S'amuse avec les ponts, tendrement les caresse,
> Et devant votre ardeur étale sa paresse !
> Ah ! c'est trop fort ! donnez un ordre maintenant.
> Et faites travailler ce fleuve impertinent !

Autour de Doria rôde une espèce de Beaujon, Tartufe industriel inventeur d'un certain chemin de fer du Gange et de plans de colonisation en Algérie. Ce personnage, plus adroit que le pauvre homme de Tartufe, ne s'amuse pas à courtiser madame Doria : — les mères n'ont pas de dot; — il vise à la fille, un ange avec une auréole de vingt mille écus de rente. Oh! soyez tranquille, celui-là respectera la femme de sa dupe.

Isaure, qui n'est pas, à beaucoup près, aussi occupée que son mari de ce qui se passe dans l'autre hémisphère, a deviné Beaujon avec ce sublime instinct maternel qu'aucune hypocrisie ne peut tromper. Les tirades sur la cochenille et l'indigo ne lui imposent guère. Elle a choisi pour sa fille un mari digne d'elle, un ami de son Edgard, jeune homme charmant que Doria rejette comme rêveur et paresseux.

A cette villa de Meudon, où le négociant ne fait que de rares apparitions, un certain comte d'Orive, s'autorisant du voisinage et d'une parenté lointaine, fait de fréquentes visites. On devine bien pourquoi, et c'est ici qu'il faut admirer l'art et la délicatesse du poëte ; il n'est pas question d'amour un seul instant entre Isaure et le comte d'Orive, et cependant, on sent qu'ils s'aiment; le péril existe. La moindre étincelle mettra le feu à ce baril de poudre.

D'Orive peut, en homme d'honneur, s'asseoir à la table de Doria. Isaure n'a rien à se reprocher, ni un regard chargé de langueur, ni un soupir de regret pour un bonheur impossible, ni une main trop mollement oubliée dans l'étreinte amicale ; mais son âme sympathise avec celle de d'Orive; son mari, toujours infatué de chimères commerciales, n'a pour elle qu'une affection si distraite! Doria l'a épousée en passant, par caprice, dans un moment d'oisiveté forcée, comme il le raconte lui-même :

> Un jour, moi, voyageant, j'arrive au Sénégal,
> Mais par un pur hasard, une erreur de boussole.
> On m'invite à dîner; je vois une créole
> Avec des cheveux noirs et de grands yeux luisants;
> Riche, ce qui vaut mieux ; jeune, elle avait quinze ans.
> Trente-quatre degrés consumaient l'atmosphère,
> Je desséchais d'ennui, je n'avais rien à faire,
> Mon vaisseau par la mer était avarié,
> Je m'infusai l'amour et je me mariai.

Vous pensez bien qu'un mariage fait sous de pareils auspices ne peut pas être des plus heureux. Ce n'est pas que Doria soit un méchant homme, un tyran domestique; il abandonne sa femme, il l'oublie, la supprime, l'annihile : ses pensées pleines d'échéances, de reports, de crédits, de commandites, ne se rencontrent jamais avec celles d'Isaure, qui, mariée, vit dans une solitude plus complète que si elle était veuve.

Un passage charmant est celui où Isaure, qui assiste à une représentation d'un opéra de Rossini, rentre dans le salon de sa loge, l'œil étincelant d'enthousiasme, le sein palpitant, comme si dans la musique elle avait entendu l'aveu d'un amour tel qu'elle le rêve.

Pour le coup, Doria s'imagine que sa femme a perdu la cervelle, et il s'éloigne pour aller causer, au foyer, de quelque nouveau projet.

— D'Orive entre bientôt après et voit le trouble d'Isaure. Quelques mots échangés où l'amour se trahit par des phrases vagues et comme détournées à dessein, font comprendre à d'Orive qu'il doit se taire à tout jamais,

> Et, s'imposant toujours ce que prescrit l'honneur,
> Lui rendre le repos en perdant son bonheur.

Une idée d'une poésie charmante, c'est d'avoir fait intervenir dans cette scène, au moment où elle pouvait devenir dangereuse pour la vertu d'Isaure, enivrée par la mélodie et froissée par la nonchalance maritale, une inquiétude maternelle, une espèce de pressentiment du danger que court son fils. La mère sauve la femme.

En effet, le pressentiment d'Isaure ne la trompait pas. La cantatrice milanaise a été engagée à Ventadour; Ludovic en est plus amoureux que jamais, et, dans un entr'acte, il a été lui rendre visite sur le théâtre. Mais laissons-lui raconter lui-même son aventure :

> Oui, j'avais dévoré trois siècles en deux heures,
> Et j'entrais, contenant ma joie intérieure,
> Sur la scène, où rôdait un peuple de bouffons.
> Les coulisses sur moi secouaient leurs plafonds,
> Et je voyais trembler, de la base à la frise,
> Les palais de carton d'une ignoble Venise.
> Othello, doge, peuple accouru du Lido,
> Regardaient le public par les trous du rideau.
> Elle n'était pas là... Je la demande au doge,
> Qui me répond : « Monsieur, je la crois dans sa loge. »
> Othello, qui dînait l'autre soir avec nous,
> Me sourit sous le noir et, de l'air le plus doux,
> Me l'indique. Je frappe ; une voix ravissante
> Dit : « Que demande-t-on ? — Vous ? — Moi ? Je suis absente ! »
> Et j'entends des éclats de rire forcenés,
> Et la porte aussitôt se ferme sur mon nez.
> Moi, naïf, j'avais mis ma confiance en elle ;
> Je me place pourtant comme une sentinelle
> Au coin du corridor, et dans l'ombre du mur ;
> Mon cœur devait avoir cent degrés Réaumur.
> Un quart d'heure écoulé, la porte crie et s'ouvre ;
> Je me frotte les yeux pour voir clair et découvre
> Un monsieur qui comblait le fond du corridor
> Avec sa barbe noire et ses deux chaînes d'or.

> Desdemone, le bras tordu sur son épaule,
> Le suivait, fredonnant la romance du saule ;
> Et lui se prélassait avec cet air heureux
> Que devant les jaloux prennent les amoureux.
> Je n'ai pu contenir le volcan de ma rage :
> Sur le couple flétri j'ai déchaîné l'outrage ;
> Et, l'autre ayant voulu prendre le même ton,
> Ce gant a balayé sa barbe et son menton.

« Et quel est le nom de votre adversaire, répond d'Orive à Ludovic ? — Je n'en sais rien ; j'ai seulement entendu dire que c'était un prince. — Un prince ?

> — Piémontais !
> Bah ! prince comme moi, prince de vaudeville,
> Comme Scribe chez nous en a couronné mille ;
> Je crois qu'en se couchant un peu sur le côté
> Il couvre le terrain de sa principauté. »

Ce passage a beaucoup fait rire. — Le prince de Monaco, Florestan Ier, se trouvait à cette première représentation, car il s'intéresse aux choses de théâtre, en sa qualité d'ancien figurant de la Gaieté. Les regards et les lorgnettes se sont involontairement tournés vers sa loge. Le prince, homme d'esprit, applaudissait à tout rompre.

A l'acte suivant, Doria donne une fête splendide dans laquelle il veut présenter Beaujon comme son gendre à ses commettants et à ses invités ; rien ne l'arrête, ni les représentations d'Isaure, ni la pâleur et l'abattement de Marie. Il ne connaît rien à toutes ces jérémiades. Que manque-t-il à sa femme, à sa fille ? ne sont-elles pas riches, entourées de toutes les recherches du luxe ? « Oui, répond Isaure,

> On donne un bal ; on met une maison en fête ;
> On l'illumine à jour du vestibule au faîte.
> Quel délire ! quel bruit ! quel superbe coup d'œil !
> Les maîtresses du bal seulement sont en deuil.
> Tout un peuple joyeux au plaisir s'abandonne,
> Et tout danse excepté la femme qui le donne. »

Peu à peu les convives s'éloignent ; Beaujon, qui a essayé de tous les langages, est forcé de se retirer devant le haut dédain et la froideur glaciale d'Isaure. Duplan accourt tout hors de lui, inquiet de ce qu'est devenu Ludovic. Isaure l'interroge; il s'embrouille dans une histoire saugrenue; il suppose, pour expliquer l'absence du jeune Doria, un souper aux Frères-Provençaux avec une actrice.

> — Et comment Ludovic connaît-il cette actrice?
> — Il ne la connaît pas du tout ; c'est un caprice.
> Nous sommes tous ainsi, les hommes : nous prenons
> Des femmes au théâtre et sans savoir leurs noms.

Il fallait voir l'air d'embarras pudique et de fatuité rougissante avec lequel ce bon Duplan, excellemment représenté par Alexandre Mauzin, débitait ces sornettes incohérentes.

La mère comprend tout, et quitte la fête, emmenant sa fille avec elle ; l'infâme Beaujon profite de cette absence pour verser d'affreux soupçons dans l'âme de Doria ; sa femme est la maîtresse de d'Orive ; sa fille s'est fait enlever par Edgard.

Telle est l'explication qu'il donne de la disparition des deux femmes.

Tout s'éclaircit à l'acte suivant. Doria retrouve Isaure et Marie auprès de Ludovic, blessé légèrement au bras ; rien de ce qu'il craignait n'est arrivé, mais il a compris tout le péril de sa situation ; il aura désormais des relations moins intimes avec le Canada et plus fréquentes avec sa famille. — Beaujon est démasqué par un article de journal qui prouve que le chemin de fer du Gange n'a jamais existé, il s'en va faire ailleurs d'autres dupes, et la pièce se clôt par ces vers que prononce Doria et qui en sont comme le résumé :

> Je liquide aujourd'hui ; car les deux hémisphères
> Ont pour mes faibles yeux un trop vaste horizon.
> Je quitte l'univers, et garde la maison.

Bocage a joué avec son talent accoutumé le rôle difficile de Doria. — Un jeune homme inconnu, nommé Delaunay, s'est révélé subitement, dans le rôle de Ludovic, le jeune premier le plus accompli de Paris. Il a dix-huit ans, un extérieur agréable, du feu, de la candeur, une voix nette et mordante, toutes les qualités de l'emploi.

Nous ne faisons pas l'éloge de la pièce de Méry, nous avons transcrit ses vers en aussi grand nombre que possible; c'est la meilleure louange.

16 novembre.

Théâtre-Français. *Le Nœud gordien.* — *Rentrée de mademoiselle Rachel.* — Madame Volnys, ou, si vous le préférez, madame de Clavière, continue de ne pas payer le billet d'amour souscrit au profit du comte de Mauléon, dans *le Nœud gordien.* En vain le créancier, son effet protesté à la main, poursuit sa débitrice et la somme de se rendre au kiosque où le remboursement doit s'opérer en espèces ayant cours; madame de Clavière persiste dans l'idée bizarre d'être fidèle à son mari, et, devant une salle assez bien garnie, soupire ses inquiétudes en une prose où les vers blancs fourmillent.

Ces alexandrins sans rime occupent et trompent l'oreille d'une manière désagréable, et donnent au style quelque chose de pénible, de tendu et de contourné. Les vers blancs, mêlés à la prose, nous paraissent une recherche inutile. On peut arriver au nombre sans procéder syllabiquement; et, en dehors du mètre, les bons prosateurs obtiennent des effets d'harmonie très-sensibles. Nous croyons juste l'axiome suivant : « Toute prose qui renferme des assonances et des fragments mesurés, ne vaut rien. »

Madame Casa-Maior a procédé ainsi par le besoin de soutenir les phrases et de ne pas laisser tomber la voix des acteurs : en effet, ce qui est écrit pour être dit doit avoir une forme différente de ce qui est destiné à être lu. La déclamation demande un tout autre système de périodes, de temps d'arrêt et de longueurs. Mais on peut arriver à ce résultat par des procédés tout différents. La magnifique prose de *Lucrèce Borgia*, aussi rhythmée, aussi sonore que les plus beaux vers, est le meilleur exemple à citer.

Toutefois, malgré sa marche un peu embarrassée, sa diction pénible, son esprit amené souvent de bien loin, et un caractère antipathique quoique vrai, la pièce de madame Casa-Maior ne manque pas d'une certaine puissance, et quelques morceaux ont une vigueur toute virile.

Mademoiselle Rachel a fait sa rentrée dans *les Horaces*, *Phèdre* et *Cinna*, rentrée triomphale s'il en fut. A peine remise de la maladie qui l'avait éloignée quelque temps de la scène, la jeune tragédienne a produit plus d'effet encore que d'habitude ; c'est un spectacle émouvant et sublime que celui de cette lutte de la volonté contre la défaillance physique. Plus l'actrice est pâle, plus le regard a de noire profondeur ; plus les lignes de sa belle tête s'amaigrissent, plus elles laissent transparaître le feu sombre de l'âme ; le nerf donne ce que le muscle refuse, et, une fois la langueur secouée et l'inspiration venue, il sort de cette faible poitrine et de ce col mince des cris et des accents de rage à briser un torse d'Hercule.

VAUDEVILLE. *Le Bonhomme Job*. — *Le Capitaine de voleurs*. — Le Vaudeville a changé de directeur. C'est maintenant M. Lockroy qui porte ce sceptre, orné de grelots fort lourds, à ce qu'il paraît, puisqu'il a fatigué des mains assez robustes. Nous souhaitons de toute notre âme meilleure chance à M. Lockroy qu'à ses prédécesseurs, car c'est un homme intelligent et doublement recommandable comme acteur et comme auteur. Il a créé de beaux rôles et fait de charmantes pièces. S'il ne se connaît pas en matière théâtrale, personne n'y entendra rien. M. Lockroy a du bonheur, il hérite de deux succès : *le Bonhomme Job* et *le Capitaine de voleurs*.

Le Bonhomme Job, de M. Émile Souvestre, est un vaudeville du genre non pas larmoyant, mais attendri ; Bardou y est parfait de naturel, de fine bonhomie et de sensibilité contenue. Quel excellent acteur ! quel jeu simple et franc ! quelle vérité naïve ! Nous trouvons que l'on ne rend pas à ce délicieux comique toute la justice qu'il mérite.

Dans *le Capitaine de Voleurs*, de MM. Duvert et Lauzanne, il ne s'agit pas d'une intrigue plus ou moins adroitement enchevêtrée, de ridicules observés avec esprit ; toute la pièce est contenue dans ces mots : Arnal, capitaine de voleurs ! En effet, cet honnête Arnal, si étonné, si naïf, si chaleureux dans ses niaiseries, qui peut se le représenter, sans rire, affublé d'un manteau écarlate, d'un chapeau pointu à plume de coq, sanglé d'une ceinture pleine de pistolets ? Comment ce digne garçon a-t-il si subitement changé de mœurs et de caractère ?

Arnal est amoureux d'une charmante personne nommée Armande, qu'il veut fuir et retrouve partout avec un hasard si obstiné, qu'il ne peut le croire naturel. Pour se soustraire à cette obsession, il cherche à passer en Amérique. Un rival lui conseille, pour faire le voyage gratis, de prendre le nom de Gaspard de Bès; ce Gaspard est un redoutable bandit, auquel le gouvernement a promis de faire grâce s'il se livrait lui-même : Arnal trouve le conseil excellent et dit à M. de Cavaille, le maire de Brignolles : « Je suis Gaspard de Bès et j'ai envie d'aller en Amérique. » Le maire, qui se meurt de peur, promet tout jusqu'à ce que la maréchaussée soit arrivée; alors on vous met bel et bien les menottes à maître Arnal, qui ne comprend rien à la chose.

Un domestique de M. de Cavaille, brigand affilié aux bandes qui infestent les gorges d'Ollioules, fait évader le prétendu Gaspard de Bès par admiration pour un si grand artiste, et le présente à la troupe, qui lui décerne le commandement tout d'une voix. Ces bandits ont les noms les plus euphoniques et les plus melliflus : Fleur-des-Bois, Pimprenelle, Serpolet, Romarin, sans doute par antiphrase. — Le premier *travail* qui se présente est une chaise de poste à détrousser, et, par une fatalité singulière, les voyageurs se trouvent être précisément mademoiselle Armande, sa gouvernante et le chevalier de Porquerolles, aspirant à la main de la jeune fille, qui se rendait chez une de ses tantes, et qu'il a détournée de son chemin en subornant un postillon.

La situation deviendrait embarrassante, si M. de Cavaille n'arrivait à la tête d'un détachement de gendarmerie; l'innocence du chef de voleurs est facilement prouvée au moyen d'une lettre qui constate sa qualité. Il est, non pas Gaspard de Bès, mais bien M. de Berlaudier, élève de Jean-Jacques. Quant à M. de Porquerolles, c'est un gredin, comme il appert d'une autre lettre remise à M. de Cavaille, par un des voleurs, et il ne peut épouser Armande; puisqu'il est marié et père de trois enfants. Rien ne s'oppose donc plus à la félicité de M. de Berlaudier.

Arnal est aussi Arnal dans cette pièce que dans toutes les autres. C'est constater un succès de fou rire.

PORTE-SAINT-MARTIN. *La Juive de Constantine.* — Maintenant, nous voici arrivés à un point assez délicat de notre feuilleton : il nous faut tendre une de nos mains à la férule dont nous avons tant de fois cinglé de bons coups sur les paumes des autres. Jeudi soir, il s'est joué à la Porte-Saint-Martin, une pièce intitulée *la Juive de Constantine*, dans laquelle nous avons plus ou moins trempé et qui a excité, pendant l'un de ses actes, assez de tumulte pour que nous ayons cru devoir réclamer à la fin une part des sifflets et des murmures.

Nous avouons humblement que, depuis longues années, notre ambition était de faire un mélodrame. Mais comment le faire, ce mélodrame? quelle poétique consulter, quelles règles suivre, à quelle autorité s'en rapporter? Aucun Aristote n'a tracé de préceptes pour ce genre de composition; l'esthétique et l'architectonique n'en sont fixées nulle part. Quelles qualités doit avoir un bon mélodrame? De quelle nature est le sublime auquel il peut atteindre? Longin garde là-dessus le plus profond silence; les poëmes épiques et les tragédies se font d'après des recettes bien connues; mais tous les critiques et les grammairiens ont reculé devant la tâche difficile d'écrire la théorie du mélodrame. A le prendre dans son acception propre, mélodrame veut dire action accompagnée de mélodie, ou, plus rigoureusement, mélodie accompagnée d'action; ce qui nous paraît une définition tout aussi applicable à l'opéra.

Que nous restait-il à faire dans une semblable conjoncture? A étudier les maîtres, à tâcher de surprendre leur secret dans leurs œuvres. O Guilbert de Pixérécourt! ô Caignez! ô Victor Ducange! Shakspeares méconnus, Gœthes du boulevard du Temple, avec quel soin pieux, quel respect filial, à la lueur déjà pâlissante de la lampe, cette amie nocturne qui semble travailler avec vous, nous avons étudié vos conceptions gigantesques, oubliées de la génération présente! que de fois l'aurore nous a surpris courbé sur quelque œuvre prodigieuse comme *les Ruines de Babylone*, *Hariadan Barberousse*, *Robert, chef de brigands*, *l'Aqueduc de Cozenza*, *Tékéli*, et autres pièces admirables!

Pourtant, après plusieurs mois de contemplation et de rêverie, nous avons craint, si nous adoptions le style et le goût de ces hommes illustres, d'être accusé de pédanterie et d'archaïsme, comme les peintres qui, par affectation gothique, détachent leurs figures de fonds d'or et imitent les formes grêles et symétriques de Pinturiccio, de Cimabue et d'Orcagna. En outre, la langue, depuis ces grands maîtres, a beaucoup varié, et un ouvrage composé dans le dialecte dont ils se servaient, n'eût peut-être pas été compris sans glossaire, grave inconvénient pour la scène.

Des maîtres anciens, nous avions passé aux maîtres modernes, tout aussi grands, tout aussi vénérables, bien que la consécration du temps leur manque; vos brochures, achetées chez Marchant, chargeaient notre table, ô Bouchardy! ô Francis Cornu! ô Maillan! ô Desnoyers! ô Dennery! maîtres puissants et compliqués dont les charpentes, plus enchevêtrées que les forêts de poutres des clochers de cathédrale nous ont coûté tant de laborieuses épures, lorsqu'il nous fallait les reproduire dans notre feuilleton; nous contemplions avec envie, en tête de vos pièces, ces belles vignettes gravées sur bois par Faxardo, qui atteignent presque à la sublimité des illustrations de la Bibliothèque bleue, et que ne renierait pas l'école moscovito-byzantine d'Épinal.

L'occasion de réaliser ce désir se présenta : pendant notre séjour à Constantine, on nous conta une histoire qui nous parut, à nous et à notre compagnon de voyage Noël Parfait, pouvoir fournir le thème d'un mélodrame.

Il existait, nous dit-on, dans le cimetière juif, deux ou trois tombes vides, bien qu'elles portassent des épitaphes. Ces tombes étaient celles de jeunes filles israélites parfaitement vivantes, mais qui avaient eu la faiblesse d'écouter les suggestions amoureuses des chrétiens; pour cette faute, la tribu les avait rejetées de son sein et frappées de mort civile en leur faisant subir de fausses funérailles. Ces pauvres filles jouissaient du singulier privilége de pouvoir lire la date de leur décès, inscrite sur la pierre et de jeter elles-mêmes des fleurs sur leur propre monument. Quand les autres juifs les rencontraient par les rues, ils affectaient de ne pas les voir et ne répondaient pas si elles leur adressaient la parole. — Une convention tacite les supprimait de la face du monde; le silence et l'oubli les enterraient déjà plus qu'à moitié. — L'une d'elles, dont l'amant fut tué dans un combat, errait à travers Constantine comme un spectre diurne, épouvantée d'elle-même, l'égarement de la folie dans les yeux et la pâleur du sépulcre sur les joues ; semblable à Jane Shore, elle se traînait de seuil en seuil, hâve et maigrie, et frappait à toutes les portes qui s'ouvraient et se refermaient aussitôt sans laisser passer la parole de commisération ou le morceau de pain qu'elle implorait. Cela ne dura pas longtemps ; la tombe vide, frustrée un moment, rouvrit sa mâchoire et avala sa proie.

Ce récit nous fit une vive impression ; cette sévérité antique de la tribu et de la famille, considérant comme morte toute fille ayant manqué à ses devoirs ; cette situation étrange d'un être plein de vie dont on fait les funérailles, et qui peut, en allant et venant, effleurer son tombeau de sa robe ; cette existence nouvelle à se créer, dans un amour qui doit désormais tenir lieu de patrie, de parents, d'amis, de tout ce qui compose les relations humaines et fait qu'on n'est point une forme vague errant au hasard ; — tout cela nous semblait ne pas manquer d'une certaine grandeur et d'une certaine poésie.

Peut-être était-ce plutôt un poëme qu'un drame, surtout comme on l'entend aujourd'hui ; — le sujet prêtait à des développements, à des tirades mélancoliques que le besoin d'action et de rapidité dont le public s'est fait une habitude à laquelle on ne peut contrevenir sans péril, aurait difficilement permis.

Toutefois, Noël Parfait, homme expert en ces sortes de choses, et connu par le succès de *Fabio le Novice*, du *Retour de Sibérie*, et autres productions recommandables, construisit sur cette donnée une charpente dont les mortaises avaient l'air de se bien emboîter les unes dans les autres, et de présenter assez de solidité pour soutenir les poignées de plâtre et les colombages destinés à remplir les interstices et à parachever la construction dramatique.

A cette carcasse, nous appliquâmes, d'une main tremblante et comme émue de tant d'audace, des panneaux de dialogue en style soigneusement imité des classiques du genre, n'employant une phrase qu'appuyée de bons exemples; rejetant comme mots *d'auteur* toute expression qui ne se trouverait pas dans Benjamin Antier, Antony Béraud ou quelque autre non moins recommandable.

Une seule fois, entraîné par un souvenir shakspearien, nous avions parlé des bouffées de colombes bleues, voltigeant dans l'abîme du

Roummel et des cigognes blanches qui laissent tomber des serpents sur les toits ; mais cette réminiscence du *martinet volant autour des donjons* de Macbeth, a été effacée presque aussitôt qu'écrite ; une révision sévère du texte nous permet d'affirmer qu'aucune faute de ce genre ne s'y reproduit.

Grâce à ces sacrifices, nous avons pu croire à un succès pendant la première partie de la soirée. Le public laissait paisiblement la claque s'évertuer aux endroits convenables ; ce qui est aujourd'hui la manière d'applaudir du public.

La Juive de Constantine avait cheminé d'un pas sûr jusqu'au quatrième acte ; les hommes de la chose trouvaient la pièce *carrée*. Personne ne nous avait encore accusé de style et de fantaisie, termes honnêtes dans lesquels on exprime aux auteurs que leur ouvrage manque de *planches*, de *trucs* et de *ficelles* ; tout à coup, nous entendons à côté de nous, derrière un portant, une voie effarée qui s'écrie : « Ciel ! un *loup !* » Et aussitôt de violents murmures partent de la salle.

« Qui diable peut s'amuser à lâcher un loup sur la scène ? pensâmes-nous à cette exclamation bizarre. Un chat malveillant qui traverse la scène avec une majestueuse lenteur, cela s'expliquerait, il y a des précédents ; mais un loup ! En fait d'animaux dramatiques, nous ne connaissons que les *ours*. »

Nous eûmes bientôt le mot de l'énigme : un loup, en argot de coulisse, est le vide laissé entre la sortie d'un personnage et l'entrée d'un autre qui ne doit point voir le premier. Cet intervalle, fût-il d'une seconde, constitue une faute de mise en scène, du moins au point de vue moderne ; car Molière, Racine et Corneille sont de vraies forêts des Ardennes pour la quantité de *loups* qu'ils renferment.

Or, il y avait un loup dans le quatrième acte, et cette bête féroce, d'un coup de gueule vorace, faillit avaler notre pièce.

Le public de la Porte-Saint-Martin est d'une nature toute particulière, surtout celui des premières représentations ; il est à la fois artiste, lettré et populaire, composé de gens du monde et de spectateurs naïfs, de journalistes et de blagueurs : on y voudrait de l'Eschyle charpenté comme du Bouchardy, et amusant comme *l'Au-*

berge des Adrets, — plus le style de Racine ou de Fénelon pour les délicats. — Certes, un pareil idéal n'est pas à dédaigner; Hugo et Dumas l'ont réalisé trois ou quatre fois. — Mais que peut un pauvre mélodrame devant de semblables exigences ?... Réussir à la seconde représentation.

Oh! si le farouche Kabyle qui fait le rôle du traître, avait eu l'idée de tirer d'un pli de son burnous la tabatière monstrueuse dont Frédérick Lemaître sait si bien faire grincer la rauque charnière, quel succès et quels applaudissements il eût obtenus! car, au fond, c'était là ce que le public voulait, et, en effet, la chose n'eût pas été médiocrement divertissante.

La manière dont les objets s'éclairent au jour de la rampe et selon la disposition des spectateurs, est vraiment bien curieuse. Ce quatrième acte a été troublé par des rires dont nous ne voulons pas suspecter la franchise; il n'avait cependant rien de très-bouffon en soi-même; il se passe dans un cimetière, aux rayons douteux d'une lune coupée de nuages, et représente la jeune juive qui sort de son cercueil menteur, apparaît comme une ombre à son amant, et jette, avant de quitter à jamais sa patrie, une larme et une fleur sur la tombe de sa mère près de laquelle elle vient de reposer. Cela n'est sans doute ni neuf, ni étonnant; mais, à coup sûr, ce n'est pas gai, et nous confessons en toute sincérité que nous n'avions pas soupçonné cette source de comique. Il y avait peut-être trop d'arbres dans la décoration, et tous ces cyprès auront mis le public en belle humeur; pourtant, à la répétition générale, cet acte avait attendri les pompiers de service, et quelques femmes de machinistes avaient porté leur mouchoir à leurs yeux aux passages trouvés les plus drolatiques.

Le cinquième acte a passé avec plus de bonheur, et le sérieux était assez rétabli pour qu'un mannequin, jeté au torrent du haut d'une roche, ne l'ait pas troublé, de sorte que notre nom et celui de Noël Parfait purent être prononcés sans trop d'opposition.

Ces réserves faites, nous pouvons louer sans restriction aucune le soin avec lequel la direction a mis la pièce en scène; ces éloges à des détails purement matériels ne nous feront pas accuser d'amour-propre

Les costumes sont d'une exactitude rigoureuse, et le tableau que présente, au premier acte, la place du Fondouk à Constantine est aussi vrai qu'animé ; on y reconnaît le Kabyle, le Biskri, le Mozabite, le Bédouin, le More, le Juif, et tous les types de ces différentes races à des détails caractéristiques ; le grand chapeau de paille orné de plumes d'autruche et de morceaux de drap de couleurs vives, la couleur, la coupe et l'étoffe des burnous, la façon de tourner la corde de poils de chameau autour du haïk, la forme des fusils et des cartouchières, tout a été étudié avec un soin et une conscience rares.

La décoration du second acte, qui n'est pas de celles que la foule applaudit, fait le plus grand honneur à M. Devoir ; c'est le morceau le mieux peint qui soit sorti de sa brosse ; elle représente tout simplement la cour d'une maison juive à Constantine. Ne vous attendez pas à cet orient de café Turc, composé d'arcs en cœur, de colonnes d'albâtre et d'œufs d'autruche : il n'y a là que des murailles toutes nues, plâtrées de couches de chaux qui s'exfolient, grenues, égratignées et lumineuses comme un Decamps, où s'ouvrent quelques portes vermoulues avec leurs fermetures primitives ; une galerie de piliers de brique d'où pendent quelques bouts de tapis, un toit de tuiles désordonnées se découpant sur un ciel d'un bleu tranquille ; un nid de cigogne sur le chapiteau d'une cheminée qu'il obstrue. En regardant ce décor, nous avons éprouvé comme un effet de mirage, et il nous semblait être encore dans la ville d'Akhmet-Bey.

La vue des chutes du Roummel, exécutée d'après un croquis de Dauzats, est d'un bel effet ; les deux gigantesques arches naturelles qui relient les deux côtés du précipice, et qu'on pourrait croire faites de main d'homme, tant leur courbure se dessine régulièrement, forment une belle perspective toute baignée de lumière et de vapeur ; la ville, perchée sur la cime du roc comme une aire de faucon, se découpe avec fermeté sur la rougeur du matin.

L'aspect du camp kabyle est aussi fort bien rendu ; ce sont bien là les oliviers au tronc monstrueux, les caroubiers trapus, les figuiers aux feuillages métalliques, toute cette puissante végétation dont on croit l'Afrique dénudée. — Un divertissement fort gracieux et empreint d'autant de couleur locale que les exigences chorégraphiques le permettent, se détache heureusement de ce fond de paysage et fait honneur au talent de M. Ragaine et du corps de ballet qu'il commande.

A la seconde représentation, la coupure de deux ou trois entrées trop rapprochées les unes des autres, a allégé la marche de la pièce, qui n'a plus soulevé la moindre opposition.

Nous avions pensé qu'un spectacle fidèle du mélange des diverses populations qui s'agitent sur le sol de l'Afrique pourrait, en dehors de toute combinaison dramatique, intéresser le public français ; mais nous avons découvert, depuis, que le public français ne croit pas à l'Algérie ; seize ans de possession n'ont pas encore rassuré sa défiance là-dessus. Il pense que l'Algérie est peuplée de marchands de dattes de la rue Vivienne. Le Bédouin et le Kabyle, qui nous ont coûté tant de millions et tant de héros, ne sont pas encore pour lui des êtres sérieux ; il ne les envisage que comme des grotesques habillés de draps sales et frottés de jus de réglisse. Éminemment sceptique et ayant toujours peur d'être trompé, le public français se garde bien de donner dans le *godant* de l'Afrique ; il admettrait les Kabyles dans une farce où toute une tribu serait mise en déroute à coups de bâton par une vivandière ou un zéphyr, mais non sous un autre aspect. Et pourtant nous les avons vus, ces stoïques barbares, ces descendants des Carthaginois et des Numides ; drapés dans leurs toges romaines, avec leurs gestes et leurs poses de statue, leurs regards lumineux et noirs, leur tristesse sereine et leur majesté primitive, certainement ils n'avaient rien de facétieux.

A présent, rendons aux acteurs la justice qui leur est due : Raucourt, merveilleusement grimé, a très-bien compris et joué le rôle de Nathan. Mademoiselle Grave, charmante sous son costume de juive, avec la bandelette de velours noir relevée de paillon rouge et d'arabesques d'or qui ceint le front, le triple rang de perles qui encadre l'ovale de sa tête, a fait preuve d'intelligence et de sensibilité. Mademoiselle d'Harville a déployé beaucoup d'énergie dans le rôle de la jeune fille kabyle, dont elle porte très-noblement le sauvage et pittoresque costume. Clarence s'est montré élégant et simple sous l'uniforme du capitaine Maurice d'Hervière. Quant à Grailly et à Marius, ils font illusion, et nous ne leur conseillerons pas d'aller se promener en temps de guerre autour d'un blokaus, ils empocheraient bientôt quelques coups de fusil comme des Kabyles authentiques.

23 novembre.

Opéra-Comique. *Gibby la Cornemuse.* — Gibby la Cornemuse est un brave garçon, superstitieux, fataliste, à qui une bohémienne a prédit qu'il épouserait une riche demoiselle. Rien ne lui paraît plus plausible, bien qu'il soit amoureux de la gentille Mary, fille de l'aubergiste Pattison. — Un gaillard moins confiant dans son étoile que Gibby serait bientôt dégrisé des prédictions des gypsies, car le père Pattison commence par le mettre à la porte. Couché sous un hangar avec sa cornemuse pour oreiller, Gibby fait des rêves d'or, et, quand il s'éveille, il se voit entouré d'hommes en longs manteaux qui le veulent tuer, sous prétexte qu'il faisait semblant de dormir pour écouter leur conversation. Cependant ils se ravisent et font de lui, au propre et au figuré, un instrument de leur conspiration.

Le roi Jacques 1er, contre lequel ils complotent, — car les grands manteaux sont l'uniforme des conspirateurs,—en sa qualité d'Écossais, adore la cornemuse, les chants naïfs des montagnes, et tout ce qui lui rappelle ses chers Highlanders. — Gibby, en jouant un vieil air des hautes terres, détournera le roi de sa promenade et le fera tomber dans le guet-apens.

Le roi Jacques, prévenu sous main de la conspiration, n'a pas quitté son château. Gibby, qui patauge à travers toutes ces intrigues sans se douter de rien, vient jouer sous le balcon du roi un air irrésistible pour quiconque a porté le jupon court, le tartan à carreaux et la toque à plume d'aigle. Le roi, enchanté, fait monter Gibby. Maître Gibby prétend qu'il est un maigre virtuose quand il a le ventre vide, et tire de sa besace du pain d'avoine, de la bière de Glasgow et autres mets nationaux chers à des palais patriotiques. Le roi et Gibby échangent leur déjeuner, au grand contentement de ce dernier, qui préfère une tranche de venaison aux souvenirs montagnards. Le repas achevé, Gibby, mis en belle humeur, débite tous ses refrains, auxquels le roi fait chorus. — Décidément, la gipsy n'avait pas tort : Gibby la Cornemuse fera son chemin. Le voilà installé au palais, favori du roi; il ne lui sera pas difficile maintenant d'épouser une riche demoiselle.

Les courtisans, qui le croient maître de leur secret, n'osent rien lui refuser; à l'un, il demande cinquante guinées; à l'autre, sa fille en mariage, et le mariage se ferait si Jacques, à qui lord Felton, saisi de remords, a tout raconté, n'empêchait une union si disproportionnée. Le roi, qui est bon diable au fond, fait grâce à tout le monde. Lord Felton épousera lady Catesby, et Gibby, la gentille tavernière, Mary Pattison, richement dotée par Jacques.

Il était difficile de mettre à la disposition d'un compositeur une donnée plus musicale. Aussi, M. Clapisson en a-t-il tiré le plus heureux parti.

L'ouverture se fait remarquer par un travail d'instrumentation fin et soigné; l'introduction est d'une jolie couleur. Les couplets chantés par l'aubergiste sont pétillants d'esprit et de verve. L'accompagnement de l'air de Gibby, lorsqu'il se laisse aller au sommeil, offre par intervalle une imitation très-bien réussie des sifflements du vent. Il y a du mouvement et de l'énergie dans le chœur des conjurés : peut-être serait-il à souhaiter que la stretta finale fût d'un rhythme plus vif.

Au second acte, le duo bouffe du déjeuner, qui se termine par un chant de guerre, a obtenu les honneurs du *bis;* c'est un des meilleurs morceaux de l'ouvrage. Le thème de l'air écossais, qui se reproduit plusieurs fois dans le cours de l'action, est d'une mélodie charmante.

Le troisième acte renferme un air plein de sentiment et de passion délicieusement chanté par Roger; un duo entre Gibby et Mary, d'un joli dessin. Le chant de guerre du second acte, repris par toutes les voix, et traité avec une grande puissance et un grand éclat, clôt glorieusement la pièce.

Cette œuvre sort M. Clapisson de la foule des faiseurs de romances et de nocturnes, et lui donne un beau rang parmi les compositeurs modernes.

Roger ne s'est jamais élevé si haut, ni comme acteur, ni comme chanteur; il a été comique et passionné, sentimental et plein d'humour. Gibby la Cornemuse est sa plus heureuse création. Mademoiselle Delille a été fort gentille dans le rôle de Mary.

Cirque-Olympique. *Poses plastiques.* — Chose bizarre ! c'est de la prude Angleterre et de la chaste Allemagne que nous viennent les tableaux vivants. Nous les avons vus pour la première fois à Londres même, dans la salle de Rome, avec assez de surprise, non pas que nous soyons homme à nous effaroucher d'un maillot plus ou moins décolleté, mais en nous étonnant de la complaisance avec laquelle le *cant* britannique admettait cette mythologie légèrement vêtue. On sait quel succès a obtenu à la Porte-Saint-Martin ce spectacle d'un genre nouveau, succès que deux mois de représentations consécutives n'ont pas ralenti et qui promet de se continuer longtemps encore. Voici que le Cirque des Champs-Élysées nous donne, sous le titre de *poses plastiques*, une exhibition diurne d'artistes allemands dirigés par M. Keller. — Hélas ! en ce siècle de paletots, l'œil a complétement désappris la forme humaine, et il n'est pas mauvais de se remémorer, de temps à autre, les morceaux dont se compose notre anatomie.

Goethe raconte, dans son *Voyage en Suisse*, qu'un jour il pria son ami Frédéric de se déshabiller et de se promener à travers le paysage en costume de marbre grec, — faisant cette réflexion fort juste, qu'il avait eu mille fois l'occasion d'admirer les beautés de la nature, mais jamais combinées avec celles de l'homme.

En effet, l'on peut dire qu'aujourd'hui l'homme est inconnu à l'homme, et, sans les statues des jardins royaux qui en maintiennent la tradition, les trois quarts de la population ignoreraient profondément la forme dont il a plu à Dieu de nous revêtir. On est tellement habitué aux robes, aux corsets, aux twines, aux pantalons, qu'une fois débarrassé de ces accessoires, l'être humain apparaît tout d'abord comme un animal fabuleux, un orang-outang supérieur, un ornithorhynque d'un genre inédit, rapporté de l'Australie ou de la Nouvelle-Zélande par quelque navigateur hardi. Il faut quelques minutes pour se rendre compte que, sous les manches et les redingotes de tout le monde, il y a des bras et des torses assez semblables à ceux de ces figures figées dans des poses académiques et qui tournent sur une roue.

La chair avait commis, dans les dernières époques du paganisme, de si violents excès, qu'il a fallu une mortification de dix-huit siècles pour la réduire. Maintenant, l'humanité, rendue raisonnable, peut soulever un peu le voile dont on l'avait couverte, et cela sans le moindre danger. Tartufe lui-même aujourd'hui ne dirait plus :

Cachez ce sein que je ne saurais voir.

Personne ne songe à se scandaliser de ces tableaux à la fois très-nus et très-habillés, moins indécents, à coup sûr, que certaines toilettes de bal et certaines pirouettes d'Opéra. Un flot de gaze, un bout de guirlande détourné à propos, un coin de draperie savamment jeté, sans nuire en rien à la grâce des groupes, à l'élégance des attitudes, viennent avec bonheur au secours du maillot,— qui, du reste, nous paraît bien inutile.

La *moralité* d'un pareil spectacle ne peut consister que dans le sentiment harmonieux et dans l'admiration sereine, excités par la contemplation de lignes pures et de contours suaves : or, le maillot écrase les formes, fait des plis et des muscles impossibles, et ôte toute beauté. Pourquoi, à la place de ce tissu d'un rose désagréable, ne pas laisser apercevoir la peau elle-même, idéalisée et ramenée au marbre au moyen d'un léger nuage de poudre de riz ou de blanc de perle? Sanctifiés par cette pâleur, les formes se développeraient dans leur nudité chaste, et les tableaux vivants atteindraient le but qu'ils se proposent. Ce qu'il faudrait surtout, c'est le goût le plus sévère dans le choix des modèles. — La laideur est toujours indécente.

La mythologie doit nécessairement fournir la plupart des sujets d'une exhibition de ce genre; et M. Keller sait effectivement son Olympe sur le bout du doigt. *Les Trois Grâces, Ariane abandonnée, Mars et Vénus, le Bain des Nymphes, la Bacchante*, sont les groupes les mieux réussis. Nous aimons moins les scènes compliquées et dramatiques, où l'enchevêtrement de tous ces corps manque de clarté et de style. — Les Grecs, et c'est toujours à eux qu'il en faut revenir lorsqu'il s'agit de nudité et de statuaire, n'employaient généralement dans leurs compositions qu'un petit nombre de figures. Leurs tableaux, conçus dans le genre des bas-reliefs, n'admettent guère que trois ou quatre personnages isolés, pour que l'œil puisse jouir de la finesse de leurs contours.

Dans ses poses académiques, *le Gladiateur, l'Ajax foudroyé, l'Hercule terrassant le lion,* M. Keller déploie de belles lignes et fait valoir des muscles superbes. — Le groupe allégorique, *la Foi, l'Espérance et la Charité,* nous a contrarié comme une dissonance ; cette grande croix dorée, autour de laquelle se pressent quelques femmes en cotte hardie, n'est pas là à sa place ; ce sont deux idées qui s'excluent ; la théologie ne doit pas montrer ses jambes. — Que Vénus Anadyomène soit toute nue, c'est bien ; mais nous voulons pour les trois Grâces chrétiennes de longues et chastes draperies ne laissant voir que le bout des pieds et des mains ; c'est dans le visage, c'est dans l'œil surtout qu'éclate la beauté moderne ; l'œil est une invention du christianisme ; presque tous les chefs-d'œuvre de l'antiquité sont sans regard : madame Keller, qui a des yeux d'un azur si limpide, ne perdrait rien à se revêtir pour une fois d'une robe spiritualiste.

Madame Keller et mademoiselle Denneker sont les plus remarquables statues de ce musée naturel. — On pourrait leur reprocher un peu de lourdeur dans les extrémités, mais ce défaut est plutôt celui de leur pays que de leur personne ; cette grande race germanique, à la santé fleurie, aux proportions robustes, n'a pas la finesse d'attache des races méridionales.

Ce spectacle est à la mode, et bientôt sans doute tous les théâtres de Paris auront leurs tableaux vivants.

Au sujet de ce divertissement tout physique, dont nous approuvons la vogue, qu'il nous soit permis de faire une réflexion. — Il faudrait, pour maintenir la balance entre le spiritualisme et le matérialisme, un divertissement tout intellectuel ; — par exemple, une représentation où un déclamateur réciterait les belles odes d'Hugo ou de Lamartine ; car, si l'on s'intéresse à un corps, pourquoi ne s'intéresserait-on pas à une pensée ?

On pourrait même mêler les deux plaisirs pour en faire un complet. Dans une vaste salle d'une architecture splendide, éclairée par un de ces jours éclatants qui sculptent les objets, on devrait réunir les plus belles statues de l'antiquité et de la renaissance, la Vénus de Milo, la Diane de Pompéi, la Mnémosyne, l'Apollon, l'Hermaphrodite, les fragments de Phidias, les Grâces et les Nymphes de Jean Goujon et de Germain Pilon, les Madones de Raphaël, les Courtisances du Titien, tout ce que l'inspiration humaine a produit de noble, de beau et de divin dans tous les siècles, et, là, reproduire avec les plus belles femmes de la Grèce, de la Circassie, avec les types les plus exquis des races encore pures, les chefs-d'œuvre de la peinture. — Les étoffes les plus fines et les plus souples, teintes de couleurs et de nuances choisies, seraient employées à draper les figures, car on ne rechercherait pas exclusivement la nudité, un pli heureux valant presque un beau contour ; — une actrice célèbre par la netteté et l'art de sa déclamation, mademoiselle Rachel, par exemple, en costume sibyllin, réciterait, pour couronner la séance, quelque beau poëme, *l'Aveugle* ou *le Jeune Malade*, d'André Chénier ; *le Feu du ciel*, de Victor Hugo ; le *Jocelyn*, de Lamartine ; le *Rolla*, d'Alfred de Musset, ou toute autre production remarquable, antique ou moderne. — Ces deux genres de spectacle, bien qu'en apparence opposés, s'uniraient parfaitement bien, les poses plastiques étant à la danse ce que le poëme est au drame, c'est-à-dire l'élément chorégraphique et poétique considéré en lui-même et pris en dehors de l'action ; — ceux à qui la vue d'un beau groupe suffit doivent se contenter de la lecture d'une ode ; ils n'ont pas besoin de cet attrait vulgaire qu'on désigne sous le nom d'*intérêt*. — Quel public d'élite serait celui qui se contenterait de la beauté et de la pensée toutes nues, et dédaignerait les fables grossières et les histoires dans le goût de la *Gazette des Tribunaux!*

Nous finirons par un conseil. Cette roue qui tourne avec sa charge humaine, et dont le but est de montrer les groupes sur toutes les faces, a quelquefois l'inconvénient de trahir quelques profils moins heureux que les autres. Nous l'admettons toutefois lorsque l'intention est de représenter quelque sujet emprunté à la statuaire ; mais, pour les motifs tirés de tableaux, il faudrait les encadrer d'une bordure d'or, et, au moyen de toiles peintes, reproduire les fonds et les accessoires : cela donnerait de la variété à un spectacle naturellement borné. Nous avons souvenir d'avoir vu exécuter de la sorte à l'Opéra, dans une représentation à bénéfice, celle de mademoiselle Fanny Elssler, si notre mémoire ne nous trompe pas : *le Décameron* de Winterhalter, l'*Holopherne et Judith* d'Horace Vernet, et l'*Homme qui bat sa Femme* de Pigal. L'effet était charmant et l'illusion complète.

30 novembre.

Variétés. *Pierre Février.* — Pierre Février s'appelle ainsi parce qu'il a été trouvé sur une pierre au mois de février. Voilà une généalogie aux rameaux peu embrouillés ; beaucoup de noms, à vrai dire, n'ont pas d'autre origine ; quelques-uns la portent encore visible dans leur configuration, tandis que le sens en est perdu pour la plupart. — Quelle chose étrange, quand on y réfléchit, que la genèse de ces milliers de noms qui servent à préciser cette foule immense d'êtres se succédant sans interruption et passant comme des ombres sur le soleil de l'éternité ! Qu'on fasse un mot pour désigner tous les arbres, tous les animaux et leurs différentes espèces, cela se conçoit ; mais une étiquette spéciale pour chaque individu, cela confond l'imagination. Quelles lois président à cet assemblage de lettres et de syllabes formant un son arbitraire auquel répond un homme ou une femme ? Les noms ont-ils été tous primitivement significatifs ? C'est une question fort obscure. Il faudrait, pour la résoudre, savoir le sanscrit, l'hébreu, le chaldéen, le phénicien, le carthaginois, l'arabe, le celte, le théotisque, le basque, le bas breton, sans parler du grec et du latin ; car plusieurs noms qui nous semblent n'avoir qu'une valeur euphonique ont un sens précis pour qui sait les interpréter. — Ainsi, Arthur se traduit : *homme-ours* en armoricain. — Assurément si les romanciers et les vaudevillistes, qui affectent de donner ce nom à leurs jeunes premiers en avaient soupçonné la racine, ils se seraient empressés d'en choisir un autre. — Mais nous voilà bien loin de *Pierre Février*... Laissons la linguistique pour l'analyse.

Ce Pierre Février est un personnage assez curieux ; il tient du bohémien et du vieux vagabond ; c'est une espèce de Diogène rural moins cynique et moins refrogné que l'autre. Il ne cherche pas d'homme avec une lanterne ; aussi est-il d'assez joyeuse humeur : la société des arbres n'aigrit pas. Flâner dans une forêt est plus sain pour le corps et pour l'âme que d'errer dans le boueux labyrinthe des villes. Quoiqu'il ne soit qu'un paysan, Pierre Février, feuilletant toute la journée le livre du bon Dieu, est devenu assez poëte pour jouir des beautés de la nature ; il apprécie un beau lever de soleil ; il comprend la valeur des perles de rosée ; il peut en toute liberté profiter des magnificences de la création, car il a le loisir nécessaire au rêveur, et cinquante livres de rente en viager qu'il possède l'affranchissent de l'horrible et dégradante nécessité de travailler pour vivre, nécessité qui ravale l'homme au-dessous de la brute et le force à courber vers la terre un front fait pour regarder les cieux.

Ainsi maître de son temps et de sa personne, le bonhomme Février, le bâton d'épine à la main, le bissac sur le dos, se promène le long des haies en fleur par les petites sentes et les traînes, qu'il connaît mieux qu'un garde champêtre, faisant toutes sortes de bonnes actions, relevant une branche près de casser, sauvant une mouche qui se noie, poussant la charrette d'un pauvre âne embourbé, ramenant à sa mère quelque petit enfant perdu dans les bois à la quête des fraises.

S'il rencontre çà et là quelque occasion honnête de gagner une pièce blanche, il l'accepte, car un peu de travail est nécessaire de temps en temps, ne fût-ce que pour faire mieux apprécier l'oisiveté. Il donnera un coup de main en cas de moisson pressée ou fera une commission urgente, car, malgré ses soixante ans, le père Février a le pied sûr et le jarret vigoureux; mais c'est tout. Si la pluie le surprend en route, il connaît toutes sortes d'abris : là, un saule creux; ici, une roche qui surplombe; la bise est-elle gaillarde, il sait des bancs moussus adossés à de certains murs que le soleil chauffe à l'usage de ceux qui n'ont ni fauteuil ni poêle.

Tout en errant, le bonhomme Février, un peu cousin à la mode de Bretagne du *Bonhomme Job* de M. Souvestre, apprend une multitude de petits secrets fort intéressants qui peuvent servir dans l'occasion, et amener, par un *chantage* honnête, des êtres égoïstes à faire le bonheur d'un couple intéressant; rien n'est plus légitime.

Maintenant que nous vous avons décrit le caractère et les mœurs de Pierre Février, il faut vous le montrer à l'action.

Dans une de ses courses, Pierre Février a retenu à temps le cheval de mademoiselle Hortense d'Estourville, qui la menait droit à la rivière, et il a reconduit au logis l'écuyère hasardeuse et le cheval indocile. Les parents d'Hortense témoignent au brave homme cette affabilité insultante des bourgeois et des parvenus envers ceux qu'ils croient leurs inférieurs. Heureusement, Hortense tempère par sa grâce affectueuse tout ce que la reconnaissance brutale de ses parents aurait de mortifiant pour la juste fierté de Février. — Une pièce d'argent et un déjeuner à la cuisine ne peuvent s'offrir à un homme qui a sauvé la fille de la maison.

La table est mise; M. et madame d'Estourville s'asseyent, en compagnie d'un certain Raimbaut, escroc au costume de chasse extravagant, dont ils sont entichés, et à qui ils veulent faire épouser leur fille.

Le bonhomme Février, faisant semblant de ne pas comprendre les insinuations plus ou moins polies qu'on lui fait pour qu'il s'en aille, met son couvert sur une chaise, c'est-à-dire étale à côté d'une croûte de pain un morceau de fromage tiré du bissac, et une pomme verte ramassée sans doute dans quelque chemin. « Eh! que faites-vous, bonhomme? Vous allez déjeuner là? s'écrie apoplectiquement le papa d'Estourville, suffoqué de graisse et d'indignation. — Vous m'invitez donc? » répond Février de l'air le plus flegmatique en traînant sa chaise du côté de la table.

Et il s'assoit bravement, à la stupéfaction des convives ébouriffés, mais calmés aussitôt par un mot confidentiel qu'il coule dans l'oreille de chacun : « Papa d'Estourville, vous n'êtes pas si fier avec la belle servante de l'auberge du *Cheval blanc*... Madame, comment va votre parent le marchand de cochons?... Monsieur Raimbaut, j'ai rencontré des recors qui vous cherchent... » Aussitôt, c'est à qui lui verse du vin, à qui comble son assiette d'ailes de perdrix et de tranches de pâté.

Après plusieurs transes de ce genre, la chose se termine par le mariage de mademoiselle Hortense avec un jeune homme banni de la maison à cause de sa naissance obscure, et qui est fils d'une certaine Madeleine et d'un oncle d'Amérique assez riche, dont Pierre Février se trouve posséder le testament disparu.

Vous voyez que ce n'est pas très-compliqué; mais — ce qui importe surtout dans les pièces faites pour Bouffé — il y a une figure caractéristique, un type à exprimer. Bouffé a rendu à merveille la bonhomie narquoise et finaude du paysan, cette espèce de prudence de sauvage qui le distingue; il a été plein de tendresse, de naturel et de poésie; certaines phrases sur l'azur du ciel, le chant des bouvreuils, l'odeur du serpolet, la limpidité des sources, qu'on est peu accoutumé à rencontrer dans les vaudevilles, ont été dites par lui avec une expression charmante ; Charlet et Béranger auraient été contents de son aspect et de son accent.

Flore, dans le personnage épisodique de Madeleine, a été d'un naturel et d'une bouffonnerie admirables ; c'est une grosse paysanne d'une sensibilité humide, qui éclate à tout instant en averses de larmes à propos des sujets les plus frivoles ; tristesse ou joie, tout se résout en pleurs chez cette aquatique créature.

Louons M. Nestor Roqueplan du soin qu'il apporte à la mise en scène : les souliers et les guêtres de Bouffé avaient de la boue *nature* comme la chaise de poste du docteur Omeopatico dans le ballet de *la Tarentule*. — Innovation audacieuse !

La décoration représente une salle à manger. Une toile figurant un dallage en damier noir et blanc, comme celui des salles à manger réelles, couvre les planches du théâtre. — Toutes les décorations devraient avoir leur tapis. N'est-il pas absurde de voir des rochers ou des arbres sortir d'un parquet ? Rien n'est plus facile que de peindre à plat sur une toile le sol de la décoration : sable, gazon ou pavé. Que M. Nestor Roqueplan, sans crainte d'être appelé homme d'esprit ou directeur à idées, poursuive cette amélioration dans le premier vaudeville agreste qu'il montera.

Des dressoirs et des buffets d'acajou authentique garnissaient cette même salle à manger. Ce serait peut-être la place d'élever ici une grande discussion esthétique. Les *accessoires* doivent-ils être réels ? Il faudrait de longs développements pour traiter un sujet si grave. — Les accessoires vrais semblent, au premier coup d'œil, remplir mieux le but qu'on se propose ; mais, en introduisant la vérité dans la convention, ne commet-on pas une faute d'harmonie ? Comment admettre, si le buffet est réel, ce lambris de toile auquel il est adossé ? L'illusion que l'on peut atteindre au moyen des lignes et des couleurs, n'est-elle pas détruite par les ombres portées d'objets effectifs ? — Vous avez sans doute vu, dans quelque féerie ou dans quelque ballet, un buisson de roses d'où la sylphide ou l'ingénue doit arracher une fleur ; cette fleur fausse, puisqu'elle est en batiste colorée comme toutes les fleurs artificielles, mais vraie relativement, jure avec les autres roses peintes d'une façon odieuse. C'est comme un tableau où l'on mettrait, à la place du soleil blanc ou jaune, un bouton de métal poli.

Cependant on peut dire que les accessoires vrais ménagent la transition de la réalité des acteurs à la convention du décor. Un homme peut se promener dans une chambre ou dans un jardin, pure illusion produite par le décorateur; mais il ne peut s'asseoir que sur un siége menuisé. Ces accessoires praticables sortent nécessairement des lois de la perspective. — M. Nestor Roqueplan, en remplissant la salle à manger de M. d'Estourville d'un acajou incontestable, a été hardi, mais non téméraire.

GYMNASE. *L'Article 213, ou le Mari doit aide et protection...* — Nous avouons ignorer profondément ce que c'est que l'article 213 n'ayant pas fait notre droit, et n'ayant jamais eu de procès; par la raison très-simple que nous ne possédons rien et que nous n'avons rien à prétendre, il ne nous est pas arrivé une seule fois d'ouvrir le Code. Nous savons seulement que c'est un volume-billot avec des tranches de diverses couleurs. Mais nous avons pris des informations, et des personnes bien renseignées nous ont dit que cet article 213 est celui que le maire, cerclé de son écharpe tricolore, débite aux conjoints. Cet article porte que le mari doit aide et protection à sa femme, et la femme obéissance à son mari.

Or, que faut-il entendre par aide et protection? Est-ce donner le bras dans la rue, tenir le châle ou le parapluie, faire avancer la voiture, réprimer la pantomime des lovelaces nocturnes? Est-ce enfin une protection physique ou morale? — Grave question!

Duriveau et Chambellan, agents de change tous deux, et quadragénaires constatés, ont épousé chacun une jeune femme. Ils ont bien fait, car il vaut mieux être trompé par une jeune femme que de l'être par une vieille; cependant ces deux messieurs ont une crainte extrême de ce monstre formidable aux maris, que Balzac a spirituellement symbolisé sous le nom de Minotaure, et que nos pères appelaient d'un nom beaucoup moins mythologique.

Chambellan affecte les mœurs les plus sauvages à l'endroit des accidents conjugaux; jamais, même dans Calderon, il n'exista plus féroce médecin de son honneur; il ne procède que par hécatombes:

il tuera la femme d'abord, l'amant ensuite et lui après, s'il en a le loisir.

La pauvre madame Chambellan vit sous le coup d'une terreur profonde ; mais, comme le danger est pour la femme la plus haute jouissance, elle aime avec des tremblements, des frissons, des pâleurs, des rougeurs et des évanouissements délicieux un certain M. Auguste de Valleville, jeune homme aux gants spirituels, à la cravate passionnée.

Duriveau est moins Othello que Chambellan ; il pense que la douceur, les attentions, les soins, la confiance, sont les meilleurs moyens d'éviter, ou, du moins, de reculer l'instant fatal ; mais sa bénignité arrive aux mêmes résultats que le cannibalisme de Chambellan. Madame Duriveau aime aussi un Auguste, pas de Valleville, celui-là, mais un Auguste Brémond, premier commis de son mari.

Que voulez-vous ! les maris ont le tort de posséder plusieurs lustres, d'être chaussés large, cravatés lâche et gantés vaguement ; ils vont à la Bourse le jour, et, le soir, ils sont fatigués, chose que les femmes ne pardonnent pas! Or, pendant qu'ils vont à la Bourse, les Auguste, se produisent au logis, frais, pimpants, agréablement rêveurs, la main beurre frais, le pied miroitant, avec leur formidable appétit de célibataires.

Madame Duriveau, moins effrayée que madame Chambellan, fait à son pacifique époux la plus singulière confidence qu'une femme puisse faire à son mari. Elle lui avoue qu'elle aime et ne sait comment se défendre contre la timidité d'un jeune homme... charmant, qui n'ose pas oser, comme dit Beaumarchais. « Quel est le nom de ce scélérat? s'écrie Duriveau peu satisfait. — Je ne veux pas vous le livrer, répond Clara ; mais, lorsque j'aurai besoin de secours, je sonnerai, vous accourrez, et, à nous deux, ce sera bien étonnant si nous ne parvenons pas à mettre l'ennemi en déroute. — Mais le nom? répète avec acharnement le pauvre Duriveau, à la fois malheureux et charmé de la confiance de sa femme. — Il s'appelle Auguste. » Au même moment, le domestique annonce M. Auguste de Valleville. « Ah ! je vous tiens, séducteur ! s'écrie Duriveau, à ce nom d'Auguste ; vous êtes démasqué ; pas de feinte inutile, le mari sait tout. — Quel est le misérable qui a pu trahir notre secret et raconter à M. Chambellan ?...

— M. Chambellan ? balbutie Duriveau confondu de surprise. Ah ! diable ! il y a donc plusieurs Auguste ; celui-là est l'Auguste de l'autre. Mais quel est donc le mien ? »

Pendant toute cette scène, fort comique, la sonnette a tinté plusieurs fois ; mais Duriveau, tout entier à sa querelle et croyant tenir *son* Auguste par le collet de l'habit, ne s'est pas inquiété autrement des drelin din din désespérés de sa femme.

Une porte s'ouvre; Clara paraît, la joue en feu, l'œil brillant, la respiration précipitée : voyant qu'on ne venait pas à son secours, elle a pris la fuite, — c'est brave ; — seulement, a-t-elle sonné avant, pendant ou après la bataille : c'est un point fort obscur. Elle soutient avoir sonné avant ; le mari a peur qu'elle n'ait sonné après. Prenons un terme moyen et mettons qu'elle ait sonné pendant, c'est encore fort honnête quand l'Auguste a le cheveu noir, la dent blanche et l'ongle rose.

Tout se termine pour le mieux. Clara découvre que son mari est éperdument amoureux d'elle ; les bouquets qui lui arrivaient mystérieusement tous les matins, et qu'elle attribuait à l'Auguste, c'était Duriveau qui les lui apportait. Les élégies à la manière de Lamartine qui les accompagnaient étaient de la façon de Duriveau ; cet agent de change, qui avait l'air de ne s'occuper que du cours de la rente, cherchait des chutes de stances et faisait rimer *amour* avec *jour*, comme un simple rhétoricien.

Quant à Chambellan, il a bien trouvé un billet qui l'inquiète. Duriveau le rassure en lui disant qu'il était adressé à Clara, et le tueur d'amants invite l'Auguste de sa femme à une chasse, à un dîner, à une partie d'Opéra, car ils ont tous deux les mêmes goûts : tous, sans exception !

Cette pièce est parfaitement jouée par Numa, Landrol et mademoiselle Melcy, qui est bien une des plus charmantes actrices de Paris à l'heure qu'il est, et qui joue comme si elle était laide ; impossible de joindre, à des traits plus réguliers, un regard plus vif, un sourire plus gracieux.

En voyant la pièce de MM. Gustave Lemoine et Dennery, nous faisions cette réflexion, que Duriveau et Chambellan, présentés tous deux comme des podagres, des étripés, des infirmes, des barbons, avaient quarante ans. Cela nous remettait en mémoire un roman de madame Sand, où le héros, dépeint comme un vieillard

> Sans flamme et sans cheveux,
> Tombé de lassitude au bout de tous ses vœux,

est âgé de vingt-neuf ans et abandonné de sa femme comme par trop centenaire; c'est *Jacques*, si notre mémoire est fidèle. Nous verrons incessamment des vaudevilles où des jeunes filles innocentes et pures seront sacrifiées par des parents avares à des Cassandres mineurs.

Dans Molière, pour être barbon et avoir droit au nom de Géronte, il faut être âgé de quelque soixante ans bien sonnés. On trouve dans son répertoire des Éraste et des Léandre de six lustres! — Nous sommes en progrès; on vit maintenant à la vapeur, et les années courent aussi vite que les locomotives. — Il est bien possible qu'un homme qui a vu trente janviers soit un caduc trop rafalé pour offrir ses phalanges à une légale dans les quinze-seize. — Qu'on nous pardonne cette phrase en style de vaudeville actuel.

XXI

DÉCEMBRE 1846. — Gymnase : *la Protégée sans le savoir*, par M. Scribe. — *L'Honorine* de M. de Balzac. — Mademoiselle Rose Chéri, Bressan, Numa, Tisserant. — Les claqueurs modèles. — Palais-Royal : *la Poudre de coton*, revue de MM. Dumanoir et Clairville. — Vaudeville : *une Planète à Paris*, autre revue. — Incendie de Leclère. — Les imitations de Neuville. — Variétés : *une Fille terrible*, par M. Eugène Deligny. — Mesdemoiselles Flore et Lagier, Rébard. — Le bal des Variétés. — Vaudeville : *Trénitz*. — Odéon : *Agnès de Méranie*, tragédie de M. Ponsard. — Action et réaction littéraires. — M. Ponsard obligé à un chef-d'œuvre. — Sa nouvelle pièce. — La composition et le style. — Bocage, madame Dorval, Randoux.

7 décembre.

GYMNASE. *La Protégée sans le savoir*. — Ce vaudeville, destiné à faire ressortir les grâces ingénues de mademoiselle Rose Chéri, appartient au genre anodin et pourrait faire partie du *Berquin de l'adolescence*. On peut en raconter la donnée en quelques lignes. Une jeune fille, ayant eu des prix d'estompe en pension, se trouve obligée, par la mort de sa mère, son dernier appui, à faire ressource de son talent pour le dessin. Un brocanteur de tableaux lui achète tout ce qu'elle fait, à des prix exorbitants : la jeune fille est laborieuse, et, grâce à son travail largement rétribué, elle vit dans une charmante maison, délicieusement meublée, entourée de toutes les recherches d'un luxe délicat. A peine la dernière couche est-elle posée sur un tableau, que le brocanteur enthousiasmé en commande le pendant, toujours au même taux. Vous pensez bien que cet honnête marchand n'est que le prête-nom d'un riche amoureux.

En effet, c'est M. Albert de Clavery, jeune lord éperdument épris de mademoiselle Hélène, qui a choisi ce moyen ingénieux pour entourer celle qu'il aime d'un bien-être qu'elle eût repoussé avec indignation, offert sous une autre forme. L'arrivée d'un certain M. Durocher, peintre classique, élève de Guérin et de Gros, ancien maître de dessin de la jeune artiste, fait sortir mademoiselle Hélène de la sécurité innocente où elle a vécu jusqu'alors. « Il n'est pas vraisemblable, lui dit le vieux professeur, que des toiles valant à peine cent écus soient payées cent guinées. Il y a quelque chose là-dessous. Ton M. Grosby n'a pas voulu me donner mille francs de toutes mes *Mort d'Agamemnon*, de tous mes *Ajax furieux*, de toutes mes *Bataille d'Austerlitz*, compositions colossales et de bon goût. » Ce bon M. Durocher se démène tant, qu'il finit par découvrir la source de l'opulence d'Hélène. Jugez de la stupeur de la pauvre fille à cette foudroyante nouvelle !

Quelle chute ! elle qui croyait vivre libre, indépendante et pure, et qui se réjouissait dans cette heureuse existence d'artiste, se trouve n'être plus que la protégée d'un grand seigneur. L'opprobre, quoique immérité, pèse sur elle. Elle aimerait mieux, mettant à part toute pudeur, s'être donnée que vendue, car c'est là ce que le monde peut croire. Le papa Durocher, qu'elle parvient à convaincre de son innocence, a une explication avec Albert de Clavery, qui ne demanderait pas mieux que d'épouser Hélène, s'il n'était pas fiancé avec la fille de lord Dunbar. Heureusement, celle-ci, en se faisant enlever par un jeune fat, simplifie la situation, lève l'obstacle et permet d'arriver au dénoûment obligé.

Cette pièce est prise d'*Honorine*, nouvelle de Balzac. Seulement, il y a, de la pièce au roman, la différence d'un rôle fait pour mademoiselle Rose Chéri à un chef-d'œuvre.

Dans la nouvelle de M. de Balzac, Honorine s'est enfuie de la maison de son mari parce qu'elle avait pour un autre, qui ne le méritait pas sans doute, un de ces amours spontanés, invincibles, que rien ne peut entraver. Cet amant est mort; Honorine, qui a rejeté toute offre de conciliation, reste sans ressource, obligée de vivre du travail de ses mains; elle fabrique des fleurs, que lui achètent très-cher des marchands supposés; elle trouve à louer, pour une somme dérisoirement modique, un charmant pavillon, au fond d'un jardin encombré de fleurs; un cordon bleu lui fait, à raison de deux cents francs de gages par an, une cuisine idéale. Des revendeuses à la toilette lui cèdent à des prix de tartan des cachemires entièrement neufs. Tout ce que désire Honorine devient à l'instant d'un bon marché excessif; elle vit ainsi solitaire, sereine, presque heureuse dans une pauvreté opulente, au milieu du monde fantastique créé autour d'elle par la passion de son mari, qui l'adore toujours et qu'elle repousse avec cet entêtement sublime de l'honnête femme qui a failli et croit qu'un pardon accepté la dégraderait.

Les armoires secrètes du pauvre délaissé sont pleines, du bas jusqu'en haut, de fleurs artificielles, qu'il contemple avec des yeux pleins de larmes. — De temps en temps, le soir, soigneusement déguisé, il rôde autour du paradis arrangé par lui et dont il ne peut franchir le seuil, tout heureux quand il a pu apercevoir de loin quelque profil perdu de son idole, quelque pli fuyant de la robe adorée. La cuisinière, la femme de chambre, le portier, gorgés d'or, lui remettent chaque soir un compte rendu exact de la journée d'Honorine. « A telle heure, elle s'est levée; à telle autre, elle a pris un bain... A déjeuner, elle a mangé des fraises avec de la crème... Plus tard, elle s'est appuyée à la croisée, a regardé le ciel et poussé un soupir... A midi, elle a commencé son bouquet de bruyères du Cap; mais le modèle était fané, ce qui lui a donné un peu d'humeur (trouvez moyen de lui faire construire une serre)... Après son travail, elle a lu et changé son peignoir blanc contre une robe à raies roses, etc., etc. » L'époux dédaigné reconstruit ainsi pièce à pièce cette existence dont il est banni ; il y assiste par intuition et se repaît des amères délices de l'amour méconnu ; ce qu'il emploie de ruses, de stratagèmes et de machinations pour faire naître dans l'esprit d'Honorine l'idée d'un retour, il n'y a que M. de Balzac lui-même qui puisse l'inventer et l'écrire. Forcée dans ses derniers retranchements par la patience sublime de son mari, Honorine se laisse tomber, en détournant la tête, dans les bras du malheureux désolé, et meurt de la réconciliation.

Quelle admirable étude du cœur humain que ce livre, et quelle profonde poésie dans ce personnage du mari, vivant dans un grand hôtel désert, indifférent à la vie extérieure, grave, taciturne, morose en apparence et livré à toutes les fureurs de la passion ! Et cette opiniâtre Honorine, avec quelle force de vie elle est représentée ! comme son souvenir vous suit, le livre fermé ! Comme elle est femme, celle-là ! bonne pour tous ! implacable pour un seul ! celui qui l'aime. La Marianne d'Alfred de Musset, qui voulait bien prendre un amant, n'importe lequel, Octave, le débauché, ou Tibia, l'imbécile, pourvu que ce ne fût pas Célio, qui se mourait d'amour pour elle, est un peu sa cousine, quoique plus fantasque.

La Protégée sans le savoir a parfaitement réussi, grâce au jeu de mademoiselle Rose Chéri et à l'habileté de M. Scribe, l'homme du monde le plus expert à esquiver les dangers d'un sujet. Bressan est très comme il faut dans le rôle d'Albert de Clavery. Numa, qui semble voué dans les vaudevilles à la défense du classicisme, a débité, avec une verve mordante, une tirade injurieuse contre les plus grands peintres modernes, et Tisserant s'est bien acquitté du rôle épisodique d'un jeune lord ridicule.

Le nom de M. Eugène Scribe a été proclamé au bruit d'un tonnerre d'applaudissements.

A propos d'applaudissements, témoignons à MM. les claqueurs du Gymnase notre admiration bien sentie ! quelle exécution ! comme c'est nourri, sonore et bien rhythmé ! Quel coup de main nerveux, quel admirable ensemble !... Ces artistes doivent travailler quatre heures tous les matins pour arriver à une telle perfection ! Parmi la section des rieurs, il y a vraiment des sujets fort distingués! Comme ils partent juste sur la réplique! comme, aux endroits indiqués, ils se tordent sur les banquettes, demandant grâce, pâmés d'aise, se tenant les côtes, trépignant, suffoqués, étranglés, aboyant un bravo convulsif! Nous avons vu là des chefs-d'œuvre de mimique. Un travail, exécuté sur une plaisanterie de la pièce, où l'on compare un dessin effacé et repris cent fois, à la toile de Pénélope, nous a particulièrement frappé : le claqueur, sur le mot *Pénélope*, a donné un coup de coude à son voisin, comme pour éveiller son attention; puis il a jeté ses larges mains sur le dossier du banc qu'il avait devant lui, et s'est courbé en criant : « Ah! Pénélope!... Oh!... »

Cette interjection, modulée avec un art infini, signifiait : « De grâce, maître, arrêtez-vous! Pénélope, c'est trop original, trop ineffablement drôle! vous voulez nous faire mourir! Comment irons-nous jusqu'au bout, si tout est ainsi? » — Le *ah!* voulait dire tout cela, et bien d'autres choses encore; le *oh!* frisait presque la colère, et pouvait se traduire : « Ne soyez plus si amusant, halte-là! il y a des bornes à tout. Finissez; vous me chatouillez trop vivement la rate, je vais me lever et sortir, ou appeler la garde. On ne peut pas, sous le prétexte de les faire rire, mettre à mal des citoyens qui pourraient être pères de famille. Nous vivons sous un régime constitutionnel, — cela ne se peut pas. Diable d'homme, va! avec ses mots d'auteur. »

Heureux claqueurs, qui admirent tout! comme ils sont supérieurs aux critiques, qui n'admirent rien! ils ne se nourrissent pas de serpents, ils ne s'abreuvent pas de fiel, ceux-là; ils sont rubiconds au lieu d'être verdâtres, et vivent dans d'éternels transports.

15 décembre.

PALAIS-ROYAL. *La Poudre de coton.* — Comme vous le savez, il est d'habitude, dans tous les théâtres, lorsque la neige met des chemises blanches aux toits et que la Saint-Sylvestre s'approche, de faire un vaudeville-revue. C'est comme un pavé qu'on jette sur le manteau de l'année qui surnage encore pour la faire enfoncer à tout jamais dans l'eau noire du fleuve d'oubli. Cette revue, qui, dans les mains d'un poëte ou d'un philosophe, pourrait prendre des proportions aristophanesques et devenir la vraie comédie de l'époque, consiste dans un ramassis de banalités et de plaisanteries vieilles de onze mois et demi. Le cadre de ces sortes de choses est invariable : c'est toujours un génie quelconque qui fait défiler devant un niais encore plus quelconque, les sottises ou les merveilles de l'année. Cette fois, la planète Leverrier et le coton-poudre, ou, si l'on veut, la poudre de coton, sont venus varier un peu le programme, borné autrefois au cheval de carton du Cirque ou de l'Hippodrome, à la locomotive qui éclate, à la tirade en l'honneur de Corneille, Racine et Molière, dont MM. les vaudevillistes sont les descendants directs, et à la petite diatribe obligée contre les romantiques, accusés d'avoir dansé autour du buste de Jean Racine, dans le foyer du Théâtre-Français, chose difficile, puisque ce buste est adossé à un mur.

MM. Dumanoir et Clairville ont la main heureuse pour ces sortes de salmigondis. Ce dernier trousse le couplet assez proprement et avec plus d'apparences de rime que ses autres confrères, ce qui le rend propre à ce genre de pièces.

Comment vous raconter une chose qui ressemble fort à l'éternité, n'ayant ni commencement, ni milieu, ni fin ?

Contentons-nous d'énumérer les principaux ingrédients de cette macédoine : — M. Cascamèche, bonnetier, dont le magasin est devenu une poudrière depuis la dernière invention ; M. Centrifuge, qui cherche le trésor de la butte Montmartre ; le Dahlia bleu, ce rêve de tous les fleuristes ; *Monte-Cristo; Clarisse Harlowe;* les *Tableaux vivants*, exécutés par les artistes de la Porte-Saint-Martin eux-mêmes, afin que la copie soit plus exacte ; les célébrités chorégraphiques de Mabille et du Château-Rouge ; la Planète Leverrier ; les *Mémoires d'un Apothicaire* en soixante et douze volumes, pour faire suite aux *Mémoires d'un Médecin* d'Alexandre Dumas, plaisanterie ampliative que les auteurs croient fort hasardée et qui est au-dessous de la réalité, puisque *Balsamo* n'a pas moins de quatre-vingts volumes ; ce qui paraîtra bien court à tout le monde.

Tout cela représenté par force jolies femmes très-décolletées et très-court vêtues. Il nous semble que, pour un siècle moral et vertueux, nous faisons une grande consommation de maillots et de jupons de gaze ; il n'y a pas grand mal à cela. C'est un plaisir fort innocent de contempler des gilets de flanelle couleur de chair et des pantalons de tricot potiron tendre. Nommer mesdemoiselles Nathalie, Scriwaneck, Freneix, Aline, c'est doubler assurément l'attrait littéraire de la pièce.

Dans l'entr'acte, on baisse un rideau de manœuvre; ce rideau, c'est le journal de l'avenir, intitulé *la Plaine Saint-Denis*. Pour le coup, les papiers américains sont vaincus; à une pièce de bœuf ou *pallas* gigantesque succède un *entrefilet* colossal suivi de *canards* monstrueux. Cette invention est encore assez amusante et peut être drôle jusqu'en 1850, époque où les petits journaux auront au moins cette dimension.

Il y a dans cette revue une plaisanterie assez bonne sous la rubrique : trait de probité. Un homme a trouvé deux billets, un de mille francs, l'autre de l'Odéon; il a reporté fidèlement le billet de l'Odéon : de pareils traits méritent qu'on leur donne de la publicité.

Maintenant, passons au...

VAUDEVILLE, — où, sous le titre d'*une Planète à Paris*, se joue absolument la même pièce, un peu moins gaie peut-être. La Planète, c'est madame Doche; nous ne savons si le costume est exact, mais il est charmant : une jeune planète a des cheveux blonds, une étoile de diamants sur la tête, des yeux bleus comme le ciel, des bras ronds et potelés, une tunique grecque fort courte bordée d'argent, et des jambes de Diane chasseresse. Nous acceptons volontiers cet uniforme.

Vous pensez bien qu'une planète si à la mamelle — à peine née depuis quatre ou cinq mille ans! — a besoin qu'on lui fasse voir les curiosités. C'est l'Illustration, sous les traits de mademoiselle Juliette, qui se charge de la démonstration.

Une des plaisanteries les plus amusantes de la pièce, c'est l'incendie de Leclère, tout habillé de coton-poudre et qui s'allume en se passant une allumette chimique sur la manche. On a cru quelques secondes à un accident, et déjà une portion du public s'alarmait; on ne sait pas encore assez généralement que le coton-poudre se consume sans chaleur. On en a fait brûler dans la main du jeune comte de Paris, qui s'est prêté à cette expérience avec une gaminerie fort héroïque. — Aussi les favoris du brave Leclère ont-ils pu flamber sans autre préjudice pour les joues qu'une légère humidité, seule trace que laisse la combustion de ce nouveau produit chimique.

Neuville a fait, des acteurs qui jouent dans *la Chambre à deux lits* du Palais-Royal, une de ces imitations étonnantes où nul ne réussit comme lui. Non-seulement c'est la voix, l'intonation, le geste, mais c'est encore le masque. Tantôt il ressemble à Numa, tantôt à Ravel, tantôt à Alcide Tousez. L'imitation de Bouffé dans le rôle de Pierre Février est si prodigieuse, que la différence ne serait pas appréciée, Bouffé lui-même étant présent. Il y aurait risque seulement que le modèle fût pris pour la copie ; Bouffé ne se ressemble pas tant que cela.

21 décembre.

Variétés. *Une Fille terrible.* — Sur ce titre, on pouvait s'attendre à quelque mise en scène des spirituels dessins de Gavarni, le père des *Enfants terribles;* mais la fille terrible de M. Deligny appartient à une autre famille. Si elle ne se rend pas insupportable par ces indiscrétions atrocement naïves, dont ces charmants petits monstres ont le secret, elle a un grand défaut pour une mère à prétentions : c'est d'avoir quinze ans et d'être déjà fort grandelette.

Cette digne mère étale, bien qu'elle soit ornée d'un nombre de lustres considérable, des prétentions à la jeunesse et même à l'adolescence, qui s'accorderaient mal avec la présence d'une fille bonne à marier. Aussi Anaïs est-elle déportée dans la Sibérie d'un pensionnat de Melun, et ne paraît-elle jamais dans la maison maternelle.

Débarrassée de cet odieux extrait de naissance vivant, madame Zénaïde Dumoulin se livre à des toilettes folichonnes et à des grâces enfantines les plus ridicules du monde ; elle ne se refuse ni le rose tendre, ni le bleu de ciel, ni le vert-pomme ; elle brave, avec une intrépidité rare, le voisinage des couleurs les plus fraîches. Chez elle, point de nuances carmélite, rouge brun, grenat, par lesquelles les héroïnes surannées de Balzac tâchent d'amortir les ardeurs d'un teint où la couperose succède à la rose. Elle étudie — étudier, c'est jeune — toutes sortes d'arts d'agréments, la clarinette et la redowa ; elle fréquente l'école de natation du quai de l'hôtel Lambert ; elle tire sa coupe avec une précision digne d'un âge moins avancé. Elle jouerait à la poupée au besoin. Oh! comme elle payerait cher une grand'mère et une nourrice!

C'est Flore qui joue Zénaïde, et vous pouvez facilement imaginer à quelle puissance de bouffonnerie elle arrive par le seul contraste de sa personne et de son costume. On dirait un de ces dieux de l'Inde représentés sous la forme d'enfants monstrueux et vieillots. Ses bras sortent d'une petite robe printanière à manches courtes, rouges, énormes, bouffis, ayant au coude des fossettes larges comme des écuelles; son ventre s'arrondit comme un monde; ses jambes ressemblent à des pieds d'éléphant à qui l'on aurait mis des bas. Sa poitrine, dans les moments d'émotion, palpite comme un baquet de colle renversé; c'est l'embonpoint poussé aux dernières limites du drolatique. — C'est de la graisse comique comme la graisse de mademoiselle Georges est de la graisse tragique; Flore est la Gargamelle de Rabelais; mademoiselle Georges, la Melpomène colossale des salles basses du Louvre.

Et il faut voir les petits airs adorablement penchés, les façons câlines, les ondulations de chatte amoureuse, les soupirs flûtés et les poses mélancoliques de cette bonne grosse Flore, qui a bien ses raisons pour vouloir être jeune, car elle est férue à l'endroit d'un joli garçon, M. Edgard, lequel, vous pensez bien, ne la paye pas de retour, quoiqu'il en fasse la simagrée.

Mademoiselle Anaïs, qui s'ennuie horriblement dans son pensionnat, trouve moyen de s'en faire chasser en excitant une révolte, et elle tombe subitement au milieu des bergeries et des rossignolades de sa maman. La tête de Méduse avec sa perruque de vipères ne produirait pas un effet plus stupéfiant sur l'amoureuse vieille que ce jeune et frais minois.

« Retournez vite à votre pensionnat, si vous ne voulez pas que je vous maudisse, fille perverse! — On m'a renvoyée de celui-là, et je me ferai mettre à la porte d'un autre. Je suis assez instruite comme cela : je sais la géographie, l'histoire, l'orthographe, la chimie, la couture, la danse, la musique, la gymnastique, et tout ce qu'il est possible de savoir; je veux rester près de vous, vous embrasser le matin, à midi et le soir, vous entourer de ma tendresse respectueuse.—Allons, répond Zénaïde attendrie, je veux bien vous garder, mais à une condition, c'est que vous reprendrez la robe courte, le pantalon et le petit tablier. Il n'est pas bon, et pour cause, que les fillettes s'ajustent trop tôt en grandes personnes. — Moi, revêtir ces habillements enfantins? Jamais! Je suis grande. — Trop grande! murmure la mère. — J'ai seize ans. — Tais-toi, malheureuse! — Je resterai plutôt en corset et en jupon. — A ton aise. »

La pauvre Anaïs sait que M. Edgard va venir; elle est très-agitée et très-inquiète. Comment recevoir un beau jeune homme amoureux, qui vous parle de sa flamme, en costume d'enfant ou sans costume? — Terrible alternative!— Un paravent tranche la difficulté. A travers les feuillets du meuble pudique, les amants se racontent leur martyre, comme Pyrame et Thisbé à travers les fentes de la muraille; Thisbé monte sur une chaise et tend sa main à baiser à Pyrame, qui se hausse sur la pointe du pied. La lionne de la fable est symbolisée par madame Dumoulin, qui rugit de fureur en découvrant que son Edgard est l'Edgard de sa fille. Madame Dumoulin, ne peut pas concevoir le goût qu'ont les hommes pour ces minces poupées, et elle forme le projet de se débarrasser au plus tôt de sa fille, en la mariant avec quelque vieil imbécile.

Un vieil imbécile est bientôt trouvé. — Un M. Durocher, secrètement épris d'Anaïs, et qui avait déjà cherché à s'introduire dans la maison sous les apparences d'un professeur de clarinette, ruse aussitôt démasquée par la science de Zénaïde sur cet instrument, fera juste l'affaire... Dans sa fuite précipitée, il a oublié son chapeau, il viendra sans doute le rechercher : il vient en effet, et, cette fois, on accepte ses propositions. On lui ménage une entrevue avec Anaïs, qui apparaît coiffée à la chinoise, en pantalon, en robe courte, en tablier à dents de loup, et propose à son futur mari une partie de corde; elle fait des simples, des doubles, des triples avec l'aisance d'une pratique récente, et force le galant émérite à se jeter par terre en l'imitant. M. Durocher s'aperçoit qu'Anaïs est trop folâtre pour lui. Il voudrait bien une jeune fille, mais non une enfant à peine sevrée, et le mariage commence à lui apparaître sous des couleurs moins agréables. — Comme il faut bien qu'un vaudeville finisse par l'union des deux amants, un incident quelconque fait découvrir que

M. Durocher est le père d'Édouard et l'oncle d'Anaïs. — Comment M. Durocher peut-il être le frère de feu M. Dumoulin ? Quel étrange mystère ! — C'est que M. Durocher ne s'appelle pas Durocher, mais bien Cochonnet ; c'est que madame Dumoulin devrait se nommer la veuve Cochonnet, et qu'elle a substitué à ce nom horriblement prosaïque celui d'un fief qu'elle possède sur le penchant de la butte Montmartre ! Cette circonstance les a empêchés de se reconnaître, et puis aussi il faut dire qu'ils ne s'étaient jamais vus.

Mademoiselle Lagier a joué le rôle enfantin d'Anaïs avec beaucoup de gentillesse et de vraisemblance, car elle n'a pas encore seize ans.

Rébard, le sublime père enrhumé des *Saltimbanques*, a été très-amusant dans le rôle de Durocher. Jamais tête sculptée au manche d'un rebec n'eut un profil d'une découpure plus étrange ; jamais mandragore ne s'est plus grotesquement tortillée en corps humain.

Le soir même de la première représentation de *la Fille terrible*, il y avait bal aux Variétés. — C'est une chose amusante et curieuse de voir une salle de spectacle se transformer à vue d'œil en salle de bal. A peine le dernier spectateur a-t-il quitté sa stalle, que, du fond du théâtre, s'élance une cohorte de machinistes portant des chevalets qu'on pose dans l'orchestre. A l'instant, une autre bande accourt avec de larges morceaux de planches qu'on abat sur les chevalets. — L'orchestre, recouvert, forme un pont qui permet à d'autres ouvriers d'arriver avec de nouveaux chevalets jusqu'à la région du parterre. — Aussitôt qu'ils sont plantés, le plancher s'avance par plaques numérotées, et ainsi de suite, jusqu'à ce que la circonférence soit remplie ; les lustres s'abaissent carcasses mornes, et se relèvent girandoles éblouissantes ; le laiton devient or, le grain de verre diamant.

C'est d'abord un tumulte incroyable, un grouillement de fourmilière renversée ; tout le monde court à droite, à gauche ; on se croise, on s'embrouille, on s'embarrasse, en apparence du moins ; car tous ces fous savent ce qu'ils font ; tous ces fragments qui descendent des frises, qui montent du dessous, ont leur place fixée d'avance, et ils y courent sans s'égarer à travers ce désordre.

Gare à vous ! voilà le plafond qui tombe du ciel et l'orchestre qui monte par une trappe : si vous n'y prenez garde, vous allez recevoir un prodigieux soufflet de ce décor qui se déploie, et vous n'aurez pas la consolation de pouvoir l'appeler en duel.

Où vont ces hommes portant des espèces de volets? Ils vont fermer les baignoires, que le haussement du parquet transforme en grottes souterraines où plus d'une Didon et d'un Énée pourraient se réfugier sans avoir l'orage classique pour prétexte et pour excuse? —Et ceux-là avec leurs escaliers? Établir les degrés de cette cascade de masques que la première galerie verse incessamment dans le parterre.

Nous nous étions retourné pour répondre à une question qu'on nous adressait, et voici qu'à la place du théâtre des Variétés, nous apercevons les palmiers d'or de Mabille et les portraits de Mogador, de Frisette, de la reine Pomaré, de Rose Pompon. M. Pilaudo est à son poste; la contre-basse ronfle, le fifre glapit, le cornet à piston détonne.—A n'en pas douter, nous entendons le bruit d'un orchestre qui s'accorde à un endroit où tout à l'heure il n'y avait que deux pompiers mélancoliques et somnolents. — Un carton suspendu indique une polka. — Déjà l'invariable *ohé!* par où se traduit la joie du peuple le plus gai et le plus spirituel de la terre, retentit sous le portique.

Comment faire, bon Dieu? Et les glaces qui ne sont pas en place! et les tapis qui ne sont pas cloués! — Il nous reste dix minutes, nous avons le temps.

Escaliers, couloirs, foyer, tout est revêtu en un clin d'œil d'épaisses et moelleuses moquettes. De nombreuses glaces se renvoient les feux d'innombrables bougies. Les fleurs rares et délicates épanchent leurs suaves parfums et attendent, dans de belles jardinières, un pillage inévitable.

Les acteurs qui jouaient dans la pièce avaient eu juste le temps de se déshabiller et de reprendre leur costume de ville.

Les bals des Variétés auront pour habitués assidus les gens qu'effrayent la ronde par trop infernale de l'Opéra et ces galops formidables auxquels tout le monde ne peut résister : — on y étouffera bien, car où serait le plaisir si l'on n'étouffait pas? mais on en reviendra avec les basques de son habit, sans luxation et sans côtes défoncées.

Le foyer deviendra le rendez-vous des dominos à intrigue s'il reste encore quelque chose de secret à se dire à l'oreille dans un siècle où tout se crie sur les toits.

VAUDEVILLE. *Trénitz*. — Trénitz, qui florissait sous le Directoire et sous l'Empire, était un homme du monde, dansant dans la perfection (on dansait alors); dans les bals, on montait sur les banquettes pour le voir! Heureux Trénitz, il a donné son nom à une figure de la contredanse! Il est immortel comme Alexandre, comme Homère, comme Apelles, comme César, comme Napoléon. Il a légué au monde ces deux syllabes *Tré-nitz*, et le monde, qui a si peu de mémoire pourtant, ne les a pas oubliées! Chaque soir, mille chefs d'orchestre les prononcent avec une accentuation solennelle, et la foule obéit.

Autant qu'il peut nous souvenir d'une chose aussi ancienne et aussi décrépite qu'un vaudeville de huit jours, il s'agit d'une aventure galante de Trénitz et de son ami Garat, rencontrés par la patrouille au pourchas de la danseuse Clotilde, et mis au violon comme voleurs. Ils ont beau se nommer, on ne veut pas les croire. « Si vous êtes Trénitz, dansez, dit le chef du poste; si vous êtes Garat, chantez; vous prouverez ainsi votre identité. » Malheureusement, Trénitz s'est foulé le pied, Garat s'est enrhumé en courant les rues et en escaladant les murs par une nuit de neige; enfin, on les relâche après plusieurs tribulations plus ou moins comiques. Lequel est heureux? Nous n'en savons plus rien; mais qu'importe, ou qu'*impote*, comme l'eût dit Garat, qui voulait supprimer les *r* dans la langue française, et jurait sur sa petite *paole d'honneu pafumée!*

28 décembre.

ODÉON *Agnès de Méranie*. — En donnant une seconde pièce, M. Ponsard a fait une action courageuse et noble : c'est, en France, une si belle position d'être le père d'une tragédie unique! avec cela, l'on parvient à tout! En s'en tenant à *Lucrèce*, M. Ponsard, à qui la chaste Romaine a déjà valu la croix de la Légion d'honneur et le prix de dix mille francs, serait devenu, dans un très-court délai, académicien, puis pair de France.

Tout en reconnaissant le mérite de cette œuvre sage et consciencieuse, nous n'avons jamais partagé l'engouement excité par *Lucrèce*.

Nous avons loué comme il convenait la netteté de la diction, l'heureuse imitation de Corneille et d'André Chénier, l'adroit pastiche des pièces antiques de Shakspeare, et surtout le parfum littéraire qui s'exhalait de cette composition remarquable ; il fallait tout le besoin de réaction qu'éprouve l'esprit humain à de certaines époques pour qu'on fît autant de bruit autour de cette pièce, acceptée pour tragédie à cause du sujet et des noms romains, mais, en réalité, drame relevant de l'école de Victor Hugo et d'Alexandre Dumas.

A toutes les périodes littéraires, brillantes, vivantes et hardies, succèdent des périodes ternes, languissantes et timides. Après Shakspeare et sa rayonnante pléiade, viennent Pope et les pâles versificateurs de la reine Anne; après le pindarique Ronsard, le sec Malherbe et son école; après le chaud Regnier, le froid Boileau; après le vigoureux Corneille, le délicat Racine. Le même mouvement a lieu dans chaque pays, quelquefois seulement il arrive que les grands maîtres chaleureux cèdent eux-mêmes à ce désir d'œuvres tempérées et correctes, qui prend le public à de certains moments; ainsi Gœthe ayant fait *Faust*, *Gœtz de Berlichingen*, *le Comte d'Egmont*, et la plupart de ses chefs-d'œuvre romantiques, jette dans le moule classique, *Iphigénie en Tauride*, *le Tasse*, de même que Schiller, l'auteur des *Brigands*, de *l'Intrigue et l'Amour*, de *Guillaume Tell*, compose *la Fiancée de Messine* avec les chœurs et les formes de l'art grec; lord Byron, malgré ses poëmes et ses drames, proclame les trois unités et dépose quelques tragédies ennuyeuses sur l'autel du bon sens : il en est ainsi des autres arts. L'école glacée de l'Empire est remplacée par cette ardente génération de jeunes peintres dont Eugène Delacroix est le chef. Cette école provoque à son tour la réaction ingresque, que subit, chose étrange ! le peintre du *Massacre de Scio*, de *la Barque du Dante*, de *la Liberté de Juillet*, des *Femmes d'Alger* et du *Pont de Taillebourg;* — il s'éprend tout à coup d'un bel amour pour l'antique et le grec; il fait des *Médée*, des *Cléopâtre*, des *Triomphe de Trajan*, des *Mort de Marc-Aurèle*. Heureusement, sa forte nature ne peut se plier aux conditions du genre, et il ne sera jamais *raisonnable*. — Nous pourrions pousser très-loin cette étude des oscillations de l'esprit humain; mais nous en avons dit assez pour nous faire comprendre.

La *Lucrèce* de M. Ponsard a fait son apparition dans une de ces périodes grises, et, comme le public, en général, nourrit une secrète aversion pour les maîtres farouches, violents, extrêmes, qui se laissent emporter par le lyrisme, et palpitent avec leurs grandes ailes d'aigle parmi les petites porcelaines, les verres bleus et les chinoiseries du goût bourgeois, le succès de l'œuvre bien sage, ou, du moins, crue telle, s'augmenta de toute la défaveur attachée à la trilogie colossale jouée presque simultanément sur un autre théâtre : beaucoup d'admirateurs de M. Ponsard, qui en a de sincères, forçaient peut-être leurs applaudissements pensant qu'ils retentiraient douloureusement dans le cœur d'un véritable grand poëte ; l'apathie se réveilla et l'on put croire que le beau temps de la passion et des querelles littéraires allait renaître ; mais l'amour de l'art était pour peu de chose dans tout ce tapage et dans toute cette exaltation ; comme dit Auguste Barbier dans sa satire de l'indifférence, on a toujours de l'ardeur et du nerf,

> Pour navrer le talent par de vives blessures,
> Et battre, avec l'essor d'un novice écrivain,
> Les vingt ans de succès d'un maître souverain !

Outre ces motifs de réussite, il y a en France une certaine quantité de gens qui croient la tragédie une chose indispensable à la gloire et à la prospérité du pays ; il leur faut une tragédie, coûte que coûte. Sans les trois unités et la coupe en cinq actes, ils sont mal à l'aise, inquiets, et trouvent qu'ils vivent dans un siècle inférieur.

Malheureusement, la tragédie n'est guère possible que sur des sujets antiques, avec les formes religieuses et presque liturgiques de la Grèce. — L'opéra se rapproche beaucoup plus de la tragédie telle qu'on la jouait dans l'amphithéâtre d'Athènes que les pièces représentées sous ce nom au Théâtre-Français. — On nous objectera, sans doute, les chefs-d'œuvre de Corneille et de Racine ; mais, tout grands qu'ils sont, nous osons penser qu'ils l'auraient été davantage, délivrés de ces entraves inutiles ; ces sublimes poëtes nous ont toujours un peu produit l'effet de ces danseurs antiques qui exécutaient les pas les plus difficiles avec des sandales de plomb et les fers aux pieds. — Nous ne sommes pas de ceux qui estiment la tragédie indispensable au bonheur de la nation. Nous aimons autant le drame, la comédie, le poëme ou l'ode, et nous saurions autant de gré à M. Ponsard de vingt beaux vers que de toutes les régularités possibles.

Exalté ainsi outre mesure, M. Ponsard se trouvait dans la plus dangereuse position. Il était obligé à un chef-d'œuvre, ni plus ni moins; et rien n'est gênant comme une pareille nécessité, même pour un homme de génie; rien ne se commande moins que l'inspiration. Et il faut, pour composer, une entière liberté d'esprit; le poëte qui voit au-dessus de sa « lampe nocturne » scintiller vaguement le lustre de la représentation, perd la moitié de sa force. On doit écrire comme si jamais personne ne devait lire ce que l'on fait, pour son art et son cœur.

Nous aurions souhaité de tout notre cœur qu'*Agnès de Méranie* eût et méritât une grande réussite. C'est une chose si triste que ces retours subits, ces changements sans motifs de l'opinion, que cette vogue qui vous portait sur son flot et vous laisse à sec en se retirant! Que croire? à qui se fier désormais? sur quoi fonder sa certitude? Il ne peut donc se lever dans ce beau ciel de l'intelligence et de l'art aucun astre qui ne s'éclipse aussitôt? La médaille du succès a donc fatalement pour revers la chute? Il n'y a donc de durable en France que M. Scribe et M. Dennery? Ceux-là ne tombent jamais. — N'ayez pas peur!

Un étranger qui eût assisté à la première représentation d'*Agnès de Méranie*, à voir cette attention religieuse, cette assemblée illustre, ces applaudissements nombreux et fréquents, cette attitude bienveillante en apparence, eût pu croire à un succès complet et se fût étrangement trompé. — Un Parisien, habitué à ces sortes de solennités, ne se serait pas fait illusion une minute; car, à Paris, l'on réussit quelquefois avec des sifflets et l'on tombe avec des bravos.

Pour nous, malgré sa fortune diverse, *Agnès* a le même mérite que *Lucrèce*, bien qu'elle flatte nécessairement moins les souvenirs du *De viris illustribus*, si chers au public, car nous ne saurions admettre qu'un homme, poëte hier, ne le soit plus aujourd'hui, à moins qu'un volet ou qu'un tuyau de poêle, lui tombant sur la tête en temps d'orage, ne lui ait lésé la cervelle et troublé le jugement:

l'amphore contient une liqueur généreuse ou fade, mais la seconde coupe qu'on y puise doit être pareille à la première.

L'analyse d'*Agnès de Méranie* est si simple, qu'elle pourrait tenir en quelques lignes. — Philippe-Auguste, qui a répudié Ingelberge, vit heureux avec Agnès de Méranie. Le légat du pape arrive, déclare nul ce second mariage du prince, et le somme de reprendre sa première femme sous peine d'excommunication. Le roi résiste; le moine le menace de l'interdit, dont les terribles effets ne tarderont pas à se faire sentir.

> Lorsque s'accomplira la deuxième semaine,
> Je mettrai l'interdit sur ton royal domaine.
> Connais-tu l'interdit? sais-tu quels résultats
> Arrêteront la vie au cœur de tes États?
> Les évêques, — sur toi que ce malheur retombe! —
> Fermeront aux vivants l'église, aux morts la tombe.
> Plus d'office divin, plus d'absolution;
> Plus rien, sauf le baptême et l'extrême-onction.
> Le travail chômera. — Le père de famille
> Ne pourra fiancer ni marier sa fille;
> Les enfants garderont chez eux leurs frères morts,
> Dont le terrain sacré rejettera les corps;
> Tous enfin, les sujets, ta complice et toi-même
> Serez enveloppés dans un vaste anathème.
> Et, quant aux fils d'Agnès, ils seront déclarés
> Bâtards, dans l'adultère et la honte engendrés;
> A défaut d'autres fils que s'éteigne ta race!
> Toi mort, un étranger occupera ta place.

Le palais se dépeuple de tous ses hommes d'armes; il ne reste plus au roi que le fidèle chevalier Guillaume des Barres, et encore est-il d'avis de renvoyer Agnès de Méranie; à quoi le roi répond :

> Je veux,
> Pour me justifier, que nous causions tous deux.
> Et, d'abord, j'aime Agnès; — force ni raison même
> Ne pourraient me contraindre à quitter ce que j'aime;
> Mais, si je la défends par amour, je le dois,
> Et comme chevalier, Guillaume, et comme roi;

Ce n'est pas devant toi, la loyauté vivante,
Que la chevalerie a besoin qu'on la vante ;
Tu connais les vertus, pour les avoir au cœur,
Que verse en un pays cette source d'honneur ;
C'est le sacré baptême où l'on trempe sa lance,
Sur laquelle on écrit : « Courtoisie et vaillance. »
Nous sommes tous nés d'elle, et nos plus hauts barons,
S'ils n'étaient chevaliers, ne seraient que larrons.
Il faut, n'est-il pas vrai, que celui qui commande
Garde à la nation les mœurs qui la font grande,
Et sa propre conduite à tous doit enseigner
Le culte des vertus qu'il veut faire régner.
Et cependant tu veux que moi que l'on contemple,
Moi, chef des chevaliers, qui leur donne l'exemple,
Dégradant mon écharpe et manquant à mon vœu,
A ce vœu que l'on fait aux dames comme à Dieu,
Je sacrifie Agnès, dame de ma pensée,
Et lui fasse défaut quand elle est menacée !
Mais (tu fus mon parrain, tu n'as pu l'oublier)
Toi-même, tu m'as dit, en m'armant chevalier :
« Sois preux, hardi, loyal ; sers ton Dieu, sers ta dame ;
Prête au faible opprimé l'appui qu'il te réclame. »
Oui, quand j'ai pris le heaume en tête, j'ai juré
De défendre ma dame, et je la défendrai.
Et, quand j'aurai failli, j'aurai d'abord, Guillaume,
Voilé mon écusson et déposé mon heaume.

Le bon Guillaume pourrait bien répondre à son maître qu'il a chassé sa première femme, ce qui n'est pas d'un très-galant chevalier, et qu'il est malvenu à toujours parler de la dame de sa pensée, comme un Amadis sur la roche Pauvre. — A ces raisons de troubadour, Philippe en ajoute d'autres très-longuement développées, et dont voici quelques-unes :

Si je cède une fois, le mal est sans remède ;
En toute occasion, il faudra que je cède.
Par un premier succès le saint-père alléché,
Dans tout ce qu'on fera saura voir un péché,
Et du recours au peuple, une fois efficace,
Agitant devant moi l'éternelle menace,

> Sur la rébellion dressant son attentat,
> Décidera bientôt des affaires d'État.
> Et, comme chez lui-même il est si petit prince
> Qu'il ne peut repousser l'assaillant le plus mince ;
> Comme il est obligé d'avoir son point d'appui
> Ou chez l'un ou chez l'autre, et toujours hors de lui,
> Selon qu'il entrera dans telle ou telle ligue,
> Il nous infligerait sa misérable intrigue,
> Et nous serions tantôt Anglais, tantôt Germains,
> Pour le plus grand profit des pontifes romains.
> Restons Français. — Je dois, de même fierté d'âme,
> Roi, garder mon royaume, et, chevalier, ma dame.

Cédant à de sages conseils et cherchant à fléchir le légat, Philippe-Auguste promet de mener une armée en terre sainte si le pape veut lever l'interdit. Le moine résiste et menace le roi de le déposer. Agnès a tout entendu ; elle comprend qu'elle doit fuir dans quelque retraite profonde, et sa douleur s'exhale dans les vers suivants :

> Philippe ! mon seigneur, chère âme de ma vie,
> Va, c'est bien à toi seul que je me sacrifie.
> Que n'es-tu, comme moi, de ces humbles esprits
> Qui bornent tous leurs vœux sur des êtres chéris,
> Et sont reconnaissants aux honneurs de ce monde
> De ne pas visiter leur retraite profonde.
> Nous partirions ensemble. Il est dans mon Tyrol
> Des bords hospitaliers plus que ce triste sol.
> O mes bois, mes vallons, ma campagne connue,
> Comme je guiderais chez vous sa bienvenue !
> Immenses horizons, de quel geste orgueilleux
> Je lui déroulerais vos tableaux merveilleux,
> Et quel bonheur d'entendre, à son bras suspendue,
> La lointaine chanson tant de fois entendue !
> Hélas ! ce n'est qu'un rêve. Il ne saurait pas, lui,
> Oublier dans l'amour un trône évanoui.
> Que vais-je imaginer ! Un manoir d'Allemagne,
> Les chants tyroliens, la paix de la campagne,
> Toute cette innocence et toutes ces candeurs
> A lui qui tomberait du faîte des grandeurs !

> Ah ! l'âme que la gloire une fois a touchée
> Est pour le bonheur calme à jamais desséchée ;
> Elle garde en sa chute un désespoir hautain,
> Et ne peut plus rentrer dans le commun destin.
> Du haut de sa ruine, elle écoute, isolée,
> L'écho retentissant de sa grandeur croulée.
> Allons ! j'aime encor mieux qu'il me regrette un jour,
> Que si, près de moi-même, il regrettait sa cour.

Agnès s'éloigne avec Guillaume, mais le peuple la reconnaît et veut la massacrer. Entendant le tumulte, Philippe s'élance et dégage Agnès, qui, rentrée au palais, raconte ainsi cette scène terrible :

> O Dieu ! je savais bien que je faisais horreur,
> Je n'imaginais pas pourtant cette fureur.
> Saluée en sortant d'un sinistre murmure,
> Au bout de quelques pas de mille cris d'injure ;
> Puis, poussée, assaillie, avançant, reculant,
> Éperdue au milieu de ce cercle hurlant,
> Qui, toujours rétréci, m'avait enveloppée,
> Et que Guillaume en vain coupait de son épée,
> J'avais fermé les yeux, attendant le trépas !
> Quand je les ai rouverts, j'étais entre vos bras.
> J'ai vu (que vous étiez superbe de colère !)
> S'arrêter tout à coup le torrent populaire ;
> Entre la foule et moi, j'ai vu, comme un éclair,
> Descendre et remonter par trois fois votre fer,
> Et la place était libre, et, prompte à disparaître,
> La foule s'écoulait sous les regards du maître.
> C'était peu d'une armée ; il a suffi du roi.
> Vous seul le pouviez faire, et l'avez fait pour moi.

La scène qui suit est toute d'un ton qui conviendrait mieux à des amants qu'à des époux ayant déjà deux enfants. — On y rencontre des passages de mignardise chevaleresque qui sentent le petit Jehan de Saintré et l'étude du moyen âge, dans M. de Tressan et Lacurne de Sainte-Palaye, comme celui-ci :

> Périsse mon empire, avant d'être acheté
> Par cette ignominie et cette lâcheté !

Que moi, Philippe-Auguste, à qui tu t'es fiée,
Je souffre que jamais tu sois sacrifiée !
Qu'à ce moine brouillon et ce peuple mutin,
De mes chères amours je livre le butin !
Que tu sois ma rançon ! que j'aille dans tes larmes
Ramasser ma couronne échappée à mes armes !
Que je me sauve seul, ayant fait ton danger,
Sachant te compromettre et non te dégager,
Et qu'enfin, quand c'est moi qui devrais te défendre,
A ta protection je veuille me suspendre !
Ames des chevaliers ! saint Georges, leur patron,
Que diriez-vous de voir à mon pied l'éperon ?
Vous, compagnons d'Arthur, vous pairs de Charlemagne,
Vous tous qui le portiez, est-ce ainsi qu'on le gagne ?
Certes, tous ces vaillants, à leur tête Richard,
Viendraient trancher la nappe au chevalier couard,
Eux qui considéraient que la pire infamie
Est de ne pas briser sa lance pour sa mie.

Ces alternatives remplissent tant bien que mal le vide de l'action ; car la pièce est finie dès que le moine a fait son apparition et fulminé l'anathème.

Agnès essaye de fléchir le légat, mais il lui répond : « Je ne suis que l'instrument d'un autre homme. » Elle s'imagine que le pape s'attendrira, et propose d'entrer plus tard en religion et de prendre dans le cloître

Un habit pénitent,
Un jour, lorsque le roi ne l'aimera plus tant !

Le bon Guillaume Desbarres, qui a entendu ces derniers vers, s'écrie :

Ajoutez-y que, moi, le chevalier Guillaume,
Je donnerai mes fiefs aux couvents du royaume,
Mon argent, ma vaisselle et tout ce qui me sert,
Mon cheval des combats, même, avec mon haubert ;
Et j'irai, ne vivant que de miséricorde,
Jusqu'à Jérusalem, pieds nus, ceint d'une corde ;

> Là, consacrant à Dieu mon fer de chevalier,
> Je ferai vœu de vivre et mourir templier.

Ne vivant que de miséricorde, nous semble une locution singulière pour dire ne vivant que d'aumônes et de charités.

Voyant que le moine reste inflexible, la douce Agnès se relève furieuse et se répand en invectives dignes de Camille :

> Que ma perte, Seigneur, retombe donc sur eux ;
> Qu'ils trouvent à leur tour un juge rigoureux.
> Vous avez vu, Seigneur, combien leur âme est dure
> Et jusqu'où leur rancune a poussé ma torture.
> Quand ils voudront fléchir votre sévérité,
> Soyez impitoyable autant qu'ils l'ont été.
> Et vous qui me parliez du tribunal suprême,
> Tremblez, plutôt que moi, d'y paraître vous-même ;
> C'est vous qui répondrez des milliers de chrétiens
> Dont vous aviez la garde, infidèles gardiens ;
> Vous qui fermez le ciel, où vous deviez conduire,
> Et, chargés de sauver, travaillez à détruire ;
> Vous qui, parce qu'un seul fut désobéissant,
> Damnez du même coup tout un peuple innocent !
> C'est vous qui répondrez, quelle qu'en soit la suite,
> Du dernier désespoir où vous m'aurez réduite ;
> Et puisse mon exemple être un enseignement
> Qui témoigne à jamais de votre acharnement !
> Puissent les nations s'émouvoir et comprendre
> A quelle tyrannie elles doivent s'attendre !
> Puisse venir un jour où tout le genre humain
> Se sera révolté contre le joug romain,
> Où l'on aura brisé les foudres de ce pape
> Qui ne se fait connaître à nous que lorsqu'il frappe,
> Qui de la chrétienté se prétend le pasteur,
> Et n'en est cependant que le persécuteur !
> Que maudit soit celui qui sait si bien maudire !
> De sa méchanceté contre lui je m'inspire ;
> Je comprends le bonheur qu'on trouve à se venger :
> Il verse dans mon sein ce venin étranger ;
> Il a flétri ma vie, empoisonné mon âme,
> Maudit, maudit soit-il !...

Philippe, las de la situation que lui fait l'interdit, convoque ses barons et leur tient un discours où il leur offre de descendre du trône.

> Prenez donc le plus fier de ceux qui sont ici,
> Gardez-lui mieux qu'à moi votre serment. — Voici
> La couronne et voici *joyeuse*. — Je résigne.
> L'une et l'autre, seigneurs, dans les mains du plus digne.

Tous les chevaliers, enthousiasmés, crient : « Vive Philippe-Auguste ! »

> Il faut crier aussi : « Agnès de Méranie ! »

dit celui-ci toujours chevalier français ;

> Quiconque reniera ma dame me renie !

Les barons baissent leur épée et gardent le silence. Alors paraît une figure pâle et convulsive : c'est Agnès, elle s'est empoisonnée, et, par sa mort, tranche ainsi toute difficulté.

Nous ne ferons pas, à propos d'*Agnès de Méranie*, de l'érudition facile ; chacun sait qu'Agnès termina ses jours dans un couvent de Poissy ; mais le poëte avait bien le droit de la faire mourir à sa fantaisie et de la façon la plus commode pour son dénoûment. Il nous semble seulement qu'il a eu tort de se priver de la figure d'Ingelberge ; car, dans une tragédie, il est toujours bon d'avoir deux femmes rivales qui se disent des choses désagréables, cela anime la scène. Racine lui-même, avec l'*invitus invitam dimisit*, n'a pu faire qu'une élégie languissante et que soutient seule la douceur de sa versification. — Un reproche plus grave à nos yeux, c'est le peu d'homogénéité du style, où s'enlacent sans se confondre trois ou quatre imitations de manières différentes ; c'est la fréquence des phrases incidentes et la pesanteur des transitions. Les fragments que nous avons cités et qui sont empruntés aux journaux amis, montreront, mieux que nous ne pourrions le faire, ce qui manque à M. Ponsard pour occuper la haute position littéraire qu'on a voulu lui donner tout d'abord.

Nous ne sommes pas de ceux qui désespèrent de son avenir sur cet échec, et le regardent comme un homme « coulé. » Il y a dans la nature patiente, habile et sensée de M. Ponsard toutes les ressources nécessaires pour se relever du succès d'estime d'*Agnès de Méranie*. Seulement, nous lui conseillons de ne pas sortir de l'antiquité, qui lui est, ce nous semble, plus familière que le moyen âge, et convient mieux à son talent, plutôt dessinateur que coloriste, plus apte à sculpter un bas-relief qu'à peindre un tableau.

On peut ajouter aussi que la pièce a été fort mal jouée. Bocage était plus enchifrené que le père enrhumé des *Saltimbanques*, et madame Dorval a fait regretter mademoiselle Araldi, qui, au moins, eût été vraisemblable. — On connaît toute notre admiration pour la grande actrice qui a joué si merveilleusement Adèle d'Hervey, Marion de Lorme, Marie-Jeanne ; mais elle n'a heureusement rien de ce qu'il faut pour la tragédie, et elle a été punie, ainsi que Bocage, de son ingratitude pour le drame. Randoux seul a bien rendu son rôle — celui du légat — et fulminé comme il faut les alexandrins de l'anathème.

Nous ne ferons pas nos compliments au décorateur ni au costumier. Impossible de voir quelque chose de plus criard et de plus aigre que ces deux salles d'une architecture de pendule et d'assiette montée ; madame Dorval avait l'air d'une glace tournée, et la suivante, d'un jaune d'œuf entouré de son blanc ; jamais couleurs plus fausses n'ont hurlé l'une à côté de l'autre. — Nous savons que la tragédie est une chose abstraite qui se passe d'accessoires ; mais il est cependant bien ennuyeux de voir, pendant cinq actes, de pareils costumes se détachant sur de semblables décorations !

FIN DU QUATRIÈME VOLUME

TABLE DES MATIÈRES

I

JANVIER 1845. — Salle Ventadour : deuxième exécution du *Désert*, ode-symphonie de M. Félicien David. — Cours des billets. — L'auditoire. — La France conquise par l'Algérie. — Effet de la symphonie. — Acteurs anglais : *Werner*, tragédie de lord Byron. — Macready. — Gymnase : *Madame de Cérigny*, par MM. Bayard et Regnault. — Numa, Tisserant, mademoiselle Rose Chéri. — Odéon : *Inez, ou la Chute d'un ministre*, drame de Navarrete, imité par don Carlos de Algarra. — Acteurs anglais : *Macbeth*. — Les données dramatiques. — Macready, miss Helen Faucit. — Italiens : *la Rinegata* (*Lucrezia Borgia*), paroles de M. Gianone, musique de M. Donizetti. — On n'emprunte qu'aux riches. — Acteurs anglais : dernière représentation. — *Henry IV*. — *Roméo et Juliette*. — *The Day after the Wedding*. — Mademoiselle Plessy dans un rôle anglais. — Opéra : les petites danseuses viennoises. — Gymnase : *la Morale en action, ou les Quatre Masques*, par MM. Jaime et de Villeneuve. — Italiens : *Don Giovanni*, opéra de Mozart. — Don Juan type et symbole. — Qualités nécessaires pour jouer ce rôle. — Vaudeville : *les Trois Loges*, par MM. Clairville et Hostein. — Gymnase : *un Bal d'enfants*, par MM. Dumanoir et Dennery. — Gaieté : *Forte Spada*, drame de M. Félicien Mallefille. 5

II

FÉVRIER 1845. — Variétés : *Mimi Pinson*, par MM. Dumanoir et Bayard. — Le conte d'Alfred de Musset. — Palais-Royal : *le Bœuf gras*, par M. Paul de Kock. — La tradition du bœuf gras. — Vaudeville : *l'Enfant chéri des dames*, par M. Charles Desnoyers. — *Les Mystères de ma femme*, par MM. Laurencin et Bernard Lopez. — Arnal. — Madame Guillemin. — Cirque-Olympique : *l'Empire*, par MM. Ferdinand Laloue et Fabrice Labrousse. — Le Cirque gagné par le scepticisme et l'ironie. — Le beau temps d'Edmond. — Italiens : reprise de *Norma*. — Giulia Grisi. — Odéon : *Notre-Dame des abimes*, drame de M. Léon Gozlan. — La fantaisie sur le lit de Procuste. — Progrès de l'école du brouillamini. — Gymnase : *les Deux César*, par M. Félix Arvers 42

III

MARS 1845. — Théâtre-Français : *le Gendre d'un Millionnaire*, comédie de MM. Léonce et Moleri. — Odéon : *le Docteur amoureux*, pastiche de Molière, avec un prologue en vers par M. de Calonne. — Le manuscrit de la pièce exposé au foyer. — Question de paléographie. — Gymnase : *le Tuteur de vingt ans*, par MM. Mélesville et Paul Vermond. — Gaieté : *les Ruines de Vaudemont*, drame de MM. Boulé et Lajariette. — Odéon : *Walstein* (*Wallenstein*), drame imité de Schiller, par M. de Villenave. — La pièce allemande et l'imitation. — Variétés : *les Deux Pierrots*, par M. Bayard. — Spleen. — Gymnase : *le Petit Homme gris*, par le même M. Bayard et M. Simonnin. — Achard. — Opéra : début de mademoiselle Plunkett, dans *la Péri*. — Porte-Saint-Martin : *la Biche au Bois*, féerie de MM. Cogniard frères. — Le royaume des poissons. — Un ballet de légumes. — L'économie bien entendue au théâtre 56

IV

AVRIL 1845. — Théâtre-Français : *Virginie*, tragédie de M. Latour (de Saint-Ybars). — Le sujet et la pièce. — Mademoiselle Rachel. — La versification de M. Latour. — Équation poétique. — Italiens : Concert de madame Marie Pleyel. — Odéon : *l'Eunuque* de Térence, traduit par M. Michel Carré. — Les comédies de Plaute et celles de Térence. — Gymnase : *l'Image*, par MM. Scribe et Sauvage. — Débuts de madame Doche et de Montdidier. — Klein, Geoffroy. — Opéra-Comique : *la Barcarolle*, paroles de M. Scribe, musique de M. Auber. — Le répertoire de M. Scribe. — Sa nouvelle pièce. — La partition de M. Auber. — Variétés : *Tom Pouff*. — A propos des exhibitions de monstres et de phénomènes 69

V

MAI 1845. — Théâtre-Français : *une Soirée à la Bastille*, comédie en vers, de M. Adrien de Courcelles. — Odéon : *le Camoëns*, drame de MM. Perrot et Armand Dumesnil. — Gymnase : *Jeannette et Jeanneton*, par MM. Scribe et Varner. — Théâtre de Chartres : *la Mort du général Marceau*, drame de MM. Lesguillon et Labrousse. — Projet de statue de M. Auguste Préault. — Vers d'Antony Deschamps. — Vaudeville : *le Petit-Poucet*, par MM. Clairville et Dumanoir. — Le monstre à la mode. — Ambigu : *les Étudiants*, drame de M. Frédéric Soulié. — Le quartier latin calomnié. — Mélingue, Lacressonnière, madame Guyon ... 83

VI

JUIN 1845. — Théâtre-Français : représentation pour l'anniversaire de la naissance de Corneille. — Un discours en vers de Casimir Delavigne. — Odéon : M. Lireux. — Changement de direction. — M. Bocage. — Utilité d'un second Théâtre-Français. — Variétés : exercices de M. Sands et de ses deux enfants. — Palais-Royal : *Sylvandire*, vaudeville tiré du roman d'Alexandre Dumas. — Le terre-neuve du romancier. — Cirque des Champs-Élysées : réouverture. — Le singe York. — Variétés : *la Gardeuse de dindons*, par MM. Dartois et de Biéville. — Réaction contre le genre trumeau. — Mademoiselle Déjazet. — Lepeintre jeune. — Palais-Royal : *la Pêche aux beaux-pères*, par MM. Bayard et Sauvage. — Début de mademoiselle Nathalie. — Gymnase : *Grande Dame et Grisette*. — Mesdames Rose Chéri et Désirée. — Les actrices de Paris, dessins de Gavarni 95

VII

SEPTEMBRE 1845. — Un revenant. — Gymnase : *les Murs ont des oreilles*, par MM. Anicet Bourgeois, Brisebarre et Nyon. — Madame Marteleur, mademoiselle Désirée. — Variétés : *le Désastre de Monville*, à-propos, de MM. Ferdinand Langlé et Fontaine. — Singulière morale de la pièce. — Vaudeville : *un Tour d'Europe*, par M. Clairville. — Hippodrome : quelques idées pour le programme de ce spectacle. — Théâtre-Français : *l'Enseignement mutuel*, comédie de MM. Eugène Nus et Charles Desnoyers. — Où est aujourd'hui la comédie. — Éloge non suspect du vaudeville. — Encore la femme de quarante ans ! — Madame Volnys. — Cirque-Olympique : danseuses moresques. — Les almées comme se les figure le Parisien. — Pudeur locale de la censure. — Le puritanisme et les tableaux vivants. — Triomphe de la laideur et des monstruosités. 106

VIII

OCTOBRE 1845. — Italiens : réouverture. — Les habitués et la salle. — Du bien-être dans les théâtres. — Le maestro Verdi. — Palais-Royal :

les Bains à domicile, par M. Paul de Kock. — Un vaudeville sans mariage ! — Analyse de cette œuvre audacieuse. — Mademoiselle Juliette, Alcide Tousez, Sainville. — Italiens : début de M. Napoléon Moriani, dans *Lucia di Lammermoor*. — L'idéal du ténor. — Des différentes espèces de chanteurs. — L'art et le don. — M. Moriani. — Théâtre-Français : *Corneille et Rotrou*, comédie de MM. Delaboulaye et Cormon. — Variétés : *le Diable à quatre*, arrangé d'après Sedaine, par MM. Siraudin et Brunswick. — Moyen comique peu galant. — A voleur, voleur et demi. — Palais-Royal : *le Code des femmes*, par M. Dumanoir. — Leménil, mademoiselle Nathalie. — Italiens : *Nabucco*, paroles de M. Thémistocle Solera, musique de M. Giuseppe Verdi. — Nature du talent de Verdi. — Opéra : représentation au bénéfice de Massol. — Mademoiselle Rachel dans *les Horaces*. — Bouffé dans *le Père Turlututu*. — Carlotta Grisi. — Variétés : reprise de *l'Abbé galant*, de MM. Laurencin et Clairville. — La pièce. — Bouffé. 118

IX

NOVEMBRE 1845. — Ambigu : *les Mousquetaires*, drame de MM. Alexandre Dumas et Auguste Maquet. — De la coupe des pièces de théâtre. — Les entraves de la symétrie. — Ce qui a fait le succès du roman des *Mousquetaires*. — Vaudeville : *l'Ile de Robinson*, par MM. Duvert et Lauzanne. — Le style arnalesque. — *La Grande Bourse et les Petites Bourses*, par MM. Clairville et Faulquemont. — La fièvre de l'agiotage. — Odéon : réouverture. — Prologue en vers de M. Théophile Gautier. — *Le Véritable saint Genest, comédien païen, représentant le Martyre de saint Adrien*, tragédie de Rotrou. — *Un Bourgeois de Rome*, comédie de M. Octave Feuillet. — Bocage. — Mademoiselle Marthe. — Variétés : *les Compagnons du Devoir*, par MM. Lockroy et Jules de Wailly. — Bouffé, mademoiselle Judith, André Hoffmann. — Porte-Saint-Martin : *Marie-Jeanne, ou la Femme du peuple*, drame de MM. Maillan et Dennery. — La pièce. — Madame Dorval. — Théâtre-Français : *un Homme de bien*, comédie en vers, de M. Émile Augier. — Caractère du héros. — Le style. — Les acteurs. — Vaudeville : *Riche d'amour*, par MM. Duvert et Lauzanne. — Arnal 134

X

DÉCEMBRE 1845. — Italiens : Mario dans *il Pirata*. — *Don Pasquale*. — Lablache dans les rôles bouffes. — Palais-Royal : M. Robert Houdin. — La seconde vue. — Théâtre-Français : représentation de retraite de Firmin. — *Le Misanthrope*. — *Le Legs*. — *Oreste*. — La tragédie de Sophocle et celle de Voltaire. — Mademoiselle Rachel dans le rôle d'Électre. — Cirque-Olympique : *les Éléphants de la Pagode*. — Le monde antédiluvien. — Mise en scène indienne. — De la domestication des bêtes sauvages. — Opéra : *l'Étoile de Séville*, paroles de M. Hippolyte Lucas, musique de M. Balfe. — Les ouvertures d'opéra. — Caractère du talent de M. Balfe. — Italiens : *Sémiramide.* — *Gemma di Vergi.* — Début du ténor Malvezzi. — Théâtre-Français : *la Famille Poisson,* comédie en vers, de M. Samson. — La pièce et le style. — Provost. — Variétés : début de mademoiselle Marquet dans *les Vieux Péchés.* — La danseuse devenue comédienne. — Gymnase : *le Marchand de Marrons,* par MM. Duvert et Lauzanne. — Palais-Royal : *les Pommes de terre malades,* par MM. Dumanoir et Clairville. — Concert de M. Limnander. — Bals de l'Opéra. 159

XI

JANVIER 1846. — Vaudeville : *V'là c'qui vient d'paraître!* revue de MM. Dennery et Clairville. — Le plaisir dans l'uniformité. — Une scène de bonne comédie. — L'avenir comme l'entend mademoiselle Ozy. — Gymnase : *la Loi salique,* par M. Scribe. — Un sujet scabreux. — Mademoiselle Rose Chéri. — Théâtre-Français : reprise de *la Ciguë* de M. Émile Augier. — Mademoiselle Solié, Maillard. — Odéon : *Diogène,* comédie de M. Félix Pyat. — La pièce. — Sa portée philosophique. — Bocage, mademoiselle Fitzjames. — Chiens et singes savants. — La vie humaine parodiée par les animaux. — Théâtre-Français : représentation pour l'anniversaire de la naissance de Molière. — Les pièces tombées dans le domaine public. — Droits des auteurs morts. — Caisse d'encouragement pour la littérature. 189

XII

FÉVRIER 1846. — Opéra-Comique : *les Mousquetaires de la Reine,* paroles de M. de Saint-Georges, musique de M. Halévy. — Cirque-Olympique, *le Cheval du Diable,* féerie de M. Villain de Saint-Hilaire. — *La Peau de chagrin* de M. de Balzac. — Abus de la tirade. — Zisko. — Décorations. — Vaudeville : *Carlo Beati.* — Arnal dépaysé. — Odéon : *l'Alcade de Zalamea,* imité de Calderon par MM. Samson et Jules de Wailly. — Le vers de huit syllabes au point de vue scénique. — Gymnase : *le Mardi gras,* par MM. Laurencin et Clairville. — La vérité sur l'hôtel des Haricots. — Opéra : *Lucie de Lammermoor,* paroles de MM. Alphonse Royer et Gustave Vaëz, musique de M. Donizetti. — Résurrection de Duprez. — Donizetti. — Gymnase : *Georges et Marie,* par MM. Bayard et Laya. — Début de Bressan. — Théâtre-Français : *la Chasse aux Fripons,* comédie en vers, de M. Camille Doucet. — La comédie de mœurs contemporaines. — Vaudeville : *les Dieux de l'Olympe à Paris,* par MM. Jules Cordier et Clairville. — Irrévérence des auteurs. — Théâtre-Historique : le privilége. — Du monopole théâtral. — Le grand public et le petit public. 208

XIII

MARS 1846. — Théâtre-Français : *Jeanne d'Arc,* tragédie de M. Alexandre Soumet. — Le vrai romantisme. — Un poëte entre deux écoles. — La

Jeanne d'Arc de Schiller et celle de M. Soumet. — La figure de la Pucelle dans Shakspeare. — Etude historique de M. Michelet. — Mademoiselle Rachel. — Porte-Saint-Martin : *Michel Brémont*, drame en vers, de M. Viennet. — La pièce et la versification. — Frédérick Lemaître. — Opéra : *Moïse au mont Sinaï*, oratorio de M. Félicien David. — Réaction contre le succès du *Désert*. — Les Athéniens de Paris. — La nouvelle œuvre de M. David. — Variétés : *Gentil Bernard, ou l'Art d'aimer*, par MM. Dumanoir et Clairville. — Mademoiselle Déjazet, André Hoffmann. — Palais-Royal : *le Nouveau Juif errant*, par M. Varner. — Un élément dramatique au goût du jour 226

XIV

AVRIL 1846. — Opéra : *Paquita*, ballet de MM. Paul Fouché et Mazillier, musique de M. Deldevez. — Mademoiselle Carlotta Grisi. — Théâtre-Français : *une Fille du Régent*, drame de M. Alexandre Dumas. — Le public et l'auteur. — La pièce et ses interprètes. — Gymnase : *Geneviève, ou la Jalousie paternelle*, par M. Scribe. — Mademoiselle Rose Chéri, Numa, Julien Deschamps. — Odéon : *les Touristes*, comédie en vers de M. Ernest Serret. — Le parterre de l'Odéon et les nouveaux venus. — *Le Triomphe du Sentiment* de Gœthe. — Vaudeville : *le Roman comique*, par MM. Dennery, Cormon et Romain. — Scarron. — Salle Ventadour : concert d'adieu de madame Damoreau. — Palais-Royal : *le Lait d'ânesse*, par MM. Dupeuty et Gabriel. — Levassor. — Porte-Saint-Martin : reprise des *Petites Danaïdes*, de Désaugiers et Gentil. — Souvenir de Potier. — L'enfer de M. Cicéri. — Mesdemoiselles Grave et Esther. 240

XV

MAI 1846. — Hippodrome : réouverture. — Invasion du Nord. — Le carrousel Louis XIII. — Exercices de voltige. — L'acrobate Braduri. — Courses de haies et courses en char. — Laurent Franconi. — Opéra-Comique : *le Trompette de M. le Prince*, paroles de M. Mélesville, musique de M. François Bazin. — La partition. — Ambigu : *l'Étoile du Berger*, féerie de MM. Anicet Bourgeois et Dennery. — Les décorations. — Projet d'affiche qui doublerait le succès. — Palais-Royal : *la Femme électrique*, par MM. Jules Cordier et Clairville. — Gaieté : *Philippe II, roi d'Espagne*, drame de M. Cormon. — Le *Don Carlos* de Schiller, revu et corrigé. — Opéra : la statue de Rossini, par M. Étex. — Concert de M. Reber 261

XVI

JUIN 1846. — Odéon : *Échec et Mat*, comédie de MM. Paul Bocage et Octave Feuillet. — La pièce. — Bocage, Alexandre Mauzin. — Opéra-Comique : *le Veuf du Malabar*, paroles de MM. Siraudin et Adrien Robert, musique de M. Doché. — Piron et Lemierre. — Vaudeville : *les Frères*

Dondaine, par MM. Varin et Bernard Lopez. — Arnal. — Opéra : *David*, paroles de feu Alexandre Soumet et de M. Félicien Mallefille, musique de M. Mermet. — Ce qu'on n'avait pas encore vu à l'Opéra. — Le style du nouveau compositeur.—Vaudeville : *le Gant et l'Éventail*, par MM. Bayard et Sauvage. — La télégraphie amoureuse. — Mesdames Albert et Doche. — Point de ressemblance entre mademoiselle Ozy et mademoiselle Mars 273

XVII

JUILLET 1846. — Théâtre de Liége : représentations de mademoiselle Rachel. — Toujours et partout l'Odéon. — *Marie Stuart*. — Opéra : *l'Ame en peine*, paroles de M. de Saint-Georges, musique de M. de Flottow. — Le livret et la partition. — *Betty*, ballet de M. Mazillier, musique de M. Ambroise Thomas. — Début de mademoiselle Fuoco. — Vaudeville : *Oui ou Non*, par MM. Amédée de Beauplan et Jacques Arago. — Bardou, mademoiselle Durand. — *Les Fleurs animées*, par MM. Labie et Commerson. — Les dessins de Grandville. — Palais-Royal : *la Garde-Malade*, par MM. Paul de Kock et Boyer. — Vaudeville : *Charlotte*, drame de MM. Souvestre et Eugène Bourgeois. — Le *Werther* de Gœthe. — La suite du roman. — Hippodrome : festival militaire. 283

XVIII

AOUT 1846. — Porte-Saint-Martin : *le Docteur noir*, drame de MM. Anicet Bourgeois et Dumanoir. — De la longueur dans les pièces de théâtre et dans les romans. — Rajeunissement de la folie. — Frédérick Lemaître. — Incendie de l'Hippodrome. — Les armures de M. Granger. — Douleur des écuyères. — Théâtre-Français : *Madame de Tencin*, drame de MM. Marc Fournier et Eugène de Mirecourt. — L'Antony du xviiie siècle. — Beauvallet, madame Mélingue. — Gymnase : *Clarisse Harlowe*, drame de MM. Dumanoir, Léon Guillard et Clairville. — Les évocations littéraires. — La *Clarisse* de Richardson et celle de Jules Janin. — La pièce. — Les caractères de Lovelace et de Clarisse. — Bressan, mademoiselle Rose Chéri. — Variétés : *Colombe et Perdreau*, par MM. Jules Cordier et Clairville. — Hyacinthe, madame Bressan. — Hippodrome : réouverture. — Théâtre des Funambules : *la Gageure*. — M. Paul, successeur de Debureau. — Le type de Pierrot modernisé. — Théorie du coup de pied. — Les études classiques de Debureau. — Qualités qu'exige l'emploi de Pierrot. — Hérésies introduites dans la pantomime funambulesque. — Vaudeville : *les Chansons populaires de la France*, par M. Clairville. 299

XIX

SEPTEMBRE et OCTOBRE 1846. — Gaieté : *le Temple de Salomon*, par MM. Anicet Bourgeois et Dennery. — La poésie biblique. — Les combats réglés. — Vaudeville : *Place Ventadour*, par M. Paul de Kock. — Théâtre de Saint-Germain en Laye : *Hamlet*, drame en vers, de M. Paul Meurice. — Les pièces de Shakspeare en Angleterre. — Un dénoûment de M. Alexandre Dumas. — Rouvière, Barré, madame Person. — Théâtre-Français : *Don Guzman, ou la Journée d'un Séducteur*, comédie en vers de M. Decourcelles. — La comédie de cape et d'épée. — Mademoiselle Augustine Brohan, Regnier. — Vaudeville : *la Nouvelle Héloïse*, par M. Michel Delaporte. — De la contagion des idées. — L'*Héloïse* de Rousseau et celle de M. Delaporte. — Munié, madame Albert. — Porte-Saint-Martin : *les Tableaux vivants*. — Théâtre des Funambules : *Pierrot, valet de la Mort*, pantomime de M. Champfleury. — La danse macabre. 323

XX

NOVEMBRE 1846. — Odéon : *l'Univers et la Maison*, comédie en vers de M. Méry. — Histoire et analyse de la pièce. — Bocage, Delaunay. — Théâtre-Français : *le Nœud gordien*, drame de madame Casa-Maior. — De la prose rhythmée. — Rentrée de mademoiselle Rachel. — Vaudeville : *le Bonhomme Job*, par Émile Souvestre. — Bardou. — *Le Capitaine de voleurs*, par MM. Duvert et Lauzanne. — Arnal. — Porte-Saint-Martin : *la Juive de Constantine*, drame de MM. Théophile Gautier et Noël Parfait. — La théorie du mélodrame. — Légende. — Un loup sur le théâtre. — Décorations et mise en scène. — Scepticisme des Français à l'endroit de l'Algérie. — Opéra-Comique : *Gibby la Cornemuse*, paroles de MM. de Leuven et Brunswick, musique de M. Clapisson. — La pièce et la partition. — Cirque-Olympique : poses plastiques. — Gœthe et son ami Frédéric. — Le maillot au point de vue de l'art et de la morale. — Madame Keller, mademoiselle Denneker. — La plastique et la poésie. — Variétés : *Pierre Février*, par M. Davenne. — La genèse des noms humains. — Étymologie d'Arthur. — Mademoiselle Flore, Bouffé. — Des accessoires vrais. — Gymnase : *l'Article* 213, par MM. Dennery et Gustave Lemoine. — Numa, Landrol, mademoiselle Melcy. — Les vieux d'aujourd'hui 343

XXI

DÉCEMBRE 1846. — Gymnase : *la Protégée sans le savoir*, par M. Scribe. — L'*Honorine* de M. de Balzac. — Mademoiselle Rose Chéri, Bressan, Numa, Tisserant. — Les claqueurs modèles. — Palais-Royal : *la Poudre de coton*, revue de MM. Dumanoir et Clairville. — Vaudeville : *une Planète à Paris*, autre revue. — Incendie de Leclère. — Les imitations de Neuville. — Variétés : *une Fille terrible*, par M. Eugène Deligny. — Mesdemoiselles Flore et Lagier, Rébard. — Le bal des Variétés. — Vaudeville : *Trénitz*. — Odéon : *Agnès de Méranie*, tragédie de M. Ponsard. — Action et réaction littéraires. — M. Ponsard obligé à un chef-d'œuvre. — Sa nouvelle pièce. — La composition et le style. — Bocage, madame Dorval, Randaux. 444

FIN DE LA TABLE DES MATIÈRES

TABLE

DES AUTEURS, ACTEURS, ETC., ET DES PIÈCES CITÉS DANS CE VOLUME

A

Abbé (l') galant, 118, 132.
Abit (Mme), 269.
Achard, 35, 56, 66, 185, 217.
Adam (Adolphe), 126.
Agnès de Méranie, 376, 388.
Alarcon, 18, 214.
Albert, 89.
Albert (Mme), 273, 280, 282, 296, 325, 357.
Alcade (l') de Zalamea, 208, 213.
Alembert (d'), 308, 309.
Alexandre, 166, 388.
Alexis, 163.
Algarra (Carlos de), 5, 17.
Amant, 190, 328.
Amants (les) de Murcie, 89.
Ame (l') en peine, 283, 285.
Andrieux, 149, 329.
Angèle (Mlle), 264.
Anna Bolena, 119.

Antier (Benjamin), 358.
Antigone, 75, 95, 329.
Antony, 334.
Apelles, 388.
Appert, 139.
Aqueduc (l'), de Cozenza, 356.
Arago (François), 261.
Arago (Jacques), 283.
Araldi (Mlle), 399.
Arioste, 27, 97.
Aristophane, 114, 190.
Aristote, 308.
Arlequin, veuf du Malabar, 277.
Arlincourt (vicomte d'), 227.
Arnal, 42, 47, 57, 134, 135, 159, 208, 211, 212, 221, 273, 278, 279, 343, 354, 355.
Article 213 (l'), 373.
Arvers (Félix), 42.
Auber, 69, 81.
Auberge (l') des Adrets, 360.
Aulnoy (Mme d'), 67.

Auger, 227.
Augier (Émile), 134, 149, 152, 153, 155, 156, 194, 195.
Aumale (la duchesse d'), 6.
Auriol, 164.
Avare (l'), 58, 183, 327.

B

Bach (Sébastien), 233, 272.
Bains (les) à domicile, 118, 120.
Bal (le) d'enfants, 5, 39.
Balfe, 159, 177, 178.
Balzac (Honoré de), 52, 149, 208, 209, 376, 378, 379, 383.
Baour-Lormian, 227.
Barbier (Auguste), 370.
Barbier (le) de Séville, 119, 270.
Barcarolle (la), 69, 79.
Bardou, 137, 190, 283, 289, 290, 343.
Baroilhet, 286.
Baron (le) de la Crasse, 182.
Baron (le) de Lafleur, 225.
Barré, 323.
Bayard, 5, 16, 42, 43, 56, 65, 93, 208, 221, 275, 280, 282.
Bazin (François), 261, 266.
Beaumarchais, 164, 270, 334, 374.
Beauplan (Amédée de), 283.
Beauvallet, 171, 299, 310.
Beethoven, 233.
Béfort, 11, 12, 35.
Bellini, 120, 130, 160.
Ben-Kaddour, 188.
Béranger, 42, 65, 309, 372.
Béraud (Antony), 358.
Berlioz (Hector), 6, 298.
Bernay (Camille), 335.
Bertrand et Raton, 334.
Betty, 283, 285.
Biche (la) au Bois, 56, 67.
Biéville (de), 93, 101.
Bignon, 85.
Billet (le) de mille francs, 318.
Blaze (Henri), 36.
Bocage, 53, 93, 95, 134, 138, 142, 189, 201, 273, 276, 343, 344, 352, 376, 399.
Bocage (Paul), 273, 276.
Boëce (Hector), 19.
Bœuf (le) gras, 42, 44.
Boileau, 57, 389.
Boisrobert, 125.
Bonhomme (le) Job, 343, 354, 370.

Bosco, 163.
Bouchardy (Joseph), 41, 54, 83, 357, 359.
Bouchot, 86.
Bouffé, 343, 372, 383.
Boulanger (Louis), 139.
Boulé, 56, 60.
Bouquet, 139.
Bourgeois (Anicet), 53, 106, 261, 299, 323, 325.
Bourgeois (Eugène), 283, 293, 294.
Bourgeois (un) de Rome, 134, 138, 143.
Boyer, 285.
Braduri, 261, 263.
Brambilla (Teresa), 162.
Brébeuf, 93.
Bressan, 208, 220, 221, 299, 376, 379.
Bressan (Mme), 110, 126, 299, 316.
Brigands (les), 61, 389.
Brindeau, 84, 310.
Brisebarre, 106.
Brohan (Augustine), 155, 183, 323, 335.
Brunswick, 118, 343.
Buchanan, 19.
Buckingham, 317.
Burlador (le) de Sevilla, 35.
Burns (Robert), 214.
Byron (lord), 5, 8, 13, 36, 41, 166, 389.

C

Cafferi, 140.
Caignez, 356.
Calderon, 18, 19, 208, 213, 214, 373.
Caligula, 62.
Callot, 211, 260, 318.
Calonne (Ernest de) 56, 57.
Calprenède (la), 300.
Camaraderie (la), 334, 335.
Camoëns, 84.
Camoëns (le), 83, 84.
Campistron, 72.
Capitaine (le) de voleurs, 343, 354.
Capron (Victorine), 89.
Carlin, 319.
Carlin à Rome, 182.
Carlo Beati, 208, 211.
Caroline (Mlle), 264.
Carré (Michel), 69, 76.

TABLE DES AUTEURS, ACTEURS, ETC.   411

Carter, 345.
Casa-Maior (Mme), 343, 353.
Celestina (la), 299.
Cenerentola (la), 271.
Cerrito, 68, 288.
César, 264, 388.
Chalet (le), 266.
Chambre (la) à deux lits, 383.
Champfleury, 323, 339.
Chandelier (le), 108.
Chanson (la), ou l'Intérieur d'un bureau, 79.
Chapelain, 93.
Chardin, 144.
Charlemagne, 285.
Charles VII chez ses grands vassaux, 179.
Charlet, 139, 372.
Charlotte, 283, 292.
Chansons (les) populaires de la France, 299, 322.
Chasse (la) aux fripons, 208, 221.
Chassériau (Théodore), 139, 140.
Chat (le) botté, 87.
Chatterton, 84.
Chavigny (Mlle), 237.
Chénier (André), 368, 389.
Chéri, 49.
Cheval (le) du Diable, 208, 209.
Christine à Fontainebleau, 334.
Cicéri, 240, 260.
Cid (le), 125, 141, 329.
Ciguë (la), 93, 149, 189, 194.
Cimabuë, 357.
Cimarosa, 120.
Cinna, 354.
Cintio (Giraldi), 27.
Clairville, 5, 83, 87, 89, 106, 111, 118, 132, 133, 134, 158, 159, 186, 189, 190, 208, 215, 217, 223, 226, 261, 299, 322, 328, 376, 381.
Clapisson, 243, 364.
Clarence, 362.
Clarisse Harlowe, 299, 310, 381.
Clytemnestre, 227.
Code (le) des Femmes, 118, 127.
Coéphores (les), 171.
Cogniard frères, 56, 89, 322.
Colletet, 125.
Collin d'Harleville, 334.
Colombe et Perdreau, 299, 314.
Commerson, 283.
Comminges (le comte de), 309.
Compagnons (les) du Devoir, 134, 144.
Comte, 62, 163.

Comte (le) d'Egmont, 62, 389.
Coralie (Mlle), 264.
Cordier (Jules), 208, 223, 261, 299.
Cormon, 118, 125, 240, 256, 261, 269.
Corneille, 53, 93, 125, 141, 149, 205, 206, 284, 329, 359, 381, 389, 390.
Corneille et Rotrou, 118, 125.
Cornu (Francis), 53, 357.
Corot, 139, 140.

D

Damoreau (Mme), 179, 240, 256, 257.
Daniell, 174.
Dante, 27, 86, 123, 207, 260.
Dartois, 93, 101.
Daumier, 190.
Dauzats, 361.
Davenne, 343.
David, 273, 279.
David (Félicien), 5, 6, 9, 10, 12, 13, 108, 226, 232, 233, 234, 235, 236.
Day (the) after the Wedding, 5, 28.
Debureau, 164, 299, 317, 318, 319, 320, 338.
Decamps, 8, 202, 361.
Decourcelles (Adrien), 83, 323, 335.
Déjazet (Virginie), 93, 100, 101, 226, 237.
Déjazet fils, 101, 237.
Déjazet au sérail, 180.
Delaboulaye, 118, 125.
Delacroix (Eugène), 8, 139, 140, 305, 353, 389.
Delaistre, 269.
Delaporte (Michel), 323, 336.
Delaunay, 343, 352.
Delavigne (Casimir), 93.
Deldevez, 240.
Deligny (Eugène), 376, 383.
Delille (Mlle), 364.
Denain (Mlle), 84, 310.
Denneker (Mlle), 343, 367.
Dennery, 5, 53, 134, 189, 190, 240, 256, 261, 323, 324, 325, 328, 343, 357, 375, 391.
Denys, 108.
Désastre (le) de Monville, 106, 109.
Désaugiers, 240, 259.
Deschamps (Antony), 83, 86.
Deschamps (Émile), 334.
Deschamps (Julien), 240, 252.
Désert (le), 5, 226, 233, 235.
Deshayes, 269.

TABLE DES AUTEURS, ACTEURS, ETC.

Désirée (Mlle), 59, 85, 93, 105, 106, 109, 185.
Desnoyers (Charles), 42, 106, 115, 357.
Despléchin, 175, 267.
Destouches, 334.
Destouches-Canon, 309.
Deux (les) César, 42, 54.
Deux (les) Pierrots, 56, 64.
Devoir, 361.
Diable (le) à Quatre, ballet, 108.
Diable (le) à Quatre, vaudeville, 118, 126.
Diamante, 18.
Diaz, 139.
Diderot, 311.
Diéterle, 175, 267.
Dieux (les) de l'Olympe, 208, 223.
Diogène, 189, 195.
Dobré (Mlle), 287.
Doche, 273.
Doche (Mme), 54, 59, 69, 78, 212, 213, 273, 278, 282, 296.
Docteur (le) amoureux, 56, 57.
Docteur (le) noir, 299, 338.
Dolorès, 66.
Dom Sébastien, 74.
Don Carlos, 61, 261, 269.
Don César de Bazan, 273.
Don Giovanni, 5, 35.
Don Guzman, ou la Journée d'un Séducteur, 323, 334.
Donizetti, 5, 26, 120, 178, 179, 180, 208, 272.
Don Juan, 35.
Don Pasquale, 74, 159, 207.
Don Sancho las Ortiz de Roelaz, 177.
Dormeuil, 186.
Dorus (Mme), 179.
Dorval (Mme), 134, 148, 149, 376, 399.
Double (la) Echelle, 266, 289.
Doucet (Camille), 208, 223.
Dovalle, 272.
Ducange (Victor), 356.
Ducis, 227, 328.
Dumanoir, 5, 42, 43, 83, 87, 89, 118, 127, 159, 186, 226, 299, 376, 381.
Dumas (Alexandre), 36, 41, 95, 97, 134, 155, 179, 180, 204, 208, 209, 225, 227, 240, 245, 272, 305, 323, 328, 329, 330, 334, 360, 381, 389.
Dumesnil (Armand), 83, 85.
Dupeuty, 240.

Dupont (Alexis), 66.
Duprez, 208, 217, 219, 220.
Durand (Mlle), 283, 290.
Duval (Alexandre), 287.
Duval (Aline), 382.
Duverger (Mlle), 258.
Duvert, 134, 155, 159, 185, 345, 354.
Duveyrier (Charles), 6.

E

Echec et Mat, 273.
Ecole (l') des Vieillards, 334.
Edmond, 42, 48.
Eisen, 144.
Eléphant (l') du roi de Siam, 172.
Eléphants (les) de la Pagode, 159, 171.
Elssler (Fanny), 35, 66, 288, 368.
Empire (l'), 42, 47.
Empis, 56.
Enfant (l') chéri des Dames, 42, 45.
Enfantin, 6.
Enseignement (l') mutuel, 106, 115.
Ernani, 151, 162.
Eschyle, 18, 19, 26, 40, 168, 171, 359.
Esclave (l') de Camoëns, 286.
Esther (Mlle), 240, 260.
Estrella (la) de Sevilla, 177.
Etex, 261, 270.
Etoile (de l'), 125.
Etoile (l') de Séville, 159, 177.
Etoile (l') du Berger, 261, 266.
Etudiants (les), 83, 89.
Eunuque (l'), 69, 75.
Euripide, 168.
Eve, 52.

F

Fabio le Novice, 358.
Fâcheux (les), 317.
Famille (la) improvisée, 317.
Famille (la) Poisson, ou les Trois Crispins, 159, 180.
Farqwhar, 127.
Faucit (miss Helen), 5, 25, 28, 30, 353.
Faulquemont, 134, 138.
Faust, 24, 389.
Favorite (la), 131.
Faxardo, 357.

TABLE DES AUTEURS, ACTEURS, ETC.　413

Fechter, 171.
Félix, 325, 327.
Femme (une) de quarante ans, 245.
Femme (la) électrique, 261, 267.
Fenella, 183.
Fénelon, 360.
Fenouillot de Falbaire, 231.
Fernand (Mlle), 276.
Festin (le) de pierre, 55.
Fête (une) de Néron, 227.
Feuillet (Octave), 134, 143, 144, 275, 276.
Fiancée (la) de Messine, 62, 389.
Fiesque, 62.
Fille (la) de l'Avare, 183.
Fille (une) du Régent, 240, 245.
Fille (une) terrible, 376, 385.
Firmin, 159, 165, 166, 167.
Fitzjames (Mlle), 85, 189, 201.
Fleurs (les) animées, 285, 289.
Flore (Mlle), 345, 372, 376, 584.
Florian, 316.
Flottow (de), 285, 286, 287.
Fontaine, 106, 109.
Fontaine (Jean de la), 87, 256.
Forte Spada, 5, 40, 54.
Fouché (Paul), 240.
Fournier (Marc), 299.
Franconi (Henri), 264.
Franconi (Laurent), 261, 265.
Franconi (Victor), 308, 317.
Frédéric, 343, 365.
Frédérick Lemaître, 149, 166, 210, 226, 230, 232, 299, 303, 306, 319, 320, 360.
Freneix (Mlle), 382.
Frères (les) Dondaine, 273, 278.
Fresnaye (de la), 309.
Frisette, 387.
Fuoco (Sophie), 283, 285, 288, 289.

G

Gabriel, 240.
Gabrielle (Mlle), 237.
Gaëtan il Mammone, 89.
Gageure (la), 299, 317.
Gallois, 172, 175, 209.
Galoppe d'Onquaire, 245.
Gant (le) et l'Eventail, 273, 279.
Garat, 388.
Garcia, 38.
Garde-malade (la), 285, 291.
Gardeuse (la) de dindons, 95, 99.

Gardoni, 178, 287.
Garrick, 329.
Gautier (Théophile), 134, 343.
Gavarni, 95, 103, 104, 105, 190, 383.
Geffroy, 125, 155, 251.
Gemma di Vergy, 159, 162, 179.
Gendre (le) d'un millionnaire, 56.
Geneviève, ou la Jalousie paternelle, 240, 251.
Gentil, 240, 259.
Gentil Bernard, ou l'Art d'aimer, 226, 236.
Geoffroy, 69, 78.
Georges (Mlle), 384.
Georges et Marie, 208, 220.
Gianone, 5, 26.
Gibby la Cornemuse, 243, 363.
Giselle, 107.
Gladiateur (le), 227.
Glenarvon, 40.
Gluck, 272, 279.
Gœthe, 12, 24, 41, 62, 240, 253, 254, 283, 292, 293, 310, 337, 343, 365, 389.
Gœtz de Berlichingen, 389.
Goujon (Jean), 367.
Gozlan (Léon), 42, 46, 51, 52, 53, 54.
Gozzi, 320.
Grailly, 362.
Grande (la) Bourse et les Petites Bourses, 134, 136.
Grande Dame et Grisette, 95, 102.
Grandville, 285, 290, 291.
Granet, 159.
Granger, 299, 306.
Grassot, 186, 269, 291.
Grave (Mlle), 240, 260, 362.
Gravelot, 144.
Grétry, 204.
Grisi (Carlotta), 31, 33, 34, 66, 67, 107, 118, 152, 240, 245, 288.
Grisi (Giulia), 42, 50, 118, 160, 161, 179.
Guerchy, 211.
Guignet (Adrien), 264.
Guillard (Léon), 299.
Guillaume Tell, drame, 389.
Guillaume Tell, opéra, 220, 270.
Guillemin (Mme), 42, 47, 215.
Guiraud, 227.
Gustave, 131.
Guyet-Desfontaines, 271.
Guyon, 171.
Guyon (Mme), 83, 92.

H

Habeneck, 187.
Hœndel, 233, 272.
Hahnemann, 50.
Halévy, 208.
Hamlet, de Shakspeare, 269, 328.
Hamlet, traduction, 525.
Harel, 94.
Hariadan Barberousse, 556.
Harvey, 187.
Harville (Mlle d'), 362.
Haydn, 233, 272.
Heine (Henri), 254.
Henri III et sa Cour, 225, 245.
Henry IV, 5, 28.
Henry VI, 228.
Hernani, 165.
Herz (Henri), 271.
Hetzel, 42, 82, 190, 217, 297.
Hoffmann, 36.
Hoffmann (André), 65, 82, 134, 145, 226, 237.
Homère, 123, 223, 388.
Homme (un) de bien, 134, 149.
Honnête (l') Criminel, 231.
Horace, 162.
Horaces (les), 118, 151, 354.
Hostein (Hippolyte), 5.
Hugo (Victor), 8, 12, 26, 41, 49, 62, 129, 149, 209, 227, 272, 360, 367, 368, 389.
Hyacinthe, 126, 299, 316.

I

Ile (l') de Robinson, 134, 136.
Image (l'), 69, 76.
Inez, ou la Chute d'un ministre, 5, 17.
Intrigue (l') et l'Amour, 61, 62, 389.
Iphigénie en Tauride, 389.
Isabey, 159.

J

Jacob, 264.
Jadin, 204.
Jaime, 5.
James, 317.
Janin (Jules), 299, 311, 328, 336.
Jean de Bourgogne, 245.
Jeanne d'Arc, 226.
Jeannette et Jeanneton, 83, 85.
Jeune (la) femme colère, 28, 30.
Jeune (un) Homme, 223.
Jeunesse (la) d'Henri V, 287.
Johannot (Tony), 297.
John, 317.
Joinville (la princesse de), 6.
Jolie (la) Fille de Gand, 30, 31, 107.
Judith (Mlle), 134, 145.
Juive (la), de Constantine, 243, 355.
Juliette (Mlle), 118, 123, 190, 328, 382.
Jungfrau von Orleans, 228.
Juvénal, 344.

K

Karr (Alphonse), 46, 90, 217.
Kauffmann (Angelica), 28.
Kean, 320.
Keller, 117, 365, 366, 367.
Keller (Mme), 343, 367.
Klein, 55, 59, 69, 78.
Kock (Paul de), 42, 44, 118, 120, 121, 122, 123, 283, 292, 320, 323, 327.
Kreutzer, 140.

L

Labie, 283.
Lablache, 118, 159, 161.
Labrousse (Fabrice), 42, 83, 86.
Lacressonnière, 83, 92.
Lacroix (Gaspard), 159.
Lacroix (Jules), 334.
Lagier (Mlle), 376, 386.
Lagrange, 57.
La Harpe, 228.
Lait (le) d'ânesse, 240, 257.
Lajariette, 56, 60.
Laloue (Ferdinand), 42, 48, 61, 261, 264, 265, 308, 317.
Lamartellière, 59.
Lamartine, 129, 209, 300, 367, 368, 375.
Lambertini, 309.
Lamennais (F. de la), 324.
Lancret, 144, 318.
Landrol, 343, 375.
Langlé (Ferdinand), 106, 109.
Latour, 144.
Latour (de Saint-Ybars), 69, 72.
Launay (vicomte de), 72.

Laurencin, 42, 46, 118, 132, 133, 208, 215, 217.
Lauzanne, 134, 135, 159, 185, 343, 354..
Law, 137.
Laya (Léon), 208, 221.
Lebrun, 284.
Leclère, 89, 190, 376, 383.
Lecourt (Charles), 319.
Legs (le), 159, 165.
Lefeux (Adolphe), 139, 140.
Leménil, 118, 128, 186, 269.
Lemierre, 273, 277, 300.
Lemoine (Gustave), 343, 375.
Léo Burkart, 91.
Léonce, 56, 57.
Lepeintre jeune, 65, 93, 101, 126.
Leroux, 156.
Lesguillon, 83, 86.
Leuven (de), 245.
Levassor, 186, 240, 258.
Ligier, 195.
Limnander, 159, 186, 187.
Lireux, 93, 94.
Listz, 72, 74.
Lockroy, 134, 354.
Loi (la) salique, 189, 191.
Lope de Vega, 18, 177, 214.
Lopez (Bernard), 42, 46, 273.
Loriquet (le père), 61.
Louise (Mlle), 264, 265.
Loyse de Montfort, 266.
Lucas (Hippolyte), 159, 177.
Lucia di Lammermoor, 118, 125, 179.
Lucie de Lammermoor, 131, 208, 217.
Lucrèce, 72, 95, 388, 391.
Lucrezia Borgia, 26, 355.
Luguet, 269.

M

Macbeth, de Shakspeare, 5, 18.
Macbeth, traduction, 334.
Macready, 5, 15, 25, 28.
Madame de Cérigny, 5, 16.
Madame de Tencin, 299, 308.
Mademoiselle de Belle-Isle, 165, 245, 273.
Maillan, 134, 357.
Maillard, 189, 195.
Main (la) droite et la Main gauche, 52, 95.
Malade (le) imaginaire, 58, 204.

Malherbe, 272, 589.
Malibran (Marie), 50, 166, 257.
Mallefille (Félicien), 5, 40, 41, 54, 273.
Malvezzi, 159, 163, 180.
Maquet (Auguste), 134.
Marceau, 86.
Marchand (le) de Marrons, 159, 185.
Marchand (le) de Venise, 334.
Marchant, 357.
Marco-Saint-Hilaire, 47.
Mardi (le) gras, 208, 215.
Mari (le) à la campagne, 94.
Mariage (le) de raison, 191.
Mariage (un) sous Louis XV, 245, 246.
Marie-Jeanne, ou la Femme du peuple, 134, 146.
Marie Stuart, 283.
Marilhat, 8.
Mario, 118, 124, 159, 160, 162, 219.
Marius, 362.
Marivaux, 205.
Marmontel, 329.
Marquet (Delphine), 159, 183, 184, 185.
Mars (Mlle), 115, 282, 314, 319.
Marteleur (Mme), 106, 109.
Marthe (Mlle), 134, 144.
Martin, 211.
Marty, 232.
Massol, 118, 131.
Mathieu, 153.
Matrimonio (il) segreto, 162.
Maubant, 171.
Mauzin (Alexandre), 57, 273, 276, 352.
Mazillier, 240, 283, 287.
Mazurier, 320.
Mayer (Mlle), 237.
Méandre, 75.
Méhul, 279.
Meley (Mlle), 55, 343, 375.
Mélesville, 56, 58, 261, 266.
Mélingue, 85, 92.
Mélingue (Mme), 254, 299, 310.
Ménage (un) parisien, 16.
Mendelssohn, 233.
Ménestrel (le), 335.
Menteur (le), 93.
Mérimée, 36.
Mermet, 273, 279.
Mérope, 167.
Méry, 112, 172, 343, 344, 345, 353.
Mesmer, 163.
Meurice (Paul), 323, 329, 352.

Meyer, 269.
Mézeray (Mlle), 256.
Michel-Ange, 235.
Michel Brémont, 226, 231.
Michelet, 226, 228, 229, 248.
Milon de Crotone, 218.
Mimi Pinson, 42.
Mina, 289.
Mirecourt (Eugène de), 84, 299.
Misanthrope (le), 159, 165.
Moëssard, 67, 153, 232.
Mogador (Mlle Céleste, dite), 263, 264, 265, 307, 387.
Moïse au mont Sinaï, 226, 232.
Moléri, 56, 57.
Molière, 36, 46, 55, 56, 57, 58, 76, 114, 155, 183, 189, 204, 205, 206, 271, 317, 359, 376, 381.
Molina (Tirso de), 36.
Monaco (Florestan, prince de), 351.
Monnier (Henry), 292, 317.
Monrose (Louis), 57.
Montdidier, 69, 78, 314.
Morale (la) en action, ou les Quatre Masques, 5, 35.
Morel (Mlle), 89.
Moriani (Napoléon), 118, 123, 124, 125.
Mort (la) du général Marceau, 85, 86.
Mousquetaires (les), 154.
Mousquetaires (les) de la Reine, 208.
Mozart, 5, 36, 120, 233, 272.
Munié, 297, 325, 337.
Murs (les) ont des oreilles, 106, 108.
Musard, 187, 188, 256.
Musset (Alfred de), 54, 56, 42, 44, 91, 108, 209, 227, 368, 379.
Mystères (les) de ma femme, 42, 46.

N

Nabucco, 118, 129, 162, 179.
Napoléon, 271, 288.
Nathalie (Mlle), 93, 102, 118, 128, 186, 382.
Nau (Mlle), 151, 179, 286.
Naufrage (le) de la Méduse, opéra, 286.
Navarrete, 5, 17.
Nerval (Gérard de), 91.
Nestor, 259.
Neuville, 376, 383.
Noblet (Mlle), 66.
Nodier (Charles), 151, 320.

Nœud (le) gordien, 343, 353.
Norma, opéra, 42, 50, 74, 119, 179.
Norma, tragédie, 227.
Notre-Dame des Abîmes, 42, 51.
Nouveau (le) Juif errant, 226, 237.
Nouvelle (la) Héloïse, 325, 355.
Numa, 5, 17, 240, 252, 343, 375, 376, 379.
Nus (Eugène), 106, 115.
Nyon, 106.

O

OEdipe à Colonne, 196.
OEdipe roi, 196.
Orcagna, 337.
Oreste, 159, 165.
Othello, drame, 334.
Othello, opéra, 270.
Oui ou Non, 283, 289.
Ouvrier (l'), 89.
Ozy (Alice), 183, 189, 190, 256, 282.

P

Panini, 143.
Paquita, 240.
Parfait (Noël), 86, 243, 357, 358, 360.
Pasta (Mme), 237.
Paul, de l'Opéra, 260.
Paul, des Funambules, 299, 317, 318, 319, 321.
Pêche (la) aux beaux-pères, 95, 101.
Père (le) Turlututu, 118, 131.
Péri (la), 56, 107, 183.
Perne, 10.
Perrault, 67, 86.
Perrot, 83, 85, 320.
Perses (les), 40.
Persiani (Mme), 124.
Person (Mme), 323, 353.
Petit, 40.
Petit (le) Chaperon-Rouge, 86, 87.
Petites (les) Danaïdes, 240, 258.
Petit (le) Homme gris, 56, 65.
Petit-Poucet (le), 85, 86.
Petitpa, 66.
Phèdre, 334.
Phidias, 50, 347, 367.
Philippe, 163.
Philippe II, roi d'Espagne, 261, 269.
Pibrac, 153.
Pierre Février, 343, 369.

TABLE DES AUTEURS, ACTEURS, ETC. 417

Pierrot, valet de la Mort, 323, 338.
Pierrot en Afrique, 318.
Pigal, 368.
Pigeaire (Mlle), 163.
Pilati, 338.
Pilaudo, 387,
Pillet (Léon), 272.
Pilon (Germain), 367.
Pindare, 112.
Pinturiccio, 357.
Piranese, 143.
Pirata (il), 159.
Piron, 273.
Pitron (Mlle), 237.
Pixérécourt (Guilbert de), 59, 356.
Place Ventadour, 323, 325.
Planat, 329.
Planat-Naptal (Mlle), 143, 276.
Planète (une) à Paris, 376, 382.
Plaute, 69, 75, 76.
Plessy (Mlle), 5, 28, 50.
Pleyel (Marie), 69, 72, 73, 74.
Plunkett (Mlle), 34, 56, 66, 67.
Pomaré (Rosita, dite reine), 387.
Pommes (les) de terre malades, 159, 185.
Ponsard, 62, 72, 95, 376, 388, 390, 391, 398, 399.
Pope, 389.
Portheaut, 235.
Porto (Luigi da), 27.
Potier, 240, 258, 259.
Potier (Mme Henri), 277.
Poudre (la) de coton, 376, 380.
Pouillet, 516.
Préault (Auguste), 83, 85, 86.
Proscritto (il). V. *Ernani*.
Protégée (la) sans le savoir, 376.
Provost, 125, 156, 159, 185.
Publius Syrus, 155.
Puritani (i), 118.
Puységur, 163.
Pyat (Félix), 189, 195, 200, 201.

Q

Quinet (Edgar), 237.

R

Rabelais, 45, 223, 384.
Rachel (Mlle), 69, 71, 72, 118, 131, 132, 159, 165, 167, 170, 171, 226, 229, 230, 231, 283, 284, 285, 319, 343, 353, 554.

Racine, 53, 62, 72, 205, 359, 360, 381, 389, 390, 398.
Ragaine, 362.
Rameau, 222.
Randoux, 376, 399.
Raphaël, 129, 166, 347, 367.
Raucourt, 362.
Ravel, du Palais-Royal, 383.
Ravel, danseur, 320.
Ravel en voyage, 180.
Rébard, 217, 376, 386.
Rébecca (Félix), 171.
Reber, 261, 271, 272.
Regnault, 5.
Regnier, 183, 251, 323, 335.
Regnier (Mathurin), 389.
Reicha, 9.
Retour (le) de Sibérie, 358.
Révolte (la) au Sérail, 116.
Richardson, 299, 310, 311, 336.
Riche d'amour, 154, 156, 185.
Richelieu, 125.
Rinegata (la), 5, 26.
Risley, 96.
Robert (Adrien), 273, 277.
Robert, chef de brigands, 356.
Robert Houdin, 159, 163, 164.
Robert Macaire, 223.
Roger, 131, 364.
Rojas, 18, 214.
Romain, 240, 256.
Roman (le) comique, 240, 254.
Roméo et Juliette, de Shakspeare, 5, 28, 329.
Roméo et Juliette, traduction, 334.
Ronconi, 118, 162.
Ronsard, 93, 389.
Ronzi-Debegnis (Mme), 179.
Roqueplan (Camille), 139.
Roqueplan (Nestor), 42, 82, 99, 315, 372, 373.
Rose Chéri (Mlle), 5, 17, 93, 103, 189, 193, 194, 240, 252, 299, 314, 357, 376, 378, 379.
Rose-Pompon, 387.
Rossini, 74, 77, 120, 129, 130, 178, 179, 261, 270, 271, 347, 349.
Rotrou, 125, 134, 140, 141, 142.
Rousseau (Jean-Jacques), 201, 323, 336, 337.
Rousseau (Théodore), 139.
Rouvière, 323, 333.
Royer, 208.
Rubens, 283.
Rubini, 55, 124, 159, 160, 219.
Ruines (les) de Babylone, 356.

Ruines (les) de Vaudemont, 56, 59.
Ruy Blas, 269.

S

Sainte-Beuve, 345.
Sainte-Foy, 278.
Saint-Ernest, 89.
Sainte-Palaye (Lacurne de), 395.
Saint-Georges (de), 208, 285, 286.
Saintré (Jehan de), 395.
Sainville, 102, 118, 125, 186.
Salomon, 325.
Saltimbanques (les), 254, 586, 599.
Samson, 159, 180, 181, 183, 208, 213, 214.
Sand (George), 52, 576.
Sandeau (Jules), 115.
Sands, 93, 95, 96, 97.
Sanxay (Mlle), 256.
Sarah Félix, 269.
Saül, 227.
Sauvage, 69, 95, 273, 280.
Sauval, 45.
Sax (Adolphe), 188, 263.
Scarron, 240, 254, 256.
Schiller, 41, 56, 60, 61, 62, 64, 135, 207, 226, 227, 228, 229, 261, 269, 389.
Schlegel, 62.
Scribe (Eugène), 56, 69, 76, 77, 79, 83, 85, 189, 191, 192, 193, 240, 254, 282, 376, 379, 391.
Scriwaneck, 186, 582.
Scudéri (Mlle de), 300.
Séchan, 175, 267.
Sedaine, 118, 126.
Semiramide, 51, 159, 179, 271.
Sept (les) infants de Lara, 40.
Séraphin, 164.
Serret (Ernest), 240, 252, 254.
Shakspeare, 15, 18, 19, 22, 23, 24, 27, 28, 29, 41, 61, 135, 226, 227, 228, 271, 317, 328, 329, 330, 331, 333, 334, 389.
Shore (Jane), 358.
Simonnin, 56, 65.
Siraudin, 118, 275, 277.
Soirée (une) à la Bastille, 85.
Solera (Thémistocle), 118.
Solié (Mlle), 115, 189, 195.
Sonneur (le) de Saint-Paul, 18, 41, 54.
Sontag (Mme), 257.
Sophocle, 25, 159, 167, 168, 196, 329.

Soulié (Frédéric), 54, 83, 89, 90, 92.
Soumet (Alexandre), 50, 226, 227, 228, 229, 250, 273.
Souvestre (Emile), 285, 295, 294, 345, 354, 370.
Staël (Mme de), 336.
Stahl (P.-J.), V. Hetzel.
Stoltz (Rosine), 178.
Sue (Eugène), 237.
Sylvandire, 93, 97.

T

Taglioni, 33, 288.
Talismans (les), 64, 89.
Talleyrand, 270.
Talma, 166, 210, 230, 319, 338.
Tarentule (la), 372.
Tartufe, 204.
Tasse (le), 27.
Tasse (le), 389.
Tékély, 336.
Temple (le) de Salomon, 322.
Teniers, 211, 260.
Térence, 69, 75, 76.
Tétard, 528.
Thalberg, 72.
Thierry, 211.
Thierry (Edouard), 528.
Thomas (Ambroise), 283, 289.
Tieck (Ludwig), 86.
Thégaut le Loup, 40.
Tilmann, 297.
Tisserant, 5, 17, 314, 376, 579.
Titien, 568.
Tom Pouce, 82, 87, 88, 89, 98, 117.
Tom Pouff, 69, 81, 87.
Tour (la) de Nesle, 18, 334.
Tour (un) d'Europe, 106, 111.
Touristes (les), 240, 252.
Tousez (Alcide), 102, 118, 121, 125, 186, 383.
Trénitz, 376, 388.
Tressan (de), 395.
Trigueros (Candido-Maria), 177.
Triomphe (le) du sentiment, 240, 253.
Trois (les) Loges, 5, 38.
Trompette (le) de M. le Prince, 261, 266.
Trublet (l'abbé), 309.
Tuteur (le) de vingt ans, 56, 58.

U

Univers (l') et la Maison, 343.
Usannaz (Mme), 49.

V

Vacquerie (Auguste), 328.
Vaëz, 208.
Valérie (Mlle), 126.
Van Amburg, 345.
Varin, 40, 273.
Varner, 79, 83, 226, 237.
Vasco de Gama, 84.
Vaucanson, 164.
Verdi (Giuseppe), 118, 120, 130, 131, 162.
Véritable (le) saint Genest, comédien païen, jouant le Martyre de saint Adrien, 134, 138.
Vermond (Paul), 56, 58.
Vernet (Horace), 317, 568.
Verre (le) d'eau, 273, 282.
Veuf (le) du Malabar, 273, 276.
Veuve (la) du Malabar, 277.
Viennet, 226, 232.
Vieux (les) Péchés, 159, 182, 185.
Vigny (Alfred de), 354.

Villain de Saint-Hilaire, 208, 209.
Villenave (de), 56.
Villeneuve (de), 5.
Virgile, 27, 223.
Virginie, 69.
V'là c'qui vient d'paraître, 189.
Volet (Émilie), 57.
Volet (Maria), 65.
Volnys (Mme), 106, 115, 585.
Voltaire, 159, 165, 167, 169, 170, 205, 270.
Voyage (le) à Dieppe, 111.

W

Wafflard, 111.
Wagner, 211.
Wailly (Jules de), 134, 208, 213, 214.
Wallenstein, 56, 60, 62, 135.
Walstein, 56, 60.
Watteau, 144, 318.
Weber, 74.
Werner, 5, 13.
Weiss (Joséphine), 31, 32, 33.
Winterhalter, 368.

Y

Young, 187.

FIN DE LA TABLE DES NOMS

www.ingramcontent.com/pod-product-compliance
Lightning Source LLC
Chambersburg PA
CBHW052119230426
43671CB00009B/1040